Unterrichtswerk für katholische Religionslehre
an Gymnasien

Religion vernetzt

Erarbeitet von
Josef Braun
Markus Meister
Joachim Neumann
Barbara Rauwolf

Herausgegeben von
Prof. Dr. Hans Mendl und Dr. Markus Schiefer Ferrari

Lehrerkommentar 6

Kösel

Religion vernetzt
Unterrichtswerk für katholische Religionslehre an Gymnasien in den Jahrgangsstufen 5-12

Herausgegeben von
Prof. Dr. Hans Mendl und Dr. Markus Schiefer Ferrari

Religion vernetzt 6 – Lehrerkommentar

Erarbeitet von
Josef Braun, Markus Meister, Joachim Neumann, Barbara Rauwolf

Bitte beachten Sie:
Das Internet ist ein schnelllebiges Medium, dessen Inhalte sich einer wirksamen Kontrolle entziehen. Herausgeber, Autorinnen, Autoren und der Verlag haben sich bei allen Link-Angaben im Schulbuch und Lehrerkommentar bemüht, ausschließlich »langlebige« Adressen von seriösen Quellen anzugeben, die jugendgemäß sind und keinerlei Gewalt verherrlichende, diskriminierende, pornografische oder sonstige sittenwidrige Inhalte transportieren. Alle Angaben werden auch bei jeder Neuauflage der Bücher überprüft.
Dennoch kann nicht restlos ausgeschlossen werden, dass durch Veränderungen (z. B. Übernahme einer Domain durch einen neuen Inhaber) unerwünschte Inhalte auf den Seiten stehen, Links nicht mehr funktionieren oder auf andere Seiten mit unerwünschten Inhalten verwiesen wird. Der Verlag, die Herausgeber und alle Autorinnen und Autoren von Religion vernetzt distanzieren sich von solchen Inhalten, weisen Sie als Lehrkraft auf die besondere Aufsichtspflicht bei der Nutzung des Internets im Unterricht hin und bitten Sie um Hinweise an den Verlag, sollten Ihnen unerwünschte Inhalte auf den angegebenen Internet-Seiten auffallen.
Vielen Dank für Ihre Bemühungen!

Die Herausgeber sowie Autorinnen und Autoren von Religion vernetzt
Kösel-Verlag

Umwelthinweis:
Dieses Buch wurde auf chlor- und säurefreiem Papier gedruckt.

ISBN 978-3-466-50710-8

2. Auflage 2011

Printed in Germany.

Satz: Kösel-Verlag, München.
Druck und Bindung: Franz X. Stückle Druck und Verlag, Ettenheim.
Illustration: Margarete Luise Goecke-Seischab, Planegg.
Notensatz: Christa Pfletschinger, München.
Umschlagentwurf: Kaselow Design, München.

www.koesel.de

Liebe Kolleginnen und Kollegen,

der Lehrerkommentar zum Schulbuch **Religion vernetzt 6** bietet Ihnen Erläuterungen und Arbeitshilfen für die tägliche Unterrichtsvorbereitung und unterstützt Sie darin, mit Ihren Schülerinnen und Schülern eigene Lernwege zu planen und methodisch abwechslungsreich umzusetzen.

Jedes Kapitel orientiert sich dabei an folgendem Aufbauschema:

- Die einführenden Übersichten stellen kurz Aufbau und Inhalt des Kapitels und Vernetzungsmöglichkeiten mit anderen Themen, Jahrgangsstufen und Fächern vor.
- Anschließend finden sich zu jeder Doppelseite des Schulbuchs die folgenden Informationen:
  - Im Abschnitt *Hintergrund* werden der Aufbau und die Funktion der Doppelseite im Kontext des Kapitels erläutert und Hintergrundwissen zu den einzelnen Elementen dieser Seite geboten.
  - In den *Einsatzmöglichkeiten im RU* sind verschiedenste im Unterricht bereits erprobte Arbeitsanregungen zusammengestellt. Ähnlich wie bei den Arbeitsaufträgen auf der Pinnwandseite und den einzelnen Doppelseiten des Schulbuches ist dabei selbstverständlich an eine gezielte Auswahl entsprechend der jeweiligen Lerngruppe gedacht.
  - Die Impulse im Abschnitt *Weiterführende Anregung(en)* wollen Sie dazu inspirieren, auch längerfristig Projekte, Exkursionen oder eine fächerübergreifende Zusammenarbeit zu planen.
  - Eine *Literaturübersicht* regt zum Weiterlesen an.
- Am Ende eines jeden Kapitels sind *Arbeitsblätter* als kopierfähige Vorlagen gebündelt. Sie sind durch einen grauen Rand markiert und damit schnell auffindbar.
- In die einzelnen Kapitel eingestreut findet sich immer wieder die Rubrik *religionspädagogik kompakt* zu übergreifenden Aspekten und aktuellen Fragestellungen der Religionspädagogik und -didaktik.

Die **Webseite** *www.religionvernetzt.de* bietet Ihnen darüber hinaus die Möglichkeit, sich mit anderen Kolleginnen und Kollegen über Ideen und Projekte auszutauschen. In einer Materialbörse können Sie neue Unterrichtsmaterialien nutzen, aber auch selbst einstellen. Das alles ist kostenlos und unverbindlich. Um allerdings sicherzugehen, dass Sie im Lehrerforum nur Lehrer/innen und keine neugierigen Schüler/innen antreffen, bitten wir Sie, sich mit dem Faxformular am Ende dieses Lehrerkommentars oder auf www.religionvernetzt.de anzumelden. Sie erhalten dann Ihr persönliches Passwort für das Lehrerforum. Virtuelle Seminarräume, spezifische Links und ein Raum der Stille mit einer Gebetswand und meditativen Bildern ermöglichen insbesondere auch Schülerinnen und Schülern die gegenseitige Vernetzung. Auf der Homepage finden Sie auch die Erläuterungen zu den »Wer-weiß-noch«-Fragen der Pinnwände, die ab der 6. Jahrgangsstufe aufbauendes und nachhaltiges Lernen unterstützen.
Eine **Folienmappe** mit einer Auswahl der wichtigsten Bilder des Schulbuches und eine **CD** mit einer Sammlung von Liedern (auch in einer Karaoke-Version zum Mitsingen) bieten Ihnen zusätzliche Unterstützung bei der Vorbereitung und Durchführung Ihres Religionsunterrichts.

Religion vernetzt will im Verbund mit Lehrerkommentar, Webseite und Zusatzmaterialien vor allem dazu beitragen, die Themen des RU so aufzubereiten, dass sich Schülerinnen und Schüler als lernende Subjekte anregen lassen zu einer aktiven und konstruktiven Auseinandersetzung mit religiös relevanten Fragen, zu einer nachhaltigen Begegnung mit der biblisch-christlichen Tradition und zur Entwicklung ihres christlichen Glaubens.

Die Herausgeber,
die Autorin und die Autoren

Abkürzungsverzeichnis

AB:	Arbeitsblatt
EA:	Einzelarbeit
GA:	Gruppenarbeit
HA:	Hausaufgabe
KG:	Kleingruppen
L:	Lehrer/in(nen)
LP:	Lehrplan
OHP:	Overhead-Projektor
PA:	Partner(innen)arbeit
Sch:	Schüler/in(nen)
TA:	Tafelanschrieb
UG:	Unterrichtsgespräch

Die Abkürzungen der Unterrichtsfächer entsprechen dem neuen Lehrplan für das achtstufige Gymnasium in Bayern.

Inhalt

Kapitel 2 **Kinder in der Einen Welt**

Kapitel 4 **Aus dem Dunkel zum Licht**

Kapitel 5 **Der Geist führt zusammen**

1 Alltag bewältigen – Orientierung finden

Das Thema im Schulbuch

In den letzten Jahren sind Kinder und Jugendliche mit immer neuen Eindrücken konfrontiert worden: Da sind zum einen die konkreten Leistungserwartungen der Schule, die Sch nach dem Übertritt ans Gymnasium und dem Beginn der zweiten Fremdsprache in die Pflicht nehmen. Dazu kommen – oft auf Wunsch der Eltern – eine Fülle weiterer (Nachmittags-)Termine, z. B. Theatergruppe, Klavierunterricht, Fußball. Mit diesen festen Zeiten konkurrieren andererseits die vielfältigen Angebote der Freizeitindustrie und der modernen Medien. Außerdem spielen gemeinsame Unternehmungen mit Freund(inn)en eine – in diesem Alter – immer größere Rolle.
Angesichts dieser Fülle an Pflichten und Möglichkeiten, die häufig Stress verursachen, fällt es Sch zunehmend schwer, Orientierung zu finden und das für sie Wichtige im Auge zu behalten. Eine Folge davon sind möglicherweise Überforderung und Misserfolg. Deshalb gilt es die Sch anzuregen, über ihre persönlichen Bedürfnisse nachzudenken, die eigene Verantwortung zu erkennen und ihre Zeit bewusst zu planen. Dabei sollen sie die Chancen von Ruhe und Erholung wahrnehmen und Feste und Feiern als Oasen des Alltags und Höhe- und Orientierungspunkte des Lebens erkennen.

Das *Titelbild* (**7**) greift zentrale Aspekte des Themas auf. Die Uhren erinnern an Termine, Alltagspflichten, Aufgaben. Was bedeutet der Rahmen mit dem Profil eines Mannes? Der Junge läuft (gehetzt? zielbewusst?) in eine Richtung. Hat er schon seinen Weg gefunden?

Kontext 1 (**8f.**) führt unmittelbar in den Alltag der Sch. Die Seite beschreibt Belastungen, aber auch schöne Erfahrungen eines normalen Schultages und lädt Sch ein, über ihren Tagesablauf zu reflektieren.

Auf *Kontext 2* (**10f.**) begegnen einzelne Schwerpunkte des Themas: Die Attraktivität von Freizeitparks, die Langeweile einer als endlos empfundenen Unterrichtsstunde, die Pflichten früherer Generationen, die Auswirkungen von Stress und die Erfahrung, dass kaum ein Mensch Zeit hat.

Die *Pinnwand* (**12f.**) enthält viele Anregungen den sinnvollen Umgang mit (Frei-)Zeit gemeinsam oder persönlich zu bedenken oder zu erfahren. Die Aufgaben beziehen sich auf verschiedene Aspekte des Themenbereichs. Gemeinsam mit den Sch können unterrichtsbegleitende Projektideen ausgestaltet werden.

Orientierung 1 (**14f.**) lädt ein mit kindlicher Fantasie und Philosophie dem Geheimnis der Zeit nachzuspüren. Außerdem wird durch symbolische Uhren der Rhythmus des Lebens verdeutlicht.

Orientierung 2 (**16f.**) bietet unterschiedliche Aussagen über die Zeit und verdeutlicht den Unterschied zwischen *Chronos* und *Kairos*.

Orientierung 3 (**18f.**) erläutert den Sinn einer Rhythmisierung von Zeit *(Ora et labora)* und die Notwendigkeit, die begrenzte Zeit zu nutzen. Dies geschieht u. a. durch den Einblick in den Tagesablauf eines Internats früher und heute sowie durch das Märchen »Der Fremde mit den kostbaren Scheinen«.

Orientierung 4 (**20f.**) zeigt mithilfe verschiedenartiger Elemente Möglichkeiten und Chancen, aber auch Gefahren und Grenzen des Umgangs mit Computer und Internet auf: Sch sollen ihren Computerkonsum kritisch reflektieren und zu einem zunehmend verantwortungsvollen Umgang mit dem Computer angehalten werden.

Auf *Orientierung 5* (**22f.**) wird die Nutzung von Fernsehen und Handy kritisch und ironisch hinterfragt.

Orientierung 6 (**24f.**) zeigt an konkreten Beispielen, wie sich Kinder im Alltag engagieren, und stellt weitere lohnenswerte Aktionen kurz vor. Sch werden angeregt über Verantwortung nachzudenken und sich selbst zu engagieren.

Die Erfahrung mit und die Bedeutung von Festen wird auf *Perspektiven 1* (**26f.**) thematisiert. Mithilfe verschiedener Elemente (Sage, Erlebnis, Bild) können Kriterien für das Gelingen eines Festes erarbeitet werden.

Perspektiven 2 (**28f.**) vermittelt Sch die christliche Deutung der Zeit und gibt einen Einblick in die Bedeutung und den Verlauf des Kirchenjahres.

Auf *Perspektiven 3* (**30f.**) werden gegensätzliche Erfahrungen und Einstellungen zum Sonntag vorgestellt und näher hinterfragt. Weiterführende Aufgaben regen zur Auseinandersetzung mit dem christlichen Sonntag in Geschichte und Gegenwart an. Das Bild »Der Geher« von Hundertwasser, der nach Orientierungshilfen für seinen Lebensweg sucht, leitet zur *Akzent*-Seite über.

Akzent (**32**) ruft Sch dazu auf, angesichts konkurrierender Möglichkeiten Schwerpunkte zu setzen und zunehmend verantwortliche Entscheidungen zu treffen.

Vernetzung mit anderen Themen im Schulbuch

Kapitel 2 Kinder in der Einen Welt:
»Kinder aus aller Welt« (*Kontext 1,* **34f.**) ermöglicht einen Einblick in den Alltag anderer Kulturen. Aktionen wie Dreikönigssingen (*Perspektiven 1,* **52**) und der Einsatz für Missio (*Perspektiven 2,* **54**) rufen zu konkretem Engagement auf.

Kapitel 3 Gesichter der Macht:
»Unterdrückt – gemobbt – erpresst« (*Kontext,* **58f.**) verdeutlicht Formen der Unterdrückung und der negativen Beeinflussung durch andere in Schule und Freizeit. »Der Macht widerstehen« (*Perspektiven,* **78f.**) und »Was tun?« (*Akzent,* **80**) zeigen beispielhaft die Notwendigkeit, Verantwortung für andere zu übernehmen und sich am Verhalten von Propheten zu orientieren.

Kapitel 4 Aus dem Dunkel zum Licht:
»Kinderkram?« (*Kontext 1,* **82f.**) und »Mitten im Leben ...« (*Kontext 2,* **84f.**) thematisieren tiefer gehende Sorgen, die Kinder besonders belasten.
»Über den Tod hinaus« (*Perspektiven 3,* **100**) zeigt das Beispiel eines Jungen, der aus der Kraft des christlichen Glaubens den eigenen Tod annimmt.
»Ostern feiern« (*Perspektiven 4,* **102f.**) veranschaulicht die Feier des wichtigsten christlichen Festes und seine säkulare Sinnentleerung.

Kapitel 5 Der Geist führt zusammen:
»Erlebnisse, die begeistern« (*Kontext,* **106f.**) dokumentiert die große Bedeutung des Sports und der Musik für das Leben junger Menschen. »Auf den Spuren des Apostels Paulus« (*Orientierung 6,* **120f.**) und »Der Geist Gottes bewegt Menschen« (*Perspektiven 2,* **126f.**) verdeutlichen den Einsatz für und die persönliche Orientierung durch den Glauben damals und heute.

Vernetzung mit der fünften Jahrgangsstufe

5.1 Miteinander leben, glauben, lernen
Das *Titelbild* (**7**) und *Kontext 1* (**8f.**) in Religion vernetzt 6 greifen von Religion vernetzt 5 »Aufbruch ins Neue« (*Kontext 1,* **8f.**) und »Wer kennt mich – Wer bin ich?« (*Orientierung 3,* 18f.) auf.
»Sich engagieren« (Religion vernetzt 6, *Orientierung 6,* **24f.**) vertieft aus Religion vernetzt 5 »Gemeinsam in Bewegung« (*Kontext 2,* **10f.**) und »Ich in der Gemeinschaft« (*Orientierung 4,* **21f.**).

5.4 Jesus fasziniert
»Feste Zeiten und Festzeiten« (Religion vernetzt 6, *Perspektiven 2,* **28f.**) führt »Geboren in Betlehem – Weihnachten vorbereiten und feiern« (Religion vernetzt 5, *Orientierung 2,* **84f.**) weiter.

Vernetzung mit anderen Fächern

Evangelische Religionslehre: 6.4 Religiöse Feste und Bräuche: die Bedeutung christlicher Feste, eigene Erfahrungen mit Festen und Feiern.

Ethik: 6.1 Gemeinschaftsfeld Familie: Entscheidungsfindung (z. B. Rechte und Pflichten von Kindern; Freizeitverhalten), Entscheidungskriterien (z. B. Verantwortlichkeit); 6.2 Ich und die anderen: Bedeutung von Freundschaft, Pflichten in der Gemeinschaft.

Deutsch: 6.5 Medien nutzen und reflektieren: medienspezifische Aspekte entdecken; Einbeziehung von Computer und Internet in die schulische Arbeit.

Latein: L 1 und 2, 6.3: Antike Kultur: privates, öffentliches und religiöses Leben. Redewendungen und Sentenzen.

Englisch: E 1 und 2, 6.3 Interkulturelles Lernen und Landeskunde: Alltag, Freizeitgestaltung, Brauchtum und Feste britischer und amerikanischer Jugendlicher.

Französisch: F 1 und 2, 6.3 Interkulturelles Lernen und Landeskunde: Alltag, Freizeit, Lebensweise und Feste französischsprachiger Jugendlicher.

Sport: S 6.1.2 Fairness und Kooperation: Entwicklung von Fairplay, Hilfsbereitschaft und Teamgeist; 6.1.3: Freizeit und Umwelt: Spielformen selbstständig gestalten und organisieren.

1. Hintergrund

Der heutige Mensch sieht sich vielfältigen Möglichkeiten und Anforderungen ausgesetzt. Orientierung zu finden und den Alltag entsprechend zu bewältigen ist daher eine immer neue Aufgabe und eine bleibende Herausforderung. Wir leben in einer Zeit, die von einer Vielfalt an konkurrierenden Werten und Lebensentwürfen geprägt ist. Wie kann ich in einer Welt, in der alles möglich ist *(»anything goes«)* und in der es fast alles gibt, meinen Weg finden? Wofür lohnt es sich zu leben? Genügt es nicht, das neueste Handy, die spannendsten Computerspiele, den schnellsten Internetanschluss und das »geilste« Outfit zu haben? Diese Fragen beschäftigen zunehmend auch Heranwachsende am Anfang der Pubertät. Als Lehrende sind wir dabei im Wortsinn Pädagoginnen und Pädagogen, also Wegbegleiterinnen und Wegbegleiter der jungen Menschen. In der Unterstufe sind sie für solche Hilfestellungen noch offen, bevor sie sich in den folgenden Jahren allmählich von den Erwachsenen lösen.
Die Titelseite verdeutlicht diese Situation durch das **Bild** »Lebenslauf« von Wolfgang Lettl.

Wolfgang Lettl (1919-2008)
Wolfgang Lettl wurde 1919 in Augsburg geboren und legte dort 1938 das Abitur ab. Während seines Wehrdienstes als Nachrichtensoldat in Paris von 1940 bis 1943 hatte er seine erste Begegnung mit surrealistischer Kunst. Nach dem Krieg begann er mit Landschafts- und Porträtmalerei und entwickelte seit 1954 als freischaffender Maler seinen eigenen Stil. Ab 1963 beteiligte er sich an der »Großen Kunstausstellung München« und machte Einzelausstellungen im In- und Ausland. Seit 1975 hatte er einen Zweitwohnsitz in Apulien, wo auch impressionistische Bilder entstanden. In den Jahren 1986 bis 1990 gestaltete Lettl die Titelseiten der Buchbeilagen für die Tageszeitung »Die Welt«. 1993 wurde in der Industrie- und Handelskammer für Augsburg und Schwaben das »Lettl-Atrium, Museum für surreale Kunst« eingerichtet, 2002 im Haus der Wirtschaft in Lindau die Dauerausstellung »Lettl in Lindau« eröffnet. Im Jahr 2000 fand in Augsburg eine große Retrospektive seiner Arbeiten statt. Am 10. Februar 2008 verstarb Wolfgang Lettl im Alter von 88 Jahren.

Wolfgang Lettl: »Lebenslauf«, 1990
Das Bild (31,5 x 44 cm, Öl auf Hartfaserplatte, Wolfgang-Lettl-Atrium Augsburg) zeigt links drei antik wirkende offene Taschenuhren, von denen eine die Uhrzeit (16.50 Uhr) sichtbar macht. Daneben steht ein hellblauer Holzrahmen, aus dem die Umrisse eines Erwachsenen mit Hut ausgeschnitten sind. Ein Junge mit schwarzen Haaren, etwas unmodern bekleidet mit einem hellbraunen Jackett, einer blauen Hose und schwarzen Schuhen (deshalb von Sch oft als »älter« bezeichnet), rennt gerade durch diesen Rahmen nach rechts weg. Von links fällt das Licht der nicht sichtbaren, tief stehenden Sonne auf den Vordergrund des Bildes. Der Hintergrund erscheint dunkelblau mit einem gelbbraunen Bereich.
Der Titel »Lebenslauf« verdeutlicht die Hauptaussage des Bildes: Der Junge durchquert rasch einen vorgegebenen Rahmen, der allerdings nicht für ihn passt, den er aber möglicherweise später einmal ausfüllen soll. Diesem feststehenden, unveränderlichen Profil ohne individuelle Züge, dem er entsprechen soll, kann er nur entgehen, wenn er es schnell hinter sich lässt und seinen eigenen Weg findet. Dass er dafür nur begrenzt Zeit hat und sie deshalb nutzen soll, zeigen die drei Uhren: Eine liegt flach am Boden (Vergangenheit), die zweite zeigt die Stunde an (Gegenwart) und die dritte ist noch unsichtbar (Zukunft). Das Ziel des Jungen ist für den/die Betrachtende/n nicht erkennbar, aber er scheint die Richtung, die Grundorientierung schon zu kennen. Dass dieser Weg von der hinter ihm stehenden Sonne wegführt und dies die weitere Orientierung möglicherweise erschwert, stört ihn nicht weiter.
»Lebenslauf« – ein Titel, der im wörtlichen Sinn den laufenden Jungen meint, in seiner übertragenen Bedeutung aber seinen Lebensweg im Ganzen andeutet.
Der Künstler schreibt selbst zu diesem Bild:
»Die drei Uhren. An der Vergangenheit ist nichts mehr zu ändern; die Gegenwart entscheidet über die Möglichkeiten der unbestimmten Zukunft. Einer erkennt, dass nur er allein sein Leben zu verantworten hat und dass mehr von ihm gefordert ist, als einen ihm vorgegebenen Rahmen auszufüllen.
Er läuft weg und riskiert alles.« (W. Lettl, 210).
Das Bild ist als Folie enthalten in: *Bilder aus Religion vernetzt 5 und 6. 36 Farbfolien,* München 2004, ISBN 978-3-466-50716-0.

2. Einsatzmöglichkeiten im RU

Grundlegende didaktische und religionspädagogische Hinweise zum Umgang mit Bildern finden sich unter »Bilddidaktik« in: Religion vernetzt 5, Lehrerkommentar, S. 150 .

12

Das Titelbild betrachten und erschließen

PINNWAND

Sch werden durch das Bild angeregt, sich für die Thematik »Alltag bewältigen – Orientierung finden« zu öffnen.

- Zunächst formulieren Sch, was sie erkennen: »Ich sehe Uhren«, »Ich sehe einen Menschen, der rennt«, » Ich sehe ...«
- Dann betrachten Sch die Details genauer und beschreiben sie.
  - Die Position der drei Uhren
  - Die Form des Holzrahmens
  - Die Person (Haltung, Aussehen, Kleidung, mögliches Alter)
  - Den Schatten und den Sonnenstand
  - Den Vorder- und den Hintergrund und die Farben
- Zur Vertiefung schließen Sch die Augen, sehen das Bild vor dem inneren Auge und beschreiben es.

Das Bild deuten

- Sch stellen sich gegenseitig Fragen zum Bild, z. B. »Warum sind Uhren dargestellt?«, »Was bedeutet der Rahmen?«, »Warum rennt der Junge?« und suchen nach Antworten.
- Anschließend formulieren Sch gemeinsam unter Anleitung von L eine Deutung des Bildes.
- Sch identifizieren sich mit dem Jungen und beschreiben sein Verhalten: »Ich will nicht den Rahmen ausfüllen.« »Ich muss die Zeit nutzen und mich beeilen.« »Ich kenne die Richtung meines Weges.« »Ich ...«
- Sch schlagen passende Titel für das Bild vor, z. B. »Lebens-Lauf«, »Der Zukunft entgegen!«, »Nutze die Zeit!/*Carpe diem!*«, »Fall aus dem Rahmen!«, »Gestresst!«
- Sch stellen den Zusammenhang zwischen dem Bild und dem Thema »Alltag bewältigen – Orientierung finden« her.

Ein Labyrinth als Bild für den Lebensweg entdecken

Sch erfahren am Beispiel eines Irrgartens, dass der Lebensweg nicht immer gerade verläuft, sondern dass es auch Sackgassen gibt und man immer wieder gezwungen ist umzukehren, sich neu zu orientieren und einen neuen Weg zu wagen.

- Sch erhalten **AB 6.1.1, Lehrerkommentar S. 43.** Ein/e Sch liest die Hinführung und den Arbeitsauftrag.

Wichtige Hinweise von L:

- Farbstift verwenden und jeden Weg, auch Sackgassen, einzeichnen.
- Langsam, ohne Hektik und unter absoluter Ruhe arbeiten.
- Während der Übung auf Gedanken und Gefühle achten.
- Wenn nötig umkehren und sich neu orientieren.
- Es gibt einen Weg in die Mitte.

- Sch zeichnen bei ruhiger Musik mit einem Farbstift den Weg nach, den sie von außen nach innen durch den Irrgarten wählen (L sollte vorab die Übung selbst durchführen). Wenn Sch in der Mitte angekommen sind, formulieren sie in Stichpunkten Erfahrungen während der Übung.
- Sch erzählen von ihren Erfahrungen.

Antwortbeispiel:

»Am Anfang fuhr ich munter drauflos. Aber dann geriet ich in eine Sackgasse. Das hat mich verwirrt und enttäuscht. ›Mist!‹, dachte ich, ›jetzt muss ich umkehren.‹ Es ist mir schwer gefallen, den Weg zurückzugehen. Dabei habe ich mir Hindernisse in meinem Leben vorgestellt. An der nächsten Kreuzung habe ich die andere Richtung probiert. Aber ich bin vorsichtiger geworden. Als ich in die Nähe des Zentrums kam, dachte ich: ›Gleich habe ich es geschafft.‹ Aber dann musste ich wieder bis fast an den Rand um den richtigen Weg zu finden. Dazu braucht man Geduld. Endlich kam ich in der Mitte an. Es war ein schönes Gefühl, das Ziel zu erreichen. Ich war erleichtert und froh.«

Ich, Steffi

Kontext 1 8 9

1. Hintergrund

Der Text veranschaulicht in Form eines Tagebucheintrags den Alltag eines 11-jährigen Mädchens und führt damit das »biografische Lernen« fort, wie es in Religion vernetzt 5.1 thematisiert wird. Dabei wechseln Belastungen (Ärger mit der Schwester, Stress, Notendruck, Ermahnungen der Eltern, Überforderung durch schwierige Hausaufgaben, Langeweile) mit schönen Erfahrungen (Lob durch den Lehrer, Lieblingsessen, Firmgruppe, Zusammensein mit Freundinnen, Computerspiele, Vorfreude auf die Party). Die Zusammenstellung zeigt, wie vielen unterschiedlichen, positiven und negativen Eindrücken und Einflüssen Kinder in diesem Alter ausgesetzt sind. Auch die Fülle an Terminen überrascht. Sch können sich mit einzelnen Aussagen identifizieren und werden angeregt, von ähnlichen Erfahrungen aus ihrem Alltag zu erzählen.

Die Zeichnungen illustrieren die unterschiedlichen Erlebnisse des Tages.

2. Einsatzmöglichkeiten im RU

Steffis Alltag reflektieren

Sch nehmen verschiedene belastende und erfreuliche Alltagserfahrungen Steffis wahr, erkennen Ursachen dafür und schlagen Verhaltensänderungen vor.

- Zwei Sch lesen abwechselnd die Uhrzeiten bzw. den Text.
- Sch äußern sich spontan zum Tagesablauf Steffis: »Zu viele Termine«, »viel Stress«, »So geht's mir auch manchmal!«
- Sch sammeln in PA in Stichpunkten schöne Erfahrungen und Belastungen Steffis und tragen sie in eine Tabelle ins Heft ein.

Tagesablauf vergleichen PINNWAND 12

- Jede/r Sch erhält **AB 6.1.2, Lehrerkommentar S. 44**, und schreibt den Ablauf eines ausgewählten Tages der letzten Zeit mit Zeitangaben in Stichpunkten auf. Dazu malt er/sie gemäß dem Arbeitsauftrag auf *Pinnwand 12* Smilies, die ausdrücken, wie er/sie einzelne Stationen und Situationen empfunden hat.
- Sch vergleichen in GA Steffis Tagesablauf mit dem eigenen und nennen Gemeinsamkeiten und Unterschiede.

Einen idealen Schultag erleben

Als Gegenentwurf zur Belastung des Alltags unternehmen Sch auf Anleitung von L die Fantasiereise »Ein idealer Schultag« (**AB 6.1.3, Lehrerkommentar S. 45**).

- L leitet Sch an, zur Ruhe zu kommen, die Augen zu schließen, bewusst und tief ein- und auszuatmen. Dann beginnt ruhige, leise Musik. L spricht den Text langsam mit ruhiger Stimme.
- Nach der Fantasiereise notieren Sch besondere Erlebnisse ihres idealen Schultags schweigend in GA auf einem Plakat, das die Überschrift »Ein idealer Schultag« trägt. Einzelne Gruppen präsentieren ihre Erlebnisse.
- Sch prüfen, welche Erlebnisse des »idealen Schultags« sich konkret in ihrem realen Schultag verwirklichen lassen. Sie bringen diese Vorschläge in eine Sitzung des Klassenrates ein, stellen sie vor, stimmen darüber ab, planen gemeinsam die einzelnen Schritte und kontrollieren regelmäßig ihre Umsetzung.
- Zwei Sch stellen die Ergebnisse für einen Artikel in der Schülerzeitung oder einen Beitrag auf der Schulhomepage zusammen.

Sch-Beispiele:

»Besonders gefiel mir, dass ich in der Frühe ausgeschlafen, mit einem Frühstück und ohne Hektik in die Schule kam.
Der Unterricht war lustig und toll, die Lehrer waren witzig und gut gelaunt. Sie haben den Stoff gut, langsam und geduldig erklärt, in Mathe durch Spiele. Ich habe nur gute Noten bekommen.
Alle sind gut miteinander ausgekommen, niemand wurde wegen seiner Klamotten oder seines Aussehens gemobbt.«

»Ich saß neben meiner besten Freundin. Wir hatten viele Pausen und der Unterricht fand im Freien statt. In Bio haben wir den Schulgarten gepflegt, Blumen eingepflanzt und Kartoffeln ausgelegt, in Deutsch viele Erzählungen gelesen und selbst Geschichten geschrieben. In Musik haben wir tolle Lieder gesungen und angehört. Einige haben auch in der Band gespielt und die Songs begleitet. In Reli waren wir im Meditationsraum und haben eine Fantasiereise unternommen. In Erdkunde haben wir eine Stadtrallye gemacht und viel gelacht. In Geschichte hörten wir spannende Geschichten aus dem Alten Rom. In Sport haben wir einen Parcours aufgebaut, das große Trampolin hat am meisten Spaß gemacht; später sind wir schwimmen gegangen. In Kunst durften wir mit bunten Farben Schmetterlinge an die Schulwände malen. Später hatten wir Sozialpraktikum und sind in den Kindergarten gegangen um mit den Kids zu spielen. Klasse war, dass wir die Bücher in der Schule lassen durften und keine Hausaufgaben bekamen.«

Freizeit – Langeweile – Stress

Kontext 2 10 11

1. Hintergrund

Die Doppelseite leitet Sch an, über wesentliche Aspekte ihres Alltags wie Freizeit, Stress und Langeweile zu reflektieren.
Viele Menschen sind fasziniert von **Freizeitparks**, die auf engstem Raum ein Maximum an Kick, Nervenkitzel, Sensation und Unterhaltung bieten. Diese künstlich geschaffenen »Freizeitoasen«, die sich an Superlativen und Attraktionen gegenseitig überbieten, ermöglichen Kindern, Jugendlichen und Erwachsenen ein kurzzeitiges Ausbrechen aus dem Alltag und bie-

Deutschland im Gaudi-Boom, oder: Flucht in den Erlebnispark

Das Paradies war schön. Optimales Klima, freundliche Flora und Fauna (außer der Schlange). Doch der Mensch wusste diese Schöpfung nicht zu schätzen und wurde aus dem Paradies vertrieben. Seitdem erfährt jede Generation, dass unsere Welt fehlerhaft ist. Der Mensch aber strebt nach Vollkommenheit, deshalb wurde er zum Weltenschöpfer und schuf den Erlebnispark – ein vollklimatisiertes Ersatzparadies von immer perfekter werdender Illusion.
Erlebniswelten erfreuen sich rasant zunehmender Beliebtheit. Die 56 Freizeitparks in Deutschland locken inzwischen über 22 Millionen »Erlebniskonsumenten« an, dreimal mehr als die Spiele der Bundesliga. Sie werden in diesem Jahr rund eine Milliarde Mark ausgeben, um aus dem Alltagstrott auszuscheren, Langeweile zu beseitigen und den ultimativen Kick zu finden.
Man will Anteil nehmen am theatralischen Leben, das urbanes Milieu simuliert. Man will Spaß, weil der Alltag schon hart genug ist. Gaudi-Genuss wird zum sozialen Statement, zum gesellschaftlichen Zugehörigkeitsausweis. Mögen Kritiker über inhaltsfreie Ästhetik und mystische Entleerung sinnieren. Die Pilgerreise ins bereits verloren geglaubte Paradies wird das nicht aufhalten. *(Tagesspiegel 25.7.1999)*

ten atemberaubende Erlebnisse. Allerdings sind die Eintrittsgelder meist so hoch und die Anfahrtswege oft so weit, dass sich Familien einen Besuch – wenn überhaupt – nur ab und zu leisten können.
Die **Abbildung** zeigt das Deckblatt des Prospektes von Legoland Deutschland 2002. Die Bilder präsentieren verschiedene Fahrzeuge auf Straßen und Schienen, auf dem Wasser und in der Luft, die Kinder und Jugendliche begeistern. Im Hintergrund locken faszinierende Gebäude, die aus Millionen von Legosteinen gebaut sind. Action und Spaß sind also garantiert!
Der Werbetext preist einzelne Hauptattraktionen an.
In völligem Gegensatz zu den Erlebnissen eines Freizeitparks steht das Gedicht über eine nicht enden wollende, tödlich langweilige **Schulstunde**. Manche/r Sch wird sich darin wiederfinden. Das Gedicht nennt Gründe dafür: Disziplin, Konzentration, der (autoritäre) Lehrer, Zahlen, Daten, Begriffe, Unbegreifliches, Zwang. Wie in einem *Countdown* werden die endlosen, noch verbleibenden Minuten bis zum Ende heruntergezählt. Nach einem kurzen Aufatmen beginnt die nächste Stunde. Sprachlich wird die Eintönigkeit und Langeweile der Unterrichtsstunde durch ständige Wiederholung der Begriffe »noch« und »Minuten« und die vielen Zahlen nachgeahmt.
Das **Gedicht** »Was ein Kind gesagt bekommt« stammt aus dem Jahr 1937, was man an der Formulierung der Verhaltensnormen und an Begriffen wie »Kohlentragen«, »Sonntagsspaziergang«, »ehrerbötig« erkennen kann. Die gereimten Verse ermöglichen einen interessanten Vergleich zwischen früheren und heutigen Lebensverhältnissen und Erziehungsgrundsätzen. Dabei zeigen sich neben durchaus noch gültigen Regeln (Sparen, Aufruf über eine Behinderung nicht zu lachen und alte Menschen zu achten, Essensratschläge) auch recht fragwürdige Einstellungen und Normen (Aufpasser-Gott, der beispielsweise Jean-Paul Sartre in den Atheismus getrieben hat, oder die Aufforderung als Kind den Mund zu halten bzw. Erwachsenen nicht zu widersprechen).

Bertolt Brecht (1898-1956)
Bertolt Brecht war als Schriftsteller und Regisseur tätig. Er gilt als einer der bedeutendsten Dramatiker der deutschen Literatur im 20. Jahrhundert. Brecht wurde am 10. Februar 1898 als Sohn eines Fabrikdirektors in Augsburg geboren. 1917 machte er das Abitur. Anschließend studierte er Medizin in München. 1918 leistete er vorübergehend Kriegs- und Sanitätsdienst. 1923 wurde er Dramaturg an den Münchner Kammerspielen, 1924 am Deutschen Theater, Berlin. Ab 1924 lebte er als freier Schriftsteller in Berlin. Ende Februar 1933, als die Nazis an die Macht kamen, floh er über Österreich in die Schweiz, weiter nach Dänemark, England, Schweden, in die Sowjetunion und in die USA (Kalifornien). Diese Exiljahre erwiesen sich als eine der produktivsten und erfolgreichsten Schaffensperioden Brechts. 1947 kehrte er nach Europa zurück. Da ihm die Einreisegenehmigung nach Westdeutschland von den alliierten Behörden verweigert wurde, übersiedelte Brecht 1949 nach Ost-Berlin. 1951 wurde er mit dem DDR-Nationalpreis erster Klasse und 1954 mit dem Internationalen Stalin-Friedenspreis ausgezeichnet und avancierte nach seinem Tod zum Nationaldichter der DDR, wenngleich er nicht mit dem sowjetischen Idealschema des sozialistischen Realismus konform ging und deshalb in Osteuropa immer eine umstrittene Persönlichkeit blieb.

Durch die Überschrift verdeutlicht Brecht, dass er aus der Kinderperspektive Aufforderungen aller Art, denen Kinder ausgesetzt sind und denen sie, wie wiederholt betont wird, nicht widersprechen dürfen, ohne Wertung zusammenstellt. Damit fordert er geradezu eine Stellungnahme des Lesers/der Leserin heraus.
Die Karikatur **»Wer keine Zeit hat«** stellt auf hintersinnig-überraschende Weise unvernünftiges menschliches Verhalten im Umgang mit Zeit bloß. Trotz der

geringsten Arbeitszeit in der Geschichte, die sich in den vergangenen 150 Jahren von etwa 80 Wochenstunden auf weniger als 40 halbiert hat, behaupten viele Zeitgenossen in verschiedensten Situationen, sie hätten keine Zeit. Sicher hängt diese Tatsache mit der Grundeinstellung unserer Gesellschaft zusammen, die da sagt: Je voller dein Terminkalender ist, desto wichtiger bist du! So ist es nicht verwunderlich, dass sich ungezählte Menschen am entsprechenden Schalter einreihen ohne zu erkennen, dass sie damit viel länger warten müssen als die Person, die zugibt Zeit zu haben. Konkretes Beispiel für dieses Verhalten sind die regelmäßigen Staus an Wochenenden bzw. zu Ferienbeginn, wenn viele möglichst sofort in den Urlaub aufbrechen.
In der Karikatur ***»I think it's stress!«*** wird eine gravierende Folge von Stress originell aufgezeigt. Ein Zebra muss entsetzt mit ansehen, dass sich vermutlich in Folge von Stress seine Körperstreifen lösen und zu Boden gleiten. Das Tier verliert die Streifen, die es einzigartig machen und einen Teil seiner Identität bilden. Was bedeutet das für Kinder und Jugendliche? Stress verhindert, dass sie ihre Individualität entfalten, sich besinnen, zur Ruhe kommen.

2. Einsatzmöglichkeiten im RU

Freizeitparks PINNWAND 12

Sch reflektieren über die Faszination von Freizeitparks, bewerten Attraktionen und beurteilen die Relation von Preis und Angebot. Für eine eingehende Auseinandersetzung mit Freizeitparks ist es lohnend, Angebote zu vergleichen.

- Sch nennen und beschreiben die Attraktionen, die in dem Text auf *Kontext 2* (**10**) beschrieben sind. Sie erkennen dabei die Superlative und weitere vereinnahmende Begriffe aus der Werbesprache, die die Faszination unterstreichen sollen.
- Sch beschaffen Informationsmaterial und Prospekte über Freizeitparks in ihrer Umgebung (*Bezugsquellen:* www.freizeitparks.de, Prospekte von eigenen Besuchen, Touristen-Information von Städten in der Nähe von Parks, Reisebüros).
- – Sch bringen gesammeltes Material mit in den Unterricht und vergleichen und bewerten in GA die Angebote (Spaßfaktor, Höhe der Eintrittspreise). Aus den Prospekten gestalten sie eine Collage mit dem Titel »Faszination Freizeitpark«.
- Sch erklären, was ihnen an Freizeitparks nicht gefällt.

Freizeitstatistik erstellen PINNWAND 12

Angeregt von der Beschäftigung mit Freizeitparks mit ihren organisierten Erlebnisangeboten reflektieren Sch über ihre persönlichen Freizeitaktivitäten.

- Sch füllen **AB 6.1.4, Lehrerkommentar S. 46**, aus. Da der Umgang mit Medien im Buch besonders thematisiert wird (vgl. *Orientierung 4* und *5*, **20ff.**), geben sie im Bereich »Umgang mit Medien« die ungefähre Zeit des täglichen Medienkonsums in Minuten an.
- Für die Auswertung ergeben sich zwei Möglichkeiten:
- – Zwei Sch (am besten mit Excel-Kenntnissen) werten den Fragebogen zu Hause aus, stellen das Ergebnis grafisch auf Folie dar und erläutern es in der nächsten Religionsstunde (Zeit sparend).
- – Sch und L werten den Fragebogen gemeinsam im Unterricht aus (zeitaufwändiger).
- Am Ende werden die »Top Ten«, aber auch die geringsten Prozentsätze genannt und bewertet. Dabei werden auch die Zeitangaben (höchste/niedrigste Angabe, Durchschnitt) zum Medienkonsum genannt.
- Sch versuchen die unterschiedlichen Ergebnisse bei Jungen und Mädchen zu erklären.

Mein Hobby PINNWAND 12

- Sch planen, welche besonderen Hobbys sie Mitschülerinnen und Mitschülern am Projekttag vorstellen und/oder in einem Kurs näher bringen können.

Lieblingsmusik austauschen PINNWAND 13

- Jeweils ein oder zwei Sch stellen am Anfang jeder Stunde den anderen ihre Lieblingsmusik vor. Dabei erklären sie, warum ihnen gerade diese Musik gefällt. Auch auf die Texte der Lieder sollen Sch möglichst eingehen.

Unterricht bewerten/Mit der Zeit sinnvoll umgehen PINNWAND 13

Sch erkennen Ursachen für Langeweile im Unterricht und nennen Kriterien für guten Unterricht.

- Sch beschreiben den Eindruck, den der Text »Schulstunde«, der von Sch für eine Schülerzeitung geschrieben wurde, hinterlässt und benennen die Gründe für die Eintönigkeit und Langeweile der beschriebenen Stunde.
- Sch untersuchen die Sprache des Textes.
- Sch sprechen grundsätzlich über die Folgen von langweiligem Unterricht. (*Vorsicht:* Der RU sollte dabei nicht zum Forum für die Kritik an einzelnen Fächern oder Lehrer(inne)n werden!)
- Sch denken über ihren Umgang mit Zeit nach (vgl. Pinnwand **13**) und notieren in EA Gedanken zu den Aussagen:
  »Ich habe das Gefühl, meine Zeit sinnvoll zu nutzen, wenn ...« und: »Ich habe das Gefühl, meine Zeit zu vergeuden, wenn ...«. Anschließend lesen sie ihre Aussagen vor.

- Sch fassen zusammen: Welche Tätigkeiten erscheinen als sinnvoll genutzte und welche als vergeudete Zeit?

Aufforderungen vergleichen und bewerten
Sch vergleichen Aufforderungen, mit denen sie in Schule und Elternhaus täglich konfrontiert werden, mit früheren und bewerten sie.

- Sch notieren in EA auf **AB 6.1.5, Lehrerkommentar S. 47**: Was ich so alles gesagt bekomme.
- Sch lesen ihre gesammelten Anordnungen von Erwachsenen heute vor und nehmen Stellung dazu.

Karikatur erklären
Sch erkennen die Widersprüchlichkeit menschlichen Verhaltens in ihrem Verhältnis zur Zeit.

- Sch betrachten, beschreiben und erklären die Karikatur »Wer keine Zeit hat«.
- Sch suchen – ausgehend von der Karikatur – konkrete Situationen für ein solches Verhalten und nennen Ursachen (z. B. das Verhalten bei der Fahrt in den Urlaub, wenn Millionen am Wochenende aufbrechen und im Stau stehen).
- Sch überlegen, warum die meisten Menschen angeblich keine Zeit haben.

Über Stress reflektieren
Sch erkennen die Folgen von Stress.

- Sch betrachten, beschreiben und erklären die Karikatur »I think it's stress«
- Was bewirkt Stress bei mir? Wie fühle ich mich, wie reagiere ich?

Pinnwand 12 13

Folgende Arbeitsimpulse der *Pinnwand* (**12f.**) werden im Lehrerkommentar aufgegriffen:

Titelbild betrachten:	S. 16
Freizeitpark:	S. 19
Freizeitstatistik erstellen:	S. 19
Tagesablauf vergleichen:	S. 17
Mein Hobby:	S. 19
Lieblingsmusik austauschen:	S. 19
Sprüche über die Zeit:	S. 26
Einen Poesiealbum-Spruch gestalten:	S. 26
Mit der Zeit sinnvoll umgehen:	S. 19
Projekt Klassenfeier:	S. 36

Wer weiß noch ...
Bei einem Klick auf den »Wer weiß noch«-Schriftzug von www.religionvernetzt.de können Sch folgende Informationen recherchieren:

Frage 1: Das Vaterunser besteht aus sieben Bitten, drei Du-Bitten und vier Wir-Bitten. Es stellt somit eine Verbindung zwischen Gott (symbolisiert durch die Zahl drei) und den Menschen (symbolisiert durch die Zahl vier) her. Die Anrede bezeichnet Gott als Vater (Abba) aller Menschen. Es folgen drei Du-Bitten, Heiligung (Ehrung) des Gottesnamens, Kommen des Reiches Gottes (Gerechtigkeit und Frieden), Erfüllung von Gottes Willen. Dann die vier Wir-Bitten um Brot, Vergebung, Bewahrung vor Gefährdung im Glauben und um Erlösung vom Bösen. Den Abschluss bildet der Lobpreis Gottes, der durch das »Amen«, d. h. »So soll es sein!« bestätigt wird (vgl. Religion vernetzt 5.1, *Perspektiven 3,* **26f.**).

Frage 2: Psalm 23 erzählt uns von der Geborgenheit, die Gott uns Menschen auf unserem Lebensweg gibt. Der Beter vergleicht der Beter Gott mit einem Hirten, der ihm – wie ein Hirte seinen Schafen – in allen Lebenssituationen nahe ist und Ruhe, Orientierung, Schutz und Nahrung gewährt.
Gerade in schwierigen Zeiten hilft Psalm 23 vielen Menschen, den Mut nicht zu verlieren (vgl. Religion vernetzt 5.1, *Perspektiven 1,* **22**).

Frage 3: Der gesamte Weihnachtsfestkreis geht vom 1. Advent bis zum 2. Februar. Dabei wird in der Kirche nicht nur an die Geburt Jesu gedacht, sondern auch an andere Heilige (z. B. Hl. Barbara am 4. Dezember, Hl. Nikolaus am 6. Dezember, Hl. Lucia am 13. Dezember, Hl. Stephanus am 26. Dezember und Hl. Sylvester am 31. Dezember) und andere Ereignisse aus dem Leben Jesu (Kindermord zu Betlehem am 28. Dezember, Taufe Jesu durch Johannes den Täufer am ersten Sonntag nach Epiphanie, Beschneidung Jesu am 2. Februar). (Vgl. Religion vernetzt 5.4, *Orientierung 2,* **84f.**)

1. Hintergrund

Die Doppelseite regt dazu an, dem Phänomen Zeit näher auf die Spur zu kommen.
Die **Erzählung** bringt anhand der kindlich-philosophischen Gedanken (vgl. Hans Mendl, Von der Kinderphilosophie zur Jugendphilosophie, in: Religion vernetzt 5, Lehrerkommentar S. 60) des Mädchens Lena zum Ausdruck, wie unterschiedlich und geheimnisvoll Zeit empfunden wird. Sie kann schnell verfliegen und sich ewig hinziehen. Aber sie ist nicht, wie in der Schule dargestellt, eine Gerade auf einer Tafel, auf der man verschiedene Ereignisse einträgt. Nein, sie erscheint wie ein riesiges, ewiges Loch, das alles, Saurier, Mammuts und Berge, seit Millionen Jahren verschlingt. Das eigene Leben erscheint angesichts dessen wie ein flüchtiger Augenblick, ein Windhauch, ein Tropfen im Meer der Zeit. Dennoch empfindet Lena ihre individuelle Lebenszeit als einen langen Zeitraum, vielleicht 80 Jahre, den letztlich Gott ebenso wie die Jahrmillionen in seinen Händen hält.
In den Steinruinen der 2000-jährigen Römerstadt ist die Zeit für einige Minuten stehen geblieben und Lenas Leben wurde vom Hauch und Zauber der Ewigkeit angerührt.
Aus einer Fülle von Redewendungen zum Thema Zeit (vgl. *Orientierung 2,* **16**) werden zwei durch **Cartoons** visualisiert. Sie können für Sch als Impuls dienen, eigene Bilder zu einem Lieblingsspruch über die Zeit zu malen (vgl. Sch-Beispiele, Lehrerkommentar S. 23).
Eine Möglichkeit, Zeit zu strukturieren und sie damit dem gleichförmigen, rein quantitativen Ablauf zu entziehen, bietet das **Bild** von den sechs verschiedenen Uhren, die um ein Zentrum angeordnet sind.
Menschliche Zeiten (Lachen – Weinen, Urlaub – Arbeit, Leben – Tod) werden überlagert und durchdrungen von kosmischen Naturvorgängen (Tag – Nacht, Frühling – Sommer – Herbst – Winter, Vollmond – Halbmond – Neumond). Die Uhr in der Mitte zeigt fünf vor Zwölf, vielleicht ein Hinweis darauf, die »Zeichen der Zeit« zu erkennen und die begrenzte Zeit zu nutzen.

Koh 3,1-8: Alles hat seine Zeit
Das Buch Kohelet wurde etwa im 3. Jahrhundert vor Christus von einem unbekannten Weisheitslehrer verfasst.
Koh 3 ist der wohl am häufigsten herangezogene Text der Bibel zum Thema »Zeit«. »Kohelet« ist kein Eigenname, sondern bedeutet »Sprecher in der Versammlung, Prediger«. Zentrales Anliegen des Buches ist es, den Menschen den Weg zu einem gelingenden Leben zu weisen. Dabei werden verschiedene »Werte« untersucht, die einzeln wichtig sind, wie Reichtum, Besitz und Vergnügen, es wird aber erkannt, dass alles der Vergänglichkeit unterworfen ist. Nur »wenn wir uns der Vergänglichkeit und dem Tod stellen, kann jeder Augenblick kostbar werden ... Gerade weil wir begrenzt sind, sollen wir unsere besten Möglichkeiten ins Spiel bringen ... Wer die Zeit zum Weinen etwa nicht wahrnimmt, wird die Zeit zum Lachen auch nicht ergreifen. Die nicht wirklich gelebte Gegenwart drängt sich als unbewältigte Vergangenheit immer wieder in das gegenwärtige Erleben ein und verhindert so echte Gegenwart. Der springende Punkt dabei ist: Des Menschen Zeit ist Gottes Zeit. Diskret verweist Kohelet darauf, dass alles in Gottes Hand und Plan liegt. Doch dadurch, dass wir Menschen das, was auf uns zukommt, mit ganzem Herzen ergreifen, sind wir offen für unsere Gegenwart und Zukunft. Ja, die wahrgenommene Gegenwart führt in die Ewigkeit.« (Deselaers, 117f.)
Problematisch erscheinen die Gegensatzpaare »Töten – Heilen, Lieben – Hassen, Krieg – Frieden«. Sind Töten, Hassen, Krieg erlaubt, wenn es eine Zeit dafür gibt? Diese moderne Frage stellt sich nach Ansicht der Exegeten für den Autor nicht. Er analysiert die Welt, wie sie ist – mit all ihren schönen, aber auch dunklen Seiten. Die letzten Zusammenhänge der Welt und ihrer Zeiten, auch der leidvollen, zu durchschauen ist dem Menschen nicht möglich. Seine Aufgabe und Kunst besteht aber darin, den rechten Zeitpunkt für das Tun zu erkennen und entsprechend der Bestimmung, die nicht austauschbar ist, zu handeln. Indem Kohelet den Katalog der Geschehnisse mit den Paaren »Gebären und Sterben« und » Krieg und Frieden« rahmt, verdeutlicht er, dass dem Menschen der Zeitpunkt für eine Handlung oder ihr Gegenteil begegnet, ohne dass er darauf Einfluss nehmen kann. Hinter allem steht die Weltordnung Gottes, die sich dem Menschen aber auf Erden nicht erschließt (vgl. ebd.).

Perspektivenwechsel

Die Fähigkeit, Wirklichkeit (auch) mit den Augen der anderen und damit immer wieder neu wahrzunehmen, erweist sich als notwendige Bedingung für eine gelingende Kommunikation. Sie ist damit konstitutiv für jeden religionspädagogischen Lernbereich, insbesondere für das ethische und interreligiöse Lernen. Empathie darf aber deshalb nicht automatisch bei Kindern und Jugendlichen als bereits vorhanden vorausgesetzt werden, sondern muss in besonderer Weise gefördert werden. Erst nach und nach weitet sich der zunächst egozentrische Standpunkt des Kindes zur Fähigkeit der wechselseitigen Perspektivenübernahme (Selman). Der Wechsel zwischen Ich- und Du-Perspektive bedarf aber noch der gemeinsamen Entwicklung einer Wir-Perspektive und damit übergreifender Prinzipien, weil das, was das Ich und Du meint, keineswegs auch für weitere Betroffene oder eine größere Gemeinschaft gelten muss.
Mit der Reversibilität des Denkens und der Ausweitung der sozialen Perspektive werden auch die Perspektiven immer umfassender, die der/die Einzelne von sich auf andere und von andere auf sich einzunehmen vermag und durch die sich sein/ihr »Selbst«-Bild konstituiert (Kegan). So führt die Fähigkeit zur wechselseitigen Perspektivenübernahme zunächst dazu, dass Jugendliche sich selbst so sehen, wie die anderen sie ihrer Meinung nach wahrnehmen. Die vermeintliche Perspektive der anderen bestimmt also im Jugendalter entscheidend, wer man glaubt zu sein.
Um Kinder und Jugendliche auf dem Weg zu einem mündigen Perspektivenwechsel zu unterstützen, muss der Religionsunterricht immer wieder Lernsituationen schaffen, die es erlauben, eigene Perspektiven wahrzunehmen, gleichzeitig aber auch Abstand dazu zu gewinnen, um Perspektiven und Argumente austauschen und die anderer einnehmen bzw. übernehmen zu können. Dabei fördern insbesondere Formen des kreativen Schreibens (z. B. Tagebucheintrag oder Brief aus der Perspektive eines/einer anderen) oder die Mitwirkung an szenischen Darstellungen (z. B. Standbilder, Rollenspiele) die zeitlich begrenzte Übernahme einer anderen Sichtweise oder Verhaltensmöglichkeit. So genannte Klappbilder (z. B. die Umkehrtäuschung des Gesichts einer alten und jungen Frau) oder die bekannte Erzählung »Die Blinden und der Elefant«, in der Blinde nur einzelne Körperteile eines Elefanten begreifen und meinen, damit den ganzen Elefanten erfasst zu haben, können ein Problembewusstsein für die Gleichzeitigkeit (»Komplementarität«) verschiedener Sichtweisen zum gleichen Sachverhalt aufbauen. Dabei sollte auch deutlich werden, dass die Verabsolutierung eigener Erfahrungen zu Konflikten führt und man nur zu tieferen Einsichten gelangen kann, wenn man bereit ist, sich anderen Erfahrungen gegenüber zu öffnen und aufeinander zu hören. Schließlich lässt die Fähigkeit zum Perspektivenwechsel auch die Möglichkeit erahnen, dass Wirklichkeit nicht hinreichend mit dem empirisch Erfassbaren beschrieben ist, sondern über sich selbst hinaus verweist auf den ganz Anderen.

M. S.

Literatur

Hilger, Georg / Ziebertz, Hans-Georg, Allgemeindidaktische Ansätze einer zeitgerechten Religionsdidaktik, in: Hilger, Georg / Leimgruber, Stephan / Ziebertz, Hans-Georg (Hg.), Religionsdidaktik. Ein Leitfaden für Studium, Ausbildung und Beruf, München [5]2008, 88-101, bes. 95f.

2. Einsatzmöglichkeiten im RU

Über Zeit philosophieren

Sch machen sich bewusst, wie unterschiedlich Zeit erlebt werden kann.

- Erschließungsfragen:
  - Lena erlebt Zeit als riesiges Loch. Was sind die Gründe dafür?
  - Wie unterscheiden sich Lenas Gedanken von der Zeitleiste im Geschichtsunterricht?
  - Warum glaubt Lena, sie lebe erst seit einer Sekunde?
  - Warum empfindet sie ihr Leben am Ende als lange?
  - Welche Bedeutung hat Gott im Zusammenhang mit der Zeit?

Koh 3,1-8 deuten

Sch erfahren, dass bereits vor etwa 2200 Jahren Menschen in Israel über die Zeit nachgedacht haben und es sich auch heute lohnt, diese Gedanken kennen zu lernen und über ihre Bedeutung zu reflektieren. Sie erkennen, dass der Mensch abhängig ist von dem, was ihm zum jeweiligen Zeitpunkt begegnet bzw. über ihn hereinbricht, und deshalb die Gegenwart ergreifen soll.
Hinführung: Auch in den Weisheitsbüchern des AT finden sich Gedanken über die Zeit.

- Sch lesen den Bibeltext langsam mit verteilten Rollen und sprechen darüber.
- Sch finden die Gegensätze.
- Sch erkennen unter erklärenden Hinweisen des L,

dass der Zeitpunkt für diese Geschehnisse letztlich menschlichem Handeln entzogen ist, z. B. Pflanzen auf dem Feld kann man nur, wenn die Bedingungen dafür gegeben sind, Ernten ist erst dann möglich, wenn die Früchte reif sind.
- Sch lesen den Text noch einmal langsam bei ruhiger Musik.

Eigene Gegensatzpaare skizzieren
- Sch erhalten **AB 6.1.6, Lehrerkommentar S. 48**, und erklären die Karikaturen.
- Angeregt von dieser Darstellung formulieren sie selbst weitere Gegensätze und malen ein Gegensatzpaar (s. u.).

Sch-Beispiele zu »Eigene Gegensatzpaare skizzieren«:

Lied hören und erklären
- L zeigt auf Folie **AB 6.1.7, Lehrerkommentar S. 49**.
- Sch hören das Lied, lesen den Text mit und erklären ihn.
- L verweist auf Koh 1,2.14 und 12,8.
- Sch bewerten den Text und verbinden ihn mit eigenen Erfahrungen.
- Sch hören das Lied erneut und beschreiben die Stimmung, die das Lied auslöst.

Dust in the wind
Mit dem Lied »Dust in the wind« hatte die Gruppe »Kansas« im Jahr 1977 ihren größten Single-Erfolg. Der Text greift das Grundthema des Buches Kohelet auf: Windhauch, Windhauch, alles ist Windhauch (Koh 1,2; 12,8). Die Gedanken kreisen um die Vergänglichkeit des Lebens, die der Mensch aber nicht wahrhaben will.
Die erste Strophe stellt die Kürze des Augenblicks den Träumen des Menschen gegenüber, die aber nichts als Staub im Wind sind.
Die zweite Strophe erweitert diesen Gedanken um ein weiteres Bild: Wir Menschen sind nur ein Tropfen im grenzenlosen Meer. Nicht nur unsere Träume, sondern auch wir selbst sind Staub im Wind. Aber wir weigern uns, uns dies einzugestehen.
Die dritte Strophe appelliert schließlich an den Menschen, sich nicht an das Leben mit seinen trügerischen Gütern zu klammern, denn alles ist vergänglich, nur Himmel und Erde bleiben bestehen. Diese Aussage bezieht sich auf Koh 1,14: »Alles Menschliche vergeht, nur die Erde steht im Ewigkeit.« Aufgezeigt wird dieser Gedanke am Beispiel der Zeit, denn mit all seinem Geld kann der Mensch keine Minute zusätzlicher Lebenszeit kaufen.
Das Lied ist sehr melodisch und hat ein »bezauberndes« Vor- und Zwischenspiel nach der zweiten Strophe. Es lädt zum Träumen, aber auch zum Nachdenken und Philosophieren ein und verbreitet eine melancholisch-wehmütige Stimmung.

Gedichte über die Zeit schreiben
Sch machen sich die Gleichzeitigkeit der Ereignisse, die ja immer gilt, bewusst, blicken über ihren Horizont hinaus und entwickeln Empathie für die Lebenssituation anderer.

- L liest das Gedicht auf **AB 6.1.8, Lehrerkommentar S. 50,** vor.

Das Erdbeben ist anderswo
Unsere Wahrnehmung von Zeit ist meist einseitig auf uns selbst bezogen. Manchmal denken wir an jemanden, der gerade eine schwierige Situation erlebt und »halten ihm die Daumen«. Dabei geschieht jetzt im Moment unglaublich viel, Schönes, aber auch Schlimmes. Während wir etwas Alltägliches erleben, zerstört ein Feuer ein Haus oder ein Erdbeben ein Stadtviertel.
In dem Gedicht von Maren Schamp-Wiebe wird diese Tatsache auf eindringliche Weise thematisiert. Während das Ich von einem gemütlichen Essen in entspannter Atmosphäre erzählt, beginnt anderswo die Erde zu beben, Häuser stürzen zusammen und Menschen rennen in Panik um ihr Leben.
Durch die Gleichzeitigkeit des Geschehens (angedeutet durch die bewusste Kleinschreibung), den Gegensatz zwischen Alltag und Katastrophe und das Ineinandergreifen der beiden Handlungsstränge wird die Dramatik noch gesteigert.

- Sch äußern sich spontan: »... wie es uns gut gehen kann und den anderen total schlecht und das genau zur selben Zeit...«
- L verteilt AB, Sch unterstreichen jeden Handlungsstrang mit einer Farbe und analysieren das Gedicht inhaltlich und formal.
- Sch vergegenwärtigen sich ein schlimmes Ereignis der letzten Zeit und schreiben in PA ein eigenes Gedicht.
- Einige Sch lesen ihr Gedicht vor.

Beispiele:

der krieg ist anderswo
während ich mich umziehe
hört man die flugzeuge dröhnen
während ich mich aufwärme
entsichern die piloten die bomben
während ich in den strafraum laufe
werfen die piloten die bomben ab
während ich ein tor schieße
wird im nahen osten ein haus zerstört
während das spiel abgepfiffen wird
hört man die flugzeuge davonfliegen

das schiff sinkt anderswo
während ich sissi sattle
fließt wasser durch ein loch ins schiff
während ich sissi aufzäume
füllt sich der rumpf mit wasser
während ich sissi aus ihrer box führe
schrecken menschen aus dem schlaf
während ich aufsitze
werden rettungsboote ins meer gelassen
während ich losreite
sinkt das schiff langsam
während ich übers feld galoppiere
ertrinken männer frauen und kinder
während ich sissi lobe
rettet man überlebende aus dem meer
während ich heimreite
versinkt das schiff ganz
während ich freude hatte
starben menschen im kalten meer

Zahlen durch Zeiträume veranschaulichen
Auch ein bestimmter Zeitraum, eine Minute, eine Stunde oder ein Tag, kann den äußeren Rahmen eines Gedichtes bilden. So werden eher abstrakte Zahlen für Sch konkreter.

- Sch sammeln im Verlauf des Themas aus Zeitungen statistische Zahlen über verschiedene Bereiche (z. B. Rüstungsausgaben, Opfer im Straßenverkehr usw.) und veranschaulichen sie.

Beispiel:
Während ich 400 Meter laufe, werden 1,8 Millionen US-Dollar für Rüstung ausgegeben. Während wir Religionsunterricht haben, sterben 1200 Kinder an Hunger oder durch Hunger verursachte Krankheiten.

Wertvolle Zeit

Orientierung 2 16 17

1. Hintergrund

Sch lernen vielfältige Redewendungen und Sprichwörter zum Thema »Zeit« und den Unterschied zwischen *Chronos* und *Kairos* kennen.
Die **Uhr** auf *Orientierung 2* (**16**) ist aus Redewendungen zum Wortfeld »Zeit« gestaltet. Der Begriff »Zeit« ist das am meisten gebrauchte Substantiv der deutschen Sprache. Man achte einmal darauf, wie oft im Alltag von »Zeit« die Rede ist! So ist es auch nicht verwunderlich, dass unsere Sprache eine Fülle von Redewendungen über die Zeit kennt. Mithilfe von Bildern, Vergleichen und Metaphern drücken Menschen in einer konkreten Situation ihr Verhältnis zur Zeit aus.
In **Sprichwörtern** wird in volkstümlich einfacher Form und bildlicher Rede eine allgemein gültige Erfahrung versprachlicht. Aphorismen bringen individuelle Erfahrungen zur Sprache, deren Situationskon-

text nicht mehr rekonstruierbar ist. Sentenzen schließlich sind allgemeine Sätze, die sich durch ihre geschlossene Aussage aus einem Handlungsablauf herausheben und wie Sprichwörter Allgemeingültigkeit beanspruchen. Für die Bearbeitung im Unterricht ist diese Differenzierung allerdings nicht erheblich.
Die **zwölf Aussagen** sind nahezu wie die zwölf Stunden um die Uhr in der Mitte gruppiert und stammen aus verschiedenen Kulturkreisen und Epochen, sodass sich ein buntes Spektrum an Gedanken ergibt:

- *Friedrich Freiherr von Logau* (1604-1655), deutscher Dichter, gilt mit seinen prägnanten, satirischen Sinngedichten als bedeutendster Epigrammatiker des Barock. In seinen Gedichten übte er scharfe Kritik am ethisch-religiösen Niedergang der Gesellschaft und an sozialen Ungerechtigkeiten.
- *Lucius Annaeus Seneca d. J.* (4 v.-65 n. Chr.), römischer Politiker, Philosoph und Schriftsteller, schrieb u. a. die »Epistulae morales«, in denen er in Briefform seinem Freund Lucilius allgemeine Regeln zu einem glücklichen Leben gibt.
- *Blaise Pascal* (1623-1662), französischer Philosoph, Mathematiker und Physiker, zog sich nach Jahren wissenschaftlicher Arbeit infolge eines mystischen Erweckungserlebnisses 1654 immer wieder in die Abgeschiedenheit eines Klosters zurück.
- *Edward Young* (1683-1765), englischer Dichter, Jurist und Geistlicher, schrieb neben Satiren im Geist der Aufklärung »Klagen oder Nachgedanken über Leben, Tod und Unsterblichkeit ...«.
- *Erhart Kästner* (1904-1974), deutscher Schriftsteller, verfasste sehr persönliche Erlebnisbücher, die vom Geist des Mittelmeers und der Antike geprägt sind.
- *Napoleon I. Bonaparte* (1769-1821), französischer Kaiser, veränderte durch seine Siege die Landkarte Europas. In den Befreiungskriegen 1813-15 wurde seine Herrschaft über Europa beseitigt.
- *Georg Christoph Lichtenberg* (1742-1799), deutscher Physiker und Schriftsteller, wurde besonders durch seine ironisch-geistreichen Aphorismen bekannt, in denen er sich als scharfsinniger Beobachter und Aufklärer erwies.
- *John Steinbeck* (1902-1968), amerikanischer Schriftsteller und Nobelpreisträger, schrieb v. a. sozialkritische Romane und Erzählungen.

Die Sprichwörter, Aphorismen und Sentenzen sind sprachlich-stilistisch sorgfältig gestaltet. So finden sich Reime, Wortwiederholungen, Antithesen, Parallelismen, Polypdota und Oxymora.
Die **Sachtexte** »Zeit als Chronos« und »Zeit als Kairos« sensibilisieren für die unterschiedlichen Zeitauffassungen. Da es im Deutschen nur einen Begriff für »Zeit« gibt, ist nicht immer klar, welche Form von Zeit wir meinen: Die Aussagen »Wie lange hast du Zeit?« und »Das war eine schöne Zeit!« verwenden

Chronos und Kairos – Von unterschiedlichen Zeitgestalten und deren Wirkung
»Mittendrin sein, tanzen, sich freuen, eins sein mit sich, der Welt und Gott, der ungeteilte Augenblick, das, was sich nicht festhalten lässt, das Kribbeln im Bauch, das Empfinden: Das Leben ist toll! An *Kairos*-Situationen erinnern wir uns gerne, an die schönsten Momente des Lebens. Dann leuchten unsere Augen, dann durchzuckt es den Magen, dann strahlt das Gesicht – allein schon durch die Erinnerung ...
Beim Kairos steht die Uhr still, der Kalender ist vergessen, Raum und Zeit sind in den Hintergrund getreten, Hektik und Sorgen vergessen. Der Kairos setzt sich über den Chronos hinweg und hat ihn schon vergessen – ohne je an ihn gedacht zu haben. Der Chronos, der unsere Lebenszeit zwischen Anfang und Ende strukturiert, der uns glauben lässt, wir müssten noch schneller, noch effizienter arbeiten und leben, der seinen Zeittakt erhöht und uns zum Rekord anhält. Der Chronos, der sich messen lässt mit Uhren und Kalendern. Der Chronos, der uns beherrschen will, um uns zu immer neuen und schnelleren Leistungen zu bringen. Der keine Umwege und Irrwege duldet. Der nur das Ziel kennt und verfolgt. Der die Beschleunigung liebt und uns in einen Rausch versetzt, in dem wir uns und die anderen vergessen, weit weg sind von dem ›eins sein mit sich – der Welt und Gott‹.
Chronos und Kairos vereint in einem runden Ganzen. Die eine Zeitgestalt darf nicht ohne die andere sein; wir Menschen nähmen Schaden daran. Wir sind als Geschöpfe Bestandteil der Geschichte Gottes. Wir sind Gottes Geschöpfe, die geboren sind und gestorben sind. Wir sind Gottes Geschöpfe, die Gefühle leben: Klagen und Tanzen. Nicht nur Kairos – nicht nur Chronos, sondern Kairos und Chronos.
Trennen wir die beiden ungleichen Zeitgestalten, dann verstören wir uns selbst. Dann gelingt es uns nur noch schwer, die Polaritäten des Lebens zu leben ... Versöhnen wir die beiden Zeitgestalten in zyklischen, spiralartigen, wiederkehrenden Begegnungen, wie in den Festtagen des Kirchenjahres und unserer Jahreszeiten, dann ermutigt es uns zum Leben in der Zeit und Frist zwischen Geburt und Tod.
Suchen wir Räume auf, wie Kirchen, Tempel und Synagogen, spüren wir körperlich, dass Chronos und Kairos sich vereinigen. Wir atmen Geschichte Gottes und spüren den Augenblick der Augenblicke ...« (Stattaus 3).

das gleiche Wort, verstehen Zeit aber einmal quantitativ und das andere Mal qualitativ. Die griechischen Begriffe *Chronos* und *Kairos* verdeutlichen diese Unterscheidung.

Die **Zeichnung** ist nach folgendem Dialog aus einem Epigramm des Dichters Poseidippos, eines Zeitgenossen Alexanders des Großen (356-323 v. Chr.), gestaltet:

Beschauer	Bildnis
»Wer bist du?« »Warum läufst du auf den Zehenspitzen?« »Warum hast du Flügel am Fuß?« »Warum fällt dir eine Haarlocke in die Stirn?« »Warum bist du am Hinterkopf kahl?«	»Ich bin der Kairos, der alles bezwingt!« »Ich, der Kairos, laufe unablässig!« »Ich fliege wie der Wind!« »Damit mich ergreifen kann, wer mir begegnet.« »Wenn ich mit fliegendem Fuß erst einmal vorbeigeglitten bin, wird mich keiner von hinten erwischen, sosehr er sich auch mühte.«

Meister Eckart (etwa 1260-1328), deutscher Dominikaner, Mystiker und Lehrer, übte durch seine Predigten einen starken Einfluss auf das geistliche Leben des Spätmittelalters aus und wurde zu einem der gewaltigsten deutschen Sprachschöpfer. Seine Aussage über den wichtigsten Augenblick ruft zu einem wachsamen, bewussten Leben im Hier und Jetzt auf. Dieser Spruch passt in unsere Zeit, als ob er eigens dafür formuliert worden wäre. Denn nur allzu oft versäumen wir es – sei es aufgrund von Bequemlichkeit oder in Folge von Stress und Termindruck –, die Situation zu nutzen, eine Entscheidung zu treffen, Komplimente zu machen, ein wichtiges Gespräch zu führen oder einen Tag wirklich zu genießen. Nicht morgen oder übermorgen, in den Ferien oder nach dem Abitur, wenn bestimmte Aufgaben erledigt oder Ziele erreicht sind, beginnt das Leben, sondern es findet heute statt. In dem kurzen Text **»Ergreife das Glück«** von Josef Butscher werden Zeiträume von wachsender Dauer genannt und die Leserinnen und Leser zu einer ihnen entsprechenden Haltung aufgefordert, bevor in einer überraschenden Antithese die Sekunde der Entscheidung in den Mittelpunkt rückt. Auch dabei kommt es wieder auf die Wachsamkeit und die Entschlossenheit zur Entscheidung (Kairos) an.

2. Einsatzmöglichkeiten im RU

Brainstorming durchführen
Sch beschäftigen sich mit ihrer Verwendung des Begriffs »Zeit« und führen ein Brainstorming durch.
- L notiert Stichpunkte an der Tafel.
- Sch nennen und erklären Sprichwörter und Redewendungen zum Thema »Zeit«.

Sprüche über die Zeit PINNWAND 13
Sch erkennen die Fülle an Redewendungen zum Thema »Zeit« und beziehen sie auf ihr Leben.
- Sch lesen die Redewendungen, wählen eine Aussage und erzählen von einer konkreten Situation, in die sie passt.
- Jede/r Sch malt zu einer Redewendung ein Bild, z. B. als Comic oder Cartoon (vgl. *Orientierung 1*, **14**, Lehrerkommentar S. 23).

Sprichwörter erklären/ Einen Poesiealbum-Spruch gestalten PINNWAND 13
Sch lernen unterschiedliche Sprichwörter aus aller Welt kennen, verstehen und erklären sie.
- Sch lesen im Wechsel die Sprüche auf *Orientierung 2* (**16**). L gibt Hintergrundinformationen zu den Schriftstellern.
- Sch entscheiden sich für die Aussage, die ihnen am besten gefällt, und gestalten sie kalligrafisch im Heft.
- Sch suchen als Hausaufgabe im Internet unter www.aphorismen.de oder www.zitate.de das beste Zitat zum Thema »Zeit« und gestalten damit zeichnerisch eine Seite für ein Poesiealbum.
- Im Rahmen dieser Recherche kann man einen Klassenwettbewerb durchführen, bei dem die Sch prämiert werden, die die meisten und die besten Zitate finden.

Zeit als Chronos und Kairos verstehen
Sch erkennen den Unterschied zwischen quantitativer und qualitativer Zeit.
- Sch legen im Heft eine Tabelle mit den Begriffen »Chronos« und »Kairos« an und tragen in Stichpunkten die Kennzeichen für diese Formen von Zeit ein (vgl. TA Lehrerkommentar S. 27).
- Sch überlegen, welche Folgen es hätte, wenn es nur Chronos oder nur Kairos gäbe.

Möglicher TA zu »Zeit als Chronos und Kairos verstehen« (Lehrerkommentar S. 26):

Chronos	**Kairos**
Messbare Zeit Sekunden, Minuten, Stunden Für alle gleich Ohne besondere Erlebnisse	Rechter Zeitpunkt Entscheidender Augenblick Für mich wertvoll Erlebte, erfüllte Zeit

- In Deutschland ist die Physikalisch-Technische Bundesanstalt in Braunschweig die »Hüterin« der Zeit: Sie legt die genaue Uhrzeit fest: Sch erkundigen sich auf der Homepage der Physikalisch-Technischen Bundesanstalt in Braunschweig www.ptb.de über deren Aufgabe bei der Festlegung der exakten Zeit in Deutschland.

Die Bedeutung des Augenblicks erkennen
- Sch erläutern die Aussage von Meister Eckart.
- Sch erhalten **AB 6.1.9, Lehrerkommentar S. 51**, lesen die Geschichte und erklären ihren Sinn.
- Jede/r Sch bearbeitet die Aufgaben in EA, einige Sch lesen ihre Ergebnisse vor.

Ein Elfchen schreiben
- Sch schreiben ein Elfchen zum Thema »Jetzt«.

Beispiel:

Jetzt
Ein Wort
Sagt nicht viel
Ist aber ganz wichtig
Lebenslang!

Zeiträume wahrnehmen
Sch bekommen ein Gefühl und eine Haltung verschiedenen Zeiträumen gegenüber.
- Sch erklären das Gedicht »Ergreife das Glück«.
- Sch sammeln weitere Zeiträume (Zehntel-, Hundertstelsekunde, Religionsstunde, Woche, Ferien, Frühling, Schuljahr, Kindheit, Leben) und schreiben das Gedicht weiter.

Nutze den Tag!

Orientierung 3 **18** **19**

1. Hintergrund

Der Aufruf »Nutze den Tag!«, der auch im Kultfilm »Der Club der toten Dichter« eine zentrale Rolle spielt, spiegelt das Lebensgefühl heutiger Kinder und Jugendlicher in besonderer Weise wider. Für viele ist er einer der Lieblingssprüche, der sich z. B. in Heften oder persönlich gestalteten Wappen findet. Der Ursprung dieser Aussage liegt in der epikureischen Philosophie, die besonders der römische Dichter Horaz (65-4 v. Chr.) in Rom populär machte. In der Ode 1,11 mahnt Horaz ein Mädchen weise zu sein, das Leben zu genießen und die kurz bemessene Zeit heute zu nutzen *(Carpe diem!*, wörtl. »Pflücke den Tag!«*)*, ohne auf den nächsten Tag zu vertrauen (vgl. auch Eph. 5,16 und Koh 4,5).
Unter »Rhythmus« versteht man die regelmäßige Wiederholung bestimmter Vorgänge. Dieses Gleichmaß ist in der Natur angelegt, z. B. Ebbe und Flut, Tag und Nacht, Ein- und Ausatmen.
Auch das menschliche Leben ist auf einen festen Rhythmus angewiesen. Phasen der Arbeit wechseln mit Erholung, Urlaub und Festen. Dies gilt besonders für den Alltag: Kein Mensch kann effektiv acht Stunden ohne Pause arbeiten. Körper und Geist brauchen den Wechsel von Wachsein und Schlafen, Anspannung und Entspannung, Arbeit und Erholung.
Der Vergleich des **Tagesablaufs in einem kirchlichen Internat** vor 150 Jahren und heute zeigt, dass sich die Grundstruktur des Wechsels zwischen Arbeit (Schule, Studium) und Erholung (Essen, Freizeit, Schlaf) nicht wesentlich geändert hat.
Offensichtlich hängt auch der immer lauter werdende Ruf vieler Eltern nach festen Zeiten und einer zuverlässigen Betreuung in der Schule, wie er in der **Zeitungsnotiz** thematisiert wird, mit der Erkenntnis zusammen, dass stundenlanges unbeaufsichtigtes Fernsehen oder Computerspielen die persönliche Entwikklung und die schulische Leistungsfähigkeit nachhaltig beeinträchtigen.
Das **Bild** und die beiden kleinen **Sachtexte** auf *Orientierung 3* (**18**) unten zeigen und erläutern, wie schon im Mittelalter die Einteilung des Tages in verschiedene Tätigkeiten in den Klöstern vorgenommen wurde. Der heilige Benedikt (480–547), der Begründer des abendländischen Mönchtums, hat den Wech-

sel zwischen Gebet *(Ora!)* und Arbeit *(Labora!)* zum Leitspruch seiner Gemeinschaft bestimmt. Um diese Zeiten genauer einhalten zu können, wurde im 13. Jahrhundert die mechanische Uhr entwickelt.
In der **Geschichte** »Der Fremde mit den kostbaren Scheinen« wird ein Junge beschrieben, der, wie viele unserer Sch, im Trott des Alltags dahinlebt. Erst der Fremde mit seinen geheimnisvollen Zeitgutscheinen lässt ihn erkennen, dass seine Lebenszeit, sichtbar gemacht durch ein Bündel Gutscheine, trotz scheinbar unendlicher Dauer begrenzt ist. Eifrig macht er sich daran, eine perfekte Zeiteinteilung für alle persönlichen Wünsche und Bedürfnisse zu erarbeiten. Da sein Zeitkonto beschränkt ist, weigert er sich sogar, Freunden zu helfen. Der Fremde macht ihn schließlich eindringlich darauf aufmerksam, dass die Gutscheine nur gültig sind, wenn sie in Dauer verwandelt werden. Mit dem Nachdenken über diesen Rat endet das Märchen.
Zwischen den Zeilen verweist die Geschichte auf das Motto: *Carpe diem!* – Nutze den Tag!
Die Frage, wie man dem Augenblick Dauer verleihen könne, bereitet Sch einige Schwierigkeiten.
Die **Karikatur** »Der Tod grüßt« von Jules Stauber thematisiert auf makabere Weise die Vergänglichkeit des Lebens. Aus einer Taschenuhr fallen Zahlen und Zeiger – die Symbole der Zeit – heraus, sodass die Uhr ihre Funktion verliert. Stattdessen grüßt der Tod – erschreckend realistisch – den/die Betrachtende/n, dessen/deren Lebenszeit abgelaufen ist, bereit ihn/sie zu sich zu holen. Auch diese Darstellung mahnt, die begrenzte Zeit des Lebens zu nutzen.

2. Einsatzmöglichkeiten im RU

Tagesabläufe vergleichen
Sch erkennen die Bedeutung und den Ursprung von festen Zeiten und Rhythmen.

- Sch vergleichen den Tagesablauf in einem Internat vor 150 Jahren und heute und nennen Gemeinsamkeiten und Unterschiede.
- Ausgehend von der Zeitungsnotiz erklären Sch den Vorteil von festen Zeiten.
- Sch erzählen von regelmäßigen Zeiten aus ihrem Alltag.

Die Bedeutung von festen Gebetszeiten kennen lernen

- Sch nennen verschiedene Ordensgemeinschaften. L notiert sie an der Tafel.
- Sch besuchen in GA im Internet die Homepages dieser Orden und informieren sich über deren Tagesabläufe (z. B. unter www.orden.de).
- Sch stellen den Tageslauf einer Gemeinschaft jeweils auf einem Arbeitsblatt zusammen.
- Anschließend präsentieren und bewerten Sch die Ergebnisse.

Zeitgutscheine gestalten
Sch sollen erkennen, dass menschliche Zeit trotz der scheinbaren Fülle begrenzt ist und jeder Mensch Verantwortung für seinen Umgang mit Zeit trägt. Sie überlegen, welche Tätigkeiten für sie oder andere wertvoll und von Dauer sind.

- Sch fassen die Geschichte auf *Orientierung 3* (**19**) zusammen und überlegen, wie sich Zeit in Dauer verwandeln lässt.

Leitfragen:

- Welche – auch lange zurückliegenden – Verhaltensweisen von vertrauten Menschen (Eltern, Opa, Oma, Onkel, Tante, Paten) euch gegenüber habt ihr heute noch in Erinnerung und werdet ihr nie vergessen?
- Für welche seid ihr besonders dankbar?
  (Als Antworten nennen Sch z. B.: »Dass mir Oma oft Geschichten erzählt hat«, »Dass mein Opa mir das Fahrradfahren beigebracht hat«, »Dass meine Tante mit mir immer gespielt hat«.)

- Jede/r Sch gestaltet als Hausaufgabe am Computer oder künstlerisch-grafisch von Hand einen »Zeitgutschein« im DIN-A5-Format, überlegt, wer ihn bekommen soll, und füllt ihn aus.
- Sch stellen in der folgenden Unterrichtsstunde ihre Zeitgutscheine vor. Weil sie – manchmal auch aus falscher Bescheidenheit – Hemmungen haben, ihren Beitrag zu präsentieren, kann L alle Gutscheine einsammeln und besonders gelungene Beispiele – nach Rücksprache mit Sch – ohne Namensnennung vorstellen.
- Sch übergeben ihre Gutscheine an die Empfänger und erzählen von den Reaktionen.

Die Karikatur erklären
Sch erkennen die Vergänglichkeit und den damit verbundenen Wert der Zeit.

- Sch betrachten die Karikatur und benennen einzelne Elemente.
- Sch erklären und bewerten die Karikatur.
- Sch suchen in der Pfarrkirche oder auf dem Friedhof (z. B. im Zusammenhang mit einem Unterrichtsgang, vgl. *Pinnwand,* **88**, dazu Lehrerkommentar S. 168) *Vanitas*-Motive und erklären sie.

1. Hintergrund

Der Umgang mit dem Computer und das Surfen im Internet sind für Kinder und Jugendliche in den letzten Jahren zu einer alltäglichen Beschäftigung geworden. Dies wurde von Seiten der Politik und der Wirtschaft mit enormen finanziellen Mitteln unterstützt, sodass es heute keine Schule mehr gibt, die nicht »am Netz« ist. Auch der Anteil der Haushalte, die »online« sind, hat enorm zugenommen. Damit ist es aber nicht getan. Denn der richtige und verantwortungsvolle Umgang mit Computer und Internet ist eine wesentliche pädagogische Aufgabe und eine Herausforderung zugleich.

Medienkompetenz

Medienpädagogik ist insofern ein schwieriges Geschäft, weil sich hier sehr schnell eine lebensweltliche Kluft zwischen L und Sch auftut: »Man spürt die Absicht und ist verstimmt!« Vor allem dann, wenn Kinder und Jugendliche den Eindruck bekommen, Medienreflexion geschieht von L aus unter moralinsauren pädagogischen Vorzeichen (»weniger« – »nützlicher« – »besser« bzw. »Freizeitgestaltung in christlicher Sicht«), sinkt die Bereitschaft zur konstruktiv-offenen Auseinandersetzung bzw. fördert man die Entstehung institutioneller Unehrlichkeit (»Religionsstunden-Ich«).
Adressatenorientierte Medienpädagogik erfordert von Lehrenden deshalb zunächst die Fähigkeit zur vorbehaltlosen Wahrnehmung kindlicher und jugendlicher Medienrezeption und eine Motivforschung jenseits (bewahr-)pädagogischer Verdachtsmomente:

- Medien nehmen innerhalb der Freizeitkultur von Kindern und Jugendlichen einen hohen Stellenwert ein. Dabei zeigen sich deutliche geschlechtsspezifische Unterschiede: Jungs dominieren beim Umgang mit dem PC (besonders: Computerspiele); Mädchen in der Nutzung des Handys.
- Jugendliche konsumieren nicht einfach wahllos, sie wählen z. B. aus der Angebotspalette von *Daily Soaps* diejenigen Personen und Figuren aus, die Antworten auf jeweilige Lebensthemen, Sehnsüchte und Begrenztheiten geben.
- Medien sind für Jugendliche »Instrumente der sozialen Kommunikation« (vgl. Gemeinsame Erklärung der beiden Kirchen 1997: Chancen und Risiken der Mediengesellschaft) – mit allen kommunikativen Vor- und gruppennormierenden Nachteilen.

Medienpädagogische Interventionen sind dann besonders erfolgversprechend, wenn sie nicht abgekoppelt von Schule, sondern im Rahmen einer mediendidaktischen Reflexion nach einem gemeinsamen Lernprozess im Unterricht erfolgen: Also dann, wenn z. B. gemeinsam im Computerraum gearbeitet wurde, sollte auch über die verschiedenen Strategien, Nutzungsbarrieren, Ablenkungen, Probleme und Erkenntnisfortschritte gesprochen werden. Von hier aus können die Medien selbst und der Umgang damit im Alltag einer kritischen Reflexion zugeführt werden.
Ethische Kriterien können sein (orientiert an: Ernst/Engel, 236f.):

1. Identität: Dienen die Medien der Orientierung, der Aufklärung, der Selbstvergewisserung und der Verständigung der Menschen?
2. Selbstbestimmter Umgang: Erfolgt der Zugriff selbstbestimmt oder außengeleitet und fremdbestimmt?
3. Transparenz der Zugangsgerechtigkeit: Dominieren Monopole und Machtinteressen einiger weniger, die sich auch in Informationspolitik, Gestaltung und Finanzierung niederschlagen?
4. Begrenzung der Eigendynamik: Überwiegen auch beim individuellen Gebrauch der Nutzen oder die Aufwendungen für die Beherrschbarkeit des Mediums?
5. Sensibilität für die Opfer: Werden Würde und Intimität der Menschen respektiert oder nehmen Aspekte des Voyeurismus und der Bloßstellung überhand?
6. Teilhabe-Chancen für alle Menschen: Vergrößern neue Medien die Macht der industrialisierten Länder der Welt (globaler Blickwinkel)? Wie wirkt sich das Gefälle zwischen *usern* und *losern* auch innerhalb einer Schulklasse aus (lokaler Blickwinkel)?

H. M.

Literatur

Stephan Ernst/Ägidius Engel, Christliche Ethik konkret. Werkbuch für Schule, Gemeinde und Erwachsenenbildung, München [2]2007, 105-122.217-234.

Der Text **»Computerliebe«**, der Heinrich Heines Gedicht »Die Loreley« parodiert, beschreibt in ironisch-übertreibender Weise die fatalen Auswirkungen eines Computervirus, der die Festplatte eines Jugendlichen zerstört hat. Der bevorstehende Abschied vom lieb gewonnenen »Freund« und die ungewohnte und unerträgliche Ruhe hinterlassen Traurigkeit, Einsamkeit und Leere. Die einzige Chance, diesen Zustand zu überwinden, besteht in der Anschaffung eines neuen Rechners.

Die **Karikatur** zeigt einen schlafenden Jungen, der im rechten Arm einen Bildschirm und in der linken Hand eine Computermaus hält. Auf der Bettdecke liegt eine Tastatur.

Was Kindern besonders wichtig ist, nehmen sie, wenn möglich, mit ins Bett, damit es ihnen nahe ist und sie beruhigt und geschützt einschlafen können. Häufig sind dies weiche Kuscheltiere und Puppen, die Bewegungen beim Schlafen nicht behindern. An deren Stelle ist in der Karikatur der Computer getreten, der für diesen Jungen wohl so wichtig ist, dass er ihn Tag und Nacht begleitet, bis in den Schlaf und die Träume hinein.

Die Aussagen von Clifford Stoll **»Die wichtigsten Leute im Leben trifft man nicht online!«** aus einem Interview im Jugendmagazin »jetzt« der *Süddeutschen Zeitung* sollen zur Diskussion und zum Nachdenken über den Umgang mit dem Computer anregen. Stoll, der selbst 20 Jahre mit Computern arbeitete, kritisiert zum einen die Computerkultur unserer Gesellschaft, die die Bedeutung eines Menschen nach der Zahl seiner täglichen E-Mails und seiner Website bemisst. Dazu kommt der hohe Stellenwert, ja die Verehrung des Computers, die einen enormen Rückgang praktischer, emotionaler und intellektueller Fertigkeiten zur Folge hat.

Neben diesen computerkritischen Beiträgen werden auf der rechten Seite die klaren Vorteile von Computer und Internet dargestellt.

In der Mitte des **Bildes** sieht man vier Mädchen, die begeistert vor einem Bildschirm sitzen. In Sprechblasen werden die Gründe dafür genannt: Rund um die Uhr Zugriff auf neueste Informationen über Stars oder die Partnerschule, schneller Kontakt mit Angehörigen oder Freunden, abwechslungsreiche Lernprogramme, die enormen Gestaltungsmöglichkeiten für die Schülerzeitung. Lediglich eine Aussage thematisiert das von vielen nachvollziehbare Problem des unmotivierten, ermüdenden Surfens im Internet. Im Hintergrund wird die Vernetzung durch das Internet grafisch angedeutet.

2. Einsatzmöglichkeiten im RU

Ein eigenes Gedicht/einen Rap verfassen

- Sch arbeiten die wesentliche Aussage des Gedichts »Computerliebe« heraus.
- Sch erkennen – evtl. unter Mithilfe von L –, dass das Gedicht »Computerliebe« Heines »Die Loreley« parodiert.
- Sch texten selbst Lieder oder Gedichte über die Bedeutung des Computers um oder verfassen einen Rap und tragen ihre Ergebnisse vor.

Abhängigkeiten benennen

- Sch erhalten **AB 6.1.10, Lehrerkommentar S. 52,** betrachten die Karikatur und erklären sie.
- Sch notieren in Stichpunkten um die Karikatur, was sie im Internet(z) gefangen hält (s. u.).
- Anschließend stellen sie ihre Aussagen in GA vor.

Sch-Beispiel zu »Abhängigkeiten benennen«:

Sich mit Kritik auseinandersetzen

- Sch äußern sich zu Clifford Stolls Computerkritik: Welche Aussagen Stolls findet ihr richtig, welche lehnt ihr ab?
- Ausgehend davon notieren Sch zuerst in EA, dann in GA Vor- und Nachteile des Computers.
- Sch sammeln eine Woche lang Bilder und Texte zum Thema »positive und negative Auswirkungen des Computers« und bringen sie zur entsprechenden Stunde mit in den Unterricht. Dann erstellen sie eine Text- und Bild-Collage über positive und negative Folgen des Computers.

Auf Medien verzichten

Sch prüfen, wie groß ihre Abhängigkeit von den modernen Medien ist und welche Vor- und Nachteile sie mit sich bringen.

- Sch verzichten eine Woche lang auf Fernsehen, Computer und Handy. Damit das Experiment gelingt, sollten Freunde und Bekannte rechtzeitig darüber informiert werden.
- Hilfreich ist es, während des Experiments ein Tagebuch zu führen, in das Sch ihre Erfahrungen während der Zeit schreiben:
  – Wie habt ihr stattdessen eure Freizeit verbracht?
  – Wie haben Freunde und Bekannte darauf reagiert?
  – Es sollte auch vermerkt werden, ob, wie oft und warum das »Fasten« gebrochen wurde.

Vorteile des Computers erarbeiten

- Sch thematisieren die Vorteile des Computers und des Internets, ohne die Auswirkungen stundenlangen Surfens zu vergessen.
  Impulsfragen:
  – Welche dieser Aussagen treffen auch für euch zu?
  – Nennt weitere Vorteile des Internets.

Auf Empfang

Orientierung 5 22 23

1. Hintergrund

Der Text **»Die Nebenbeschäftigung, die keine mehr ist«** veranschaulicht auf sehr drastische Weise den Fernsehkonsum des Durchschnittsamerikaners. Die vergleichbaren Zahlen für Deutschland betrugen nach einer Untersuchung der GfK-Forschung 1996 bei drei- bis dreizehnjährigen Kindern 95 Minuten, bei Erwachsenen 195 Minuten. Fernsehen ist somit zu einer Hauptbeschäftigung des heutigen Menschen geworden. In der Regel gesteht sich allerdings kaum einer die Zeit, die er vor dem Fernseher verbringt – oder besser gesagt: vergeudet –, ehrlich ein, nicht zuletzt aufgrund des schlechten Gewissens, das damit verbunden ist.
Die Karikatur auf der linken Seite zeigt einen überdimensionalen **Altar** auf vier Stufen, der mit einem Tuch geschmückt ist. Auf dem Altar steht ein laufender, laut dröhnender Fernsehapparat. Davor knien Menschen, die sich in Ehrfurcht verneigen oder ihre Arme zum Gebet erheben. Rechts davon beobachten einige Zuschauer verwundert dieses Verhalten. Im Hintergrund sind verschiedene Gebäude, darunter eine Kirche und eine Moschee, zu erkennen. Die Größenverhältnisse und die Perspektive führen dazu, dass die Menschen das Fernsehbild selbst nicht sehen, nur der Ton ist hörbar.
Die Aussage des Zeichners ist eindeutig: Der Fernseher, der weit über den Menschen steht und göttliche Verehrung genießt, hat die Rolle Gottes übernommen. Was er sagt, hat Geltung, wird gehört und geglaubt. Man kann Sch den »Götzen« Fernsehen mit dem christlichen Gott vergleichen lassen. Während das Fernsehen – als Produkt von Menschen gemacht – der Unterhaltung und der Information, aber auch der Manipulation dient, ist Gott als personales Wesen von Menschen unabhängig und Schöpfer und Erhalter des Lebens.
Die Karikatur erinnert an die Erzählung vom Goldenen Kalb (Ex 32), das das Volk Israel als seinen sichtbaren Gott verehrt, während Mose noch auf dem Gottesberg verweilt. So wird das biblische Geschehen eindringlich aktualisiert.
Der Text **»Genießer können abschalten«** ruft zum bewussten Umgang mit dem Medium Fernsehen auf. Dazu gehören die gezielte Auswahl des Programms, das Interesse für eine bestimmte Sendung und der Vorsatz, das Gerät rechtzeitig auszuschalten.
Die Glosse **»Quasseln bis zum Umfallen«** verdeutlicht an verschiedenen Beispielen die »Handymanie« unserer Gesellschaft, von der nach den Jugendlichen und Erwachsenen nun auch die Kinder erfasst werden. Immer schneller, kleiner und leistungsfähiger sollen Handys werden, sodass durch SMS und Anrufe zumindest rein technisch grenzenloses Kommunizieren möglich wird.
Eine Glosse ist ein knapper Kommentar in satirischer oder polemischer Form zu einem aktuellen gesellschaftlichen, kulturellen oder politischen Thema.
Die Karikaturen auf der rechten Seite entlarven mit der Darstellung eines **telefonierenden Affen** zum einen die Geist- und Niveaulosigkeit ständigen Telefonierens, zum anderen mit der **Strandszene** die Handybesessenheit unserer Gesellschaft.

2. Einsatzmöglichkeiten im RU

Den eigenen Fernsehkonsum reflektieren

Sch bedenken den enormen Zeitaufwand für Fernsehen, überprüfen ihren eigenen Fernsehkonsum und bedenken die Wirkung des Fernsehens.

- Sch nehmen aus eigener Erfahrung Stellung zum Text.
- Sch sprechen über ihren täglichen Zeitaufwand für Fernsehen und andere moderne Medien (vgl. **AB 6.1.4, Lehrerkommentar S. 46**).
- Sch führen eine Woche lang Buch über ihren Fernsehkonsum (Titel der Sendungen, Zeiten).
- Sch bewerten die Sendungen mit Noten von 1-6 und begründen sie.
- Sch nennen Kriterien für sehenswerte (z. B. informativ, spannend, interessant, lehrreich, unterhaltsam, lustig) und schlechte Sendungen (brutal, menschenverachtend, oberflächlich).
- Sch formulieren in GA Regeln für einen verantwortungsvollen Umgang mit dem Fernsehen.

Song hören und bewerten

- Das Lied »Und wenn die ganze Erde bebt« von Hermann van Veen wird Sch vorgespielt. (Es findet sich auf der Kassette »Neue Lieder im Religionsunterricht«, Materialien für den RU an Gymnasien 2/95.)
- Sch beschreiben die Wirkung des Liedes (»eintönig«, »monotoner Rhythmus«, »langweilig«, »eigenartige Instrumente«).
- Sch besorgen sich im Internet den Text des Liedes, drucken ihn aus und klären unklare Begriffe wie »Zynismus«, »Rassismus«, »eingelullt«, »prompt«.
- Sch unterstreichen in EA mit roter Farbe, was van Veen am Fernsehen kritisiert.
- Anschließend nennen und bewerten sie die Kritikpunkte. Welche Sendungen meint van Veen?
- Sch bewerten den Song mit einer Note von 1-6 und begründen sie.

Die Karikatur kreativ bearbeiten

Sch werden durch die überspitzte Darstellung zum Nachdenken über die Funktion des Fernsehens in unserer Gesellschaft angeregt.

- Alle Sch außer einem/r, der/die gut zeichnen kann, betrachten die Karikatur.
- Der/die Ausgewählte geht zur Tafel und zeichnet aufgrund der Beschreibung der übrigen Sch die Karikatur an die Tafel.
- Sch erklären die Karikatur und vermuten, warum der Zeichner dem Fernsehen diese Bedeutung zuweist.
- Sch machen Änderungsvorschläge für die Karikatur und nehmen sie an der Tafel vor.
- Dann suchen sie eine Überschrift für die Karikatur.
- Sch erkennen die Parallele zwischen der Erzählung vom Goldenen Kalb und der Karikatur.
- Sch vergleichen den »Götzen« Fernsehen mit dem christlichen Gott.
- Sch suchen andere Beispiele für Dinge, die in unserer Gesellschaft »vergöttert« werden.

Sch-Beispiel zu »Karikatur deuten« (Lehrerkommentar S. 33):

Text erarbeiten
Sch erkennen durch die Übertreibung die absurden Auswirkungen der »Handymanie« unserer Gesellschaft.

- Sch erzählen etwas über die Faszination, die das Handy für sie hat.
- Was kritisiert der Verfasser am Umgang mit dem Handy? Hat er Recht?
- Sch interpretieren den »telefonierenden Affen« und stellen den Zusammenhang zur Glosse her.
- Sch arbeiten zuerst in EA, dann in GA die Vorteile eines Handys heraus. Was ist der Reiz, den SMS ausüben?

Karikatur deuten
Sch erkennen durch die überspitzte Darstellung, dass Menschen so handybesessen sind, dass sie – selbst in den unpassendsten Situationen – reflexartig auf Handyklingeln reagieren.

- Sch nennen spontane Eindrücke und beschreiben die Karikatur.
- Sch erhalten **AB 6.1.11, Lehrerkommentar S. 53**, ergänzen in EA, dann in GA die Gedankenblasen und die Sprechblase und stellen schließlich das Ergebnis vor (Sch-Beispiel siehe Lehrerkommentar S. 32).
- Sch erzählen von peinlichen Situationen, in denen ein (eigenes oder fremdes) Handy geklingelt hat.
- Sch stellen in GA Regeln für den Umgang mit dem Handy auf.

Sich engagieren

Orientierung 6 24 25

1. Hintergund

Die **Sprechblasen** stellen konkrete Beispiele dafür vor, in welcher Weise sich Sch der 6. Klasse engagieren. Aus einer Befragung in einer Klasse wurden zu diesem Zweck Aussagen ausgewählt, die aus den Bereichen Familie/Verwandtschaft, Freundschaft, Schule, Pfarrgemeinde und Sportverein stammen. Die kurzen Statements verdeutlichen die Aufgaben, aber auch die Verantwortung, die mit dem jeweiligen Einsatz verbunden sind. Das Negativ-Beispiel von Stefan zeigt, dass Engagement mit Anstrengung, Disziplin und Verzicht verbunden ist.
Die rechte Seite stellt durch **Logos** und kurze **Informationstexte** verschiedene Möglichkeiten des Engagements in Gemeinde, Schule und Gesellschaft vor.
Die Erfahrung von Mitarbeitenden in kirchlichen Jugendverbänden zeigt seit einigen Jahren, dass sich junge Menschen zu einem großen Teil nicht mehr langfristig an eine Gruppe binden möchten, aber gerne bereit sind, zeitlich befristete Projekte aktiv und engagiert zu unterstützen.
Dazu gehört die 72-Stunden-Aktion des BDKJ, die im Bistum Paderborn entwickelt wurde. Die Projekte reichen von der Renovierung eines Flüchtlingsheimes oder dem Bau einer Behindertenrampe fürs Rathaus über die Organisation eines Festes für Bewohner eines Altenheims bis hin zur Einrichtung eines Jugendtreffs. Die Teilnehmenden lernen dabei, dass soziales Engagement sinnvoll ist und man durch gemeinschaftliches Tun viel erreichen kann. Die Jugendlichen unterstützen mit ihrem ehrenamtlichen Engagement Menschen, die am Rande unserer Gesellschaft stehen. Sie helfen nicht aus Mitleid, sondern weil es ihnen Spaß macht, sich für die Belange anderer einzusetzen
(vgl. www.72stunden.de).

Wegen ihres Erfolgs fand die Aktion in den folgenden Jahren in immer mehr Diözesen statt, zuletzt 2009 unter dem Motto »Uns schickt der Himmel«.
Für 2013 ist die Aktion bundesweit geplant.
Daneben verweist die Doppelseite auf schulische Projekte wie **Streitschlichter**, **Schülercafé** und **Schulsanitätsdienst**.

2. Einsatzmöglichkeiten im RU

Von eigenem Engagement erzählen
Sch werden durch das positive Beispiel von Gleichaltrigen zu eigenem Engagement ermutigt.

- Sch verdeutlichen die Verantwortung der einzelnen Kinder, die in den Sprechblasen auf *Orientierung 6* (**24**) zu Wort kommen:
  - Welche Verantwortung tragen sie jeweils?
  - Welche Tätigkeiten findet ihr besonders gut?
  - Was haltet ihr von Stefans Aussage?

»72 Stunden – Uns schickt der Himmel« – Aktion kennen lernen
Sch lernen mit »72 Stunden – Uns schickt der Himmel« eine zeitlich befristete Aktion kennen, an der sich Tausende von Jugendlichen aus Gruppen des BDKJ beteiligen um soziale Projekte zu verwirklichen.

- Sch machen sich im Internet unter www.72stunden.de mit der Aktion vertraut.
- Sch überlegen, warum sich an dieser Aktion so viele Jugendliche beteiligen.
- Sch äußern sich dazu, ob sie sich in diesem Rahmen auch engagieren würden.
- Um einen unmittelbaren Eindruck von den Aktivitäten zu bekommen, lesen Sch den Bericht und das Grußwort auf **AB 6.1.12, Lehrerkommentar S. 54.**

Einen Einblick in kirchliche Jugendgruppen gewinnen
Sch lernen Ziele und Aktivitäten von Jugendgruppen als Möglichkeit kennen, Freizeit aktiv und sinnvoll mit Gleichgesinnten zu verbringen.

- Sch, die kirchlichen Jugendgruppen angehören, erzählen von ihren Aktivitäten.
- Sch besuchen in KG die Homepages verschiedener Jugendverbände, fassen wesentliche Inhalte zusammen und stellen je eine Gruppe vor. Unter www.bdkj.de sind die Sites aller Gruppen erreichbar.
- Sch recherchieren im Internet oder mithilfe der letzten Gemeindebriefe, welche Gruppen in ihren Gemeinden aktiv sind und was sie unternehmen.
- Sch berichten von ihrem Einsatz als Sternsinger (vgl. Kapitel 2, *Pinnwand,* **43** und *Perspektiven 1,* **52f.**).

Zu schulischem Engagement ermutigen
Sch werden motiviert, durch ihren persönlichen Einsatz schulisches und soziales Leben wesentlich mitzugestalten.

- Sch erzählen von schulischen Projekten. Falls über einzelne Gruppen oder Aktionen Unklarheit besteht, bietet es sich an, Mitglieder der entsprechenden Arbeitskreise zu einem Gespräch in den Unterricht einzuladen.
- Sch nennen Aktivitäten an anderen Schulen.
- Sch überlegen, wo sie sich konkret für Mit-Sch einsetzen können (vgl. »Kinderbischof«, Kapitel 2, *Orientierung 2,* **47**; Arbeitsimpulse zu »Mobbing«, Kapitel 3, *Pinnwand,* 61; »Was tun?« *Akzent,* **80**).
- Sch überlegen, welche Aktion sie im Rahmen der Klasse für andere Klassen bzw. die Schule durchführen können:
  - Hilfsaktion (z. B. Kuchenverkauf) zugunsten von Misereor (vgl. Kapitel 2, *Pinnwand,* **43**)
  - Information über und Hilfsaktion für Missio (vgl. Kapitel 2, *Perspektiven 3,* **54**)
  - Information über Weltläden und Einladung zum Essen (vgl. *Perspektiven 3,* **55**)

Beispiele für Engagement in der Region suchen

- Sch sammeln auf einer Pinnwand im Klassenzimmer weitere regional-typische Beispiele für persönlichen Einsatz, den sie selbst oder andere erbringen.

Feste und Partys

Perspektiven 1 26 27

1. Hintergrund

Die Doppelseite »Feste und Partys« führt in den Sinn und die Bedeutung von Festen ein (vgl. die Aussagen zu *Chronos* und *Kairos* im Lehrerkommentar S. 25).
Die Illustration **»Ein Fest ist für mich«** zeigt ein Kind, das in Gedankenblasen verschiedene Metaphern für den Begriff »Fest« formuliert. Sie stammen aus dem Lebens- und Erfahrungsbereich junger Menschen: begeisternde sportliche und musikalische Erlebnisse (vgl. *Kontext,* **106f.**), Ferien am Meer, eine Party mit Freunden, ein unerwarteter schulischer Erfolg, eine überraschende finanzielle Zuwendung. Die Bilder sind offen für Ergänzungen.
Die Geschichte **»Es wurde unter ihnen kein Sonntag«** beinhaltet unterschiedliche und gegensätzliche Wünsche, die verschiedene Tiere mit dem Sonntag verbinden. Jedes Tier ist aber nur auf sich selbst fixiert und spricht das aus, was aus seiner Perspektive und seinem Erleben einen Tag zu etwas Besonderem, eben zum Sonntag macht, ohne sich für die Belange und Wünsche anderer zu interessieren. Im Gegenteil: Der Sonntagstraum des Löwen führt sogar zum Tod der Gazelle. Obwohl alle Wünsche erfüllt werden, wird es nicht Sonntag. Erst die Menschen zeigen den Tieren, dass es ein Kennzeichen des Sonntags ist, den eigenen Egoismus aufzugeben, sich auf seinen Ursprung und Schöpfer zu besinnen und mit ihm Freundschaft zu schließen. Die Geschichte zeigt bereits einige Kennzeichen für das Gelingen bzw. Misslingen eines Festes auf. Auf Jugendliche mag die Situation, die in der Geschichte **»Ein Fest im Zelt«** erzählt wird, zunächst etwas seltsam wirken: Mitten in der Wüste begeht ein Ehepaar in Abendgarderobe am geschmückten Tisch festlich den Verlobungstag. Aber die Begründung, die der Mann für das Verhalten des Ehepaars gibt, regt zum Nachdenken und zur Diskussion darüber an, was denn eigentlich ein Fest ausmacht.
Der Denkspruch von **Demokrit** (470- etwa 380), griechischer Philosoph aus Abdera in Thrakien, der die Lehre von den kleinsten, unteilbaren Elementen (Atomen) entwickelte, veranschaulicht durch seine Metapher die Bedeutung von Festen: Wie eine Einkehr nach langem Weg schenken Feste körperliche und geistige Erholung: körperlich durch Erfrischung (Getränke), Stärkung (Nahrung) und Rast (Ausruhen), geistig durch Gemeinschaft mit anderen (Gespräche, Erlebnis, Freude). Zudem verdeutlicht die Aussage, dass die Lebenszeit durch Feste gegliedert, rhythmisiert wird. Die Metapher ist negativ formuliert, sodass deutlich wird, was dem Leben ohne Feste fehlt.

Max Beckmann (1884-1950)
Max Beckmann war einer der bedeutendsten deutschen Maler in der ersten Hälfte des 20. Jahrhunderts. Er wurde 1884 in Leipzig geboren. Nach dem Studium an der Großherzoglichen Kunstschule in Weimar von 1900 bis 1903 siedelte er nach Berlin über. Zu Beginn des ersten Weltkriegs war er Sanitätssoldat, bis er in Folge traumatischer Erlebnisse und totaler Erschöpfung einen Nervenzusammenbruch erlitt. Seitdem widmete er sich mit den künstlerischen Mitteln des Expressionismus den Themen »Zerstörung, Gewalt und Brutalität« um »die unsagbaren Dinge des Lebens auszudrücken«. Ab 1915 hatte er in Frankfurt/Main ein Atelier. 1925 wurde er Professor an der Kunstschule in Frankfurt. 1933 enthoben ihn die Nationalsozialisten als »entarteten Künstler« aller Ämter und er zog wieder nach Berlin. 1937 emigrierte er nach Amsterdam, 1947 in die USA. 1950 starb Beckmann in New York, ohne noch einmal nach Deutschland zurückgekehrt zu sein.
»Max Beckmann verwendete den Raum als ein wesentliches Ausdrucksmittel. Das hatte seinen Grund vor allem in Beckmanns Erlebnis des Ersten Weltkriegs, der ihn zutiefst erschütterte und lebenslange Wunden in ihm hinterließ. An der Front erschien ihm der von explodierenden Granaten erhellte Nachthimmel als ›ein leerer, gleichgültiger, wahnsinniger Raum‹. Die Gemälde nach seiner Rückkehr aus dem Krieg zeigen eine aus den Fugen geratene Perspektive. Die Figuren sind Gefangene des Raums, der sie ihrer Energie und Vitalität beraubt und ihre Seelenqualen bloßlegt.« (Jacoby, 398)

Max Beckmann: »Vor dem Maskenball«, 1922
Das Bild von Max Beckmann (80 x 130,5 cm, Öl auf Leinwand, Pinakothek der Moderne München) zeigt sechs Personen, die sich in einem engen Raum befinden und auf den Beginn des Maskenballs warten.
In der Mitte blickt ein Mann mit Augenmaske in einem Schaukelstuhl (Max Beckmann) die Betrachtenden an. Rechts davon sitzen ein Akrobat im lilafarbenen Kostüm und eine Frau, zu deren Füßen eine Klarinette liegt (zwei Grazer Freunde von Beckmanns Frau). Ganz rechts steht eine ältere Frau (die Schwiegermutter Beckmanns), die eine brennende Kerze in der Hand hält. Links von Beckmann folgen eine Frau mit einer Handtrommel (die erste Frau des Künstlers) und daneben ein Junge, der gelangweilt in einem Buch liest (Beckmanns Sohn Peter).
Obwohl die Requisiten (Musikinstrumente, Kleidung, Maske, brennende Kerze, Blumen, Lichter) eine festlich-fröhliche Stimmung suggerieren, herrscht im Wirklichkeit eisiges Schweigen: Jede/r sitzt nur für sich da – einsam, statisch und isoliert – und blickt in eine andere Richtung, ohne die/den andere/n anzusehen und als Menschen wahrzunehmen. Jede/r hat seine/ihre Perspektive, der Raum wirkt beengt und instabil. Statt Vorfreude, Harmonie und festlicher Gemeinschaft herrschen Ernst, Kälte und Sprachlosigkeit vor. Wo Menschen so zusammenleben, kann kein Fest stattfinden, auch wenn rein äußerlich alles dafür bereit scheint. So wird die achtlos am Boden liegende Rose zum Symbol für Distanz und Erstarrung (vgl. Schulz-Hoffmann, 31).
Das Bild ist als Folie enthalten in: *Bilder aus Religion vernetzt 5 und 6. 36 Farbfolien,* München 2004, ISBN 978-3-466-50716-0.
Der Informationstext **»Feste«** bietet in knapper Form zentrale Aspekte zum Begriff, zur Geschichte und zum Sinn von Festen.

2. Einsatzmöglichkeiten im RU

Metaphern suchen
Sch formulieren persönliche Sprachbilder zum Begriff »Fest«.

- An ausgewählten Metaphern erklären Sch den Zusammenhang mit dem Begriff »Fest«, z. B. »Eine Drei in Englisch ist ein Fest, weil ...«
- Sch notieren – bei ruhiger Musik – unter der Überschrift »Ein Fest ist für mich ...« in KG auf einem Plakat eigene Metaphern.
- Sch lesen die Plakate der übrigen KG und stellen die besten Aussagen einer anderen KG vor.

Einen Schluss erfinden
Sch erkennen bei der Lektüre der Geschichte »Es wurde unter ihnen kein Sonntag«, dass Ichbezogenheit und Konsumdenken das Fest verhindern und die Zuwendung zu Gott als dem Schöpfer des Menschen das Wesen des Ruhetags ausmacht.

- L liest die Geschichte, während Sch ihre Bücher geschlossen haben, bis zum letzten Satz vor.
- Sch formulieren in EA – ohne das Original zu kennen – einen individuellen Schluss, beginnend mit dem Satz: »Ja wisst ihr denn nicht, dass es Sonntag wird, wenn ...«. Einige Sch lesen ihre Lösung vor.
- Sch lesen die ganze Geschichte im Buch und deuten sie.
- Sch entscheiden sich für den besten Schluss und nennen Kennzeichen für die Feier eines Festes.

Das Bild deuten
Sch erkennen Ursachen dafür, warum ein Fest trotz des festlichen Rahmens misslingen kann.

- Sch betrachten und beschreiben das Bild von Max Beckmann.
- Anschließend deuten sie das Bild und nennen dabei Ursachen für die eisige Atmosphäre.

- Sch identifizieren sich mit einer Person auf dem Bild und erklären, wie sie dazu beitragen könnten, eine festliche Stimmung zu erzeugen.
- Sch fotografieren Szenen, in denen echte Freude zum Ausdruck kommt.

Von schönen Festen erzählen
Die Geschichte »Ein Fest im Zelt« zeigt, dass nicht der Ort eines Festes entscheidend ist, sondern die innere Haltung der Feiernden.
- Sch äußern nach dem Lesen der Geschichte ihre Eindrücke und erklären das Verhalten des Ehepaars.

Fest und Einkehr vergleichen
- Sch erklären die Aussage Demokrits und nennen Bezüge zwischen Fest und Einkehr.
- Sch schreiben eine kurze Geschichte zum Thema »Ein Leben ohne Feste« ins Heft. Einige Sch tragen ihre Texte vor.

Kennzeichen eines Festes erkennen
Sch erfahren Wichtiges über Begriff, Ursprung und Bedeutung von Festen.
- Sch erklären am Beispiel eines Festes, z. B. der Erstkommunion, wesentliche Aussagen des Info-Textes.
- Sch stellen einen Zusammenhang zwischen »Fest« und »*Kairos*« her (vgl. *Orientierung 2,* **17**).

3. Weiterführende Anregung

Projekt Klassenfeier PINNWAND 13
Nachdem Sch mit wichtigen Aspekten eines gelingenden Festes vertraut sind, bietet es sich an, selbst eine Klassenfeier zu organisieren. Sch entscheiden sich möglichst einmütig für eine Feier oder Party, erstellen eine Liste mit Aufgaben und tragen sich – je nach ihren Fähigkeiten – dafür ein. Dabei zeigen sie Engagement über den Unterricht hinaus (manche Tätigkeiten müssen am Nachmittag erledigt werden), Solidarität (z. B. niemand soll allein aufräumen) und Eigenverantwortung (für Einkäufe). Eine solche Feier kann die Klassengemeinschaft positiv beeinflussen.

Feste Zeiten und Festzeiten

Perspektiven 2 28 29

1. Hintergrund

Perspektiven 2 (**28f.**) bietet einen Überblick über christliche Feste im Kirchenjahr (vgl. dazu Lehrerkommentar S. 25: Chronos und Kairos).
Der **Informationstext** verdeutlicht die Besonderheit und die Bedeutung des Kirchenjahres. Im Zusammenhang damit werden die zwei Festkreise Weihnachten und Ostern, die Sonntage im Kirchenjahr und die Heiligengedenktage vorgestellt. Die zentrale Relevanz des Lebens und Wirkens Jesu als Beginn einer neuen Zeitrechnung zeigt die Angabe »A. D.« bzw. »nach Christus«.
Gerahmt werden diese Hinweise durch kurze zentrale **Bibeltexte** zum Thema Zeit: Beide Male erscheint Gott als Herr über die Zeit (zu Koh vgl. Lehrerkommentar S. 21).
Die **Buchmalerei** aus der Bibel von Sankt-Kastor in Koblenz, entstanden Anfang des 11. Jahrhunderts, stellt Christus als *Pantokrator,* als Herrscher über Raum und Zeit, Welt und Mensch in den Mittelpunkt. Christus thront über der Erdscheibe *(terra),* die seinen Fußschemel bildet und in Verbindung mit drei weiteren Kreisen steht, dem Jahr *(annus),* dem Tag *(dies)* und dem Lichtkreis *(fiat lux:* es werde Licht!). Die Inschrift unter der Darstellung des Jahres lautet: *annus non stabilis sua post vestigia currit* (Das Jahr hält nicht inne und läuft in seiner Spur), der Text unter dem Bild des Tages: *ipse dies nihil est nisi quod presentia so-*

Die christliche Zeitrechnung
Während man in der römischen Antike die Jahre seit der Gründung Roms (*ab urbe condita* – seit Gründung der Stadt Rom 753 v. Chr.) oder nach den Konsuln (*Cn. Pompeio M. Crasso consulibus* – unter dem Konsulat von Pompeius und Crassus, also 70 v. Chr.) zählte, wird seit dem 6. Jh. nach den Jahren vor bzw. nach Christus datiert. Im Auftrag von Papst Johannes I. berechnete Abt Dionysius Exiguus (etwa 470-550) im Jahr 525 die Osterzyklen neu und verwendete dabei ausgehend von der Geburt Christi erstmals die Zählweise n. Chr., die gegenüber der heidnischen Zählung vorzuziehen sei. Allerdings verrechnete er sich bei der Bestimmung des Geburtsjahres Christi um etwa vier bis sieben Jahre.
Hans Maier verdeutlicht die Besonderheit der christlichen Zeitrechnung (v. und n. Chr.) mit folgenden Worten: »Beide Zählungen, die nach vorwärts und die nach rückwärts, die prospektive und die retrospektive Zeitrechnung, nehmen ihren Ausgang vom gleichen historischen Punkt: der Geburt Christi. Die christliche Zeitrechnung zählt also nicht, wie sonst üblich, von einem Anfang, sondern von einer Mitte her und von da nach vorwärts und zurück. Das bestimmende Ereignis steht – inmitten der Geschichte. Mit Recht sprechen wir von einer ›Wende der Zeit‹«. (Maier, 12)

Feste Zeiten (Mondjahr, Sonnenjahr)
Die Drehung der Erde um sich selbst bestimmt den Tag. Der zwölfmalige Lauf des Mondes um die Erde (Dauer: 12 Monate mal 29 Tage und 12 Stunden) ergibt das Mondjahr, also 354 Tage. Die Bahn der Erde um die Sonne bestimmt ein Sonnenjahr (365 Tage und 6 Stunden). Den Kalender, so wie wir ihn heute kennen, haben wir von den Römern übernommen. Gaius Julius Cäsar legte 46 v. Chr. bei seiner Kalenderreform (»julianischer Kalender«) den in Ägypten entwickelten Sonnenkalender mit 365 Tagen zugrunde. Als Ausgleich für die sechs überhängenden Stunden wurde alle vier Jahre schon damals im Februar ein Tag eingeschoben. Da nach neuen Berechnungen das Jahr um 11 Minuten und 14 Sekunden zu lang war, korrigierte Papst Gregor XIII. den julianischen Kalender, indem er das Jahr 1582 um 10 Tage – so viel war das Jahr inzwischen zu lang – kürzte: Auf den 4. Oktober 1582 folgte der 15. Oktober. Der Kalender wurde dahingehend reformiert, dass die durchschnittliche Anzahl der Tage des Kalenderjahres von bis dahin 365,25 auf 365,2425 verringert wurde. Dies erfolgt dadurch, dass die Jahre 1700, 1800 und 1900 entgegen der vorherigen Regelung zu so genannten Gemeinjahren mit nur 365 Tagen gemacht wurden, also keine Schaltjahre waren. Alle Jahreszahlen, die sich durch Hundert teilen lassen, fallen also in den Bereich dieser Regelung, mit Ausnahme all derer, die sich auch durch 400 teilen lassen. Deshalb war das Jahr 2000 auch ein gewöhnliches Schaltjahr. Dieser nach dem Papst benannte gregorianische Kalender gilt bis auf den heutigen Tag.

lis (Der Tag selbst ist nichts anderes als die Gegenwart der Sonne). Die Schöpfungsscheibe, die der Pantokrator in der linken Hand hält, verweist auf die Erschaffung des Lichts am ersten Tag: Die Sonne symbolisiert dabei die ewige Gegenwart des lebensspendenden Lichts, das von der Sonne der Gerechtigkeit, Christus, dem Wort Gottes, ausgeht (Joh 8,12: Ich bin das Licht der Welt). Den Thron Christi bildet der Regenbogen, der nach der Sintflut den Bund zwischen Gott und den Menschen besiegelt (vgl. Gen 9,13). Jahwe verspricht dabei den Menschen, nie wieder die Zyklen der Natur gegen sie aufzubringen. Christus ist umgeben von einer Mandorla und geschmückt mit einem königlichen Gewand. Links und rechts huldigen ihm zwei Engel mit Weihrauch, die Symbole Alpha und Omega verweisen auf seine ewige Herrschaft.
Insgesamt verdeutlicht die Darstellung in der Bildersprache des Mittelalters: Das flüchtige Jahr steht still in der ewigen Gegenwart der göttlichen Sonne, des Christus, der die Zeit zu einem einzigen Tag macht: »Christus ist der wahrhaft ewige Tag ohne Ende« (Zeno von Verona).
Der **Festkalender** zeigt den Ablauf des Kirchenjahres mit den Festkreisen, den Sonntagen im Jahreskreis und den entsprechenden liturgischen Farben. Während Weihnachten zeitlich auf den 25.12. festgelegt ist, wird Ostern am Sonntag nach dem ersten Frühlingsvollmond gefeiert, also zwischen dem 22. März und 25. April. Im Zentrum der Tafel stehen die Worte der Präfation aus dem Hochgebet. Damit wird deutlich, dass das Zentrum jedes katholischen Festes die Eucharistiefeier ist.
Kurze Informationen zu den **liturgischen Farben** runden die Doppelseite ab.

2. Einsatzmöglichkeiten im RU

Höhepunkte des Jahres vorstellen/ Wer weiß noch? PINNWAND 13

- Sch notieren in EA die persönlichen Höhepunkte des vergangenen Jahres und stellen ihr Ergebnis vor, z. B. Weihnachten, Geburtstag, Urlaub, Hochzeit einer Cousine.
  - Welche von euren Jahreshöhepunkten sind christliche Feste? L notiert diese an der Tafel.
  - Wer weiß noch etwas über die wichtigsten Feste im Kirchenjahr?
  - Welche weiteren Feste kennt ihr? Wann und warum werden sie gefeiert?
- Sch erstellen in GA arbeitsteilig ein Arbeitsblatt mit den Festen an der Tafel und ihrer Bedeutung.

Die Buchmalerei deuten

- Sch betrachten, beschreiben und deuten die Darstellung.
- Anschließend stellen sie Verbindungen zu den beiden abgedruckten Bibelzitaten aus dem AT her.

Ein Lied singen

- Sch erhalten **AB 6.1.13, Lehrerkommentar S. 55,** und erklären die Aussagen. Dann wird das Lied gesungen.

Gebet sprechen

- Sch erhalten **AB 6.1.14, Lehrerkommentar S. 56,** und sprechen das Gebet.
- Anschließend verzieren sie das Blatt mit passenden Motiven.
- Sch schreiben selbst ein Gebet über die Zeit, die ihnen geschenkt ist. Wenn in der 5. Jahrgangsstufe ein Klassengebetbuch gestaltet wurde (vgl. Religion vernetzt 5, *Pinnwand,* **13**), können die Gebete über die Zeit mit aufgenommen und im Lauf des Themas und des Schuljahres vorgetragen werden.

3. Weiterführende Anregungen

Sich auf Feste vorbereiten

- Sch überlegen, wie sie den Advent oder die Fastenzeit (vgl. *Orientierung 3,* **94f.**) begehen können. Sehr empfehlenswert ist hierfür der vom Bistum Essen jährlich herausgegebene Kalender »Wir sagen euch an: Advent«, der sich vor allem an Kinder wendet. Er enthält für jeden Tag auf zwei Seiten Hinweise zu Heiligen und Bräuchen, zum Basteln oder Backen, Bilder, Gebete, Meditationen und Geschichten und vieles mehr. Der Adventskalender kann in der Regel vom örtlichen Pfarramt oder unter folgender Adresse bezogen werden: Bonifatius GmbH, Karl-Schurz-Straße 26, 33 100 Paderborn, Tel.: 05251/1530; Fax: 05251/153104; www.bonifatius.de/advent. Die besten Beiträge des Kalenders aus den Jahren 1978-2002 finden sich in: Wir sagen euch an ... Hausbuch zur Advents- und Weihnachtszeit, München 2003.
Misereor gibt jährlich einen Fastenkalender heraus, der für die Zeit von Aschermittwoch bis Ostermontag eine Fülle von Material bereithält. Er richtet sich an Kinder, Jugendliche und Erwachsene. Der Kalender ist ebenfalls in der Regel beim örtlichen Pfarramt erhältlich oder kann unter folgender Adresse bestellt werden: Misereor, Presse- und Öffentlichkeitsarbeit, Postfach 1450, 52015 Aachen. Weitere Hinweise finden sich unter www.misereor.de.

Den Sonntag gestalten

Perspektiven 3 [30] [31]

1. Hintergrund

Auf *Perspektiven 3* (**30f.**) werden sieben kurze **Statements** von sehr unterschiedlichen Personen zum Sonntag präsentiert. Sie enthalten gegensätzliche Positionen zu den Themen »Gottesdienstbesuch«, »Sonntagsarbeit« und »Ladenöffnungszeiten am Sonntag« und verschiedene Erfahrungen zur Gestaltung des Sonntags in der Familie. Die meisten Kinder finden sich in einer oder mehreren Aussagen wieder, sodass sich lebendige, kontroverse Diskussionen ergeben können.
Der Slogan »Ohne Sonntag gibt's nur Werktage« stammt von einer Initiative der Evangelischen Kirche im Rheinland gegen die Lockerung des Ladenschlussgesetzes. Im Zentrum steht die christliche Bedeutung des Sonntags.

Friedensreich Hundertwasser (1928-2000)
Friedensreich Hundertwasser wurde 1928 in Wien geboren. Sein bürgerlicher Name war Friedrich Stowasser. Seine Mutter stammte aus einer sehr armen jüdischen Familie. 1936 besuchte er für ein Jahr die Montessori-Schule, bis sich die Mutter das Schulgeld nicht mehr leisten konnte. Im Zeugnis wurde ihm ein »außergewöhnlicher Farben- und Formensinn« bescheinigt. Obwohl er 1937 getauft wurde, hatte er nach dem Anschluss Österreichs ans Deutsche Reich unter den rassistischen Nürnberger Gesetzen zu leiden. Im Jahr 1943 wurden 69 Angehörige der Familie seiner Mutter in osteuropäische Länder deportiert und getötet.
Nach dem Abitur 1948 begegnete Stowasser in einer Ausstellung dem Werk Egon Schieles, das ihn sehr beeindruckte. An den Bildern faszinierten ihn vor allem die Mauern von Städten und Häusern, die wie Lebewesen im Dunkeln leuchteten. Daneben wurde er vom Wiener Jugendstil und von Erich Kampmann, Gustav Klimt und Paul Klee beeinflusst. 1949 nahm Stowasser – ausgehend vom Slawischen *sto,* das hundert bedeutet – den Namen Hundertwasser an. Friedensreich nannte er sich ab 1968. Seit 1949 lebte und malte er in verschiedenen Ländern, u. a. in Italien, Frankreich und Tunesien. 1953 entdeckte er die Spirale als grundlegende Form seiner Malerei, in der er Gegenständliches und Abstraktes mit lebhaften, bunten Bildern zu fantasievollen Ensembles verband. 1959 wurde er als Gastdozent an die Hochschule für Kunst in Hamburg berufen. Der internationale Durchbruch gelang ihm bei der Biennale in Venedig 1962. Mit teilweise spektakulären Aktionen (Nacktreden, revolutionäre ökologische Ideen) trat er für Frieden, Umweltschutz und eine menschengerechte Architektur ein.
Neben der Malerei gestaltete er Briefmarken, eine Bibel und vor allem Gebäude, z. B. das Hundertwasserhaus in Wien und die Pfarrkirche in Bärnbach in der Steiermark. Von 1982 bis 1997 war er Leiter einer Meisterklasse für Malerei an der Akademie für bildende Künste in Wien. Seit den Siebzigerjahren hielt er sich oft mehrere Monate auf Südseeinseln auf. Im Jahr 2000 starb Hundertwasser an Bord der Queen Elizabeth II vor Australien. (Vgl. Rand, 10-46)

Zur Gefährdung und Bedeutung des Sonntags

Karl Kardinal Lehmann, der Vorsitzende der Deutschen Bischofskonferenz, beschrieb anlässlich der Eröffnung der Ausstellung »Am siebten Tag. Geschichte des Sonntags« im Haus der Geschichte der Bundesrepublik Deutschland am 24. Oktober 2002 in Bonn die Gefährdung und die Bedeutung des Sonntags so:

»Die Sonn- und Festtage sind in der Gefahr, entweder weitgehend verdrängt oder zum bloßen Wochenende, zum Ort für Ausflugs- und Sportveranstaltungen u. a. zu werden. Sie werden so ihres ursprünglichen theologischen und anthropologischen Sinnes beraubt und werden zum Anlass für neue Zwänge, von denen der Mensch nach der genuinen Auffassung des Sonntags an diesem Tag gerade befreit werden sollte. Der ›Wochenend-Tourismus‹ und das geänderte Freizeitverhalten greifen tief in das Leben der Menschen ein. Sonntagsbräuche, festliche Kleidung und Sonntagsessen haben sich zum Teil verloren. Die Sinngebung des Sonntags ist in hohem Maß Privatsache geworden. Manche sind dadurch überfordert und leiden unter › Wochenenddepression‹ und ›Sonntagsneurose‹. Sie können sich nur mehr durch Arbeit oder einen Freizeit-Stress ausdrücken. Ihre Fähigkeit zu Muße, Fest und Feier ist verkümmert. Das Wochenende wird von der Vergnügungs- und Unterhaltungsindustrie, vom Sport- und Freizeitbetrieb beherrscht. Dadurch kann vielen zur Erholung, Unterhaltung und Zerstreuung geholfen werden, weniger in entsprechendem Maß zur Sinngebung des Sonntags und des Lebens überhaupt. Es besteht kein Zweifel, dass in diesem Zusammenhang auch der Besuch des Sonntagsgottesdienstes, der in vieler Hinsicht ein Gradmesser der Beteiligung am Leben der Kirchen ist, drastisch zurückgegangen ist.

Hier wird deutlich, dass der religiöse und der anthropologische sowie der soziale Sinn des Sonntags eng miteinander verbunden sind. Die gemeinsam verbrachte und geteilte Zeit stützt und erhält das Leben in größeren und kleineren Gemeinschaften. Der Zusammenhang vor allem in überschaubaren Gemeinschaften wird dagegen gefährdet, wenn die notwendige Unterbrechung an unterschiedlichen Tagen stattfindet, sodass die Flexibilisierung der Arbeitszeit, die zuerst nur in ihren Vorteilen gesehen wird, offenkundiger wird in den Folgen. Der Sonntag hat auch die Aufgabe des Schutzes vor einer weitgehenden oder totalen Ökonomisierung des Menschen. In einer notwendigerweise von Leistung geprägten Gesellschaft schafft gerade der Sonntag, wenn er richtig begangen wird, eine Zone der Freiheit, z. B. vom Leistungsdruck. Er verhilft zum Abstand von dem sich immer mehr beschleunigenden Wandel sowie vom Anpassungsdruck des Erwerbslebens. Die Woche öffnet sich darum auch am Sonntag auf das Lebensganze hin, auf die Frage nach dem Woher und Wohin und dem Sinn des Lebens überhaupt. So ist der Sonntag eine Form, Zustimmung zur Welt und zum Leben im Ganzen, einen Tag der Orientierung, der Vergewisserung des Lebenssinnes und der Öffnung auf Transzendenz und Gott hin zu gewinnen. Insofern ist die Feier des Sonntags, gerade wenn es auch um das Freiwerden von Zwängen geht, ein Erfordernis der Menschenwürde, ein Protest gegen die Vermarktung des Menschen und gegen die Versklavung durch die Arbeitswelt. Der Sonntag ist ein Tag der Gemeinschaft, der Kultur und der Pflege gesellschaftlicher Intimräume (Ehe und Familie, Freundschaften usw.) und wirkt so der Vereinsamung und Anonymität in der heutigen Gesellschaft entgegen.

Diese Bedeutung für die Gesellschaft kann der Sonntag allerdings nur dann gewinnen, wenn er grundsätzlich von allen gemeinsam gehalten wird und nicht in einer ›gleitenden Arbeitswoche‹ jeder einen anderen freien Tag erhält. Selbstverständlich müssen manche Arbeiten auch am Sonntag geleistet werden. Sie sollen jedoch im Interesse aller auf jene Aufgaben beschränkt werden, die für das Gemeinwohl unbedingt erforderlich sind. Die Sorge um den Sonntag ist darum auch nicht nur Sache des Einzelnen oder der Kirchen, sondern sie muss auch von den Verantwortlichen in Politik und Wirtschaft mitgetragen werden.

... Alle Geschöpfe, besonders die Menschen, sollen Gelegenheit erhalten, sich von den Zwängen der Gesellschaft und unserer Welt freizumachen und sich zu erholen. Der Rhythmus von Arbeit und Freiheit von ihr ist für die Existenz des Menschen ähnlich wichtig wie seine soziale Grundanlage. Darum steht der Sonntag nicht zu unserer freien Disposition. Zu den Bedingungen gelungener Freiheit gehört eine würdige Feier des Sonntags. Also ist es kein Zufall, dass der Sabbat für die Juden ein ganz besonderes Geschenk Gottes an die Menschheit ist – nicht minder der Sonntag.« (www.dbk.de)

Friedensreich Hundertwasser: »624, Der Geher«, 1966
Auf dem Bild (65 x 54 cm, Mischtechnik; Sammlung Ottmar und Elke Groß, St. Ingbert) sehen wir einen kahlköpfigen Mann aus der Vogelperspektive, der offensichtlich Orientierung sucht. Die Schuhe des Gehers – seine wichtigsten Requisiten – erscheinen verdreht. Verweist dies auf seine Unsicherheit, seine Verwirrtheit, seine Orientierungslosigkeit?
Er trägt eine Lampe, die fast wie ein Leuchtturm wirkt und die Dunkelheit und Weglosigkeit durchbricht. Der starke Lichtkegel fällt auf ein buntes Haus mit vielen Fenstern, die sich in Form, Größe und Gestaltung unterscheiden. Nach Hundertwasser wirken graue sterile Häuserfassaden und einheitliche Fenster wie Gefängniszellen. Jede/r Einzelne darf, ja muss sie ebenso wie sein/ihr Inneres und seine/ihre Kleidung individuell gestalten. Dabei sollen bunte Farben und krumme Linien, die der Natur entsprechen, dominieren.
Eigenartig wirken die Größenverhältnisse und die Perspektive: Der Mann scheint an der Häuserfassade hinaufzulaufen, aber dies sei »ja nur eine Wendung von 90 Grad«. Er überblickt die vielen Fenster, die ihn vielleicht auf den ersten Blick verwirren. Möglicherweise stehen die Fenster für die verschiedenen Bewohnerinnen und Bewohner, für ihre individuellen Lebensentwürfe und Erfahrungen. So versucht »Der Geher« einen Überblick zu gewinnen über die Vielfalt der Lebensweisen, die durch die Fenster angedeutet werden. Welches Fenster wird ihn besonders interessieren, ansprechen und faszinieren? Wohin wird er sich wenden?
Ähnlich wie »Der Geher« müssen auch wir uns entscheiden. Die Welt ist bunt und vielfältig, die Lebensentwürfe zahllos. Die Entscheidung für einen Weg ist eine Absage an die anderen. Auch wenn sie schwer fällt, muss sie getroffen werden.
Das Bild ist als Folie enthalten in: *Bilder aus Religion vernetzt 5 und 6. 36 Farbfolien*, München 2004, ISBN 978-3-466-50716-0.

2. Einsatzmöglichkeiten im RU

Die Bedeutung des Sonntags entdecken
Sch entdecken auf dem Hintergrund der historischen Entwicklung die zentrale Bedeutung des christlichen Sonntags, werden sensibel für seine Gefährdung und beschäftigen sich kreativ mit dem Sonntag als Vorgeschmack auf das Paradies.

- Sch lesen die Statements, klären die Aussagen, ordnen sie einer Person zu und erfinden in EA zu einem Statement eine kleine Geschichte.
- Anschließend tauschen sich Sch in PA oder GA darüber aus, wie sie selbst den Sonntag verbringen.
- Sch entscheiden sich in GA für ein Thema, z. B. »Ein gelungener oder ein misslungener Sonntag« oder »Allgemeine Öffnung der Geschäfte am Sonntag?«, legen die Personen fest und gestalten ein Rollenspiel.

Märchen erklären
- Sch erhalten **AB 6.1.15, Lehrerkommentar S. 57**, beantworten in EA die Fragen und lesen die Ergebnisse vor. Dabei sollte L darauf achten, dass der Beitrag des siebten Bruders nicht allzu wörtlich als ein Lobgesang auf die Rolle der Hausfrau missverstanden wird.

Die Entwicklung des Sonntags recherchieren
- Sch informieren sich im Lexikon oder Internet (z. B. unter www.reliweb.de und www.festjahr.de »Sonntag«) über die Geschichte des christlichen Sonntags und referieren darüber.

Ergebnisskizze:
- Der Name »Sonntag« kommt von den Römern, die jeden Tag einem Planeten widmeten und den Sonntag als Tag des unbesiegbaren Sonnengottes »*dies solis*« (engl. *sunday*) nannten.
- Die Christen setzten sich von dieser heidnischen Bedeutung ab und feierten Christus als »Sonne der Gerechtigkeit«.
- Diese Feier fand zunächst am Sabbat, dem jüdischen Ruhetag, statt, dessen Gebot der Arbeitsruhe die Christen übernahmen.
- Zur Abgrenzung von den Juden verlegte man aber allmählich den wöchentlichen Feiertag auf den ersten Tag der jüdischen Woche, den Tag der Auferstehung Christi, den Beginn der neuen Welt.
- Sprachlich setzte sich dafür der Begriff »Herrentag« – *dies dominicus* (franz. *dimanche*, ital. *domenica*, span./port. *domingo*) durch.
- Kaiser Konstantin machte 321 n. Chr. den Sonntag zum Ruhetag, damit auch christliche Sklaven und Soldaten den Gottesdienst besuchen konnten.
- GG Art. 140 schützt den Sonntag, der aber vielfach gefährdet ist.

Bild deuten
- Sch betrachten und erklären mit Unterstützung des L das Bild »Der Geher« von Hundertwasser.
- Sch erfinden in GA zu einem Fenster eine zentrale Lebenssituation des Bewohners, in der es um eine bevorstehende oder vollzogene Entscheidung für einen eigenen Lebensweg geht. Dafür wählen sie eine Präsentationsmethode (z. B. Tagebucheintrag, Reportage, Interview) und tragen bzw. spielen die Situation vor.
- Sch malen ein Fensterbild oder ein Wappen (Vorlage: **AB 6.4, Lehrerkommentar S. 206**), das einen Bewohner charakterisiert und – auch symbolisch – zeigt, wer und was ihm Orientierung für sein Leben gibt.

1. Hintergrund

Die *Akzent*-Seite lädt dazu ein, die persönlichen Lebensmöglichkeiten und -ziele zu erkennen und sich der Notwendigkeit, eigene Entscheidungen zu treffen, bewusst zu werden.
Im Mittelpunkt steht ein **Foto**, das die von hartem Training gezeichneten Hände eines Turners zeigt. Es verdeutlicht eindrucksvoll, mit welcher Disziplin und Konsequenz ein Sportler, der Großes erreichen will, arbeiten und welchen Preis er für seinen Erfolg zahlen muss. (Das Bild ist als Folie enthalten in: *Bilder aus Religion vernetzt 5 und 6. 36 Farbfolien*, München 2004, ISBN 978-3-466-50716-0.)
Die **Fragen**, die um das Bild herum gruppiert sind, sollen dazu beitragen, sich über eigene Lebenswege und Lebensfragen klar zu werden.

Das Labyrinth – eine Reise nach innen
Das früheste bekannte Labyrinth ist etwa 4 500 Jahre alt und wurde in einer Grabhöhle auf Sardinien gefunden. Die in Fels eingeritzte Zeichnung ist ein Symbol für den Lebensweg, der ausgehend von der Geburt in vielen Windungen und Umwegen dem sicheren Ziel, dem Tod entgegenführt.
Die Theologen des Mittelalters benutzten und veränderten das Labyrinth um die christliche Botschaft von der Auferstehung zum Ausdruck zu bringen.
So fand es in Form von Mosaiken sogar Eingang in die großen nordfranzösischen Kathedralen. Ein Pilger, der die Kirche betrat, traf im hinteren Hauptschiff auf ein in Marmor eingelassenes Labyrinth. Er durchschritt die elf Umgänge (ein Symbol für die unvollkommene und unerlöste Welt) und erinnerte sich dabei an Erfahrungen, die er aus dem Alltag kannte: Nicht immer führt der kürzeste Weg zum Ziel. So geläutert konnte er sich dem Heiligtum nähern. Dabei waren die Wendepunkte der Wege so angeordnet, dass der Grundriss die Form eines Kreuzes, das Zeichen der Erlösung, zeigte.
Wer die Faszination des Labyrinthes erspüren will, muss es durchschreiten. Aber auch wer mit einem Stift seinen Verlauf nachzeichnet, wird manches Bekannte wieder erkennen: Er macht sich durch den Eingang auf den Weg und steuert direkt auf die Mitte zu. Aber der Weg führt ihn um die Mitte herum und entführt ihn in die Wirrungen des Labyrinths. Immer mehr entfernt er sich von der Mitte, findet sich in der Peripherie und wird dort endlos entlanggeschickt. Schon verliert er die Mitte aus den Augen, denkt kaum mehr an sie, obwohl er sie doch ständig umkreist. Dann nähert er sich ihr wieder. Endlich gelangt er beinahe dort an, wo er aufgebrochen ist. War der Weg umsonst? Gerade an diesem Punkt, wo er aufgeben will, biegt der Weg auf die Mitte zu und führt zum Ziel.
Das Labyrinth macht angesichts der heutigen verwirrenden Vielfalt an Lebensmöglichkeiten Mut, das persönliche Ziel zu suchen, Wendepunkte zu akzeptieren, durchzuhalten und den eigenen Weg, so verschlungen er auch manchmal sein mag, weiterzugehen um zu sich selber zu finden.
Im Gegensatz zum Irrgarten (vgl. **AB 6.1.1, Lehrerkommentar S. 43**), bei dem man in Sackgassen geraten und sich verlaufen kann, führt das Labyrinth (**AB 6.1.16, Lehrerkommentar S. 58**) sicher ans Ziel, auch wenn der Pilger sich scheinbar von der Mitte entfernt. So wird am Beispiel dieser beiden Übungen die prozessorientierte Entwicklung der Thematik »Alltag bewältigen – Orientierung finden« auch praktisch-erlebnishaft nachvollzogen.
Ausgehend vom Alltag Steffis (*Kontext 1* **8f.**), die sich in Folge vielfältiger Verpflichtungen (Schule, Termine), unzureichender Planung und unterschiedlicher Einflüsse (Medien) immer wieder im Dickicht des Alltag verheddert, lernen die Sch im Verlauf des Themas, wie wichtig es ist, Prioritäten zu setzen, Verantwortung für sich und andere zu übernehmen und Orientierungspunkte für die eigene Lebensgestaltung zu suchen und zu finden.

2. Einsatzmöglichkeiten im RU

Orientierungsfragen bedenken

- L liest zu ruhiger Musik – vielleicht eingebettet in eine Fantasiereise – langsam einige Fragen von *Akzent* (**32**) vor und lässt dazwischen genügend Zeit zum Nachdenken.
- Sch notieren zu einer oder mehreren Fragen persönliche Antworten und tauschen sich anschließend in KG darüber aus.

Ein Labyrinth nachfahren

- Sch erhalten **AB 6.1.16, Lehrerkommentar S. 58,** und lesen die Einführung und die Aufgabe.
- Dann fahren sie das Labyrinth in ruhiger Atmosphäre (ggf. mit leiser Musik im Hintergrund) mit einem Bleistift nach.
- Schließlich sprechen sie über ihre Erfahrungen (z. B. Bedeutung der Wendepunkte, der Personen in den Ecken). Sch vergleichen das Labyrinth mit dem Irrgarten **AB 6.1.1, Lehrerkommentar S. 43**).

Literatur

Deselaers, Paul, Guter Rat in schwieriger Zeit. Gedanken zum Buch Kohelet, in: Christ in der Gegenwart 14/95, 117f.
Gründel, Johannes, Die Gelegenheit beim Schopf packen, in: Michael Albus (Hg.), Worte wie Brot: Ein Text, der meinem Leben Mitte gibt, München 1987, 136-141, hier 138
Hämmerl, Alfons, Ein Labyrinth ist kein Irrgarten, in: Donaukurier Ingolstadt, November 1997
Jacoby, Edmund (Hg.), Die visuelle Geschichte der Kunst, Hildesheim 2003
Lettl, Wolfgang, Ausstellungskatalog, Augsburg 1993
Maier, Hans, Die christliche Zeitrechnung, Freiburg ^{4}1997
Rand, Harry, Hundertwasser, Köln 1993
Schamp-Wiebe, Maren, »Silvester ist anderswo«, in: Feuervogel 2/99, VI-XI
Schulz-Hoffmann, Carla (Hg.), Pinakothek der Moderne, Köln 2002
Stattaus, Eva, Chronos und Kairos, in: Christenlehre – Religionsunterricht – Praxis 56 (2003), Heft 2, 3
Tagesspiegel vom 25.07.99, zitiert in: »Alles hat seine Zeit«, Familiensonntag 2000, hg. von der Zentralstelle Pastoral der Deutschen Bischofskonferenz, Arbeitshilfen 149

Mein Lebensweg

Manchmal erscheint uns das Leben wie ein Irrgarten. Es verläuft nicht geradlinig. Wir geraten in eine Sackgasse. Es geht einfach nicht mehr weiter. Wir müssen umkehren, uns neu orientieren und einen anderen Weg probieren. Bei der folgenden Übung kannst du das erleben:
Versuche mit einem Farbstift den richtigen Weg von außen durch den Irrgarten nach innen zu finden. Zeichne jeden Weg, den du gehst – auch Sackgassen –, mit dem Stift ein. Achte dabei auf deine Gedanken und Gefühle. Arbeite langsam und ohne zu sprechen.

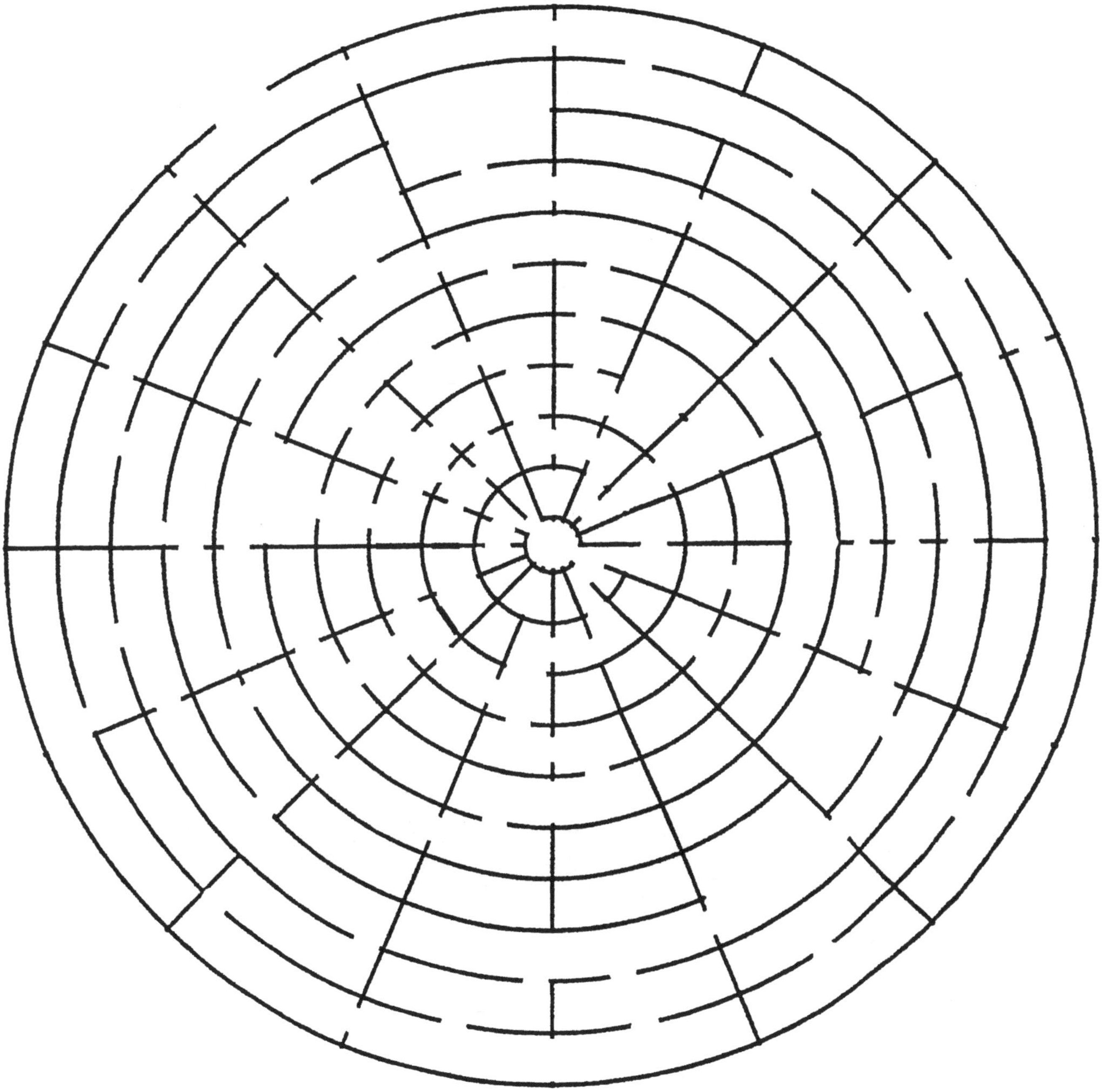

Formuliere kurz einige Gedanken und Gefühle während dieser Übung.

Mein Tagesablauf am ____________, den ________

Tageszeit	Termine, Aktivitäten	Smilies
Am Morgen	____________ ____________ ____________ ____________	
Am Vormittag	____________ ____________ ____________ ____________ ____________ ____________ ____________	
Am Mittag	____________ ____________ ____________	
Am Nachmittag	____________ ____________ ____________ ____________ ____________ ____________ ____________ ____________	
Am Abend	____________ ____________ ____________	

Fantasiereise: Ein idealer Schultag

Ich lade dich zu einer Fantasiereise ein, die dir gut gefallen wird.
Stell dir vor, du erwachst am Morgen frisch und ausgeschlafen. Voller Energie stehst du auf, duschst und setzt dich an den gedeckten Frühstückstisch voller leckerer Sachen. Die anderen Familienmitglieder sitzen schon da, begrüßen dich gut gelaunt und ihr unterhaltet euch und lacht viel. Nach diesem gemütlichen Frühstück machst du dich bei strahlendem Sonnenschein ohne Hektik auf den Weg zur Schule.

Das Schulgelände ist so, wie du dir deine Traumschule vorstellst: Ein großer Pausenhof mit Springbrunnen und Spielfeldern, an den sich ein kleiner Park mit gemütlichen Sitzgruppen anschließt. Daneben gibt es einen Sportplatz, auf dem man jederzeit spielen darf. Du betrittst das helle, freundliche Schulgebäude, kommst an der gemütlichen Cafeteria und den modernen Computerräumen vorbei. Von allen Seiten grüßen dich Schülerinnen, Schüler und Lehrkräfte und winken dir zu. Überall an den Wänden hängen bunte Bilder.
Du betrittst dein Klassenzimmer: Es ist groß und gemütlich eingerichtet. An den Fenstern stehen Pflanzen, die Wände habt ihr im Kunstunterricht nach eurem eigenen Geschmack gestaltet.
Deine Klassenkameraden, Freundinnen und Freunde erwarten dich schon.

Dann beginnt der Unterricht: Deine Lieblingslehrerinnen und -lehrer verbringen mit dir den Vormittag. Der Tag verläuft, wie du dir Unterricht wünschst: interessant, abwechslungsreich, kreativ, mit deinen Lieblingsfächern, in guter Atmosphäre, mit genügend Pausen.

Ich lasse dich jetzt einige Minuten allein, damit du dir den Verlauf deines idealen Schultags vorstellen kannst.

(Etwa drei Minuten Pause.)

Wie im Flug sind die verschiedenen Stunden vergangen. Sie haben dich zufrieden, ja, glücklich gemacht. ›So müsste Schule immer sein!‹, denkst du. Fröhlich verlässt du mit deinen Mitschülerinnen, Mitschülern und Freunden die Schule und kommst schließlich gut gelaunt zu Hause an.
Dort erwartet dich schon deine Familie am schön gedeckten Mittagstisch und du erzählst von deinen Erlebnissen.

Wir lösen uns jetzt langsam wieder von diesen Bildern und kehren zurück in diesen Raum.
Dann öffnen wir die Augen, strecken uns und atmen einige Male tief durch ...

Wie verbringst du deine Freizeit?

1. Allgemeine Angaben

Ich bin ein ☐ Mädchen ☐ Junge

Für Freizeitaktivitäten gebe ich im Monat aus:

☐ 1-5 Euro	☐ 6-10 Euro	☐ 11-15 Euro
☐ 16-20 Euro	☐ 21-25 Euro	☐ mehr als 25 Euro

2. Umgang mit Medien

	Zutreffendes ankreuzen	*Zeit pro Tag (in Minuten)*
Fernsehen	☐	____________
Videos schauen	☐	____________
CD hören	☐	____________
Radio hören	☐	____________
E-Mails schreiben	☐	____________
SMS schreiben	☐	____________
Chatten	☐	____________
Am Computer/Handy spielen	☐	____________
Im Internet surfen	☐	____________
Telefonieren	☐	____________

3. Sportliche Aktivitäten

Sport treiben	☐
Fußball, Basketball, Volleyball spielen	☐
Fahrrad fahren	☐
Wintersport (Skifahren, Snowboarden)	☐
Inline skaten	☐
Schwimmen	☐
Wandern, spazieren gehen	☐

4. Anderes

Bücher lesen	☐
Illustrierte lesen	☐
Zeitung lesen	☐
Briefe schreiben	☐
Mit Freunden zusammen sein	☐
Ins Kino gehen	☐
Eine Jugendgruppe besuchen	☐
Basteln	☐
Malen	☐
Musik machen	☐
Nichts tun, ausspannen	☐

Vergleich zwischen den Anordnungen zur Zeit von Brecht und heute

Bertolt Brecht (1898-1956):	**heute:**
Was ein Kind gesagt bekommt	*Was ich so alles gesagt bekomme*
Der liebe Gott sieht alles.	______________________
Man spart für den Fall des Falles.	______________________
Die werden nichts, die nichts taugen.	______________________
Schmökern ist schlecht für die Augen.	______________________
Kohlentragen stärkt die Glieder.	______________________
Die schöne Kinderzeit, die kommt nicht wieder.	______________________
Man lacht nicht über ein Gebrechen.	______________________
Du sollst Erwachsenen nicht widersprechen.	______________________
Man greift nicht zuerst in die Schüssel auf dem Tisch.	______________________
Sonntagsspaziergang macht frisch.	______________________
Zum Alter ist man ehrerbötig.	______________________
Süßigkeiten sind für den Körper nicht nötig.	______________________
Kartoffeln sind gesund.	______________________
Ein Kind hält den Mund.	______________________

Alles hat seine Zeit

Dust in the wind

I close my eyes only for a moment,
and the moment's gone.
All my dreams pass before my eyes,
a curiosity.

Dust in the wind, all they are is dust in the wind.

Same old song,
just a drop of water in an endless sea.
All we do crumbles to the ground,
though we refuse to see.

Dust in the wind, all we are is dust in the wind.

Don't hang on,
nothing lasts forever but the earth and sky.
It slips away, and all your money
won't another minute buy.

Dust in the wind, all we are is dust in the wind.

Staub im Wind

Ich schließe meine Augen nur für einen Augenblick,
und schon ist er vorbei.
Alle meine Träume ziehen an meinen Augen vorbei,
wie merkwürdig.

Staub im Wind, alles, was sie sind, ist Staub im Wind.

Dasselbe alte Lied,
nur ein Tropfen Wasser im grenzenlosen Meer.
Alles, was wir machen, fällt in sich zusammen.
Gleichwohl weigern wir uns das zu erkennen.

Staub im Wind, alles, was wir sind, ist Staub im Wind.

Klammere dich nicht daran,
denn nichts währt ewig außer der Erde und dem Himmel.
Mit deinem ganzen Geld
wirst du keine zusätzliche Minute kaufen können.

Staub im Wind, alles, was wir sind, ist Staub im Wind.

Gleichzeitig und doch ganz anders

Während wir jetzt im Religionsunterricht über das Thema »Zeit« nachdenken, machen oder erleben Millionen Menschen gleichzeitig etwas völlig anderes: Manche feiern ein Fest, andere baden im Meer, manche liegen nach einem Unfall verletzt im Krankenhaus, andere arbeiten in der Fabrik, manche schreiben eine Prüfung, andere trauern um einen Angehörigen …
Das folgende Gedicht von Maren Schamp-Wiebe macht dies auf eindrucksvolle Weise deutlich.

DAS ERDBEBEN IST ANDERSWO

während der kellner nach unseren wünschen fragt
    beginnt die erde zu zittern
während wir uns guten appetit wünschen
    klirren die tassen leise im schrank
während ich nach dem löffel greife
    rutschen die autos einfach zur seite
während ich mir die vorspeise schmecken lasse
    bebt die ganze stadt
während ich entspannt mit meinem gegenüber plaudere
    fallen häuser in sich zusammen
während ich das fleisch klein schneide
    rennen menschen panisch durch die straßen
während wir anstoßen
    schreien kinder frauen männer um ihr leben
während ich gemüse und pommes genüsslich esse
    heulen die sirenen
während ich mich satt zurücklehne
    lässt das beben langsam nach
während wir aßen
    wurde eine stadt zerstört

Maren Schamp-Wiebe

Jetzt

Ein in Meditation erfahrener Mann wurde einmal gefragt,
warum er trotz seiner vielen Beschäftigungen
immer so gesammelt sein könne.

Er sagte:
Wenn ich stehe, dann stehe ich
wenn ich gehe, dann gehe ich
wenn ich sitze, dann sitze ich
wenn ich esse, dann esse ich
wenn ich spreche, dann spreche ich...

Da fielen ihm die Fragesteller ins Wort und sagten:
Das tun wir auch, aber –
was machst du noch darüber hinaus?

Er sagte wiederum:
Wenn ich stehe, dann stehe ich
wenn ich gehe, dann gehe ich
wenn ich sitze, dann sitze ich
wenn ich esse, dann esse ich
wenn ich spreche, dann spreche ich ...

Wieder sagten die Leute:
Das tun wir doch auch.

Er aber sagte zu ihnen:
Nein, wenn ihr sitzt,
dann steht ihr schon
wenn ihr steht,
dann lauft ihr schon
wenn ihr lauft,
dann seid ihr schon am Ziel.

Aus dem Zen-Buddhismus

1. Verdeutlicht den Unterschied zwischen dem in Meditation erfahrenen Mann und den Fragestellern.

2. Formuliert einige eurer Gedanken zu dieser Geschichte.

Was mich im Internet(z) gefangen hält

Handymanie

72 Stunden ohne Kompromiss

In den Herbstferien fuhr eine Gruppe der Christlichen Arbeiterjugend vom Hochrhein nach Klosterbuch bei Leipzig um dort drei Tage lang beim Aufbau einer Freizeitstätte zu helfen: Steine schleppen, Treibgut beseitigen und Möbel aufrichten – die 13- bis 16-Jährigen hatten viel zu tun und waren stolz auf ihre Arbeit. »Durch die Aktion habe ich erlebt, dass es ein tolles Gefühl ist, solidarisch zu handeln«, meinte eine der Teilnehmerinnen.
Ein Team aus dem Dekanat Acher-Renchtal war bereits Anfang Oktober für zwei verlängerte Wochenenden nach Dresden und Prag gefahren um dort beim Beseitigen von Flutschäden in einem Jugendzentrum zu helfen.
Andere Gruppen folgten dem Hilfsaufruf des BDKJ, indem sie in ihren Heimatgemeinden aktiv wurden: Die Jugendlichen bewirteten bei Festen, verkauften selbst gebackenen Kuchen, veranstalteten Flohmärkte, organisierten Altpapiersammlungen und spendeten den Erlös an von der Flut geschädigte Einrichtungen entlang der Elbe. 1300 Euro überwies alleine der Diözesanverband der Katholischen Landjugendbewegung (KLJB). Kurz nach der Flut hatte die KLJB beschlossen pro Mitglied 50 Cent zu spenden. In Freudenberg sammelte die Katholische Junge Gemeinde Spielsachen für den überfluteten Kindergarten von Raghun bei Bitterfeld. Die Jugendlichen waren erstaunt über die Spendenbereitschaft der Bevölkerung: »Es gab sogar Leute, die Spielzeug gekauft haben, damit sie uns dieses mitgeben konnten.«

Hut ab für eure Aktion »Soziales Engagement macht Spaß«. Ich kann eure Initiative nur begrüßen, denn sie hat aus meiner Sicht zwei wichtige Aspekte: Zum einen dient sie der Förderung des Interesses an allgemeinen und sozialen Aufgaben und zum Zweiten fördert diese, aus meiner Sicht, auch die Verantwortung und den Gemeinsinn für andere. Ich kann Sie darin nur bestärken und den Jugendlichen die Botschaft vermitteln, ein Engagement »ohne Kompromiss« einzubringen. Ich selbst habe in meiner Jugendzeit mitgewirkt, sei dies in der Feuerwehr, als Messdiener, als Schulsprecher oder in Sportvereinen. Es gehörten Altpapier- und Kleidersammlungen für einen guten Zweck ebenso dazu, wie die Erhaltung vieler alter Bräuche in unserem Ort. Leider habe ich heute für diese vielen und zweifelsohne wichtigen Dinge nur noch wenig oder überhaupt keine Zeit mehr. Den Jugendlichen rufe ich deshalb zu: Machen Sie mit, bereiten Sie anderen eine Freude, um selbst Freude zu haben, und wünsche allen viel Erfolg dabei.

Grußwort von Sebastian Kehl, Fußballspieler BVB Dortmund

Meine Zeit steht in deinen Händen

T: Peter Strauch/M: Gordon Schultz © Hänssler Verlag, 71087 Holzgerlingen

2. Hast und Eile, Zeitnot und Betrieb nehmen mich gefangen,
jagen mich. Herr, ich rufe: Komm und mach mich frei!
Führe du mich Schritt für Schritt.

3. Es gibt Tage, die bleiben ohne Sinn.
Hilflos seh' ich, wie die Zeit verrinnt.
Stunden, Tage, Jahre gehen hin,
und ich frag, wo sie geblieben sind.

Gebet zu Psalm 31

Schöpfer meiner Stunden und meiner Jahre,
du hast mir viel Zeit gegeben.
Sie liegt hinter mir
und sie liegt vor mir.
Sie war mein und wird mein,
und ich habe sie von dir.
Ich danke dir für jeden Schlag der Uhr
und für jeden Morgen, den ich sehe.

Ich bitte dich nicht, mir mehr Zeit zu geben.
Ich bitte dich aber um viel Gelassenheit,
jede Stunde zu füllen.

Ich bitte dich, dass ich ein wenig dieser Zeit
frei halten darf von Befehl und Pflicht,
ein wenig für Stille,
ein wenig für das Spiel,
ein wenig für die Menschen am Rande meines Lebens,
die einen Tröster brauchen.

Ich bitte dich um Sorgfalt,
dass ich meine Zeit nicht töte,
nicht vertreibe, nicht verderbe.
Jede Stunde ist ein Streifen Land.
Ich möchte ihn aufreißen mit dem Pflug,
ich möchte Liebe hineinwerfen,
Gedanken und Gespräche,
damit Frucht wächst.
Segne du meinen Tag.

Jörg Zink

Der unscheinbare Bruder

Sechs von sieben Brüdern gingen zur Arbeit. Der siebte besorgte den Haushalt. Wenn die sechs Brüder müde nach Hause kamen, fanden sie das Haus geordnet, das Essen bereit und alles in bester Ordnung. Darüber freuten sie sich und lobten den siebten Bruder.
Aber einer der Brüder wollte klüger sein als die anderen. Er nannte den siebten Bruder einen Faulenzer und Tagedieb, der auch mit zur Arbeit gehen und sein Brot verdienen sollte. Dieses böse Wort fand leider bei den anderen Gehör. Sie beschlossen einmütig, dass ihr siebter Bruder nicht länger seines bisherigen Amtes walten sollte. Sie nötigten ihn, auch am frühen Morgen mit zur Arbeit zu gehen.
Und dann machten die sieben Brüder eine überraschende Erfahrung, als sie müde und abgespannt am Abend von der Arbeit nach Hause kamen:
Kein freundlicher Lichtschein winkte ihnen entgegen. Keine fürsorgende Hand hatte das Hauswesen geordnet. Kein Tisch war gedeckt. Kein Bruder stand an der Tür und empfing sie mit einem herzlichen Wort.
Und jetzt merkten sie, wie dumm sie gehandelt hatten, als sie ihren siebten Bruder seines stillen Amtes enthoben hatten. Sie fühlten sich, weil es ihre eigene Schuld war, doppelt elend und verlassen. Dann beschlossen sie, den siebten Bruder wieder in sein Amt einzusetzen. Das verlorene Glück der sieben Brüder kehrte mit seinem heimlichen Segen zu ihnen zurück. Sie lebten miteinander einträchtig und in Frieden.

Märchen der Brüder Grimm

1. Welche unterschiedlichen Aufgaben haben die Brüder?

____

____

____

2. Welchen Vorwurf erheben sie gegen den siebten Bruder?

____

____

____

3. Was fehlt den sieben Brüdern, als sie müde von der Arbeit heimkommen?

____

____

____

4. Was verdeutlicht die Geschichte über die Bedeutung des Sonntags?

____

____

____

____

____

____

____

Labyrinth aus der Kathedrale von Reims

Labyrinthe sind keine Irrgärten, sondern verschlungene Wege ohne Kreuzungen, die sicher ans Ziel führen. Dieses Labyrinth ist im Mittelalter auf den Boden der Kathedrale von Reims gezeichnet worden und wird »Der Weg nach Jerusalem« genannt. Durch Abschreiten des Labyrinths begibt man sich also symbolisch auf eine Pilgerfahrt, so als würde man tatsächlich nach Jerusalem pilgern. In den vier Bastionen sind die vier Baumeister der Kathedrale abgebildet.

Wer sind die Baumeister in deinem Leben? Gib den vier Ecken die Namen von Personen, die deinen Lebensweg entscheidend mitgebaut haben. Für die Person im Zentrum gibt es keine Vorgabe. Sie kann du selbst, dein liebster Mensch oder Gott sein. Vielleicht willst du die Mitte auch ganz freihalten.
Fahre mit einem Farbstift das Labyrinth langsam nach. Wenn du dich am Anfang des Weges befindest, suche einen einfachen Satz, der dich wie eine Bitte um Hilfe oder ein Segen begleiten soll. Wiederhole diesen Satz immer wieder, bis dir ein anderer einfällt. Schreibe am Ende die Sätze, die dir in den Sinn gekommen sind, außen um das Labyrinth herum.

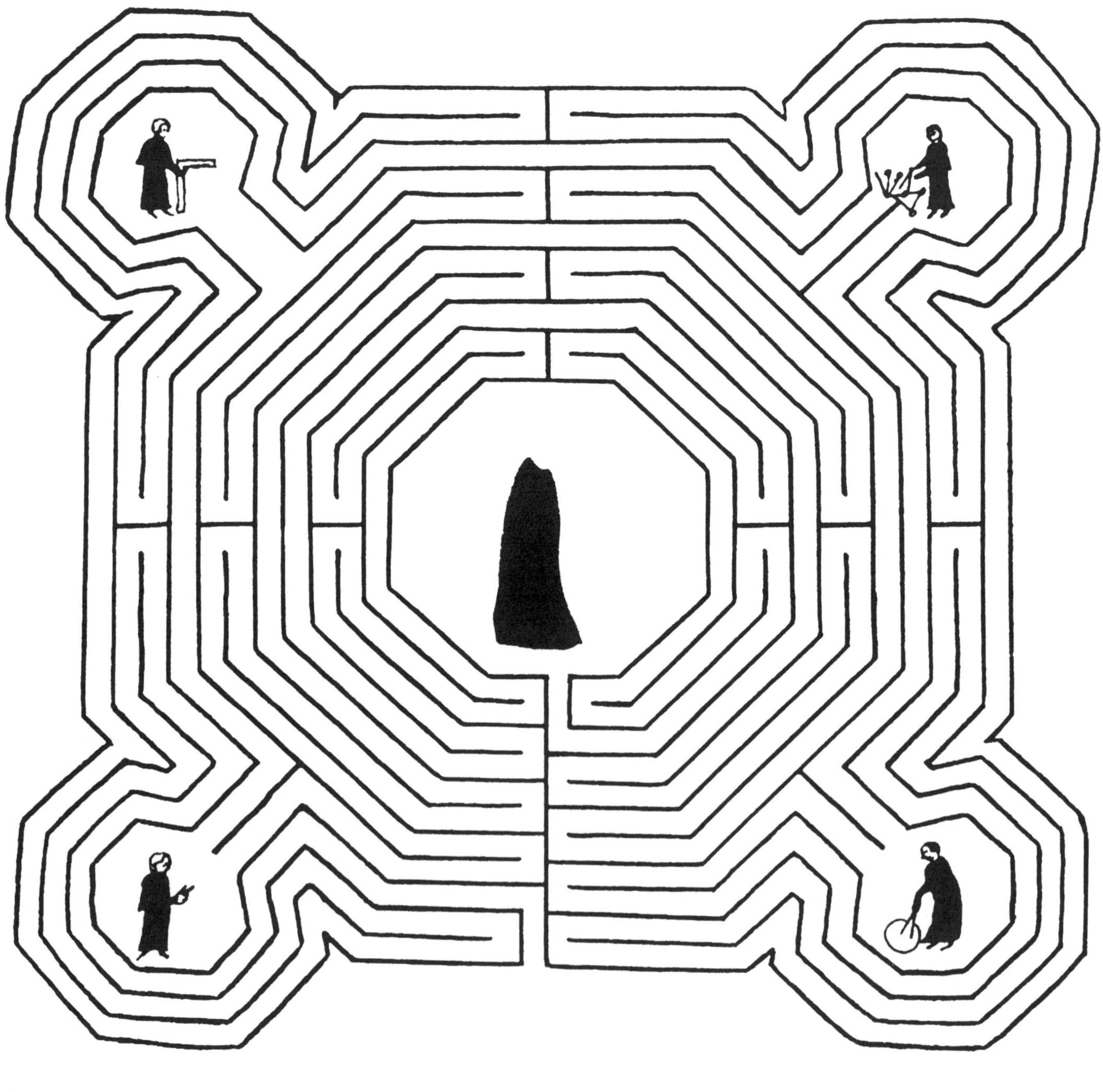

2 Kinder in der Einen Welt

Das Thema im Schulbuch

Zentrales Anliegen des zweiten Kapitels ist es, Sch den Blick über das eigene Kind-Sein im geborgenen Umfeld von Familie und Schule hinaus zu öffnen für Kinder in aller Welt und damit für die Zusammengehörigkeit aller Menschen über Kontinente hinweg. Dieser Weg wird beschritten von der Vorstellung von Kindern gleichen Alters aus aller Welt, über Kinder, die in ausgebeuteten Situationen v. a. in der so genannten »Dritten Welt« leben, hin zu den Benachteiligungen von Kindern in unserer Gesellschaft. Bereiche der Lebensumwelt in Religionen und Alltag runden den Blick für das Leben der Kinder in der Einen Welt ab. Ausgehend von diesen Beobachtungen können sich Sch schließlich mit Angeboten zur Hilfe für die Kinder der Welt, Einsatzmöglichkeiten für Veränderung sowie dem eigenen Lebensstil auseinander setzen und damit solidarisches Handeln einüben. Gebete von Kindern des Einen Gottes in der Einen Welt beschließen das Kapitel.

Im *Titelbild* (**33**) wurde die Vielfalt kindlicher Lebenswelten harmonisch in Szene gesetzt. Es bietet einen programmatischen positiven Einstieg in das Thema und drückt das Miteinander aller Kinder in der Einen Welt aus.

Kontext 1 (**34f.**) beschreibt den normalen Alltag von Kindern aus aller Welt. Kulturelle Eigenheiten des Herkunftslandes und Lieblingsbeschäftigungen charakterisieren die Kinder.

Die folgenden drei *Kontext*-Doppelseiten schildern das Leid und die Not von Kindern in aller Welt:

Kontext 2 (**36f.**) thematisiert, wie Kinder im Krieg als Kämpfer eingesetzt werden und welche Spuren der Krieg bei Kindern als Soldaten und als Opfer hinterlässt.

Kontext 3 (**38f.**) verdeutlicht, dass Kinder vor allem in armen Ländern zur Sicherung der Existenz beitragen müssen. Der Begriff »Kinderarbeit« soll aber auch relativiert werden, um zu verdeutlichen, dass Mit-Arbeit Element der Erziehung ist.

Auf *Kontext 4* (**40f.**) beschreibt ein Straßenkind aus Kolumbien in einem Interview seinen Alltag. Der Blick wird aber auch auf unsere Wohlstandsgesellschaft gelenkt, die ebenfalls Straßenkinder hervorbringt.

Die *Pinnwand* (**42f.**) fasst die auf den vorangegangenen Seiten vorgestellten Probleme in Arbeitsaufträgen zusammen und öffnet den Blick für Hilfsmöglichkeiten der Sch.

Orientierung 1 (**44f.**) zeigt die Benachteiligung von Kindern in unserer Gesellschaft auf: Ausgehend von der allgemeinen Benachteiligung von Mädchen wird auch die Situation von Mädchen und Frauen in Deutschland verdeutlicht. Auf der zweiten Seite kommen schulische und häusliche Benachteiligungen zur Sprache.

Über *Orientierung 2* (**46f.**) werden Sch für die Rechte der Kinder sensibilisiert.

Auf *Orientierung 3* (**48f.**) wird das für alle Menschen einigende Band der »Goldenen Regel« in den Weltreligionen vorgestellt.

Orientierung 4 (**50f.**) stellt das Wasser in den Mittelpunkt: Zunächst wird dessen alltäglicher und ritueller Gebrauch von Kindern aus aller Welt verglichen, danach die symbolische Bedeutung des Wassers untersucht und schließlich das eigene Konsumverhalten hinsichtlich dieses Elements überprüft.

Perspektiven 1 (**52f.**) zeigt mit der Sternsingeraktion eine konkrete Möglichkeit für Sch auf, sich für Kinder in Not einzusetzen.

Perspektiven 2 (**54f.**) präsentiert weitere Möglichkeiten, solidarisch in der Einen Welt zu handeln: Sch lernen Missio und dessen AIDS-Waisen-Projekt kennen. Mit dem Thema »Weltladen« werden Sch in die Problematik des Welthandels eingeführt und angeregt, den eigenen Lebensstil zu überdenken.

Akzent (**56**) ermutigt Sch, mit Kindern aus aller Welt und für Kinder in aller Welt zu beten.

Vernetzung mit anderen Themen im Schulbuch

Kapitel 1 Alltag bewältigen – Orientierung finden:
Die Themen *Kontext 1* (**8f.**) »Ich Steffi«, *Kontext 2* (**10f.**) »Freizeit – Langeweile – Stress«, *Orientierung 6* (**24**) »Sich engagieren« können vernetzt werden mit *Perspektiven 1* und *2* (**52-55**): Kinder erkennen die Benachteiligung von Kindern in der einen Welt und übernehmen Verantwortung, finden Aufgaben, z. B. in Freundeskreis, Familie, Klassengemeinschaft, Pfarrei.

Kapitel 4 Aus dem Dunkel zum Licht:
»Kinderkram« (*Kontext 1*, **82f.**) kann vernetzt werden mit: Erfahrungen von Leid und Trauer im Leben der Kinder, z. B. Nachrichten über Kriege und Katastrophen (Kindersoldaten, Kinderarbeit, Straßenkinder, *Kontext 2* bis *4*, **36ff.**); Möglichkeiten des Umgangs: Ertragen von Leid, Widerstand gegen Leid durch Einforderung der Kinderrechte (*Orientierung 2*, **46f.**) oder Engagement für Kinder (*Perspektiven 1* und *2*, **52f.**).

Kapitel 5 Begeisterung führt zusammen:
Der Geist Gottes bewegt Menschen (*Perspektiven 1*, **126f.**) kann vernetzt werden mit *Perspektiven 1* (**52f.**): aktive Teilnahmemöglichkeiten für Kinder (als Sternsinger).

Vernetzung mit der fünften Jahrgangsstufe

5.1 Miteinander leben, glauben, lernen:
Perspektiven 2 (**24f.**) in Religion vernetzt 5 entwickelt von der Lebenssituation der Kinder her ein Verständnis für Gebetshaltungen und -formen. Im Zusammenhang mit der *Akzentseite* (**56**) in Religion vernetzt 6 kann dies vertieft und als Anlass genommen werden, das evtl. in der fünften Klasse begonnene »Klassengebetbuch« (vgl. Religion vernetzt 5, *Pinnwand*, **13**) wieder weiterzuführen.

5.2 Im Leben Gott begegnen:
Die in Kapitel 6.2 angesprochenen Probleme vieler Kinder der »Einen Welt« (vgl. *Kontext 2* bis *4*, **36ff.**) führen Sch wieder unmittelbar zu den religiösen und philosophischen Fragestellungen, die in Religion vernetzt 5 auf *Kontext 1* und *2* (**30ff.**) verhandelt werden.

5.4 Jesus fasziniert:
Orientierung 2 (**94f.**) in Religion vernetzt 5 entfaltet, wie Jesus Kindern Würde verlieh in einer Zeit, als diese kaum Rechte hatten. Hierauf kann im Zusammenhang der Auseinandersetzung mit *Orientierung 2* (**46f.**) in Religion vernetzt 6 zurückgegriffen werden. Auch die auf *Perspektiven 3* (**100f.**) in Religion vernetzt 5 beschriebenen Hilfsaktionen können in unmittelbarem Zusammenhang mit *Perspektiven 1* (**52f.**) von Religion vernetzt 6 noch einmal aufgegriffen werden.

5.5 Kirche erleben:
Die Vielfalt der Weltkirche (vgl. Religion vernetzt 5, *Kontext 2*, **106f.**; *Perspektiven 2*, **126f.**) spiegelt sich auch auf *Perspektiven 2* in Religion vernetzt 6, wo es um die Arbeit von Missio und um »fairen Handel« geht.

Vernetzung mit anderen Fächern

Ethik: 6.2 Ich und die anderen: Bedeutung von Solidarität, Toleranz und Freundschaft.

Deutsch: 6.1 Sprechen – Informieren: Verknüpfung durch Information über Kinder in der Einen Welt möglich (vgl. *Kontext 1* bis *4*, **34ff.**); 6.5 Medien nutzen und reflektieren: vgl. entsprechende Aufgaben der *Pinnwand* **42f.**

Französisch (zweite Fremdsprache): 6.3 Interkulturelles Lernen und Landeskunde, vgl. *Kontext 1* (**34f.**).

Englisch (erste Fremdsprache): 6.3 Interkulturelles Lernen und Landeskunde, vgl. *Kontext 1* (**34f.**) und *Orientierung 3* und *4* (**48ff.**).

Musik: 6.1 Musikpraxis Singen, Musizieren und Bewegen, vgl. *Perspektiven 1* (**53**).

Kinder in der Einen Welt

Titelseite 33

1. Hintergrund

Das **Titelbild** wurde von einer Schülerin der 6. Klasse gemalt. Es zeigt in der Mitte eine Erdkugel, am unteren Rande eine Sonne, oben Mond und Saturn. Die Kinder verschiedener Hautfarbe werden in ihren Lebenssituationen spielend harmonisch dargestellt: auf einer Schaukel, Ballett tanzend, auf Skatern unterwegs, mit einem Roller, ein Rad schlagend, zum Mond kletternd, dem/der Betrachtenden zuwinkend und einander an der Hand führend. Zusammengehörigkeit und weltweite Gemeinschaft werden dadurch verdeutlicht.

Der Blickwinkel auf die Kinder erscheint sehr positiv. Es wird das Individuelle und Völkerverbindende der Lebenswelt der Kinder hervorgehoben. Alles ist »in Ordnung«.
In dieser Phase soll es aber nicht ausschließlich bei harmonisierenden Lebensdarstellungen bleiben. Die Harmonie des Bildes muss problematisiert werden und zu einer differenzierteren Sicht des Themas »Kinder in der Einen Welt« hingeführt werden.
(Das Bild ist als Folie enthalten in: *Bilder aus Religion vernetzt 5 und 6. 36 Farbfolien*, München 2004, ISBN 978-3-466-50716-0.)

2. Einsatzmöglichkeiten im RU

Die Fähigkeiten der Kinder entdecken
Die Kinder auf dem Bild werden in verschiedenen Situationen dargestellt, mit denen körperliche, geistige und charakterliche Fähigkeiten angedeutet werden.

- Sch beschreiben im »Aufrufverfahren« (der nächste Sch, der einen Unterrichtsbeitrag leisten soll, darf vom Vorgänger aufgerufen werden) Fähigkeiten eines Kindes auf der Kapiteleingangsseite: z. B.: »Das Kind auf der Leiter will erforschen, was es auf dem gelben Planeten gibt. Es will forschen und erklären.« »Die Balletttänzerin kann das Gleichgewicht sehr gut halten und sich im Rhythmus bewegen.«
- Sch bekommen den Auftrag, die Beschreibungen zu erweitern, indem sie im selben Verfahren ihre Klassenkameraden/innen beschreiben. So wird verdeutlicht, dass mit der Thematik nicht nur Kinder anderswo, sondern auch Sch selbst gemeint sind.

Einen Blick für die Verschiedenheit der Kinder gewinnen
Mit dieser Übung sollen Sch für die Vielfältigkeit kindlichen Lebens sensibilisiert werden.

- Sch gestalten auf Vorlagen in Postkartengröße (fiktive) Kinderporträts von Kindern aus aller Welt. Bedingung ist: Ein Kind soll abgebildet werden; es muss erkennbar sein, dass es sich um ein Kind aus einem anderen Land handelt. Die Darstellung kann durch Kleidung, Hautfarbe, Nationalflagge, einen typischen Gegenstand erweitert werden.
- Sch stellen ihr Kind vor und erweitern ihre gemalten Porträts mit möglichen Lebensumständen des Kindes: wohnen, Spiele, Religion, (Haus-)Tiere, Sprache, was das Kind sich wünscht ...

Die Welt aus unterschiedlichen Perspektiven betrachten

- Sch hören das Lied »From a Distance« von Bette Midler (Liedtext z. B. in: www.lyriks.de, auch deutsche Übersetzung).
- Sch übersetzen den Liedtext.
- Sch ordnen die Frage ein, wie die Welt »From a distance« aussieht und welche Rolle Gott in der Liedzeile »God is watching us« spielt.
- Anschließend gehen Sch der Frage nach, ob die idealisierende Sicht *from a distance* die Realität wiedergibt.
- Sch sammeln Beispiele für negative Lebenssituationen von Kindern.
- Sch gestalten eigenes Bild/Collage mit dem erarbeiteten Gegensatz von Gesamt- und Detailansicht.

Kinder aus aller Welt

Kontext 1 34 35

1. Hintergrund

Kontext 1 (**34f.**) stellt Kinder aus aller Welt vor.
Gabriel Brink ist Angehöriger der Yu´pik-Eskimos. Die Eskimos in Alaska unterteilt man je nach Sprachzugehörigkeit in die im Osten Alaskas lebenden *Inuit* und die im Westen Alaskas lebenden *Yu´pik*. Die Männer sind für Hausbau, Jagd und Fischfang zuständig. Die Frauen kochen, bearbeiten Tierhäute und fertigen die Kleidung. Alle Nahrungsgüter wie Fische und Wild sind gemeinschaftlicher Besitz. Jeder Eskimo ist zur Unterstützung der Familienmitglieder verpflichtet. Die Kinder lernen in der Schule die Sprache der Yu´pik-Eskimos, Englisch und Rechnen. In Gabriels Familie isst man fast immer das Fleisch der Tiere, die erlegt wurden, sowie getrockneten Fisch. Zum Nachtisch gibt es *Agutak*, eine Art Eiscreme.

Ari Laiti ist Angehöriger der Lappen (Samen). Sie bewohnen Lappland, Norwegen, Schweden, Finnland und den Westen Russlands. Insgesamt gibt es ungefähr 52 000 Lappen. Mehr als die Hälfte sprechen neben den Landessprachen (Norwegisch, Schwedisch, Finnisch oder Russisch) auch eine eigene Sprache. Heute sind sie vorwiegend Halbnomaden (mit *Koten* im Sommer bzw. Wohnhäusern im Winter) oder sesshafte Bauern und Fischer. Noch immer sind etwa 7 000 Lappen von ihren über 450 000 Rentieren abhängig. Diese Abhängigkeit hat ihre Kultur geprägt. Zwar sind die meisten heutigen Lappen-Gemeinschaften ethnisch gemischt. Dennoch sind die Lappen bemüht, an ihrer kulturellen Identität festzuhalten. Dazu gehört auch das Tragen ihrer Tracht, die aus grauen bzw. blauen Tuchhosen oder Röcken sowie aus hohen, roten Mützen besteht.

Im Sommer geht Ari gerne zum Fischen. Auf den Tisch kommt häufig Fisch, besonders Lachs, ansonsten gibt es viel Rentierfleisch. In den Schulen wird finnisch und die Sprache der Samen gelehrt.
Olja kommt von Olga, Olja ist der Spitzname. Olja lebt mit ihren Eltern in einem Hochhaus. Sie muss sich mit ihrer jüngeren Schwester ein Zimmer teilen. Wie die meisten Russen räumen sie ihr Bettzeug morgens weg. Abends müssen sie ihr Bett wieder herrichten. Der Weg zur Schule ist mit 45 Minuten ziemlich weit. Unterrichtet wird Rechnen, Russisch, Englisch, Französisch und Kunst sowie für Olja jeden Nachmittag Ballett.
In China nennt man immer zuerst den Familien- und dann den Vornamen. Shuang wird also **Guo Shuang** genannt. Die Kinder tragen in den Schulen eine Uniform. Der Unterricht dauert von sieben Uhr morgens bis halb fünf nachmittags. Die Haare dürfen nicht offen getragen werden. Auf dem Stundenplan stehen Rechnen, Chinesisch, Musik, Handarbeiten und Turnen. Mit gelben Mützen auf dem Kopf stellen sich die Kinder bei Unterrichtsende hintereinander auf, wobei das erste Kind ein Fähnchen trägt. Im Gänsemarsch wird jedes Kind nach Hause begleitet. China ist das bevölkerungsreichste Land und nach Russland und Kanada das drittgrößte Land der Erde. Mehr als ein Fünftel der gesamten Weltbevölkerung lebt innerhalb Chinas Grenzen. China ist die Wiege einer der frühesten Zivilisationen der Erde. Der chinesische Name für das Land bedeutet »Reich der Mitte« und belegt zugleich den Glauben der Chinesen, dass ihr Land das geografische Zentrum der Erde und die einzige wirkliche Zivilisation ist.
Suchart Baisi lebt im Tempel von »Wat Tanot«, zusammen mit vierzehn Mönchen und 34 Novizen. Die Wortteile *Wat* bedeuten in Thai »Tempel« und *Tanot* »Zuckerpalme«. Innerhalb der Tempelanlage lassen die Novizen ihre rechte Schulter frei. Sie bedecken sie nur außerhalb oder wenn sie religiösen Pflichten nachgehen. Die Baumwoll-Kutten, die aus zwei Teilen bestehen, werden mit einer Schärpe zusammengehalten. Im Tempelbereich gibt es 20 Katzen und einen großen Fischteich, der den Mönchen zur Karpfenzucht und damit zum Broterwerb dient. Jeder Mönch und Novize des Tempels hat eine eigene, ca. sechs Quadratmeter große Hütte, wellblechartig und auf Stelzen stehend, mit Palmblättern bedeckt. Es gibt aber elektrisches Licht, sodass man nach Einbruch der Dunkelheit noch lesen kann. Geschlafen wird auf einer Bambusmatte unter einem Moskitonetz. Morgens um fünf Uhr stehen die Novizen auf, gehen mit Opferschalen durch das Dorf und betteln um Almosen. Um sieben Uhr wird gefrühstückt, um elf Uhr gibt es Mittagessen. Nach dem Mittag dürfen die Buddhistenmönche nichts mehr zu sich nehmen.
Ngawaita Evans wächst, so wie es bei den Maori Brauch ist, bei ihrer Oma auf. Die Eltern wohnen in einer nahe gelegenen Stadt, wo sie auch zur Arbeit gehen. *Ngawaita* ist das Maori-Wort für »Psalmen«. Ngawaita bekam diesen Namen, weil ihre Familie Mitglied der anglikanischen Kirche ist und der Glaube eine wichtige Rolle spielt. Als *Maori* werden die polynesischen Bewohner Neuseelands vor dem Eintreffen der Europäer bezeichnet. Wie viele Bewohner der polynesischen Inseln sind die Maori Meister in geometrischen Tätowierungen, die häufig den ganzen Körper, einschließlich Kopf und Zahnfleisch, bedecken.
Sarala Sekar lebt an der Südspitze Indiens in einer sehr warmen Gegend. Dieser Staat hat seine eigene Kultur und Sprache, das *Tamil.* Hindus beten in einem Tempel am Strand von Saralas Heimatort. Frauen tragen den typischen *Sari* über einer kurzen Bluse in einer langen Stoffbahn um den Körper gewickelt und um die Schulter drapiert. Als Körperschmuck werden Armreifen und Fußkettchen getragen; verheiratete Frauen haben einen silbernen Zehenring. Die meisten Bewohner dieser Gegend sind Vegetarier, auch Sarala und ihre Familie. Indien ist hinsichtlich der Fläche der siebtgrößte, hinsichtlich der Einwohnerzahl der zweitgrößte Staat der Erde. In Südindien gibt es praktisch – im Gegensatz zum übrigen Indien – keinen Analphabetismus mehr, was vermutlich auf die guten Bildungschancen für Frauen und ihren relativ hohen gesellschaftlichen Status zurückzuführen ist.
Esta lebt in der Nähe des Kilimandscharo in der grasbewachsenen Savanne. Dort gibt es viele wilde Tiere wie Löwen, Leoparden, Elefanten und Nashörner. Esta gehört dem Stamm der Massai an, einer ethnischen Gruppierung im ostafrikanischen Tansania. Die Massai wohnen in Hüttendörfern, die zum Schutz für die Bewohner kreisförmig gebaut sind. Das Baumaterial besteht aus mit Kuhmist isolierten Holzbalken und einem Strohdach. Wie bei den Massai üblich, hat Estas Vater zwei Frauen, die in verschiedenen Hütten wohnen und von Esta als ihre Mamas bezeichnet werden. Die Massaitradition verlangt, dass Mädchen und Frauen ihre Köpfe kahl rasieren; um den Hals legen sie bunte Halsreifen aus Glasperlen, die je nach Alter anders aussehen. Sind die Mädchen im heiratsfähigen Alter, tragen sie einen besonderen Kopfschmuck. Gegessen wird häufig ein dicker Maisbrei, das Hauptnahrungsmittel in Ostafrika. Man isst aber auch Fleisch und Bohnen und zum Trinken gibt es Kuhmilch.
Mehmed Abdallah lebt in Kairo, der Hauptstadt von Ägypten. Kairo ist die größte Stadt Afrikas und der arabischen Welt und breitet sich am Südrand des Nildeltas zu beiden Seiten des Flusses aus. Kairo ist politisches, wirtschaftliches und kulturelles Zentrum Ägyptens und des Nahen Ostens. Die verkehrsgünstige Lage an der Drehscheibe zwischen Südeuropa, Orient und Schwarzafrika ließ die Stadt schon früh zu

einem wichtigen Handelszentrum werden. Aus wirtschaftlicher Perspektive ist sie das bedeutendste Geschäftszentrum des Nahen Ostens mit Sitz zahlreicher Konzerne und Wirtschaftsorganisationen. Darüber hinaus ist der Tourismus von herausragender Bedeutung. Die Einwohnerzahl stieg während der vergangenen Jahrzehnte rapide, bedingt durch hohe Geburtenraten und Landflucht. Um das ständige Bevölkerungswachstum auffangen zu können, wurden um Kairo herum bereits einige so genannte Entlastungsstädte errichtet. Die Einwohnerzahl beträgt etwa 6,79 Millionen (1998), in der gesamten Agglomeration leben rund 15 Millionen Menschen.

Celina Tembé lebt im Regenwald am Amazonas in Brasilien: Sie gehört zum Stamm der Tembé-Indianer. Die Tembé-Indianer bemalen ihre Körper rot mit *Urucum*, einer Farbe, die aus dem zerstampften Samen der Urucum-Pflanze gewonnen wird. Die Wohnverhältnisse sind im Vergleich zu europäischen Verhältnissen einfach: ein Lehmhaus mit Holzdach, in dem im einen Zimmer die drei Schwestern in Hängematten schlafen, die Eltern und der Bruder schlafen im anderen Raum, der zugleich als Küche dient. Bei fast allen Mahlzeiten gibt es *Xibe*, ein Gericht aus gemahlenen *Maniva*-Wurzeln und Wasser. Dazu isst man Fisch aus dem Fluss oder Fleisch vom Markt. Im Einzugsbereich des Amazonas liegt das größte Regenwaldgebiet der Erde. Die »grüne Hölle« ist bis heute weitgehend unbesiedelt, durch menschliche Eingriffe mittlerweile jedoch stark gefährdet.

Omar Guerrero Salazar kommt aus Mexiko. Wegen der sehr guten klimatischen Bedingungen sind die Wohnungen und Schulen ohne Heizung und ohne Fenster; es genügt eine Seitenmauer und ein Dach über dem Kopf. Zu essen gibt es häufig Tacos, die mit scharfer Salsa-Sauce oder mit gebrannten Bohnen verzehrt werden, ansonsten gibt es Obst, besonders Melonen und *Tuna*, eine mexikanische Frucht, die einem Kaktus ähnelt.

2. Einsatzmöglichkeiten im RU

Kinder aus aller Welt vorstellen

Sch sammeln fundierte Informationen über Lebenssituationen und Gewohnheiten von Kindern in aller Welt.

- Jede/r Sch wählt sich ein Kind von *Kontext 1* (**34f.**) aus und stellt es der Klasse vor; L ergänzt mit Informationen aus dem Lehrerkommentar.

↓ Material aus Magazin „grenzenlos" (Sternsinger)
⇒ mehr Schicksale, mehr Eindrücke

- Gemeinsam wird **AB 6.2.1, Lehrerkommentar S. 90**, ausgefüllt und besonders auf Lebens- und Essensgewohnheiten, Gebräuche sowie Sorgen der Kinder geachtet.

Begrüßungsrituale aus aller Welt

Mit den Begrüßungen werden die Kinder aus der Einen Welt willkommen geheißen und der Blick für andere Sitten und Gebräuche geweitet.

- Sch spielen pantomimisch ihnen bekannte Begrüßungsrituale vor. Dabei finden sich immer zwei Partner/innen, die zuvor das Ritual besprechen und es dann der Klasse vorspielen. Die Palette wird reichen vom Händeschütteln und Handkuss über Nasenreiben bis zu *»give me five«*.
- Sch sammeln in unterschiedlichen Sprachen das Begrüßungswort »Guten Tag«: *»buenas dias«* (span.), *»buon giorno«* (ital.), *»dobar dan«* (kroat.), *»kali-mera«* (griech.), *»merhaba«* (türk.) ...

3. Weiterführende Anregungen

Eine Plakatwand gestalten

- Sch entwerfen als längerfristige Aufgabe eine Plakatwand mit der Vorstellung von Kindern aus aller Welt nach Recherche in www.bmz.de, www.einewelt-netz.de.

Kurzreferate über Kinder in aller Welt halten

- Sch bereiten als HA Kurzreferate über Kinder aus aller Welt vor. Fundgruben für Informationen sind die regelmäßig erscheinende Rubrik »Menschenskinder« in der Zeitschrift *Geolino* und folgende Internet-Adressen:
  www.geolino.de
  www.kidsunited.ch/de/news_und_infos/kinder_aus aller_welt
  Hier werden Kinderporträts von Kindern aus aller Welt vorgestellt.

→ Weihnachtsbräuche u. Schmuck

Spiele aus aller Welt kennen lernen

- Sch recherchieren unter www.labbe.de/zzzebra/index.asp Spiele von Kindern aus aller Welt.

1. Hintergrund

Weltweit waren im Jahr 2003 schätzungsweise 300 000 Kinder an bewaffneten Auseinandersetzungen als Kindersoldaten beteiligt. Mädchen wie Jungen können jederzeit zum Kämpfen gezwungen werden. Viele werden nach den Gesetzen ihres Landes legal zum Kämpfen eingezogen, manche werden entführt, manche Opfer von Erpressung und Misshandlung oder aber sie sind anderen Formen von Zwang ausgesetzt.

Das Leben für die jungen Rekruten ist hart. Oft werden sie zuerst als Boten, Träger und Spione eingesetzt, nicht selten enden sie an der Front als Kanonenfutter und in den Minenfeldern, um den ausgebildeten Soldaten in selbstmörderischer Art und Weise den Weg zu bahnen. Kindersoldaten sind sich des Wertes ihres eigenen Lebens nicht bewusst; sie sind »billiger« als erwachsene Soldaten, denn sie essen weniger, nehmen kaum Sold und haben auch sonst weniger Ansprüche. Als Mitglieder bewaffneter Einheiten verlieren Kinder nach der Genfer Konvention ihren Schutz als Teil der Zivilbevölkerung. Militärische Angriffe auf sie sind somit völkerrechtlich erlaubt.

Der Einsatz von Kindersoldaten hat Rückwirkungen auf die Entwicklung der anderen Kinder in der Konfliktzone: Wenn bestimmte Kinder für militärische Zwecke eingesetzt werden, geraten letztlich alle Kinder in Verdacht. Kinder werden getötet, gefangen genommen, verhört, vorzeitig rekrutiert. Weiterhin stellen Kindersoldaten ein Risiko für die ganze Zivilbevölkerung dar: In angespannten Situationen können sie weniger als Erwachsene dem Druck standhalten und sind schießfreudiger. Darüber hinaus entsteht ein Zukunftspotenzial an sozialen und politischen Problemen, wenn Kinder, die ohne Schulbildung und nur mit Waffen aufgewachsen sind, ihr Leben gestalten sollen.

Manche Kinder melden sich freiwillig, um zu überleben oder um ihre Männlichkeit zu beweisen. Sie werden verführt von Gleichaltrigen durch eine Kultur der Gewalt, oder aber sie wollen rächen, was ihrer Familie oder ihrer Gemeinschaft an Gewalt angetan wurde.

Dass z. B. Achtjährige bereits eine Waffe bedienen können, wird erst durch die leichten Schnellfeuerwaffen ermöglicht (rückstoßfreies M-16-Gewehr, USA, 2,95 kg; Kalaschnikow, ehem. Sowjetunion, 4,3 kg; G3-Gewehr, Deutschland, 4,4 kg). Sie sind billig und massenhaft verfügbar und kinderleicht zu bedienen. Deshalb werden sie auch den Kindersoldaten in die Hand gegeben. Die Verbreitung von Kleinwaffen – dazu gehören auch Revolver, Maschinengewehre, Granatwerfer und tragbare Luftabwehrwaffen – wird auf 1/2 bis 1 Milliarde geschätzt. In vielen Krisenländern sind sie günstig zu haben: in Uganda z. B. zum Preis eines Huhns. Kleinwaffen stammen aus den ehemaligen Ostblockarmeen, die nach und nach aufgelöst oder verkleinert wurden, aus den Beständen der NATO-Armeen, die ihre alten Waffen entsorgen und neue, technisch verbesserte Waffen in ihren Armeen einführen. Natürlich verkaufen diese Staaten ihre überalterten Waffen nur an Bündnisländer; diese aber verkaufen die Waffen oft weiter ...

Ein außerordentliches Problem, das im Zusammenhang mit bewaffneten Konflikten unserer Zeit entsteht, ist die Verwendung von Minen. Anti-Personen-Minen wurden von den Militärs entwickelt um Geländeabschnitte gegen feindliche Truppen zu sperren. Durch Verminung – so die Intention – sollen die eigenen Stellungen gegen nachrückende Truppen gesichert werden. Doch der Einsatz von Minen folgt noch einer weiteren Strategie: Je mehr Minenopfer der Gegner auf seinem Vormarsch zu versorgen hat, umso mehr wird auch seine Bewegungsfreiheit eingeschränkt. Minen sollten, so die weitere Absicht der Erfinder, das Opfer nicht töten, sondern verstümmeln. Opfer von Minen wurden in früheren Zeiten vor allem Soldaten. Mittlerweile haben sich Kriegsgeschehen und Kriegsziele grundlegend geändert: Zivilisten sind immer häufiger Ziel militärischer Operationen. Bei den aktuellen kriegerischen Auseinandersetzungen handelt es sich in der Mehrheit um so genannte »innerstaatliche Konflikte«. Das bedeutet: In erster Linie sind es nicht mehr hochgerüstete Nationalstaaten, die sich bekämpfen, sondern Banden, Söldnerheere, paramilitärische Gruppen und Guerillatruppen, die sich feindlich in einem Land gegenüberstehen. Plünderungen, Vergewaltigungen, »ethnische Säuberungen« und Massaker sind die vorherrschenden Formen der Kriegsführung. Dazu werden immer häufiger auch Minen als Kampfmittel und wirkungsvolle Waffe zur Terrorisierung der Zivilbevölkerung verwendet. Sie sind billig und in großer Stückzahl auf den internationalen Waffenmärkten zu erstehen. Minen sind in ihrer Wirkung grausamer als viele andere Kleinwaffen. Minen terrorisieren auch dann noch die Menschen, wenn der Krieg längst vorbei ist.

Nach Angaben der Vereinten Nationen sind derzeit ca. 110 Millionen Landminen in über 70 Ländern dieser Welt verlegt. Rund 8 000 Frauen, Männer und Kinder sterben jedes Jahr durch Minenexplosionen, weitere 16 000 werden verletzt oder verstümmelt. Die Vereinten Nationen gehen davon aus, dass jedes dritte bis vierte Opfer ein Kind ist. Kinder sind besonders gefährdet, weil sie die Warnschilder nicht erkennen oder lesen können. Sie sind aber auch des-

halb stärker betroffen, weil Verletzungen, die bei Erwachsenen heilen, bei Kindern oft tödliche Folgen haben. Verliert ein Kind durch eine Mine seine Gliedmaßen, braucht es alle sechs bis neun Monate eine neue Prothese, die an den wachsenden Körper angepasst werden muss.
Zum Problem der Landminen liefert neben den bereits bekannten Kinderhilfsorganisationen »handicap international« interessante Infos.
Unter www.handicap-international.de sind folgende Videofilme erhältlich:
- »Was tun? Aktiv gegen Landminen« – Über die Internationale Kampagne gegen Landminen (15 min.); ab 12 Jahren;
- »10 Filme gegen 100 Millionen Landminen« – Kurzfilme bekannter Regisseure für die Kampagne gegen Landminen (40 min.);
- »Spuren des Krieges« – Entminung und Minensituation am Beispiel Kosovo 2000 (12 min.).

Das **Logo** mit der »Stop-Hand« und einem Kindersoldaten stammt von der »International Coalition to stop the Use of Child Soldiers« (www.child-soldiers.org). Es soll nonverbal und griffig die Einstellung zu Kindersoldaten auf den Punkt bringen.
Der **Bär** wurde für das Deutsche Rote Kreuz im Jahre 1998 zugunsten von Landminenopfern hergestellt. Man sieht auf dem Bild deutlich, dass ihm ein Bein fehlt. Der Bär konnte käuflich erworben werden, ein Teil des Verkaufserlöses war für die Landminenopfer bestimmt.
Christines Geschichte stellt den Versuch dar, die Erlebnisse von Kindersoldaten und daraus resultierende psychische Folgen zu verbalisieren.
Das **Plakat des Jugendrotkreuzes** war Teil einer Postkartenaktion des Jugendrotkreuzes, mit der Politiker und staatliche Organe aufgefordert wurden, militärische Rekrutierung und Teilnahme an Feindseligkeiten von Kindern unter 18 Jahren zu verbieten. Die Aktion wurde von der Koalition »Stoppt den Einsatz von Kindersoldaten«, in der sich sechs nichtstaatliche Kinderrechtsorganisationen zusammengeschlossen haben, durchgeführt. Der farblich abgehobene Slogan »*You(th) must act*« enthält auch die Aufforderung an Sch zu handeln.
Aktuelle Informationen der internationalen Koalition zur Beendigung des Missbrauchs von Kindern als Soldaten gibt es auch unter folgenden Adressen:

www.child-soldiers.org;
www.unicef.org/children-in-war/;
www.hrw.org;
www.amnesty.de;
www.terredeshommes.org;
www.iansa.org (International Action Network on Small Arms);
www.kindersoldaten.de (Bezug eines Newsletters möglich) sowie
Virnich, B., Grill, B.: Krieg der Kinder. In: Die Zeit. Nr. 36; 28.8.2003, S. 13-17

Das Interview mit **Mario, zwölf Jahre**, einem vom Krieg betroffenen Kind, zeigt auf, dass Kinder im Krieg entgegen allen Beschönigungen der Erwachsenen die Situation sehr wohl realistisch einschätzen können.

2. Einsatzmöglichkeiten im RU

Sich in ein Kindersoldaten-Schicksal einfühlen
- Sch beschreiben die Situation des auf dem Foto gezeigten Jungen. Dabei sollen auch Körperhaltung, Mimik, Gefühle und Gedanken einbezogen werden.
- Sch lesen **AB 6.2.2, Lehrerkommentar S. 91,** und arbeiten abschnittsweise heraus:
- die Beziehung Jean's zu seiner Waffe;
- das Leben als Soldat;
- die Ängste, die Jean erlebt;
- die Hoffnungen eines Kindersoldaten.
- Sch bilden Metaphern:
- Krieg ist wie ...
- Todesangst haben ist wie ...
- Ohne Arm/Bein zu leben ist wie ...
- Als Kind einen Krieg erleben ist wie ...

Aktion: Kinder sind keine Soldaten! PINNWAND 42
- Sch informieren sich, ob in Deutschland den Forderungen, den Einsatz von Soldaten unter 18 Jahren zu verbieten, nachgekommen wird:
  Unter www.bundeswehr-karriere.de auf »ihre Karriere«, dann »mit Hauptschulabschluss«, oder »mit Realschulabschluss« klicken. Unter »Vorraussetzungen« findet man das gesuchte Mindestalter »17« und damit den Verstoß gegen die Forderung der Kinderrechtsorganisation.
- Sch erhalten **AB 6.2.3, Lehrerkommentar S. 92,** und fertigen eine Erdkarte mit Ländern an, in denen Kindersoldaten kämpfen/kämpften. Als Grundlage der Erdkarte kann *Kontext 1* **(34f.)** verwendet werden.

Bild-Serie im Kopf erstellen
- Gruppen von ca. sechs Sch entwerfen ein fiktives »Bild«. Jedes »Bild« soll wichtige Informationen über Kindersoldaten enthalten. Anschließend werden diese für die Mit-Sch beschrieben.

Kreativ sein gegen den Einsatz von Kindersoldaten
- Sch stellen sich vor, dass sie eine Demonstration gegen den Einsatz von Kindersoldaten organisieren und reimen dafür geeignete Sprüche, z. B.:
- »Der Armee gebt ihr die Scheine, Kinder verlieren ihre Beine.«

- »Kinder müssen beten, dass sie nicht auf Minen treten!«
- »Minenopfer ohne Ende. Kinder verlieren ihre Hände!«

- Sch empfinden die Reaktion von Müttern nach, die ihre Kinder/Söhne in den Krieg ziehen lassen sollen. Dazu füllen sie die Lücken im Gedicht von Erich Kästner **(AB 6.2.4, Lehrerkommentar S. 93)** aus. Ziel ist es nicht, mit den eigenen »Lösungen« möglichst nahe an das Originalgedicht aus dem Jahr 1929 zu kommen, sondern sich auf kreative Weise mit der Problematik des Krieges auseinanderzusetzen. Das Originalgedicht lautet:

Fantasie von übermorgen

Und als der nächste Krieg begann,
da sagten die Frauen: Nein!
Und schlossen Bruder, Sohn und Mann
fest in der Wohnung ein.

Dann zogen sie, in jedem Land,
wohl vor des Hauptmanns Haus
und hielten Stöcke in der Hand
und holten die Kerls heraus.

Sie legten jeden über's Knie,
der diesen Krieg befahl:
die Herren der Bank und Industrie,
den Minister und General.

Da brach so mancher Stock entzwei.
Und manches Großmaul schwieg.
In allen Ländern gab's Geschrei,
und nirgends gab es Krieg.

Die Frauen gingen dann wieder nach Haus,
zum Bruder und Sohn und Mann,
und sagten ihnen, der Krieg sei aus!
Die Männer starrten zum Fenster hinaus
Und sah'n die Frauen nicht an ...

Erich Kästner

- Sch gestalten eine Collage nach **AB 6.2.5, Lehrerkommentar S. 94**.
- Sch kreieren ein Symbol zum Stopp für Kindersoldaten.

Minen-Terror PINNWAND [42]

Sch kennen das oft in PC-Software beigegebene Spiel »Mine-Sweeper« (Minenkehrer). Dies kann als Aufhänger dienen für den Fragebogen **AB 6.2.6, Lehrerkommentar S. 95**, den Sch in EA ausfüllen.

Antworten zum Fragebogen:

1.: 2,50 € ;
2.: Indien, Irak, USA, Nord- und Südkorea, Russland, Pakistan, China, ehem. Jugoslawien;
3.: von den hier genannten im Jahr 2004: Indien, Irak, Nord- und Südkorea, USA, Russland, China, Pakistan, Finnland, ehem. Jugoslawien;
4.: von den hier genannten: Afghanistan, Angola, Kambodscha, ehem. Jugoslawien, Mosambik;
5.: keine Anti-Personen-Minen, die laut Ottawa-Vertrag verboten sind, aber Anti-Fahrzeug-Minen, die auch die Zivilbevölkerung gefährden, z. B. Lastwagentransporte, Schulbusse;
6.: 15 Millionen;
7.: 4 000 Tote und 9 000 Verletzte;
8.: Alle genannten Methoden werden je nach Bedarf kombiniert eingesetzt, die langsamste, aber oft für die Sicherheit unverzichtbare ist letztere;
9.: 20-50 m^2;
10.: bis zu 1000 US-Dollar, bei Anti-Fahrzeug-Minen auch mehr;
11.: Im Zug der humanitären Minenräumung sind Wohn- und Nutzgebiete für die Zivilbevölkerung mit möglichst 100-prozentiger Sicherheit zu entminen; bei militärischer Minenräumung werden Straßenzüge und Brücken, die für die militärische Infrastruktur notwendig sind, geräumt.

Das Schicksal einer Kindersoldatin kennen lernen

- Sch verfassen einen Text nach dem Schema von: »Was meine Augen sahen ...« (vgl. *Kontext 2*, **37**). Anschließend ersetzen sie die angesprochenen Körperteile durch andere und ergänzen die Vorlage sinngemäß.
- Sch erstellen eine »Gegencollage«: Auf einem Plakat wird der Text »Wo ist meine Hoffnung« strophenweise aufgeschrieben; am Ende jeder Strophe, wo die Hoffnung angesprochen wird, setzen Sch Hoffnungsbilder (gezeichnet oder als Collage) ein.
- Sch schreiben einen fiktiven Hoffnungsbrief an Christine.

You(th) must act

- Sch informieren sich über Handlungsmöglichkeiten, z. B. die Postkarten-Aktion des Jugendrotkreuz »*You(th) must act*« oder die Unicef-Aktion, bei der Jugendliche in Liberia lernen, in einer Metallwerkstatt Munitionskisten, Waffenteile und Rüstungsgegenstände zu Handwerkszeug umzuarbeiten – ein Symbol für den Abschied vom Krieg und Start ins zivile Leben.
- Sch suchen nach Möglichkeiten, im eigenen Umfeld eine Streitkultur als Möglichkeit zur Überwindung von Gewalt zu definieren (Brot für die Welt gibt z. B. eine Bilderbox »Streitkultur« heraus).
- An dieser Stelle könnte die in vielen Schulen installierte Streitschlichtergruppe über ihre Arbeit informieren.

Zeitungsberichte sammeln

- Sch sammeln Berichte von Kindern, die (nicht als Soldaten) unter den Kriegen der letzten Zeit zu leiden hatten und gestalten dazu eine Infowand (vgl. »Mario, zwölf Jahre, erzählt«).

3. Weiterführende Anregung

Mit Medien arbeiten/ Aktion: Kinder sind keine Soldaten! PINNWAND [42]

- Sch stellen eine CD mit Kriegsgeräuschen zusammen. Im UG wird die psychische Wirkung solcher Geräusche thematisiert (Angst; Macht; Stärke).
- Sch organisieren in der Schule die Abgabe von Spielzeugwaffen (vgl. *Pinnwand*, **42**).
- L zeigt den Film »Zum Töten erzogen, Kindersoldaten in Mosambik« von Bert Herfen und Martin Schorn; WDR 1995.
  Der Film illustriert an Einzelbeispielen das Los von neun mosambikanischen Kindersoldaten in einem 16-jährigen mörderischen Bürgerkrieg. Er zeigt aber auch, wie Ordensschwestern kranken, alten und hungernden Flüchlingen helfen und wie ein portugiesischer Pater, eine afrikanische Frau und eine Lehrerfamilie entwurzelten, eltern- und heimatlosen ehemaligen Kindersoldaten durch Schul- und Berufsausbildung eine Wiedereingliederung in die afrikanische Gesellschaft ermöglichen.

Wenn Kinder arbeiten ... Kontext 3 [38] [39]

1. Hintergrund

Bereits im Zeitalter der europäischen Industrialisierung waren viele Familien auf den Zuerwerb durch ihre Kinder angewiesen. Vor allem in England wurden Kinder im Kohlebergbau eingesetzt, in Deutschland arbeiteten sie dagegen vielfach in Webereien, außerdem mussten sie bei den vielfältigen Formen der »Heimarbeit« mithelfen. In ländlichen Regionen wurden sie ganz selbstverständlich als »Hütekinder« eingesetzt. Erst durch den Wohlstand der Nachkriegszeit der letzten rund 50 Jahre spielt Kinderarbeit in Deutschland für das Überleben keine Rolle mehr. Für uns ist Kindheit Schutz- und Schonraum, in dem der heranwachsende Mensch reifen und lernen soll. Dagegen ist in großen Teilen der so genannten »Dritten Welt« Kinderarbeit heute noch millionenfache, tagtägliche Gegenwart. Geschätzt wird, dass 250 Millionen Kinder schwerste Arbeit verrichten, um sich und ihren Familien das Überleben zu sichern. Sie knüpfen Teppiche, machen Papiertüten und Zündhölzer, weil ihre Arbeit billiger ist als die von Maschinen. Sie putzen Schuhe, schuften in Bergwerken und Wäschereien, suchen auf Müllhalden nach verwertbaren Überresten, bieten sich als Prostituierte an. Sie haben keine geregelte Arbeitszeit, keine Versicherung, keinen Arbeitsschutz. Als ausbeuterisch bezeichnet man Kinderarbeit bei Erfüllung folgender Kriterien:

- Wenn Kinder unter sechs Jahren arbeiten;
- Wenn die Arbeitszeit bis zu 16 Stunden am Tag dauert;
- Wenn unter physischer und psychischer Überanstrengung gearbeitet wird;
- Wenn gefährliche und ungesunde Bedingungen in Kauf genommen werden müssen;
- Wenn zu gering oder nicht bezahlt wird;
- Wenn monotone Arbeiten ausgeführt werden müssen;
- Wenn Kinder eingeschüchtert werden und deren Menschenwürde missachtet wird.

Auf *Kontext 3* (**38**) werden **sechs Beispiele** genannt, in denen Kinder arbeiten. Sie tun dies jedoch unter verschiedenen Bedingungen. Dies soll im RU herausgearbeitet werden. Die Beispiele können verschieden interpretiert werden: Schuhputzerarbeit; Pressen von Orangensaft; Aussortieren von Müll; Helfen im Haushalt; schwere körperliche Arbeit; Bananenpflücken; Babysitten. Der **Schriftzug** »Kinderarbeit« in der Mitte ist mit Zeichnungen von weiteren Beispielen für Kinderarbeit versehen. All das verdeutlicht den Unterschied zwischen unzumutbarer Kinderarbeit und Mithilfe im Alltag als pädagogisch-erzieherische Notwendigkeit.

Fußball hat für viele Sch einen hohen emotionalen Stellenwert. Es bietet sich daher an, dieses Hobby zum unterrichtlichen Thema zu machen: Freude und Leid, Emotionen und nüchternes politisches oder ökonomisches Kalkül lassen sich an diesem Beispiel ebenso festmachen wie gesellschaftliche Konflikte, Gewalt oder auch die Diktatur des Geldes. Fußball hat längst eine globale Dimension. Viele Spieler aus fernen Ländern (auch aus der »Dritten Welt«) gehören zum Alltag der Bundesliga. Der existenzielle Stellenwert, den beispielsweise der Fußball in vielen Ländern Lateinamerikas hat, legt es nahe, sich anhand des Fußballs mit der dortigen sozialen Situation zu beschäftigen. So gesehen ist das Problem »Herstellung von Fußbällen« auch mit dem Thema der ungerechten Verteilung der Güter vernetzt. Die »Salesianer

Don Boscos« haben mit einer Aktion für fair gehandelte Fußbälle die Herstellungsproblematik mit der Straßenkinderproblematik verknüpft, indem sie den Erlös dieser Bälle für Straßenkinderprojekte zur Verfügung stellen.

Der Fair Trade e. V. und die gepa haben 1997 das Projekt »fair gehandelte Fußbälle aus Pakistan« ermöglicht. Das Projekt verfolgt folgende Zielsetzungen: Höhere Löhne für erwachsene Näherinnen und Näher, Schaffung von Arbeit im Dorf, Sicherung sozialer Leistungen (Gesundheits- und Rentenversicherung), keine Kinderarbeit. Kooperationspartner sind kleinere pakistanische Exporteure. In den Dörfern um Sialkot, dem Zentrum für Fußballherstellung, entstehen kleine Nähzentren mit mindestens zehn Näherinnen und Nähern. Unter Einhaltung und Überwachung strenger Fair-Trade-Bestimmungen werden dort Fußbälle genäht, deren Vertrieb über alternative und zusätzliche Importorganisationen erfolgt. Ein unnötiger Zwischenhandel wird ausgeschaltet. Für jeden fair gehandelten Ball wird ein Fair-Trade-Preisaufschlag gezahlt, der sich in vier Bestandteile splittet:

a) Zuschlag zum ortsüblichen Stücklohn, sodass zwei Näher/innen eine Familie gut versorgen können;
b) Begleichung der Sozialleistungen für den/die Näher/in;
c) Fonds für soziale Leistungen im Dorf, z. B. für Frauen und Kinder, die ihre Beschäftigung verloren haben;
d) Beitrag für die soziale, technologische und logistische Entwicklung des Exporteurs. Diese neuen Strukturen müssen schrittweise in einem langfristigen Prozess realisiert werden. In diesem Prozess ist auch vorgesehen, dass Nähzentren für Frauen errichtet werden.

Besonders in Indien ist die **Schuldknechtschaft** als eine Form der Kindersklaverei verbreitet. Die Arbeitskraft eines Kindes wird dabei einem Kreditmakler als eine Art Sicherheit für einen Kredit überlassen: Das Kind wird erst dann aus dieser Haftung wieder entlassen, wenn der Kredit mit Zins und Zinseszinsen zurückgezahlt oder durch Arbeit abgeleistet worden ist. Da mit den Zinsen die Schuldenlast steigt oder irgendein Ereignis wie Ernteausfälle aufgrund von Trockenheit oder Schädlingsbefall die Zahlungsfähigkeit des Kreditnehmers beeinträchtigen kann, entsteht nicht selten aus der Sicherheit für einen Kredit eine jahrelange Schuldknechtschaft, die einer Leibeigenschaft oder Sklaverei gleichkommt.

Der Begriff Sklaverei ist auch dann angebracht, wenn die Kinder wie Tiere in Käfigen gehalten werden, wenn sie keinen oder nur geringen Lohn erhalten, von Arbeitsvermittlern wie Ware verschachert, vermietet oder verkauft werden. Besonders im Bereich der Kinderprostitution sind diese Phänomene alltäglich.

In Tamil Nadu (Bundesstaat im Südosten Indiens) arbeiten 1,5 Millionen Steinbrucharbeiterinnen und -arbeiter für niedrige Löhne und ohne Arbeitsschutz, Kranken- oder Unfallversicherung. Traditionell werden die Arbeiten im Steinbruch von einer Gruppe Kastenloser durchgeführt. Da sie meist Analphabeten sind, kennen sie ihre Rechte kaum. Beim Arbeitsantritt im Steinbruch bekommen sie eine relativ hohe Vorauszahlung, die sie dann zusammen mit Frau und Kindern abarbeiten. Da sie ihre Arbeitskraft im Voraus verkaufen, sind sie gezwungen, die gebrochenen Steine weit unter dem üblichen Marktpreis an den Steinbruchbetreiber abzugeben. »Schuften statt Lernen« verbaut diesen Kindern jede sinnerfüllte Lebensperspektive. Zwei Drittel der Kinderarbeiter sind Mädchen. Die Jungen können zur Schule gehen, die Mädchen müssen selbstverständlich in den Steinbruch. Viele Kinder haben Haut- und Magenkrankheiten. Jedes dritte Kind im Steinbruch leidet an Tuberkulose.

2. Einsatzmöglichkeiten im RU

Kinder werden ausgebeutet PINNWAND 42

- Sch bewerten die Situationen der vorgestellten Kinder: Welche Rolle spielt
  - das Alter der Kinder;
  - die zeitliche Dauer, die Regelmäßigkeit, die angemessene Bezahlung;
  - die Art der Arbeit, die Motivation?
- Sch lesen Reportage über Kinderarbeit auf Kaffeeplantagen (**AB 6.2.7, Lehrerkommentar S. 96**). Daneben bietet die Publikation »Fundgrube« der »Werkstatt Ökonomie« eine Materialübersicht zum Thema Kinderarbeit. Sie ist auch als Download zugänglich unter www.woek.de unter dem Suchbegriff »Fundgrube«.
- Gemeinsam werden Kriterien von Kinderarbeit erarbeitet und die Ergebnisse in einem TA gesammelt (siehe Lehrerkommentar S. 69).
- Sch recherchieren die aktuellen Jugendarbeitsschutzbestimmungen in Deutschland, z. B. unter www.azubitage.de/rechtliche_tipps/jugendschutz.htm

Solidarisch handeln

- Sch informieren sich über aktuelle Projekte von Misereor (www.misereor.de) unter dem Suchbegriff »Kinderarbeit« oder bei *terre des hommes* (www.tdh.de).
- Sch schreiben an Sportartikelfirmen (Adidas, Puma, Nike, u. a.) und fragen nach, ob Kinderarbeit bei deren Zulieferbetrieben ausgeschlossen werden kann. Dieser Brief kann als Solidaritätsübung, aber auch als reale Anfrage ausgeführt werden.
- Sch informieren sich über »Rugmark/goodweave«,

TA zu »Kinder werden ausgebeutet« (Lehrerkommentar S. 68):

	IN DEUTSCHLAND	IN DER DRITTEN WELT
Stellenwert der Kinderarbeit	Hauptsächlich als Nebentätigkeit neben der Schule	Meistens anstelle von Schulbesuch
Wie lange wird gearbeitet?	2-3 Stunden täglich; mehrmals wöchentlich	8-12 Stunden täglich oder mehr; 6-7 Tage pro Woche
Warum wird gearbeitet?	Befriedigung eigener Konsumwünsche	Beitrag zum Überleben der Familie
Was macht man mit dem Verdienst?	Geld kann behalten werden	Geld muss abgegeben werden
Zwang oder Freiwilligkeit	Weitgehend freiwillig	Weitgehend gezwungen

eine Initiative gegen illegale Kinderarbeit in der Teppichproduktion (www.goodweave.de) und erkunden in örtlichen Möbel- bzw. Teppichhäusern, inwieweit dort Teppiche aus Kinderarbeit angeboten werden.

- Sch knüpfen ein Freundschaftsband als Zeichen der Solidarität mit arbeitenden Kindern der dritten Welt (vgl. **AB 6.2.8, Lehrerkommentar S. 97**).

3. Weiterführende Anregung

Aktionstag gegen Kinderarbeit

- Sch durchlaufen drei Stationen, an denen sie Arbeitsfelder von Kindern in der »Dritten Welt« konkret kennen lernen (vgl. **AB 6.2.9, Lehrerkommentar S. 98**).
- Sch bauen eine Pyramide aus Konservendosen als symbolisches Bergwerk auf (im Schulhof, in der Innenstadt). Damit wird auf die Situation jener Kinder hingewiesen, die in Bergwerken arbeiten müssen.
- Sch führen ein Puppen- oder Schattenspiel auf, organisieren ein Freundschaftsspiel zwischen zwei Fußballmannschaften oder veranstalten einen Liederabend. Dabei sammeln sie für Kinderprojekte.
- Sch nehmen Kontakt mit der Schülerzeitungsredaktion auf und schlagen das Leben der Kinder in der Dritten Welt als Themenschwerpunkt einer Ausgabe vor.
  Alternative: Sch entwerfen selbst eine Zeitung zur Thematik.
- L zeigt den Film: »Balljungs – Woher kommen unsere Fußbälle« (Deutschland 1999; 28 Min. Verleih: Evangelisches Zentrum für entwicklungsbezogene Filmarbeit, Kniebisstraße 29, 70188 Stuttgart).
  Der Film schildert die Lebens- und Arbeitsverhältnisse von Kindern, die in Sialkut, einer Stadt in Pakistan, Fußbälle nähen. In dieser Stadt werden drei Viertel aller Fußbälle der Welt produziert, von allen großen bekannten Herstellermarken.
- Im Internet kann man lesen, wie sich Profi-Fussballer aus Afrika und Lateinamerika in europäischen Vereinen fühlen, z. B.: www.bvb.de; www.fcbayern.de; www.tsv1860.de o. Ä.

Kinder auf der Straße

Kontext 4 [40] [41]

1. Hintergrund

Man unterscheidet zwischen »Kindern *auf* der Straße« und »Kindern der Straße« – der Übergang ist fließend. »Kinder *auf* der Straße« arbeiten unter ausbeuterischen Bedingungen auf der Straße, sie haben jedoch regelmäßigen Kontakt zu ihren Eltern. »Kinder der Straße« arbeiten unter denselben Bedingungen, haben allerdings keinen Kontakt mehr zu ihren Eltern; in beiden Fällen spricht man von »Straßenkindern«. Weltweit gibt es nach Schätzungen der UNO etwa 80 bis 100 Millionen Kinder, die auf den Straßen der Städte um ihr Überleben kämpfen. Die meisten Straßenkinder sind zwischen acht und fünfzehn Jahre alt. Auch in Europa steigt die Zahl der Kinder und Jugendlichen, die auf der Straße leben, dramatisch an;

in Deutschland sind es mehr als 7 000, in Moskau leben 20 000 Jungen und Mädchen auf der Straße. Es handelt sich also nicht ausschließlich um ein Problem der so genannten »Dritten Welt«. Kinder und Jugendliche, die unter Gewalt in der Familie, dem Mangel an Geborgenheit und Aufmerksamkeit leiden, halten es zu Hause nicht mehr aus und möchten dann lieber auf der Straße leben.
Armut in der Familie ist der zentrale Grund dafür, dass Kinder auf der Straße landen. In vielen Ländern tragen die hohe Staatsverschuldung, eine rücksichtslose Wirtschaftspolitik, Korruption und geringe Weltmarktpreise für Exportgüter zur Verarmung breiter Bevölkerungsschichten bei. Kinder, die schwächsten Mitglieder der Gesellschaft, werden am härtesten getroffen.
Straßenkinder leben meist in kleinen altersgemischten und hierarchisch gegliederten Banden, die sich oft rivalisierende Machtkämpfe liefern. In vielen Ländern müssen Straßenkinder aber auch Gewalt »von außen« fürchten. In Brasilien zum Beispiel bezahlen Landbesitzer Todesschwadronen, um Straßenkinder von den Straßen verschwinden zu lassen. Nach Angaben von *amnesty international* wurden allein im Jahre 1991 in Kolumbien 2 800 Straßenkinder ermordet. Fast alltägliche Gewalterfahrungen sind für Kinder körperliche Misshandlungen, gesundheitsschädliche, ausbeuterische Arbeiten und sexueller Missbrauch. Die meisten Jungen, die auf der Straße leben, können sich mit Gelegenheitsjobs und kleinen Diebstählen durchschlagen. Für Mädchen ist der Überlebenskampf noch härter, denn Prostitution ist oftmals die einzige Möglichkeit für sie, ihren Lebensunterhalt zu verdienen. Doch Straßenkinder helfen sich auch gegenseitig, erfinden neue Spiele und kreative Überlebensstrategien um sich in ihrer extrem schwierigen Situation zurechtfinden zu können.
Die **Fotos** zeigen Straßenkinder: zwei Jungen, die sich ihr Essen teilen, und Kinder an einem öffentlichen Brunnen, wo sie sich und ihre Wäsche mit Seife waschen. Auf *Kontext 4* (**41**) ist ein auf der Straße schlafendes Kind abgelichtet vor einer Plakatwand mit Forderungen *(fazer!)* der Kinder nach Unterkunft *(habitação)*, Essen *(alimentação)* und Erziehung *(educação)*.

2. Einsatzmöglichkeiten im RU

Straßenkinder: Porträt erstellen PINNWAND [42]

- Sch erarbeiten anhand des **AB 6.2.10, Lehrerkommentar S. 99**, ein Porträt von Carlos. Das Porträt ergibt sich aus dem Interview *Kontext 4* (**40f.**).
- Sch stellen ihrem Banknachbarn/ ihrer Banknachbarin die gleichen Fragen wie sie Carlos gestellt wurden.
- Anschließend werden die Antworten von Carlos und dem/der Banknachbar/in verglichen: Welche Zukunftsperspektiven hat Carlos?

Situation der Straßenkinder in einem Kreuzweg meditieren

- Sch sehen das Bild aus dem Misereor-Kreuzweg (1992) von Adolfo Perez Esquivel (Bezugsadresse: MVG Medienproduktion und Vertriebsgesellschaft mbH, Boxgraben 73, 52064 Aachen, Telefon: 0241/479 86-0, Telefax: 0241/479 86-745, E-Mail: info@eine-welt-mvg.de).
Der Kreuzweg stellt eine Form der Volksfrömmigkeit dar, in der die Kreuzesnachfolge seit Jahrhunderten begangen und gebetet wird. Esquivel nimmt diese Tradition auf und überträgt sie in die Lebenssituation Lateinamerikas. Seine Bilder geben authentisch Auskunft über den Weg des Leidens, den die lateinamerikanischen Völker in der Geschichte gegangen sind, und er verbindet ihn mit dem Kreuzweg Christi. Im Kreuzweg handelt es sich um die neunte Station: »Jesus fällt zum dritten Mal unter dem Kreuz«. Er fällt in den engen Straßen einer südamerikanischen Großstadt. Der Blick geht in eine Seitenstraße. Im Vordergrund sind vier Kinder, links schlafen zwei aneinander geschmiegt. Sie liegen auf einem Karton. Eines der Kinder hat sich den Karton als Dach über den Kopf gezogen. Auch ein Mädchen ist dabei. Aus einem umgestürzten Mülleimer suchen sie Essbares, in der Ecke brennt ein Feuer. Der Junge im Vordergrund hat eine Tüte in der Hand, aus der er Klebstoff schnüffelt. Dazwischen kommt Jesus mit dem Kreuz, getrieben von einem Soldaten mit Polizeiknüppel. Er setzt sich in den Kreis der Kinder.

Adolfo Perez Esquivel (geb. 1931)
1931 in Buenos Aires geboren, wurde Adolfo Perez Esquivel 1980 in Oslo mit dem Friedensnobelpreis ausgezeichnet. Esquivel studierte Architektur und Bildhauerei, war Professor an der Universität La Plata und an der Schule für Schöne Künste in Buenos Aires, ehe er 1968 begann in der Friedensbewegung mitzuarbeiten, die er selbst als »Apostolat der Gewaltfreiheit« begriff.
Mitte der 70er-Jahre, als die Militärs die Macht übernahmen, wurde er mit seiner moralischen Autorität zum Gewissen Argentiniens, ein unbestechlicher Kämpfer für die Respektierung der Menschenrechte in seinem Land und in ganz Lateinamerika.
1974 wurde er Generalsekretär der Organisation »Servicio Paz y Justicia«. Im gleichen Jahr verzichtete er auf seinen Lehrstuhl. Am 4.4.1977 wurde er von argentinischen Militärs verhaftet und blieb ohne Anklage und ohne Prozess bis 22.6.1978 im Gefängnis. Dort unterzog man ihn der Folter.

- UG zur vorgelegten Folie von Adolfo Perez Esquivel:
  - Was bedeutet das Herannahen des Polizisten?
  - Was erwarten die Kinder von der Frau, die in der offenen Türe steht?
  - Was bedeutet das Kommen Jesu?
  - Was wollen die Kinder sagen?
  - Was möchte Jesus sagen?
- Sch ergänzen dazu die Sprechblasen auf dem **AB 6.2.11, Lehrerkommentar S. 100.**
- Sch verfremden Mk 10,13-16 (evtl. Rückbezug auf Religion vernetzt 5, Kapitel 4, *Orientierung 7,* **94f.**).

Straßenkinder: In die Rolle eines Straßenkindes schlüpfen PINNWAND [42]

- Sch schreiben einen Tagebucheintrag eines Straßenkindes.
  Nach Erkundungen über Straßenkinder speziell in Deutschland (www.offroadkids.de) schreiben Sch einen Tagebucheintrag eines deutschen Straßenkindes.
- L führt mit den Sch eine Fantasiereise nach Indien durch: Mit dem Flugzeug wird die Distanz schnell überbrückt. Nach der Ankunft begegnet man Kindern, die um Geld betteln, die etwas verkaufen wollen, etc. Nach der Rückkehr werden Sch über ihre Gefühle befragt.
- Sch beschreiben, was die Forderungen der Kinder auf dem Foto *Kontext 4* (**41**) für sie bedeuten: *habitação, alimentação, educação.*

3. Weiterführende Anregungen

Sich in die Situation von Straßenkindern versetzen
Gerade für das Thema »Straßenkinder« bietet sich eine Aktion außerhalb des Schulalltags an, um hautnah die Situation nachempfinden zu können. Um jedoch aufsichtsrechtlichen Schwierigkeiten aus dem Weg zu gehen, müsste nachfolgende Aktion im Rahmen der Schule, z. B. in der Pause, bei Schulveranstaltungen, Schulkonzert o. Ä. stattfinden.

- Im Spiel empfinden Sch die Situation der Straßenkinder nach.
  - Als Bauchladenverkäufer: Einen Karton (Schuhkarton) mit einer Kordel als Bauchladen um den Hals hängen. Streichhölzer, Papiertaschentücher, Süßigkeiten als »fliegende Händler« verkaufen.
  - Als Schuhputzer: Eine Kiste mit Schuhputzutensilien (Bürste, Schuhcreme, Wolllappen) besorgen, einen Stuhl aufstellen und die eigenen Dienste anbieten.
- Auswertung: Welche Erfahrungen machen Sch? Wie reagieren die Angesprochenen?
  Welche Gefühle hatten Sch selber? Welche Erfahrung kann man mit den Erfahrungen von Straßenkindern vergleichen? Welche großen Unterschiede bleiben bestehen? Was geschieht mit dem eingenommenen Geld?
- Sicher wird die Frage auftauchen: Wie kann man den Kindern helfen? Als Möglichkeiten bieten sich die Unterstützung von Straßenkinderprojekten (s. u.) an.

Straßenkinder-Projekte erkunden

- Sch erkunden verschiedene Straßenkinder-Projekte. Die Salesianer bemühen sich traditionell um die Jugend, bei unicef werden Straßenkinder in basisnahen Projekten betreut und vor Ausbeutung und Gewalt geschützt (www.unicef.de).

Eine Ganzschrift lesen
Als mögliche Klassenlektüre eignen sich:
Mankell, Henning, Der Chronist der Winde, dtv, München 2000: *Nelio, ein zehnjähriges Straßenkind, erzählt einem Bäcker sterbend sein Leben. Nelio liegt mit einer Schusswunde auf dem Dach eines afrikanischen Hauses und weiß, dass er sterben wird, sobald seine Geschichte zu Ende ist.*
Thalhammer, Josef und Marlis (Hg.), Straßenkinder – Wer sind wir/Criancas de rua – Quem somos nós. Gedichte, Gedanken und Bilder von Straßenkindern in Recife, portugiesisch und deutsch, Winzer [3]1998.

Pinnwand [42] [43]

Folgende Arbeitsimpulse und Projekte der *Pinnwand* (**42f.**) werden im Lehrerkommentar besprochen:

Aktion: Kinder sind keine Soldaten:	S. 65
Straßenkinder:	S. 70
Kinder werden ausgebeutet:	S. 68
Minen-Terror:	S. 66
Kindern aus aller Welt begegnen:	S. 63
Deutschland verstößt gegen Kinderrechte:	S. 78
Kirchliche Hilfsorganisationen kennen lernen:	S. 87
Aktion Dreikönigssingen:	S. 85
Partei für Kinder:	S. 78

Doppelgesicht deuten
In der Mitte der *Pinnwand* (**42f.**) befindet sich das Bild eines Gesichtes, das zusammengesetzt ist aus einer Gesichtshälfte eines farbigen und einer eines weißen Kindes. Es versinnbildlicht die Gemeinschaft der

Menschen über Völkergrenzen und Rassen hinweg und symbolisiert auch, dass alle Menschen zueinander gehören, aufeinander angewiesen sind und füreinander Verantwortung übernehmen müssen. Schließlich kann es auch als Verdeutlichung der Ebenbildlichkeit Gottes in Vielfalt und Gemeinschaft verstanden werden. Das Doppelgesicht war Titelfoto des Fastenkalenders 2000 von Misereor mit dem Titel: »Gemeinsam anders handeln«.

- Sch deuten die Aussage-Absicht des Doppelgesichts.
- Sch klären die Frage: »Was ist das Unterscheidende und was ist das Einende aller Menschen?« Als TA werden die Ergebnisse in der Gegenüberstellung zusammengefasst.

Sich über »Misereor« informieren
Der Spruch »Misereor macht Menschen Mut«, der den Globus umspannt, drückt die umfassende Hilfe und die Hoffnung aus, die aus der weltumspannenden Partnerschaft zwischen Menschen hervorgeht.

- Sch suchen die Seite www.misereor.de auf und informieren in Kurzreferaten über die Arbeit von Misereor.
- Sch schlagen im lateinischen Wörterbuch *miserere* nach und erklären »misereor«.

Wer weiß noch ...
Wenn Sch unter www.religionvernetzt.de auf den »Wer weiß noch«-Schriftzug klicken, erscheinen unter 6.2 die drei Fragen der *Pinnwand* (**43**). Beim Klicken auf die entsprechende Frage erhalten Sch folgende Antworten:

Frage 1: Für Jesus sind Kinder genauso wichtig wie Erwachsene. Er hat sie sogar als Vorbild für die Großen hingestellt:
Nur wenn Erwachsene so offen, vorbehaltlos und fröhlich werden, wie es nur Kinder sein können, werden sie das Reich Gottes erleben (vgl. Religion vernetzt 5.4, *Orientierung 7*, **94f.**).

Frage 2 und 3: Gott kennt eure Namen und ihr seid für ihn sehr wichtig. Das kommt in vielen biblischen Texten zum Ausdruck (z. B. Jes 43, 1b oder Jes 49, 16). Auch biblische Namen bringen oft zum Ausdruck, wie sich Gott dem Menschen zuwendet, z. B. Abraham: Vater einer Menge (vgl. die *Perspektiven*-Seiten im 2. Kapitel von Religion vernetzt 5); Elisabet: Gott ist Fülle.
Die unmittelbare Zuwendung Gott zu jedem einzelnen Menschen, verleiht uns einen besonderen Wert, der nicht von Leistung, Gesundheit, Geschlecht oder Reichtum abhängt (vgl. Religion vernetzt 5.1, *Orientierung 2*, **16f.**).

Bei Frage 2 kann auch noch einmal auf die Jakob-Geschichte (Religion vernetzt 5, *Orientierung 1 und 2*, **58ff.**) Bezug genommen werden.

Kinder werden benachteiligt — Orientierung 1 [44] [45]

1. Hintergrund

Einer Schätzung von UNICEF zufolge sterben weltweit 1,5 Millionen Mädchen jährlich, nur weil sie Mädchen sind. Sie sterben, weil sie schlechter ernährt und medizinisch versorgt werden als ihre Brüder. Weltweit werden mehr als zwei Millionen Mädchen als Prostituierte ausgebeutet. Maßnahmen zum Schutz und zur Gleichstellung von Mädchen müssten daher ganz oben auf der politischen Tagesordnung stehen. Dazu zählen z. B. Bildungsprogramme speziell für Mädchen, ein Verbot von Kinderhandel, die internationale Strafverfolgung von Sextourismus und Rehabilitationsprogramme für minderjährige Opfer sexueller Gewalt. Doch die Gleichberechtigung als Grundrecht ist noch lange nicht realisiert.
Das Bild zeigt eine **Litfaßsäule** irgendwo in Deutschland. Neben Hinweisen auf kulturelle Veranstaltungen und Werbung findet sich dort ein Plakat, das nur wenige Worte und Informationen enthält: »Kinder ohne Zukunft erkennen Sie an diesem Zeichen«. In das Wort »Zeichen« hinein ist das Symbol für »weiblich« hineingesetzt. Darunter der Text: »1,5 Millionen Mädchen sterben jährlich, weil sie unerwünscht sind. Helfen Sie uns, etwas dagegen zu tun. UNICEF.«
Hinter dieser kurzen Mitteilung verbirgt sich großes Elend. Mädchen sind der diskriminierenden und zerstörerischen Missachtung ihrer Rechte besonders ausgesetzt. Nur weil sie Mädchen sind, sind sie z. B. in Indien oder China unerwünscht. Viele Eltern lassen durch Ultraschall-Untersuchung das Geschlecht ihres Kindes im Mutterleib feststellen, um dann Mädchen abzutreiben. Andere zerstörerische Gewalttaten an Mädchen sind: Zwangsprostitution von Minderjährigen, die extrem schmerzhafte und oft tödlich endende Beschneidung von Mädchen, vor allem in muslimisch-afrikanischen Ländern, schwere körperliche Arbeit, die eine gesunde körperliche Entwicklung verhindert und oft Schulbildung ausschließt, Mädchenhandel sowie früher Tod durch AIDS.

Die **Tabelle** verdeutlicht den steigenden Mädchenanteil mit steigender Schulbildung. Hinsichtlich der Beteiligung im Unterricht kamen verschiedene Studien zu dem Ergebnis, dass die beteiligten Lehrkräfte den Jungen deutlich mehr Aufmerksamkeit schenken als den Mädchen. Das Verhältnis der Interaktionsanteile von Jungen und Mädchen am Unterrichtsgeschehen kann man grob geschätzt mit 2:1 charakterisieren (das im Schulbuch genannte Verhältnis bezieht sich auf die Diskussionsanteile). Die stärkere Zuwendung der Lehrkräfte zu den Jungen beschränkt sich aber nicht nur auf das Aufrufverhalten. Jungen erhalten auch mehr Lob, mehr Tadel und mehr Ermahnungen wegen mangelnder Disziplin als Mädchen. Alle Untersuchungen stimmen überein (ISB Staatsinstitut für Schulpädagogik und Bildungsforschung, Typisch Junge? Typisch Mädchen?, 1996): Jungen erhalten im Schulalltag eine größere Aufmerksamkeit; ihre Interessen werden ernster genommen als diejenigen der Mädchen. Dabei spielt das Geschlecht der jeweiligen Lehrkraft keine Rolle.
Mädchen dominieren selten bis nie das Unterrichtsgeschehen. Fast überall findet man die typische Gruppe der »stillen Mädchen«. Mädchen werden häufig gezielt zur Aufrechterhaltung der Disziplin eingesetzt (»soziales Schmiermittel«), ohne dass ihnen dies als besondere Leistung honoriert wird.
Sind bei den Studenten die Geschlechteranteile noch nahezu ausgeglichen, fällt mit steigender beruflicher Position der Frauenanteil rasant ab, wie die **zweite Tabelle** zeigt.
Die **Dilemmageschichten** auf *Orientierung 1* **(45)** sensibilisieren Sch für Benachteiligungen im Schulalltag und subtile Gewalt gegen Kinder in der Familie und Öffentlichkeit. Ein Bild aus der Geschichte »Plisch und Plum« von **Wilhelm Busch** illustriert dagegen die offene Gewalt, die bis Anfang des 20. Jahrhunderts die Erziehung in den Familien prägte.

Wilhelm Busch (1832-1908)
Wilhelm Busch wurde am 15. April 1832 in Wiedensahl geboren. Er absolvierte 1851 bis 1854 eine Ausbildung als Kunstmaler an den Akademien in Düsseldorf, Antwerpen und München, verdiente aber später seinen Lebensunterhalt fast ausschließlich als Zeichner witziger Bildfolgen für Illustrierte wie die *Münchner Fliegenden Blätter*. Deren erste und zugleich populärste war die Lausbubenposse »Max und Moritz« (1865). Schon dort kommen die typischen Züge seiner Bildergeschichten zum Vorschein: Knappe, pointierte Texte und Bilder von drastischer Komik belegen Buschs kritische Haltung gegenüber den Schwächen und der verlogenen Moral seiner Mitmenschen.
Insgesamt spricht trotz aller Komik hieraus eine zutiefst pessimistische Weltsicht, wie sie vielen großen Humoristen eigen ist. Besonders deutlich trat Buschs dunkler, niemals aber schwarzer Humor in »Der heilige Antonius von Padua« (1870), einer Satire auf den Katholizismus, oder »Die fromme Helene« (»Hier sieht man ihre Trümmer rauchen. Der Rest ist nicht mehr zu gebrauchen.«) zu Tage. Eher harmlos-vergnüglich fielen die Erlebnisse von »Plisch und Plum« aus, denen die Zeichnung im Lehrbuch entnommen ist (1882). Buschs Werk umfasste auch weniger bekannte Prosatexte wie »Eduards Traum« (1891) und mehrere Lyrikbände, darunter »Kritik des Herzens« (1874). Auch dort tritt seine skeptische Weltsicht zu Tage, die zum Teil auch auf die Lektüre Arthur Schopenhauers zurückging.
Der enorme Erfolg seiner Bildergeschichten konnte Busch zeitlebens nicht darüber hinwegtrösten, dass er als Kunstmaler keine Anerkennung fand. Der Plan einer Ausstellung seiner Aquarelle scheiterte am Widerstand seines Verlegers und es hat bis in die Achtzigerjahre des 20. Jahrhunderts gedauert, bis sie einem größeren Publikum bekannt wurden. Als Satiriker war Busch hingegen fast konkurrenzlos in seiner Epoche und hat stilbildend auf spätere Generationen gewirkt, wovon z. B. die politisch-satirische Wochenschrift *Simplicissimus* Zeugnis ablegt. Busch starb am 9. Januar 1908 in Mechtshausen.

2. Einsatzmöglichkeiten im RU

Benachteiligungen von Mädchen untersuchen

- Sch erhalten **AB 6.2.12, Lehrerkommentar S. 101**, und informieren sich über Beispiele für Benachteiligung von Mädchen in aller Welt. Im UG werden Gründe für die Benachteiligung wie Tradition, Armut, geringe Aufklärung, Lebensstandard, sexuelle Freizügigkeit etc. herausgestellt.
- Mit **AB 6.2.13, Lehrerkommentar S. 102**, untersuchen Sch in vorher besprochenen und ausgewählten Fächern die eigenen Interaktionsanteile.
  - Stellt der L des ausgesuchten Faches die Fragen an die Geschlechter verteilt?
  - Werden Jungen bevorzugt?
  - Ändert L seine/ihre Strategie, wenn das Ergebnis mitgeteilt wird?
- Sch recherchieren den Frauenanteil bei verschiedenen Berufen und Tätigkeiten mithilfe von www.destatis.de (Website des statistischen Bundesamtes).

Mädchen-ABC

Das »Mädchen-ABC« soll Assoziationen zum Gesprächsanlass nehmen, die wir haben, wenn wir an Mädchen in Afrika, Asien und Lateinamerika denken.

- Alle Sch haben ein Blatt Papier und ein Schreibgerät vor sich. Dann sollen sie für jeden Buchstaben des Alphabets ein Wort finden, das in irgendeinem Zusammenhang mit Mädchen in der »Dritten Welt« steht. Eigennamen sind allerdings nicht zugelassen. Die Buchstaben X und Y werden ausgelassen.
- Wer als Erster seine Liste bis Z vollständig fertig gestellt hat, ruft: »Stopp!« Alle anderen stellen dann ihre Schreibarbeit ein.
- Reihum werden dann zu jedem Buchstaben die assoziierten Wörter vorgelesen. Wenn bei einzelnen Worten nicht klar ist, in welchem Zusammenhang sie zu den Mädchen in der »Dritten Welt« stehen, sollen Sch kurz erläutern, was sie sich dabei gedacht haben.
- Während die Worte vorgelesen werden, trägt L an der Tafel in eine Strichliste ein, ob die Worte eher in einem positiven oder einem negativen Kontext oder ob sie wertneutral genannt werden. Oft können Begriffe sowohl negativ als auch positiv gemeint sein. Aus den kurzen Erläuterungen wird sich leicht ergeben, ob sie eher in dem einen oder anderen Sinn oder aber wertneutral gemeint sind.
- Das Ergebnis dieser Strichliste kann schließlich zu einem Gespräch führen: Warum werden eher negative Vorstellungen mit einem Mädchen in der »Dritten Welt« assoziiert? Und was bedeuten die positiven Vorstellungen, die wir mit ihnen verbinden?

Versetzungsgeschichte diskutieren

- Sch diskutieren und begründen die verschiedenen Lösungsmöglichkeiten der Dilemmageschichte »Versetzung«.
- Sch und L entwerfen nach dem Analysemodell von Mendl eine TA in Anwendung auf die Versetzungsgeschichte.

religionspädagogik kompakt

Dilemmageschichten – Lernen aus Widersprüchen

Als »Dilemma« wird die Schwierigkeit bezeichnet, sich zwischen zwei gleichwertigen Dingen oder zwei gleich (un-)günstigen Möglichkeiten zu entscheiden. Gerade in einer vom (Werte-)Pluralismus bestimmten Gesellschaft ergibt sich auch für Kinder und Jugendliche immer wieder die Notwendigkeit zwischen Handlungsweisen wählen zu müssen, in denen ethische Werte und Normen miteinander konkurrieren. Um die Fähigkeit der Sch, solche Situationen ethisch zu reflektieren und eigenständig Lösungswege zu finden, zu fördern, ist es im Sinne einer prozessorientierten Moralpädagogik sinnvoll, im Unterricht so genannte »Dilemmageschichten« diskutieren zu lassen, die die Entscheidungssituationen auf den Kern des Wertekonflikts konzentrieren und nachvollziehbare Antworten auf überschaubare Fragestellungen einfordern. Dabei wird durch den offenen Austausch von Argumenten (Diskursethik) spielerisch das Abwägen von Handlungsfolgen und das Aushandeln von Lösungen eingeübt. Eine Dilemmadiskussion vermag darüber hinaus die Plausibilität verbindlicher Normen und die gleichzeitige Notwendigkeit, dem Einzelfall gerecht zu werden, eher aufzuzeigen, als das bloße Pauken von Verboten und Geboten, das häufig dazu führt, dass Kinder und Jugendliche sofort die in ihren Augen von L erwartete Verhaltensweise zur einzig legitimen erklären und ein »Religionsstunden-Ich« entwickeln. Wichtig bei einer Dilemmadiskussion ist es daher, in einer ersten Phase vor allem darauf zu achten, dass es kein »richtig« oder »falsch« geben darf, sondern ein begründetes Werturteil eines/einer Sch zu respektieren und würdigen ist, auch wenn es nicht der Antwort von L entspricht.

Zahlreiche Dilemmageschichten ergeben sich aus dem Alltag der Kinder und Jugendlichen, etwa bei der Frage, ob man sich an einen seit langem vereinbarten Termin mit einem/einer Freund/in gebunden fühlen muss, wenn von anderer Seite überraschend eine Einladung zu einem Rockkonzert oder Kinobesuch kommt (Versprechen versus Spaß), oder ob man seiner eigenen Meinung bzw. seinem Gewissen folgen und auch gegen eine Mehrheit Andersdenkender oder gegen Mächtigere Position beziehen soll (Zivilcourage versus Cliquennorm bzw. Macht). Dabei handelt es sich zum Teil um »unechte« Dilemmata, bei denen aus der Erwachsenenperspektive eigentlich kein Widerspruch zwischen vergleichbaren Werten besteht, die aber für Sch einer bestimmten Entwicklungsstufe (noch) zu einem Entscheidungskonflikt führen und damit hilfreich sein können, sich auf die in den Geschichten abgebildete Realität einzulassen. Ethische Konflikte können sich aber auch aus Situationen ergeben, die Sch (noch) nicht aus eigener Erfahrung kennen, etwa die Schwierigkeit der Entscheidung bei einer ungewollten Schwangerschaft (Leben des Kindes versus eigene Lebensplanung), oder aus Fällen, die aktuell in der Öffentlich-

keit diskutiert werden, beispielsweise die Frage, inwieweit ein Kidnapper durch die Androhung von Folter dazu gezwungen werden darf, den Ort, an dem er sein Opfer festhält, preiszugeben.
Klassisch – und bedingt auch im Unterricht einsetzbar – wurden das so genannte Heinz- und das so genannte Paul-Dilemma, die Kohlberg bzw. Oser/Gmünder dazu dienten, die Entwicklung des moralischen bzw. religiösen Urteils zu untersuchen. In der einen Dilemmageschichte geht es um das Problem, ob Heinz ein völlig überteuertes Medikament aus einer Apotheke stehlen soll, um das Leben seiner schwer kranken Frau zu retten (Recht auf Eigentum versus Leben der Frau), in der anderen dagegen um die Frage, inwieweit sich Paul an sein Versprechen gebunden fühlen soll, das er Gott während eines drohenden Flugzeugabsturzes in Todesangst gegeben hat, und nach überstandener Gefahr tatsächlich zu den Notleidenden nach Afrika gehen und auf Freundin und Karriere verzichten muss (Versprechen versus Beziehung/Lebensplanung).

M. S.

Literatur

Kuld, Lothar / Schmid, Bruno, Lernen aus Widersprüchen. Dilemmageschichten im Religionsunterricht, Donauwörth 2001, bes. 107ff.

Musterbeispiel für die Analyse von Dilemmageschichten (nach Mendl):

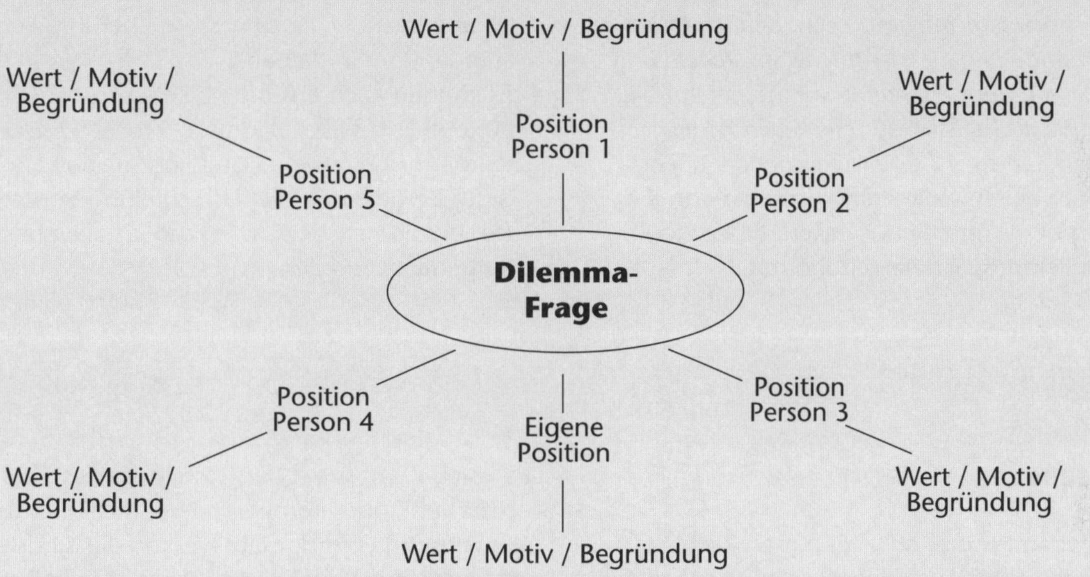

Ohrfeigen und Klapse! – Erziehungsmethoden beurteilen

- Ausgehend von der Karikatur stellen Sch auf **AB 6.2.14, Lehrerkommentar S. 103**, die erlaubten und unerlaubten Erziehungsmethoden gegenüber.
- Sch befragen ihre Großeltern nach deren Erfahrung mit der Prügelstrafe in der Schule.

Schulcharta entwerfen

- Sch entwerfen eine Schulcharta mit dem Titel »Kinderwünsche an die Schule«.
- Sch diskutieren die Artikel: Kinderwünsche an die Schule aus dem **AB 6.2.15, Lehrerkommentar S. 104**, und stellen sie der eigenen Schulcharta gegenüber.
  (Die Artikel stammen vom katholischen Jugendverband KSJ. Die KSJ (Katholische studierende Jugend) ist ein Zusammenschluss von Sch für Sch. Als Arbeitsgemeinschaft bildet die KSJ das Dach für die beiden eigenständigen Jugendverbände Heliand-Mädchenkreis und ND-Schülergemeinschaft. Kennzeichnend für die Jugendverbände sind demokratische Spielregeln und dialogische und partnerschaftliche Zusammenarbeit sowie Glaube als Maßstab für alle Lebensbereiche. Zur Zeit gehören ca. 12 000 Mitglieder der KSJ an.)
- Sch erstellen einen in die Praxis umsetzbaren Klassenkatalog der Wünsche und teilen diesen der SMV, Schulleitung, Schülerzeitung mit.

Eigene Handlungsmöglichkeiten finden

- Sch diskutieren Handlungsmöglichkeiten an Felix' Stelle in der Geschichte »Der Schrei« (*Orientierung 1*, **45**).
- Sch und L entwerfen wie oben einen TA nach dem Analysemodell von Mendl.

Mädchenbilder erzählen lassen

Bilder von Menschen erzählen Geschichten, bei denen sowohl die Darstellung als auch die Fantasie eine wichtige Rolle spielen. Bilder von Mädchen aus aller Welt können deshalb hilfreich sein, genauer hinzusehen und die eigenen Bilder im Kopf zu überdenken.

- L legt Fotos von Mädchen aus aller Welt auf den Boden, lässt Sch ein Bild aussuchen und betrachten. Nach einiger Zeit erfolgt die Aufforderung, ein besonders ansprechendes Bild an sich zu nehmen und die Wahl kurz zu begründen: Was hat mich besonders angesprochen? Was stellt das Bild dar? Woher kommt wohl die dargestellte Person? Was glaube ich über sie zu wissen, über ihre Lebensumstände, über ihr Leben?
- Es können auch erfundene Lebensgeschichten der auf den Fotos abgebildeten Personen beschrieben werden: »Ich heiße ... und komme aus ...« Nach einiger Zeit werden die Ich-Erzählungen vorgelesen. Dabei sollte das jeweilige Foto für alle gut sichtbar aufgehängt werden.

Kinder haben Rechte! — Orientierung 2 46 47

1. Hintergrund

Menschen haben Rechte, Arbeiter haben Rechte, Frauen haben Rechte! Auch Kinder haben Rechte. Sie sind in der UN-Konvention über die Rechte des Kindes festgelegt, 1989 verabschiedet und seit 2. September 1990 weltweit anerkannt. Erstmals wird hierin eine eigenständige Rechtsposition für Minderjährige anerkannt. In 41 von insgesamt 54 Artikeln legt die Konvention fest, welche Rechte Kinder und Jugendliche besitzen. Den Kindern wird umfassender Schutz zugesichert, vor Gewalt und Krieg, vor Ausbeutung und Missbrauch. Kinder haben demnach das Recht auf eine eigene Identität, auf Gleichbehandlung, auf eigene Kultur, auf umfassende Fürsorge, auf Gesundheit und ausreichende Ernährung. Sie haben das Recht auf Meinungsfreiheit und Information, auf Religionsfreiheit und Mitsprache in allen sie berührenden Angelegenheiten.
Deutschland ist in den vergangenen Jahrzehnten mehr und mehr zu einer »kinderentwöhnten« Gesellschaft geworden. Mittlerweile leben hier mehr Menschen, die über 60 Jahre alt sind, als solche unter 20 Jahren. Die Folge ist, dass bei der Gestaltung des öffentlichen Lebens auf Kinder immer weniger Rücksicht genommen wird. Im Grundgesetz werden die Kinderrechte nicht explizit genannt, Art. 6 schreibt lediglich das Recht der Eltern und die ihnen obliegende Pflicht fest, ihre Kinder zu erziehen. Die früher geltende Rechtsauffassung, wonach Kinder keine »Grundrechtsmündigkeit« haben, hat heute keinen Bestand mehr. Kinder haben einen unmittelbaren Anspruch darauf , dass der Staat eingreift, wenn ihr Wohl gefährdet ist. Das Recht auf Schutz und auf Überleben ist nach einhelliger Meinung der Juristen in Deutschland gewährleistet, das Recht auf Förderung und Entwicklung ist aber – auch nicht über das Grundgesetz – ausreichend abgedeckt. Die Rechte auf Beteiligung werden auf lokaler Ebene in Kinderforen, Kinderparlamenten und an »runden Kinder-Tischen« umgesetzt.
Die UN-Konvention über die Rechte des Kindes ist für die Bundesrepublik Deutschland am 5. April 1992 in Kraft getreten. In einer Denkschrift würdigte die Bundesregierung das Übereinkommen, erklärte aber bei der Hinterlegung der Ratifikationsurkunde einige Bedenken.

Orientierung 2 (**46**) sensibilisiert Sch mit dem **Sachtext**, dem **Bild** und dem dazugehörigen Ballonspiel für ihre Rechte in den **Impulsen**. Im Spiel soll in der Klasse eine Rangfolge der Rechte erstellt werden. Die **biblischen Zitate** verweisen auf den Wert und die Rechte aller Menschen und damit auch der Kinder. Das bekannteste Lied von Bettina Wegner: **»Sind so kleine Hände«** öffnet einen emotionalen Zugang zu den Rechten der Kinder – vor allem der kleinen.

Bettina Wegner (geb. 1947)
Bettina Wegner lebt und arbeitet in Berlin. Sie war Bibliotheksfacharbeiterin, bevor sie 1966-68 die Schauspielschule in Berlin besuchte. Nach ihrem Protest gegen den Einmarsch der DDR-Truppen in die Tschechoslowakei folgten Haftstrafe und Exmatrikulation. Danach verdiente sie sich ihren Lebensunterhalt als Siebdruckerin. 1971-72 studierte sie Unterhaltungskunst und lebte von 1973 an als freie Liedermacherin in Ost-Berlin, bevor sie 1983 in die Bundesrepublik Deutschland übersiedelte. Wegner ist mit dem Schriftsteller Klaus Schlesinger verheiratet und hat drei Kinder.

Die **Karikatur** mit den Kindern aller Ethnien, die im selben Buch ihrer Rechte lesen, verdeutlicht die Universalität der Kinderrechte. Das **Gandhi-Zitat** weist auf die Notwendigkeit der Friedenserziehung von Anfang an hin. Rückbezüge zu *Kontext 2* und *3,* **36ff.** liegen nahe.

Mahatma Gandhi (1869-1948)
Gandhi wurde am 2. Oktober 1869 in Porbandar/Indien im heutigen Bundesstaat Gujarat geboren, studierte in London Jura und ließ sich 1891 in Bombay als Anwalt nieder. Im Unabhängigkeitskampf gegen die britische Besatzungsmacht in seinem Heimatland zwang er die Briten durch Boykott und Sitzstreiks zum Einlenken. Der Salzmarsch, die Spinnradaktion und das Fasten während des Gefängnisaufenthalts sind durch Gandhi politisch hoffähige Mittel geworden.
Gandhi führte ein Leben, das ganz im Zeichen des Gebets, des Fastens, der Askese und der Meditation stand. Da er materiellen Besitz ablehnte, trug er den Lendenschurz und das Tuch der untersten Kaste und ernährte sich einfach und streng vegetarisch. Die Inder verehrten ihn wie einen Heiligen und verliehen ihm den Ehrentitel *Mahatma* (Sanskrit: Große Seele). Am 30. Januar 1948 wurde Gandhi auf dem Weg zu seiner abendlichen Gebetsversammlung von einem fanatischen Hindu ermordet.

2. Einsatzmöglichkeiten im RU

Kinderrechte kennen lernen
- Sch ordnen die im Buch genannten Rechte den Symbolen auf **AB 6.2.16, Lehrerkommentar S. 105,** zu.
- Sch spielen das Ballonspiel wie im ersten Impuls auf *Orientierung 2* (**46**) beschrieben.
- »Gott schuf den Menschen als sein Abbild«: Sch formulieren ihre Gottesvorstellung und leiten daraus das Menschen/Kinder-Bild mit den entsprechenden Rechten ab.

Für Kinderrechte sensibel werden
- Sch arbeiten, ausgehend vom Gandhi-Zitat, die Zukunftsperspektive des Friedens mit oder ohne Kinder heraus (vgl. Kosovo-Problem oder Intifada im Nahen Osten, wo erst in der nächsten Generation mit Befriedung gerechnet wird).
- Sch beschreiben, was es bedeutet, »bei den Kindern anzufangen«, wie es im Gandhi-Zitat heißt. Dazu wird der Satzanfang: »Wenn wir den wahren Frieden erlangen wollen, dürfen/müssen Kinder ...« an die Tafel geschrieben. Sch ergänzen in ihr Heft.

Menschenrechte für Kinder
- Sch ergänzen den Liedtext von Bettina Wegner an den mit drei Pünktchen gekennzeichneten Leerstellen.
- Sch hören und singen das Lied (eingespielt z. B. auf der CD: *Lieder aus Religion vernetzt 5 und 6. Zum Zuhören und Mitsingen. Mit Karaoke-Fassung!* München 2004, ISBN 978-3-466-45763-2; Noten und Text z. B. in Songbuch 1 der Katholischen Jungen Gemeinde, Düsseldorf 1991, Text auch im Internet unter www.lyriks.de).

My Rights
- Sch erkunden die Rechte und Pflichten eines/einer Sch gemäß Schulordnung (BayEUG Art. 56). Der Gesetzestext ist leicht auffindbar, wenn in eine Suchmaschine »BayEUG« eingegeben wird.
- Was dürfen Sch zu Hause, was nicht?
- Sch entwerfen eine Hausordnung für die Schule/Schulcodex:
  - Was dürfen Sch von der Schule fordern (vgl. **AB 6.2.15, Lehrerkommentar S. 104**)?
  - Was darf ein L gegenüber Sch nicht?
- Sch entwerfen einen Schulvertrag, in dem Rechte und Pflichten von Sch und L festgelegt sind.
- Sch wählen ein Kind auf *Kontext 1* (**34f.**) aus und überlegen, welches der Kinderrechte von ihm besonders in Anspruch genommen wird.

Partei für Kinder PINNWAND [42]

- Sch entwerfen als Mitglieder der »PFK« (Partei für Kinder) weitere Rechte.
- Sch suchen für jedes der entworfenen Rechte eine Begründung.

Kinderrechte achten

- Sch listen die bei Kinderarbeit, Kindersoldaten und Straßenkindern missachteten Rechte auf.
- Sch fertigen eine Tabelle an und vergleichen die Verwirklichung der Rechte der Sch bei uns mit denen der Kinder in Entwicklungsländern mithilfe von www.unicef.de.

»Another brick in the wall«

- Sch hören das Lied »Another brick in the wall« von Pink Floyd. Liedtext und Übersetzung unter: www.lyriks.de.
- – Welche Ungerechtigkeiten werden in dem Lied genannt?
- Sch bepunkten, welchen Aussagen sie zustimmen und welchen nicht.
- Sch schreiben auf »Ziegelsteine« (DIN-A4-Papier) Probleme zwischen L und Sch (Ungerechtigkeiten, Sarkasmus, Mobbing aus beiden Perspektiven). Durch Ankleben an einer Wand im Klassenzimmer wird eine solche Mauer konkret.
- Die Klasse erarbeitet Vorschläge, wie sich solche Ziegelsteine abtragen lassen.

Deutschland verstößt gegen Kinderrechte PINNWAND [42]

- Die UN-Konvention wurde zwar von Deutschland unterzeichnet, aber mit Vorbehalten versehen. Welche Kinderrechte sind in Deutschland noch nicht verwirklicht? (Informationen erhältlich bei Unicef.)
- Sch sammeln Berichte aus Zeitungen und Zeitschriften über entsprechende Verstöße und gestalten eine Informationswand.

Die »Goldene Regel« in den Weltreligionen

Orientierung 3 [48] [49]

1. Hintergrund

Das Signet **»One World«** im Zentrum der Seite warb bei der Expo 2000 um Sympathie und Interesse für Entwicklungsländer. Entwicklungspolitik sollte so auf neue Weise anschaulich dargestellt werden. Um dies auch über die Weltausstellung hinaus zu bewahren, beschlossen die Organisatoren den weiteren Einsatz des »One World«-Signets und die Fortführung des »One World«-Internetauftritts sowie des »One World«-Info-Service.

Ausgangspunkt der einigenden Klammer der Goldenen Regel ist die Frage nach einem Weltethos. Sie geht zurück auf die Programmschrift »Projekt Weltethos«, die Hans Küng 1990 vorgelegt hat. Hier wird die Idee entwickelt, dass die Religionen der Welt nur dann einen Beitrag zum Frieden der Menschheit leisten können, wenn sie sich auf das ihnen jetzt schon Gemeinsame im Ethos besinnen: auf einen Grundkonsens bezüglich bestehender verbindender Werte, unverrückbarer Maßstäbe und persönlicher Grundhaltungen. Als Basis eines Weltethos wurden vom Parlament der Weltreligionen 1993 in Chicago die folgenden beiden Grundprinzipien ausdrücklich übernommen:

- Jeder Mensch muss menschlich behandelt werden!
- Was du willst, das man dir tut, das tue auch den anderen.

Diese beiden Prinzipien sollen die unverrückbare, unbedingte Norm für alle Lebensbereiche sein, für Familie und Gemeinschaften, für Rassen, Nationen und Religionen.

Aus den beiden Grundprinzipien folgen vier unverrückbare Weisungen:

- Eine Kultur der Gewaltlosigkeit und der Ehrfurcht vor dem Leben: »Du sollst nicht töten« – »Hab Ehrfurcht vor dem Leben«!
- Eine Kultur der Toleranz und des Lebens in Wahrhaftigkeit: »Du sollst nicht lügen« – »Sprich und handle wahrhaftig«!
- Eine Kultur der Solidarität und einer gerechten Wirtschaftsordnung: »Du sollst nicht stehlen« – »Handle ehrlich und fair«!
- Eine Kultur der Gleichheit und der Partnerschaft von Mann und Frau: »Du sollst nicht Unzucht treiben« – »Respektiert und liebet einander«!

Der **Hinduismus** ist nach dem Christentum und dem Islam die dritte der großen Weltreligionen. Die Bezeichnung subsumiert verschiedenste religiöse Gruppierungen und Religionsformen und vereint die Vorstellungen und Praktiken all derer, die für sich den Namen Hindu (Inder) beanspruchen. Sie umfasst somit all jene Religionen des indischen Subkontinents, die sich nicht ausdrücklich als nichthinduistisch verstehen.

Das **Om-Symbol** besteht aus drei untereinander verbundenen Kurven, einem Halbkreis und einem Punkt. Es deutet auf die Bewusstseinszustände Wachen, Träumen, Tiefschlaf sowie auf das absolute Bewusstsein (der frei stehende Punkt mit dem Halbkreis), das die drei anderen erleuchtet und beherrscht. Das Wort OM bezeichnet den Atem des Mundes, die Sonne, die Lebenskraft des Menschen und der Welt, letztlich das Göttliche.

Mahabharata (Sanskrit: der große Kampf der Nachkommen des Bharata) ist neben dem etwas kürzeren *Ramayana* eines der beiden bedeutendsten altindischen Epen, das zu den wichtigsten frühen Quellen des Hinduismus gehört. Es besteht aus 18 Büchern und einem Anhang, dem *Harivamsha,* umfasst insgesamt mehr als 100 000 Doppelverse und verarbeitet Themen aus Geschichte und Mythologie sowie aus buddhistischer und hinduistischer Religion.

Der **Jainismus** ist eine unorthodoxe indische Religion, die die Veden ablehnt. »Gegründet« wurde diese Religion von *Mahavira* (großer Held). Er wurde um ca. 480 v. Chr. als Prinz geboren. Nach dem Tod seiner Eltern wurde er Wanderasket und erlangte nach 12 Jahren die Erleuchtung. Nach 30-jähriger Tätigkeit als Prediger starb er den freiwilligen Hungertod. Die Religion selbst ist viel älter als Mahavira. Die Gläubigen teilen sich in Mönche und Laien. Bei den Mönchen gibt es zwei Gruppen: Die strenge Richtung der *Digambaras* (»Luftbekleidete«); diese Mönche leben in vollkommener Nacktheit. Die Richtung der *Svetambaras* (»Weißbekleidete«) fällt durch ihre weiße Mönchskleidung auf. Die Laien sind vor allem im Kaufmannsberuf tätig. Heute gibt es ca. 2,7 Millionen Jains. Die Jains glauben nicht an göttliche Wesen. Ihre Religion lehrt eine jeder Seele innewohnende Göttlichkeit und die Verehrung vollkommener Seelen als den höchsten Geist. Befreiung wird erlangt durch richtigen Glauben, richtige Erkenntnis und richtiges Verhalten, wobei das Nicht-Verletzen lebender Wesen besonders betont wird.

Die **erhobene Hand** in der Abbildung erinnert die Menschen, innezuhalten und nachzudenken, wie sie mit den Mitmenschen umgehen, sprechen oder denken sollen. So ist der Mensch in der Lage, die Grundregeln von *Ahimsa* (Gewaltlosigkeit) besser zu beachten. Das Rad in der Hand sagt, dass die Seelen nie von diesem Kreislauf des Lebens und des Sterbens frei werden, wenn man diese Dinge nicht beachtet. Als **Sutrakritanga** werden die Schriften des Jainismus (Sanskrit: *Sutra* = »Leitfaden«) bezeichnet.

Unter **Chinesischer Religion** versteht man Glaubensformen in China. Gewöhnlich werden Konfuzianismus und Taoismus als die beherrschenden Religionen Chinas bezeichnet. Konfuzius und seine Nachfolger waren in ihrer Philosophie weniger auf die Achtung der Götter als auf praktische Handlungsanweisungen für das weltliche Leben ausgerichtet. Der konfuzianische Tempel besteht nur aus einem Raum, in dem die Begründer des Konfuzianismus verehrt werden. Die Glaubensformen des größten Teiles der chinesischen Bevölkerung, die polytheistische Züge tragen und als Volksreligion bezeichnet werden, unterscheiden sich jedoch wesentlich von den Philosophien der traditionellen konfuzianischen Elite. Spätere Taoisten übernahmen viele der Kulte und Rituale des volkstümlichen chinesischen Glaubens und nach dem 2. Jahrhundert n. Chr. auch das vom Buddhismus entlehnte religiöse System. Als Begründer des Taoismus gilt der chinesische Denker Lao-tse.

Das **Yin-Yang-Symbol** steht für die chinesische Religion. Es zeigt die zwei großen Kräfte des Universums, die dunkle und die lichte, die negative und die positive, die weibliche und die männliche, die in vollkommener Balance und Ausgewogenheit bleiben müssen. Es befindet sich je ein Punkt in den beiden Feldern, ein schwarzer im weißen und ein weißer im schwarzen. Diese Symbolik ist grundlegend gemeint, da es kein Sein gibt, das nicht in sich den Keim seines Gegenteils trägt. Zum Beispiel gibt es kein männliches Wesen, das ganz ohne weibliche Eigenschaften ist, und kein weibliches Wesen ohne männliche Attribute. Wäre das nicht der Fall, wäre die ganze Kraft der Wechselwirkung verloren. Die zwei Kräfte sind voneinander abhängig und keine kann für sich allein stehen oder in sich selbst vollständig sein.

Der chinesische Philosoph **Konfuzius** (551-479 v. Chr.) begründete die nach ihm benannte Schule des »Konfuzianismus«. Das Schlüsselwort der konfuzianischen Ethik ist die Tugend des *jen,* das unterschiedlich als Liebe, Güte, Menschlichkeit und Menschenliebe übersetzt wurde. In zwischenmenschlichen Beziehungen äußert sie sich in *chung,* der gegenseitigen Liebe, sowie in *shu,* der Nächstenliebe.

Der **Buddhismus** ist die viertgrößte Weltreligion. Im Laufe der Geschichte breitete er sich, ausgehend von seinem Ursprung im nördlichen Indien, in ganz Asien aus und prägte die Gesellschaften dieses Kontinents in allen politisch-kulturellen Dimensionen. Seit etwa 100 Jahren ist er auch in Amerika und Europa heimisch. Der Buddhismus ist die erste universale Religion der Menschheit und eine der ältesten Heilsreligionen überhaupt. Begründet wurde der Buddhismus von Gautama Siddharta (560-480 v. Chr.). Seinen Namen *Buddha* (Sankskrit: »der Erwachte, der Erleuchtete«) erhielt er, als er im Alter von 35 Jahren unter einem Feigenbaum die Erleuchtung erlangte.

Etwa sechs Prozent der Weltbevölkerung (rund 360 Millionen Menschen) sind Buddhisten. Sie gehören verschiedenen Richtungen an, die auch »Fahrzeuge« genannt werden, weil die Menschen durch sie den Fluss der Werdewelt auf das andere Ufer hin überqueren. 130 Millionen Buddhisten zählen zum so genannten »kleinen Fahrzeug«, 200 Millionen zum »großen Fahrzeug« und 30 Millionen zum »diamantenen Fahrzeug«. In Sri Lanka, Burma, Thailand, Laos, Kambodscha, Tibet und Bhutan ist der Buddhismus die dominierende Religion. Stark vertreten ist er in Japan, China, der Mongolei, Korea, Vietnam, Malaysia und Singapur. Das Symbol verdeutlicht das **Rad der**

Lehre, das Buddha in Bewegung gesetzt hat. Die acht Speichen stellen den edlen achtteiligen Pfad dar: »Dies aber ist die heilige Wahrheit von der Aufhebung des Leidens, der achtfache Pfad: rechtes Denken, rechtes Entschließen, rechtes Wort, rechte Tat, rechtes Leben, rechtes Streben, rechtes Gedenken, rechtes Sich-Versenken« (aus Buddhas Predigt von Benares). Die Sammlungen des Sutra-Pitaka enthalten die historischen Reden des Buddha, die später durch umfassende Kommentare sowie Mythen und Legenden ergänzt wurden. Es ist in fünf Sammlungen unterteilt, von denen eine **Samyutta-Nikaya** (Sammlung der vereinten Reden) ist. Sie enthält 59 Abteilungen, die nach Gruppen geordnet sind: Insgesamt sind es 2 941 *Sutras* (Lehrreden des Buddha), von denen einige zu den wichtigsten dogmatischen Erklärungen zählen, wie z. B. über *Anatman* (das Fehlen einer ewigen Seele) und *Pratitya-Samutpada* (bedingtes Entstehen).

Das **Judentum**, aus dem Christentum und Islam hervorgingen, ist die älteste der drei monotheistischen Offenbarungsreligionen. Der Begriff geht auf die abgeleitete lateinische bzw. griechische Übersetzung des Wortes *Jehudi* (Jude) zurück. Im biblischen Hebräisch existierten die Begriffe »Judentum« und »Religion« nicht. Von grundlegender Bedeutung für das Judentum ist der unbedingte Monotheismus, demzufolge ein einziger transzendenter Gott die Welt erschaffen hat und ihre Geschicke lenkt. Gottes Wille ist in der Thora, der Unterweisung und Lehre, offenbart. Das Verhältnis des Einzelnen zu Gott ist unmittelbar und persönlich; es bedarf nach jüdischer Auffassung keiner Vermittlung, weder durch Priester noch durch Handlungen oder Sakramente. Darüber hinaus ist der Mensch völlig frei in seinen Entscheidungen. **Menora** ist der hebräische Begriff für »Leuchter«. Er wurde bei den Juden sowohl in der Stiftshütte als auch im Tempel aufgestellt. Nach der Zerstörung des Jerusalemer Tempels 70 n. Chr. wurde die Menora nach Rom gebracht. Sie ist neben dem Davidsstern eines der wichtigsten Motive des Judentums. Der fromme Israelit **Tobit**, der nach dem Untergang des Nordreiches in Assyrien lebt, erfährt während einer schweren Glaubensprüfung die Hilfe Gottes. Das Buch will nicht geschichtliche Ereignisse überliefern, sondern hat religiöse und sittliche Unterweisung zum Ziel. In der Person des verbannten Tobit spricht der Erzähler das Volk Israel im Exil an. Als Trost für die Vertriebenen formuliert das Buch die Glaubensüberzeugung, dass jeder Israelit in den Nöten der Diaspora die rettende Hilfe seines Gottes erfahren kann, wenn er in Treue zu diesem Gott und seinem Gesetz steht. Das deuterokanonische Buch Tobit führt theologisch gesehen ein Schattendasein. Es findet sich weder in der hebräisch-jüdischen noch in der protestantischen Bibel. Die katholische und orthodoxe Kirche betrachten Tobit als heilige Schrift. Trotz seiner apokryphen Provenienz hat Tobit über Jahrhunderte hinweg in der Volksfrömmigkeit (christologische Deutung) und im moralisch-ethischen Bewusstsein der abendländischen Kirche (Werke der Barmherzigkeit) hohe Wertschätzung und Verbreitung erfahren.

Islam ist die von Muhammad (570-632 n. Chr.) im 7. Jahrhundert gestiftete Weltreligion. Nach dem Christentum ist sie die zweitgrößte und gegenwärtig am stärksten expandierende Religion der Welt, deren Anhänger auf mehr als eine Milliarde Menschen geschätzt werden. Die überwiegende Mehrheit (ca. 700 Millionen) lebt in Asien und Afrika (ca. 270 Millionen); in Europa gibt es etwa 35 Millionen, in Amerika um die fünf Millionen Muslime. Die größte islamische Nation der Welt ist mit zirka 140 Millionen Muslimen Indonesien, das aber kein islamischer Staat ist. Staatsreligion ist der Islam in etwa 40 Ländern in Asien und Afrika. In Deutschland beträgt die Zahl der Muslime ca. 2,5 Millionen (ca. drei Prozent).

Die Selbstbezeichnung »Islam« bedeutet die völlige Hingabe an den Willen Gottes; derjenige, der diese Hingabe zeigt, ist der Muslim (oder Moslem). Die geläufige Fremdbezeichnung Mohammedaner nach dem Namen des Gründers der Religion lehnen die Muslime selbst ab, da sie nach ihrer Auffassung eine unrichtige Parallele zur Selbstbezeichnung der Christen (und auch der Buddhisten) darstellt. Die Christen, Pilger und Kreuzfahrer, die aus dem Heiligen Land zurückkehrten, brachten die Erfahrung mit, dass der Kalender des Islam nach den Mondphasen organisiert war. So verwandten abendländische Künstler zur Kennzeichnung muslimischer Städte oder Gebäude die **Mondsichel**. Auch auf Feldzeichen muslimischer Herrscher taucht neben dem Schwert immer wieder die Mondsichel auf.

Die Sammlung der **40 Hadithe** (*Hadith* bedeutet so viel wie Spruch, Rede) ist das Buch des Muslim-Gelehrten Yahia bin Sharaful-Deen An-Nawawi (1233-1277). Es wird bezeichnet als »An-Nawawi: Vierzig Hadithe.« Der populäre kleine Sammelband ist in der islamischen Welt weit verbreitet. Der Autor Nawawi stellt darin zweiundvierzig der Sprüche und Redensarten von Muhammad vor. Hadith 13 ist ein Spruch des Knechtes von Muhammad: »Keiner von euch ist gläubig, bis er für seinen Bruder wünscht, was er für sich selbst wünscht.«

2. Einsatzmöglichkeiten im RU

Symbole und Regeln der Religionen kennen lernen

- Sch vergleichen die Aussagen der Religionen über die »Goldene Regel« im UG.
- Sch erhalten **AB 6.2.17, Lehrerkommentar S. 106**, und tragen eine als gemeinsamen Nenner aus den

Religionen formulierte »Goldene Regel« in die Kreismitte ein.
- Sch malen in die Satellitenkreise die Symbole der jeweiligen Religion.
- Was ist an der Regel »golden«?
- Sch bilden »Wenn-Dann-Sätze«: Ausgehend von den sieben Regeln der Religionen wird ein Missstand der Welt angeklagt nach folgendem Schema:
- (Hinduismus) Wenn man sich gegenüber anderen nicht in einer Weise benehmen soll, die für einen unangenehm ist, dann dürfen Kinder nicht geschlagen werden.
- (Jainismus) Wenn der Mensch alle Geschöpfe in der Welt behandeln soll, wie er selbst behandelt werden möchte, dann ... usw.
(Unter der laufend aktualisierten Seite www.schuleweltethos.de werden Bildmaterialien, Unterrichtshilfen und Poster vorgestellt.)

»One-World«-Symbol
- Sch notieren Lebensbereiche, die für Kinder (Menschen) der Einen Welt gleich sind (Essen, Kleidung, Familie, Ängste, Wünsche, Hoffnungen). Dabei greifen sie auf die Kinder von *Kontext 1* (**34f.**) zurück.
- Sch entwerfen ein eigenes »One World«-Symbol.

Das Lied zum Thema
- Sch hören das Lied »We are the world« von Michael Jackson/Lionel Richie; Liedtext z. B. unter: www.lyriks.de.
- Was klagen die Texter des Liedes an und welche Hoffnungen äußern sie?
- Wozu fordern sie die Hörer auf?

Wasser – ein kostbares Gut

Orientierung 4 50 51

1. Hintergrund

Alles Leben ist im Wasser entstanden. Dort begann die Entwicklung, bis hin zum Menschen. Der Mensch wiederum ist auf Wasser angewiesen, es ist seine Lebensgrundlage. Dies wird aber in unseren Breiten immer seltener erfahren. Ausreichend zur Verfügung stehendes Wasser macht dieses Element selbstverständlich. Die technische Domestizierung des Wassers hat dazu beigetragen, dass die Tiefe der symbolischen Bedeutung nicht mehr ganz verstanden wird. Erzieherische Aufgabe in unserer Kultur muss sein, hinter die vordergründige Bedeutung des Wassers zu blicken und damit Sch zu sensibilisieren für den Umgang mit diesem Element. Wasser hat interkulturelle Bedeutung, denn Menschen machen ähnliche Erfahrungen mit Wasser: Wasser als Lebenswasser, Wasser als Mittel kultischer Reinigung, Wasser in Weltanschauungslehren und Weltbildern. Fünf Kinder aus verschiedenen Erdteilen erzählen davon, welche Rolle das Wasser in ihrem Leben spielt. Dabei geht es nicht nur um Wasser als Mittel zum Überleben oder als Bedrohung bei Überflutung. Die Kinder erzählen auch davon, dass Wasser oft mehr bedeutet als nur nasses Element zu sein.
Der **Sahel** ist eine Region in Afrika, die eine Übergangszone zwischen der trockenen Sahara im Norden und den feuchteren, tropischen Regionen im Süden markiert. Er erstreckt sich von Mauretanien und Senegal im Westen bis nach Somalia im Osten. Die Vegetation besteht vorwiegend aus relativ karger Gras- und Dornstrauchsavanne. Die durchschnittliche Niederschlagsmenge pro Jahr beträgt zwischen 100 und 200 Millimetern, Regen fällt hauptsächlich zwischen Juni und September. Allerdings treten auch häufig mehrere Jahre andauernde Perioden mit sehr geringem Niederschlag und Dürre auf. Eine äußerst lang anhaltende Dürreperiode in der Sahelzone dauerte von den späten Sechziger- bis in die frühen Achtzigerjahre; sie war die schlimmste Dürre seit 150 Jahren und ist Anzeichen für ein zunehmend trockeneres Klima in der Region. Die Auswirkungen der Dürre wurden durch unausgewogene Entwicklungshilfeprojekte verschlimmert: So hatten verbesserte Tierhaltung und neu gegrabene Brunnen zu einem starken Wachstum der Viehherden geführt. Die Folge waren zu große Viehbestände und Überweidung in den Grenzbereichen dieses aus ökologischer Sicht extrem empfindlichen Lebensraumes.
Nomadische Herdenhaltung und ein begrenzter Anbau von Erdnüssen und Hirse sind dagegen in Jahren mit normalen Niederschlagsmengen in den meisten Gegenden möglich.
Thailand hat ein feuchtes, tropisches Klima, das in erster Linie von den je nach Jahreszeit die Richtung wechselnden Monsunwinden geprägt wird. Von April bis Oktober kommen die mit Feuchtigkeit angereicherten Winde vorwiegend aus Südwesten; den Rest des Jahres über blasen sie aus Richtung Nordost. Unter dem Einfluss der Südwestwinde sind die Temperaturen höher und liegen zwischen 25,6 und 36,7 °C; ansonsten variieren sie zwischen 13,3 und 33,3 °C. Die jährliche Niederschlagsmenge liegt zwischen 1 525 Millimetern und 2 540 Millimetern. Der meiste Regen fällt in den Sommermonaten (Juni bis Oktober). Zum Vergleich: München hat im Jahresmittel 590 mm Niederschlag.

Aufgrund der Topografie und der geografischen Lage **Indiens** herrschen sowohl regional als auch jahreszeitlich höchst unterschiedliche Klimaverhältnisse. Abgesehen von den Gebirgsregionen liegt Indien in tropischen Klimazonen. Die klimatischen Verhältnisse des Landes werden maßgeblich durch den Monsun geprägt; Südwest- und Nordost-Monsun haben tief greifende Auswirkungen auf Temperatur und Niederschlag. Für weite Teile des Landes lassen sich drei Jahreszeiten unterscheiden: eine Regenzeit, eine kühle Jahreszeit und eine heiße Jahreszeit. Die Regenzeit, die meist im Juni beginnt und bis November anhält, wird vom Südwest-Monsun ausgelöst; dies ist ein Wind mit hoher Luftfeuchtigkeit, der vom Indischen Ozean und dem Arabischen Meer auf das indische Festland weht. Während dieser Jahreszeit fallen zirka 90 Prozent des Jahresniederschlags, der häufig bei mehr als 3 000 Millimetern (teilweise bis zu 11 000 mm) liegt. Mitunter bleibt der Südwest-Monsun auch einige Wochen aus, was zu Dürren und Hungerkatastrophen führen kann. Der Monsun hat auch weitere negative Seiten: So kommt es während der Regenzeit vielfach zu Mückenplagen und Malaria-Epidemien. In den meisten Jahren lässt die Intensität des Monsuns im September nach. Die Zeit von Anfang Dezember bis etwa Ende Februar wird vom trockenen Nordost-Monsun geprägt. Während dieser kühlen Jahreszeit herrscht in weiten Teilen des Landes ausgeprägte Trockenheit.
Im schmalen Weststreifen **Syriens** herrscht mediterranes Klima, das durch heiße, trockene Sommer und milde, feuchte Winter gekennzeichnet ist. Die jährlichen Regenfälle betragen in der Küstenregion 510 bis 1 020 Millimeter, 255 bis 510 Millimeter zwischen Aleppo und Damaskus sowie 25 bis 127 Millimeter in den Wüstenregionen des Südostens. Die regionalen Temperaturunterschiede sind vergleichsweise gering. Ein großer Teil des übrigen Landes besteht aus einer Hochebene, die im Nordosten durch den Euphrat geteilt wird. Das Hochplateau im Norden des Euphrat ist die Ebene von al-Jazirah, südöstlich schließt sich die Syrische Wüste an.
Wasser nimmt in der Bibel in seiner Symbolik einen breiten Raum ein, sicher bedingt durch die Erfahrung der biblischen Menschen, dass dieses Element sehr kostbar ist. Einige Beispiele sind unter **»Biblisches«** aufgelistet.
In unseren regenreichen Breiten kann man sich nur schwer vorstellen, dass Süßwasser ein knappes Gut ist. Dass sauberes Wasser keine unerschöpfliche Ressource ist und welche Probleme damit verbunden sind, darüber informiert der Text **»Süßwasser – eine knappe Ressource«**.
Wie Menschen in Industriestaaten und in Ländern der so genannten »Dritten Welt« mit Wasser umgehen, zeigt der Text und die Grafik zum Thema **»Mit 15 000 Kubikmeter Wasser kann man ...«**

2. Einsatzmöglichkeiten im RU

Wasser als ein kostbares Gut beurteilen
- Sch berichten von Brunnen und Wasserspielen (z. B. Herrenchiemsee, örtliche Stadtbrunnen etc.).
- L gibt Informationen (siehe *1. Hintergrund*): Klimainformationen, Sachbegriffe.
- Sch stellen Schwierigkeiten bei der Versorgung der Menschheit mit Wasser vor und leiten daraus die Bedeutung des Wassers ab.
- Sch suchen Mythen, Legenden und Märchen, in denen Wasser eine zentrale Rolle spielt (Gebrüder Grimm: Das Wasser des Lebens; Gangesmythen; Gen 1; Legenden von Quellen, Flüssen).
- Sch stellen Heilquellen und damit verbundene Pilgerorte vor (z. B. Lourdes etc.).
- Sch erfahren die Wirkung des Wassers durch die »Rose von Jericho« (im Blumenhandel und Weltläden erhältlich): Wer die Wüstenpflanze sieht, wird sie zunächst für vertrocknet halten. Legt man sie in eine Schale mit lauwarmem Wasser, entfaltet sie sich innerhalb kurzer Zeit. Aus dem faustgroßen Knäuel aus dürren Zweigen wird eine grüne Pflanze, die in kurzer Zeit aufgeht. Weil die Pflanze auch im scheinbaren Abgestorben-Sein wieder zu neuem Leben erweckt werden kann, hat man ihr auch den Namen »Auferstehungspflanze« gegeben. So kann die Rose von Jericho zum Symbol von Auferstehungserfahrungen im Leben von jungen Menschen werden. Nach Zeiten scheinbarer Ausweglosigkeit entsteht wieder neues Leben. (Diese Idee ist auch in Kapitel 6.4 »Aus dem Dunkel zum Licht« einsetzbar.)

Symbolik des Wassers erkennen
- Sch suchen die angegebenen Bibelstellen auf (Sintflut: Gen 7,1-8, 22; Rettung am Schilfmeer: Ex 13,17-14,31; Mose schlägt Wasser aus dem Felsen: Ex 17,1-7; Jona: Jon 2,1-11; Heilung des Lahmen am Teich Bethesda: Joh 5,1-18; Jesus: Ich bin lebendiges Wasser: Joh 7,37-40) und erklären die Funktion des Wassers.
- Sch erhalten **AB 6.2.18, Lehrerkommentar S. 107**, lesen und beschreiben die Betrachtungsweisen des Wassers (Vorschlag für TA siehe Lehrerkommentar S. 83).

Süßwasser als eine knappe Ressource erkennen
- Sch gestalten kreativ einen Wassertropfen (Malstifte, Wachsmalkreide, Collage etc.).
- Sch schließen die Augen. Mit Wasser werden verschiedene Geräusche erzeugt, indem man aus einem Krug Wasser in eine Schale unterschiedlich einfüllt (Tropfen in eine mit Wasser gefüllte Schale springen lassen; plätschernde Fließbewegung erzeugen; »Wasserfall«).

TA zu »Symbolik des Wassers erkennen« (Lehrerkommentar S. 82):

Saint-Exupéry: *Wasser ist Symbol für das Leben*

Wasser	**Leben**
Man schmeckt dich, ohne dich zu kennen	Leben ist einfach da
Durch dich kehren uns alle Kräfte zurück	Leben ist Lebendigkeit
Du schenkst uns ein einfaches und unbeschreibliches Glück	Zu leben schenkt Glück

J. W. v. Goethe: *Wasser ist Symbol für die Seele*

Wasser	**Seele**
Kommt vom Himmel, steigt zum Himmel	Kommt von Gott, geht zu Gott
Wasser strömt als reiner Strahl von steiler Felswand	Die Seele ist rein
Stäubt lieblich in Wolkenwellen	Seele ist nicht fassbar

Khalil Gibran: *Wasser ist heilig*

Wasser	**Heiliges**
Wasser enthält Salz; Salzwasser ist der Ozean, er ist unendlich weit	Das Heilige Gottes ist das Unendliche
Wasser enthält Salz; Salzwasser sind Tränen, Tränen vergisst man nicht	Erfahrungen mit dem Heiligen vergisst der Mensch nie

Kohelet: *Wasser ist ewig*

Wasser	**Ewigkeit**
Flüsse fließen ins Meer, das Meer wird nicht voll	Ewigkeit kann man nicht begreifen
Zum Ursprung kehrt Wasser zurück	Ewigkeit umfasst alles, Anfang und Ende

- Sch entwerfen selbst eine Wassermeditation und verbinden sie mit den Wassergeräuschen.

Mit 15 000 Kubikmeter Wasser kann man ...

- Sch rechnen um, wie viele Menschen in den angegebenen Regionen einen Monat versorgt werden können.
- Sch erkunden, wie in ihrer eigenen Gemeinde das Wasser gewonnen wird, welche Kläranlagen es gibt, welche Gräben, Bäche und Flüsse.
- Sch recherchieren in einer Suchmaschine unter den Stichwörtern »Comenius«, »Wasser«, »Projekt«, was Schüler/innen der an den Alpen angrenzenden Länder über das Wasser herausgefunden haben.

- Sch informieren sich über die Funktionsweise einer Brauchwasserzisterne für Haushalte (vgl. letzter Impuls auf *Orientierung 4,* **51**).

Wassermusik
- Sch hören die »Moldau« von Smetana. Aus den verschiedenen Sätzen kann die Funktion des Wassers herauskristallisiert werden.
- Sch malen eine Fluss-Szenerie zur Musik: »An der Quelle«, »Als kleines Flüsschen«, »Durch Prag fließend«, »In die Elbe mündend«.

Wasserquiz
- Sch lösen ein Quiz zum Thema Wasser. Auf der Seite www.visumsurf.ch finden sich zehn interaktive Quiz zum Thema Wasser.

3. Weiterführende Anregung

Ein Mini-Klärwerk bauen
- Für das Mini-Klärwerk werden vier leere Plastikbecher, die ineinander geschachtelt werden können, benötigt.
- In die Böden bohrt man ein kleines Loch. In den ersten Becher kommt Kies, in den zweiten grober Sand, in den dritten feiner Sand und in den vierten eine Kaffeefiltertüte.
- Die Becher werden nun ineinander gesteckt. Diesen »Turm« stellt man über ein Glasgefäß. Nun kann man verschmutztes Wasser, z. B. Geschirrspülwasser, durch das »Klärwerk« laufen lassen.

Kinder für Kinder

Perspektiven 1 52 53

1. Hintergrund

Die **Sternsingeraktion** ist eine Hilfsaktion von Kindern und Jugendlichen für Kinder und Jugendliche. Sie wurde 1958 vom »Kindermissionswerk/Die Sternsinger« ins Leben gerufen. Seit 1961 beteiligt sich auch der »Bund der katholischen Jugend« (BDKJ) an der Aktion.
Der Brauch geht auf Mysterienspiele im Mittelalter zurück, die sich anlässlich der Überführung der Gebeine der drei Weisen aus dem Morgenland nach Köln entwickelten. Namen für Gastwirtschaften und Apotheken (»Drei-Königs-Apotheke«, »Zum Stern«, »Zu den drei Königen«) zeugen von der Verehrung der Weisen aus dem Morgenland. In abgewandelter Form tritt der Brauch des Dreikönigsspiels wieder im 16. Jahrhundert auf. Die Lateinschüler mussten ihr Schul- und Kostgeld aufbringen. Dazu zogen sie am Tag vor den Hochfesten durch die Straßen und sangen vor den Häusern. Wer sich dadurch belästigt fühlte, konnte sich mit einer einmaligen Zahlung an Neujahr oder Dreikönig loskaufen. Besonders im Alpenraum verbreitete sich dieser Brauch und blieb auch dort lebendig. 1959 wurde dann der Brauch in Deutschland wieder belebt und an der ersten Aktion beteiligten sich Sternsinger aus 100 Pfarreien. Das Spendenaufkommen wuchs von 900 000 DM in diesem ersten Jahr auf 28,3 Millionen Euro im Jahr 2003. In diesen Jahren wurden 25 000 Projekte unterstützt und insgesamt 260 000 Millionen Euro gesammelt. Aus den bescheidenen Anfängen ist somit die weltweit größte Aktion von Kindern für Kinder geworden.
Die Sternsingeraktion steht jedes Jahr unter einem Leitwort in der Landessprache des ausgewählten Beispiellandes, das eng mit einem biblischen Leittext korrespondiert; im Jahr 2004 lautete es: »*Gufatanya kubaka*«. Es stammt aus der Landessprache von Ruanda und heißt übersetzt: Kinder bauen Brücken. Das Beispielland bildet für die jeweilige Aktion den Informationsschwerpunkt. Typische Probleme armer Länder werden hieran exemplarisch verdeutlicht. Mit den Spenden werden aber Projekte in aller Welt gefördert. Die Sternsingeraktion will nicht nur Sammelaktion sein, sondern auch das Miteinander der Christen in Deutschland und in den Ländern der so genannten »Dritten Welt« fördern. Die Gebete, Gaben und Wünsche der Sternsinger gehen zu den Kindern auf der südlichen Erdhälfte und Glaubenszeugnisse der Kirchen dort kommen wieder nach Europa zurück und können für die Pastoral hilfreich sein: Gebete, Lieder, Geschichten und Symbole aus anderen Kulturen fördern so das Verständnis der Einen Welt und des einen Glaubens.
Die Sternsinger gehen von Haus zu Haus und tragen ein **Gedicht**, einen Segensspruch und meist auch ein Sternsingerlied vor, anschließend werden die Bewohner des Hauses um eine Spende für die Kinder der »Dritten Welt« gebeten. Zum Schluss schreiben sie noch den **Segenswunsch** mit Kreide (*Christus Mansionem Benedicat*: Christus segne dieses Haus) an den Türsturz.
Die Dreikönigstradition ist in der Heiligen Schrift nicht erwähnt. Es steht nichts darüber, dass drei Könige den neugeborenen Jesus besucht haben. Lediglich bei Matthäus ist von Sterndeutern (Mt 2,1f.) die Rede. Sterndeuter waren Gelehrte und Weise, die den Lauf der Sterne erforschten und deuteten. In Persien wurden sie auch Magier genannt. An den Königshöfen übten sie damals großen Einfluss auf politische Entscheidungen und Urteile aus. Als Herkunftsland der

Sterndeuter wird bei Matthäus der Osten genannt. Für die Sterndeuter war der Messias Gott und König, darum brachten sie entsprechende Geschenke: Gold für den König, Weihrauch für Gott und Myrrhe für den sterblichen Menschen. Schon im zweiten Jahrhundert wurden die Geschenke als Symbole für die Person Christi verstanden: König, Gott und Mensch. Im sechsten Jahrhundert wurden aus den Sterndeutern Könige. Man nahm an, dass nur Könige Königsgeschenke überreichen können. Die Namen tauchen ebenfalls zu dieser Zeit auf: »Caspar« bedeutet »Schatzmeister« (persisch), er soll den Weihrauch gebracht haben, »Melchior« heißt »König des Lichts« (hebräisch), er trug das Gold zur Krippe, und »Balthasar« bedeutet »Gott schütze das Leben des Königs« (aramäisch), er brachte die Myrrhe.
Während im Mittelalter die drei Könige auch als Jüngling, als Mann der Lebensmitte und als Greis dargestellt wurden, verkörpern sie heute – geschminkt mit schwarz, rot und weiß – die Vertreter der verschiedenen Ethnien.
Der Texter des Liedes »**Wir sind Kinder einer Erde**«, Volker Ludwig, war in den Sechzigerjahren freier Schriftsteller und Ideengeber für verschiedene Kabarett-Ensembles (Stachelschweine, Lach- und Schießgesellschaft, u. a.). 1972 gründete er das Grips-Theater für Kinder. Er wurde für seine schriftstellerische Arbeit mit mehreren Preisen ausgezeichnet. Das Grips-Theater begann, angeregt durch die Studentenbewegung, mit dem für Deutschland völlig neuen, in der Gegenwart spielenden, realistischen Theater für Kinder. Nach Jahren der Anfeindung setzte es sich auf den deutschen Bühnen durch, ist heute international verbreitet und gilt als das berühmteste Kinder- und Jugendtheater der Welt.
Das Lied »**Miteinander lernen**« wurde anlässlich der Sternsingeraktion 2001 passend zum Leitwort komponiert, das aus dem Beispielland Südafrika stammt. *Funduzenzele* kommt aus der Zulusprache und bedeutet so viel wie: »Lernen und Handeln, damit Kinder heute leben können.« Es bedeutet, Kinder in die Lage zu versetzen mit den Fragen und Problemen fertig zu werden, die ihr Überleben und Wohlbefinden insgesamt betreffen. Dazu gehören zum Beispiel Kenntnisse aus den Bereichen Gesundheit, Ernährung und Hygiene. Dieses Lernprinzip ist neu anzuwenden, damit möglichen Gefahren, z. B. dass Kinder wirtschaftlich ausgebeutet werden, sich mit der Immunschwächekrankheit AIDS infizieren oder dass Mädchen frühzeitig und ungewollt schwanger werden, besser vorgebeugt werden kann. Lernen bedeutet auch, dass sich Kinder in Deutschland Gedanken darüber machen, wie Kinder auf anderen Kontinenten Chancen auf Bildung und zum Lernen bekommen. Mit ihnen zusammen sollen die Sternsinger selbst neu buchstabieren lernen – das Alphabet einer menschlicheren Welt für alle. Texter und Komponist dieses Liedes ist Rainer Remmele, langjähriger Jugendpfarrer der Diözese Augsburg und BDKJ-Präses, heute (2004) Landvolkpfarrer in Bayern.
(Beide Lieder sind eingespielt auf der CD: *Lieder aus Religion vernetzt 5 und 6. Zum Zuhören und Mitsingen. Mit Karaoke-Fassung!* München 2004, ISBN 978-3-466-45763-2.)

2. Einsatzmöglichkeiten im RU

Die Sternsingeraktion in ihrem biblischen Ursprung kennen lernen

- Sch lesen die Perikope von den Sterndeutern, Mt 2,1-12.
- – Gibt es weitere Berichte über die Sterndeuter/Weisen im NT?
- Sch vergleichen die Rolle des Herodes mit Menschen, die Kinder heute unterdrücken. (Von Herodes ist zwar seine Grausamkeit geschichtlich belegt, mit dem Kindermord wird ihm aber eine Rolle angedichtet, die nicht den historischen Tatsachen entspricht.)
- Sch suchen Parallelen zwischen der Flucht nach Ägypten und der Situation von Kindern heute.

Aktion Dreikönigssingen PINNWAND 43

- Sch berichten über ihre eigenen Erfahrungen als Sternsinger.
- Sch informieren sich im Internet unter www.sternsinger.de über die laufende Sternsingeraktion (Beispielland, Leitwort, Projekte).
- Bei der Ortspfarrei erkundigen sich Sch nach Möglichkeiten der Mitarbeit bei der Sternsingeraktion (Planung meist in der Adventszeit).
- Sch schreiben das Gedicht ins Heft:

»Kinder helfen Kindern und ich bin dabei:
Kinder helfen Kindern, mach mit, dann sind wir zwei.
Drei, vier, fünf und viele,
nur so kommt man zum Ziele,
komm, mach mit und irgendwann
fangen alle damit an.«

- Sch malen einen achtzackigen Stern (Stern der Weisen) ins Heft und schreiben an die Enden der Zacken die Seligpreisungsworte der Bergpredigt. Der achtzackige Stern wird somit zum Symbol und Auftrag der Weisen, die Forderungen Jesu aus der Bergpredigt konkret werden zu lassen.

Sich als Kind der Einen Welt sehen

- Sch lesen den Text »Wir sind Kinder einer Erde« laut, zeilenweise und in verteilten Gruppen.
- Im UG wird verdeutlicht, wo die bereits erarbeiteten, konkretisierten Situationen sind (zu wenige

sind satt: Straßenkinder; einer prasst, die anderen zahlen: Erste-Dritte-Welt-Problematik; etc.).
- Sch erstellen eine »ABC-Liste« der Kinder einer Erde (z. B. A-Armut, B-Brot, C-Chile, etc.).
- »Wir sind Kinder einer Erde« kann auch gesungen werden: Die Noten befinden sich auf **AB 6.2.19, Lehrerkommentar S. 108**. Das Lied ist eingespielt auf der CD: *Lieder aus Religion vernetzt 5 und 6. Zum Zuhören und Mitsingen. Mit Karaoke-Fassung!* München 2004, ISBN 978-3-466-45763-2.

Miteinander lernen
- Sch konkretisieren die im Lied »Miteinander lernen« genannten Beispiele des Voneinander-Lernens.
- Zu den im Lied genannten Arten des Lernens (mit Kopf, Herz, Hand) denken sich Sch Gesten aus, die beim Singen eingesetzt werden.

3. Weiterführende Anregung

Einen Sternenhimmel basteln
Sch setzen sich mit den Begriffen »Sterne«, »Stars«, »Lichter« auseinander:
- Welchem Stern folgen Menschen?
  - Sch basteln Sterne, die mit »Star«-Symbolen aus Zeitschriften beklebt werden (Technik, Konsum, Beauty, Stars, etc.).
- Welchem Stern folgen wir?
  - Sch besprechen in Kleingruppen die Fragen und entwerfen dazu passende Symbole, die dann auf die Sterne aufgeklebt werden.
- Was haben die Sterndeuter gefunden, als sie dem Stern folgten?
  - L liest »Legende vom vierten König« von Willi Fährmann vor.
    Die Legende schildert die Geschichte des vierten Königs, der den Treffpunkt der heiligen Drei Könige verpasst hat und nun alleine auf die Suche nach dem neugeborenen König geht. Auf dieser lebenslangen Reise trifft er Menschen, die in Not sind und denen er hilft, bis er selbst seine Freiheit für einen Galeerensträfling gibt. Am Ende kommt er doch noch nach Jerusalem und trifft auf Golgota den Gekreuzigten, über dem gerade der Stern niedergeht.
  - Welchem Licht ist der vierte König gefolgt? Die Ergebnisse des Gesprächs werden ebenfalls als Symbol auf Sterne aufgeklebt.
- Die Ergebnisse werden nach Absprache mit der Klasse als Mobile oder als Wandschmuck im Klassenzimmer aufgehängt.
  (Das Kindermissionswerk gibt die kostenlose Vierteljahresschrift »Schule & Mission«, Materialien zum Lernen in der Einen Welt heraus.)

Solidarisch in der Einen Welt

Perspektiven 2 [54] [55]

1. Hintergrund

Dass sich Jugendliche heute für solidarisches Handeln in der Einen Welt motivieren lassen, zeigt die Deutsche Shell-Studie von 2002: »So überwiegt bei Jugendlichen über alle Wertetypen hinweg die Meinung, der Reichtum der Industrienationen beruhe größtenteils auf der Ausbeutung der Entwicklungsländer durch die Industrienationen; abgesehen vom Wertetyp des Materialisten wären alle anderen (die Idealisten, Unauffälligen und Macher) ebenfalls mehrheitlich bereit, für einen fairen Handel mit der Dritten Welt mehr für deren Produkte zu bezahlen.« (180f.). »Auch in Bezug auf die Globalisierung sind Jugendliche weder einseitige Globalisierungsoptimisten noch -kritiker, sie fassen vielmehr differenziert Chancen und Gefahren der Globalisierung ins Auge« (219).
Missio versteht sich als Brücke zwischen der Kirche in Deutschland und den Ortskirchen in Afrika, Asien und Ozeanien und fördert partnerschaftliche Zusammenarbeit und Austausch. Das Missionswerk macht deutlich, dass Mission zum Wesen des christlichen Glaubens gehört. Es möchte mitbauen an einer missionarischen Kirche »in der Unübersichtlichkeit und Widersprüchlichkeit der gegenwärtigen Weltordnung«. Damit macht es Mut zur Nachfolge Jesu und zur Mitgestaltung einer gerechteren und deshalb friedlicheren Welt für alle ohne Unterschied. Die gemeinsame Gestaltung der Schöpfung und Welt zu einem bewohnbaren Haus für alle soll nicht Ideologen, Politikern oder gar den Militärs überlassen bleiben. Konkretisiert wird dies in dem programmatischen Handeln durch Angebote von »Missionaren auf Zeit«, christlichem Dialog mit dem Islam, Expertenvorträgen, Intensivpraktika, Kleidersammlungen und natürlich durch finanzielle Unterstützung von Projekten in den einzelnen Ortskirchen. Die Projektförderung vermittelt Einzelprojekte an Pfarreien, Schulen, Gruppen und Einzelpersonen und berät bei der Durchführung von Spendenaktionen besonders bei Veranstaltungen zum »Monat der Weltmission« im Oktober.
Ein solches von Missio gefördertes Projekt ist die **Hilfe für AIDS-Waisen** in Lilongwe/Malawi. Die AIDS-Epidemie breitet sich in ganz Afrika rasend schnell aus. Die Hälfte der infizierten Afrikaner/innen ist unter 25 Jahre, mehr als zwei Drittel der weltweit Infizierten lebt in Afrika. Wenn eine ganze Elterngeneration wegstirbt, sind die Folgen für die Kinder besonders

schlimm: Kinder selbst werden durch die Mütter infiziert, Kinder sterben früh, Eltern sterben und fallen als Erzieher/innen und Ernährer/innen aus. AIDS-Waisen leiden doppelt: Sie müssen miterleben, wie die Eltern krank werden und sterben, und sie selbst werden durch AIDS isoliert, von ihrer Umwelt gemieden und abgestempelt.
Malawi ist einer der dichtest besiedelten Staaten Afrikas, die Gesamtbevölkerung liegt bei etwa 10,2 Millionen Einwohnern (2000). Seit 1975 ist Lilongwe mit einer Million Einwohnern Hauptstadt. Rund 99 Prozent der Bevölkerung sind Schwarzafrikaner und gehören Bantustämmen an. 85 Prozent der Bevölkerung leben auf dem Land. Die Lebenserwartung liegt bei 36 Jahren (2000). Zudem ist Malawi eines der ärmsten Länder der Welt. Es verfügt nur über wenige Rohstoffe und Bodenschätze (Marmor und Kalkstein). Pro Einwohner beträgt das Bruttoinlandsprodukt (BIP) 160 US-Dollar (USA-BIP pro Person ca. 30 000 US-Dollar). Malawi ist in erster Linie ein Agrarland und Nahrungsmittel-Selbstversorger. Anfang der Neunzigerjahre gab es wegen einer großen Dürre schwerwiegende Probleme, da die Grundversorgung nicht mehr gewährleistet werden konnte. Hauptanbauprodukte sind Mais, Zuckerrohr, Früchte, Gemüse und Erdnüsse. Zahlreiche Malawier arbeiten als Gastarbeiter in der Republik Südafrika.
Die »Aktion 3. Welthandel« ist Anfang der 70er-Jahre aus der Kritik an den ungerechten Strukturen des bestehenden Welthandels entstanden. Durch Partnerschaft aller am Handel Beteiligten (Produzenten, Importeure, Weltläden und Konsumenten) wird beispielhaft versucht, den Menschen in den so genannten »Entwicklungsländern« positive Perspektiven zu eröffnen. **Weltläden** verstehen sich als Teil einer umfassenderen Alternativbewegung. Träger sind sowohl kirchliche als auch politische Organisationen, vor allem aber viele hundert lokale Gruppen, die bisher überwiegend ehrenamtlich den Verkauf alternativ gehandelter Waren in Weltläden und Aktionsgruppen organisieren. Daraus ergeben sich für die Weltläden folgende Kriterien, die das Modell des Alternativen Handels kennzeichnen: Sozial- und Umweltverträglichkeit der Produkte; Transparenz in der Entscheidungsfindung bei Produzenten, bei Besitzverhältnissen und Handelswegen; Mitbestimmung aller Mitarbeitenden und Produzierenden; statt Gewinnmaximierung Investition in Zukunft, Bildung und Information.
Die **Fotos** zeigen im Uhrzeigersinn: Kaffeebauern bei der Prüfung der Kaffeebohnen, eine Frau, die eine Banane aus dem fairen Handel isst, eine Kundin in einem Weltladen mit einem fair gehandelten Produkt und eine Kaffeepflückerin, die ihre Ernte präsentiert. In der Mitte sieht man das Signet des Weltladen-Dachverbandes.

2. Einsatzmöglichkeiten im RU

Kirchliche Hilfswerke kennen lernen

PINNWAND 43

- Sch suchen www.missio.de auf und berichten in der Klasse (vgl. Impuls auf *Perspektiven 2,* **54**).
- Sch informieren sich über die Arbeit von Misereor, Adveniat, Renovabis und Caritas und stellen die Hilfswerke sowie jeweils ein Projekt der kirchlichen Hilfsorganisation vor. Im *Lexikon* (**135**) sind die Hilfswerke aufgezählt, nähere Infos dazu siehe unten (Lehrerkommentar S. 88).
- Sch ergänzen **AB 6.2.20, Lehrerkommentar S. 109**: Ungleichheit Nord-Süd-Weltkugel; Arbeitsfelder der Organisationen.
- Sch suchen www.chance-eine-welt.de auf und beschreiben die Zusammenarbeit von Missio und *aktion hoffnung*.
- Sch organisieren eine Aktion zugunsten von missio (vgl. Impuls auf *Perspektiven 2,* **54**).

Einen Weltladen erkunden

- Sch erkunden die Web-Seite www.weltladen.de und vereinbaren einen Besuch im Weltladen vor Ort (wird z. T. auch in der Firmvorbereitung der Pfarreien durchgeführt).
- Sch klären mithilfe des *Lexikons* (**131ff.**) die Begriffe »Globalisierung«, »Konsumverhalten«, »Fairer Handel« und »Nachhaltigkeit«.
- Sch bauen zu den Begriffen Skulpturen nach. Dazu tritt ein/e »Bildhauer/in« auf, der/die eine/n Mit-Sch »formt« (Gestik, Körperhaltung, Mimik, Zuordnung der Personen etc.).

3. Weiterführende Anregung

Spielerisch und kulinarisch die Eine Welt entdecken

- Sch kochen nach Rezept und Produkten aus dem Weltladen ein Essen in der Schulküche und laden Eltern, Lehrer oder Mitschüler ein. Damit kann eine Ausstellung über fairen Handel verbunden werden.
- Sch spielen das »Kolonien-Spiel«, das unter www.globalisierung-online.de zu finden ist. Außerdem finden sich dort weitere Informationen zum Thema.
- Hervorragende Projektideen zum Lernen in der Einen Welt findet man in folgendem Buch: Führing, G./Manè, A. (Hg.): Globales Lernen im Schulalltag. Beiträge zu einem Wettbewerb, Münster 2001.

Kirchliche Hilfswerke

Der Leitgedanke für die Hilfe, die **Misereor** anbietet, ist »Hilfe zur Selbsthilfe«. Seit 1958 unterstützte Misereor 90 000 Projekte in Afrika, Asien, Ozeanien und Lateinamerika. Misereor hilft Menschen jedes Glaubens, jeder Kultur, jeder Hautfarbe. Die Mittel dazu werden jährlich in der Kollekte am Sonntag vor Ostern in allen katholischen Kirchen gesammelt. Misereor will mit der Fastenaktion zwischen Aschermittwoch und Ostern nicht nur Spenden sammeln, sondern auch den Spendenden helfen, einen neuen Blickwinkel auf das eigene Leben zu gewinnen, die Not anderer Menschen zu erkennen und die Bereitschaft zur Solidarität wecken. Die Misereor-Fastenaktion wird von Zeit zu Zeit durch ein Hungertuch, das dem Motto der jeweiligen Aktion angegliedert ist, visualisiert.

Unter »Adveniat-Aktion« versteht man eine Reihe von Veranstaltungen, die das katholische Lateinamerika-Hilfswerk **Adveniat** in der Adventszeit in Zusammenarbeit mit zahlreichen Bistümern Deutschlands organisiert, um auf die Nöte in Lateinamerika und die Arbeit von Adveniat hinzuweisen und für Spenden zu werben. Das Reich Gottes in Bewegung, so kann man den Namen Adveniat frei übersetzen. Denn das Anliegen der Verbundenheit zwischen Christen bewegt Menschen in Deutschland zum persönlichen Einsatz für Lateinamerika. Partner von Adveniat sind fast 800 Bistümer der Ortskirchen Lateinamerikas und der Karibik. Jede Pfarrei, jede kirchliche Gruppe oder Organisation kann die Unterstützung der deutschen Katholiken beantragen. Denn die Verantwortlichen vor Ort wissen am besten, welche Hilfe Adveniat leisten soll; das schlagen sie vor, gemeinsam mit ihrem Bischof.

»Brot für die Welt« ist eine Aktion der kirchlichen Entwicklungszusammenarbeit und wird getragen von allen evangelischen Landes- und Freikirchen Deutschlands. In jährlich mehr als 1200 Projekten und Programmen wird gemeinsam mit Partnern in Übersee Hilfe zur Selbsthilfe geleistet. Aufgrund der weltweiten wirtschaftlichen Verflechtung gewinnt das Eintreten für die Rechte und Lebensmöglichkeiten der Benachteiligten und der Zukunftsfähigkeit der Einen Welt immer stärker an Bedeutung. In einem nationalen und internationalen Netzwerk von Aktionen, Organisationen und Kooperationen werden fachspezifische Dialoge sowie entwicklungspolitische Bildungs- und Kampagnenarbeit betrieben. Das Leitmotiv dieser Aktivitäten lautet: Den Armen Gerechtigkeit.

Seit über 50 Jahren engagiert sich die **Deutsche Lepra- und Tuberkulosehilfe (DAHW)** in den Ländern der so genannten »Dritten Welt« für lepra- und tuberkulosekranke Menschen. Bei dieser Hilfe, die gemeinsam mit den Partnern vor Ort geleistet wird, steht jeder einzelne Mensch im Mittelpunkt – unabhängig von Religion, Nationalität oder Hautfarbe. Ziel der Arbeit der Deutschen Lepra- und Tuberkulosehilfe ist die ganzheitliche, nachhaltige Heilung des/der Einzelnen durch medizinische Behandlung und soziale Rehabilitationsmaßnahmen wie Ausbildungs- oder Kleinkreditprogramme.

Das **Kindermissionswerk** ist bereits im Lehrerkommentar S. 84 beschrieben worden, **Missio** auf S. 86.

Renovabis ist die Solidaritätsaktion der deutschen Katholiken mit den Menschen in Mittel- und Osteuropa. Die Aktion wurde 1993 von den deutschen Bischöfen auf Anregung des Zentralkomitees der deutschen Katholiken mit dem Ziel gegründet, den Menschen in den ehemals kommunistischen Ländern Mittel- und Osteuropas bei der Erneuerung ihrer Gesellschaft und Kirchen zu helfen. *»Renovabis faciem terrae«* – »Du wirst das Antlitz der Erde erneuern« ist entnommen aus der Pfingstliturgie in Anlehnung an Psalm 104. Das gelbe Kreuz auf grünem Grund symbolisiert den Dialog und die Partnerschaft zwischen Ost und West im Geiste Christi: Wie die leuchtenden Balken aufeinander zustreben und sich gemeinsam zum Kreuz ergänzen, so sollen die Völker in Europa zusammenwachsen.

Der **Caritasverband** bietet konkrete Hilfe für Menschen in Not. Richtschnur seiner Arbeit sind Weisung und Beispiel Jesu Christi. Als Wohlfahrtsverband der katholischen Kirche wirkt der Deutsche Caritasverband an der Gestaltung des kirchlichen und gesellschaftlichen Lebens mit. Durch sein Wirken trägt er zur öffentlichen Beglaubigung der kirchlichen Verkündigung bei. Er lässt sich vom Bild einer solidarischen und gerechten Gesellschaft leiten, in der auch Arme und Schwache einen Platz mit Lebensperspektiven finden können. Drei Viertel der hauptberuflich Mitarbeitenden sind unmittelbar in der Pflege, in der medizinischen und therapeutischen Behandlung und in der Betreuung hilfsbedürftiger Menschen oder im Erziehungsbereich, in der Sozialarbeit und in sozialpädagogischen Aufgaben sowie in der Aus- und Fortbildung tätig. Täglich erfahren allein in den Einrichtungen der Caritas fast 1,2 Millionen Personen Hilfe. Der Leitgedanke »Not sehen und handeln«, der für die Caritas verpflichtend ist, wird durch ein solches Hilfsnetz umgesetzt.

Seit dem Jahr 1986 werden in der Diözese Augsburg in vielen Dekanaten Papier- und Kleidersammlungen für die Unterstützung der Arbeit der **aktion hoffnung**, also von Projekten der Missions- und Entwicklungshilfe, durchgeführt. Über 600 Pfarreien beteiligen sich Jahr für Jahr an diesen Sammlungen. Das Motto »aktion hoffnung« wurde dabei bewusst gewählt, denn Hoffnung, die uns in Christus geschenkt wurde, sollte durch unsere Hilfe auch konkret erfahrbar werden. Unterstützt werden kirchliche Projektpartner in Afrika, Südamerika und Osteuropa. Ziel ist es, diverse Hilfsgüter in verschiedene Notstandsgebiete zu bringen. Neben der Durchführung von Hilfsgutlieferungen und der finanziellen Unterstützung von Hilfsprojekten ist vor allem die schulische und berufliche Förderung der Jugend ein wesentlicher Schwerpunkt in der Projektarbeit. Jugendlichen soll damit eine Zukunftsperspektive ermöglicht werden. Nur durch konkrete Schul- und Ausbildungsprogramme kann eine langfristige positive Veränderung der jeweiligen Gesellschaftsstruktur erreicht werden.

1. Hintergrund

Kinder aus aller Welt sind Kinder des einen Gottes. Gleich welcher Hautfarbe, welcher Konstitution oder welcher Kultur, alle können zum gleichen Gott beten; dies ist das zentrale Anliegen des Kapitels, das hier auf den Punkt gebracht wird.
Die Verschiedenheit der **Gebete** dokumentiert die inhaltliche Vielfältigkeit des Betens, die unterschiedliche Herkunft der Gebete verdeutlicht die Ähnlichkeit der Anliegen der Kinder und ermutigt, die eigene Gottesbeziehung zur Sprache zu bringen.
Allerdings wirkt das Lehrplanthema »Kinder in der Einen Welt« in seiner Verknüpfung mit dem Zusatz »Kinder des einen Gottes« nicht unproblematisch, denn: Ist es tatsächlich der gleiche Gott?

2. Einsatzmöglichkeiten im RU

Möglichkeiten zum Beten finden

- Sch erschließen Situationen und Formen, in denen gebetet werden kann. Angefangen von den klassischen Gebetssituationen der Angst oder Freude, können dann auch Gebetsformen und Gebetshaltungen besprochen und ausprobiert werden.
- Sch beschreiben die Umwelt der Kinder, die auf den Fotos *Akzent* (**56**) zu sehen sind.
- Sch greifen eine in diesem Kapitel behandelte Thematik auf und formulieren ein Gebet dazu.
- Sch suchen die Internet-Kapelle unter www.misereor.de/internetkapelle.html auf. Sie beschreiben die Struktur der Seite und arbeiten den Unterschied zu anderen Web-Seiten heraus. Sch lesen Gebete und tragen eigene Gebete ein (vgl. auch die Gebetswand im »Raum der Stille« von www.religionvernetzt.de).
- Unter www.praynet.de bietet sich für die Klasse die Möglichkeit, weltweit Gebete auszutauschen oder eine Gebetspatenschaft einzugehen.
- Sch verfassen ein Gebet im Stil einer SMS an eine/n Freundin/Freund.
- Sch schreiben ein Gebet für ein Kind aus dem Kapitel: Kinder in der Einen Welt.
- Sch versetzen sich in die Situation eines in diesem Kapitel beschriebenen Kindes und schreiben ein Gebet aus der Perspektive dieses Kindes.

»Klagemauer« errichten

- L bringt einen Gitter-Ziegelstein (Wandziegel) mit, in dessen Hohlräume Sch wie an der Klagemauer in Jerusalem kleine Zettelröllchen mit Klagen über die Situation der Kinder in der Einen Welt hineinstecken.

Literatur

Albrecht, Wilhelm/Anselm, Helmut (Hg.), Neuen Atem holen. Gebete und Gedanken zum Schulalltag an weiterführenden Schulen, München 2003
Boueke, Andreas, Kinder arbeiten auf Kaffeeplantagen, in: Kindermissionswerk/Die Sternsinger, Auf dem Rücken der Kleinsten, Aachen 1999
Deutsche Shell (Hg.), Jugend 2002, Frankfurt/M. 2002
Große-Oetringhaus, Hans Martin, Kinder im Krieg – Kinder gegen den Krieg, Mülheim an der Ruhr 1999
Halbfas, Hubertus, Der Sprung in den Brunnen. Eine Gebetsschule, Düsseldorf 1996
Hax-Schoppenhorst, Thomas, Im Inneren der Erde verschwinden – Kinder sind keine Soldaten!, Misereor Medien 2000
Kindersley, Barnabas und Anabel, Kinder aus aller Welt, Bindlach 1995
Osterwinter, Barbara, Eine Zukunft für Jean, in: Sternsinger – Mission. 1/2003
Toscani, Oliviero, Beten. Gebete von Jugendlichen aus aller Welt, München 2000

Kinder aus aller Welt vorstellen

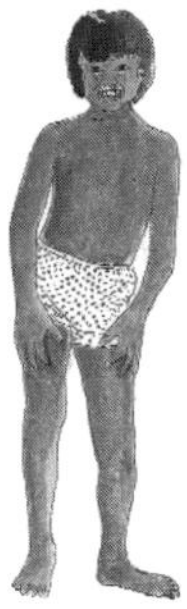

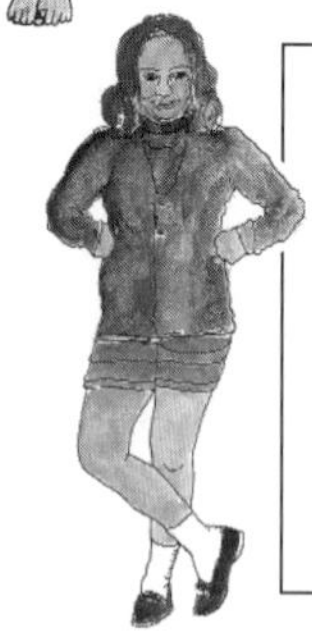

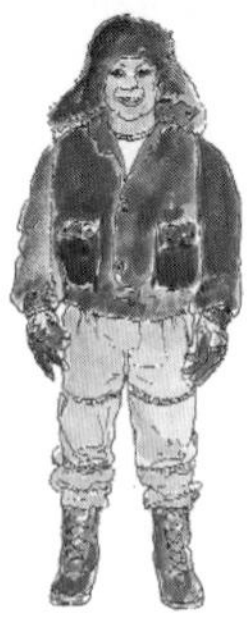

Stelle die Kinder vor nach folgenden Merkmalen:

- *Name*
- *Wohnort/Land*
- *Lebensgewohnheiten*
- *Sorgen/Hoffnungen*

Eine Zukunft für Jean!

Jean und seine Waffe
Von seiner Waffe hat sich Jean schon seit Jahren nicht mehr getrennt. Wenn er sie nicht im Arm hat, dann steht sie wenigstens griffbereit neben ihm. Jean pflegt seine Waffe täglich liebevoll. Warum er das macht? Weil er gelernt hat, dass ein Leben davon abhängen kann, ob er seine Waffe hat und ob sie funktioniert oder nicht.
Jean ist jung, erst 15 Jahre alt, aber er hat schon mehr Schweres erlebt, als andere in einem langen Leben. Jean lebt in der Demokratischen Republik Kongo. Seine Eltern und sechs seiner Geschwister sind schon lange tot.

Jean, der Soldat
Jean hat einen Beruf. Er ist seit vielen Jahren Soldat. Er ist nicht freiwillig Soldat geworden. Eines Tages fuhr ein großer Lastwagen durch sein Wohnviertel. Einige schwer bewaffnete Männer sprangen herunter und zwangen alle Jungen, die dort gerade auf der Straße Fußball spielten, auf Lastwagen zu klettern. Und ehe die Jungen sich wehren konnten, brauste der Lastwagen mit Jean und seinen Freunden los. Zwei von Jean's besten Freunden haben versucht, von dem Lastwagen zu fliehen. Sie wurden einfach erschossen. Jean war völlig geschockt, als er seine Freunde tot auf der Straße liegen sah. In einem Ausbildungscamp für Soldaten lernten sie dann zwei Monate lang, wie man mit Waffen umgeht. Dabei waren einige der Kinder noch so jung, dass sie die Waffen kaum tragen konnten. Nach dieser Zeit sollten die Jungen mit den Soldaten kämpfen. Aber sie hatten große Angst; darum bekamen sie vor dem ersten Kampf Drogen. Jean glaubt, dass ihm die Drogen damals nicht nur die Angst genommen haben, sondern ihn total verändert haben. Tagsüber und im Kampf dachte er nicht mehr daran, dass die Feinde, gegen die er kämpfen musste, oft auch nur Jungen waren wie er. Im Kampf hat er das Donnern der Kanonen und das Pfeifen der Kugeln gehört. Er hat geschossen und gesehen, wie die Soldaten auf der anderen Seite starben. Wenn es losging, hat er nicht mehr daran gedacht, dass Kämpfen kein Kinderspiel ist, obwohl fast jeden Tag einige seiner Freunde verletzt wurden oder starben. Seine Vorgesetzten meinten, Jean wäre ein prima Soldat, und sie versprachen ihm ein großes Haus und ein Auto, wenn der Krieg erst gewonnen wäre.

Jeans große Angst
Jean hatte großes Glück im Krieg. Äußerlich hat er nichts abbekommen. Aber jede Nacht, wenn er versucht zu schlafen, sieht er sie: tote Soldaten, verletzte Soldaten. Alle sehen sehr jung aus wie seine Freunde, alle strecken ihre Hände aus, und alle rufen nach ihm. Aber er kann nicht kommen, um ihnen zu helfen. Im Traum sind seine Füße schwer wie Blei. Meist wacht Jean dann schreiend auf und sehnt sich danach, dass ihn jemand in den Arm nimmt, tröstet und einfach da ist. Dann sehnt er sich nach seiner Mutter und seiner Schwester, die ihn auch immer beruhigt hatten, wenn er früher schlecht geträumt hatte. Aber seit er Soldat geworden ist, gibt es niemand, dem er seine Sorgen und seine Ängste anvertrauen könnte. Jean fürchtet sich noch heute vor den Nächten. Er fühlt sich sehr allein. Darum hat er immer seine Waffe in der Nähe. Sie ist zwar kalt und starr, aber sie ist wenigstens da.

Gibt es eine Hoffnung für Jean?
Manchmal träumt Jean davon, dass er bald aufhören kann, Soldat zu sein. Denn der Bürgerkrieg, der vor vier Jahren in seiner Heimat begann, ist eigentlich vorbei. Aber wirklich Frieden ist noch immer nicht. Wenn er nicht mehr Soldat wäre, könnte er wieder in die Schule gehen und lernen. Aber es ist vier Jahre her, dass er zuletzt eine Schule besucht hat. Bis zur fünften Klasse hat er es gebracht. Leider hat er inzwischen viel vergessen. Schulwissen brauchte er als Kindersoldat nicht. Hin und wieder hofft er auch, er könnte zu seiner Schwester nach Goma gehen. Aber ob er sie dort wiederfinden würde?

Barbara Osterwinter

Kindersoldaten in der Welt

Afghanistan	Die Wehrpflicht wurde 1979 auf 15 Jahre gesenkt. Regierungstruppen von Freiwilligen im Alter von 16-25 Jahren wurden ergänzt durch zivile Verteidigungskräfte, einschließlich 12-jähriger Pioniere.
Angola	Die Volksbewegung zur Befreiung Angolas setzte Jungen und Mädchen im Befreiungskampf ein. Jungen unter 14 Jahren wurden für den Militärdienst rekrutiert.
Birma	Die Militärregierung hat seit 1998 Hunderte von Teenagern rekrutiert, um an der Front gegen die Widerstandsgruppen zu kämpfen.
Bosnien	Die Krajina-Brigade der bosnischen Armee bestand aus Männern und Frauen zwischen 13 und 75 Jahren.
Burundi	Vertriebene Tutsis berichteten von Angriffen unbekannter Jugendlicher. Kinder errichteten Barrikaden, um den Zugang zur Stadt Bujumbura zu versperren.
El Salvador	Während des Bürgerkriegs von 1979-1992 wurden junge Männer und Jugendliche auf Marktplätzen und Straßen zusammengetrieben, um sie für die Armee zu rekrutieren.
Guatemala	Bis Ende 1994 haben alle Konfliktparteien in Guatemala Minderjährige bei Militäroperationen eingesetzt. Die Regierungsarmee machte systematisch Razzien auf dem Lande, um 13 Jahre alte Jugendliche zwangsweise einzuziehen.
Indien/ Pakistan	Die muslimischen Al-Jehad- und Hizbul-Mudschahedin-Rebellenbewegung im Kaschmir rekrutieren und bezahlen elfjährige Jungen, um Granaten auf indische Konvois zu werfen.
Indonesien/ Osttimor	Viele Jugendliche schließen sich bereitwillig der Revolutionären Front für die Unabhängigkeit Osttimors an, seitdem viele demonstrierende Oberschüler verbannt und getötet wurden.
Indonesien/ Westpapua	Die Freie Westpapua-Bewegung hat Jugendliche mit primitiven Waffen Angriffe aus dem Hinterhalt gegen Regierungssoldaten durchführen lassen.
Irak	Während des Krieges zwischen Iran und Irak wurden Jugendliche zur Bürgerwehr eingezogen. In den kurdischen Befreiungsbewegungen gegen den Irak kämpfen auch zwölfjährige Jungen.
Iran	Während des Krieges mit dem Irak wurden Jugendliche und behinderte Kinder rekrutiert, um Landminen vor Panzern und Infanterieeinheiten zur Explosion zu bringen.
Kambodscha	Kindersoldaten gab es in allen Kriegen der letzten Jahrzehnte.
Kroatien	Serbische Kinder in der Krajina wurden im Alter von weniger als 13 mit der Handhabung von Gewehren vertraut gemacht.
Libanon	Jugendliche unter 18 haben in den letzten 20 Jahren aktiv an Kriegen im Libanon teilgenommen.
Liberia	Mehr als 6000 Kinder zwischen 7 und 17 wurden in Liberia seit 1989 vor allem mit AK-47-Gewehren bewaffnet und kämpften im Bürgerkrieg.
Mosambik	Während des langen Bürgerkriegs haben die Rebellen der Nationalen Widerstandsbewegung systematisch Jugendliche entführt und durch Folter zu schrecklichen Taten veranlasst.
Peru	Die maoistische Terrorgruppe »*Sendero Luminoso*« (Leuchtender Pfad) rekrutiert Straßenkinder für den Befreiungskampf.
Philippinen	Sowohl Regierungstruppen als auch die kommunistische »Neue Volksarmee« rekrutieren Kinder.
Ruanda	Die Tutsi haben im Kampf gegen die Hutu systematisch Kinder für ihre Guerilla-Einheiten rekrutiert. Kinder verursachten besonders viele grausame Massaker in Ruanda.
Sierra Leone	Vor und nach dem Staatsstreich von 1992 kämpften Kinder unter 15 Jahren sowohl bei den Regierungstruppen als auch bei den Rebellen. Viele waren Straßenkinder.
Somalia	Zusätzlich zur normalen Armee konnte die Zentrale Regierungsarmee auf eine Sondertruppe von 5000 Mann zurückgreifen, die »Rothüte«, meist 16- bis 21-Jährige.
Sri Lanka	Die Befreiungsarmee rekrutiert Kämpfer/innen aus den ärmsten Schichten der Tamilen. Das Durchschnittsalter der Kämpfer/innen sank von 22 auf 14 Jahre.
Uganda	Tausende von Kindern und Jugendlichen kämpften Anfang und Mitte der 80er Jahre mit der Ugandischen Nationalen Widerstandsarmee.

Fantasie von übermorgen

Und als der nächste Krieg begann,
da sagten die Frauen: __________!
Und schlossen ___________ , ________________ und _________________
fest in ______________________ ein.
Dann zogen sie, in jedem Land,
wohl vor _______________________________
und hielten ______________ in der Hand
und holten die Kerls heraus.
Sie legten jeden über's Knie
der ____________________________________ :
die Herren der Bank und ________________ ,
den ________________ und General.
Da brach so mancher Stock entzwei.
Und manches ________________________ schwieg.
In allen Ländern gab's _______________ ,
und nirgends gab es Krieg.
Die Frauen gingen dann wieder ____________________________ ,
zum Bruder und Sohn und Mann,
und sagten ihnen, ______________________________ !
Die Männer starrten ____________________ hinaus
Und sah'n die Frauen nicht an ...

Erich Kästner

Kindersoldaten: der geteilte Mensch

- *Stellt eine Bildcollage her und übertragt die Umrisse der Grafik auf eine Wandzeitung.*
- *Heftet auf der linken Seite Bilder und Fotos aus Zeitungen und Illustrierten an, die Lebensbedingungen von Kindersoldaten nachvollziehbar machen, auf der rechten Seite Bilder von Kindern und Familien aus Deutschland.*
- *Ergänzt die Bilder mit Kommentaren zu »Kindsein in Deutschland« und »Leben als Kindersoldat«.*

Umfrage zum Wissen über Landminen

1. Was schätzt du: Wie viel kostet eine Anti-Personen-Mine der billigen Art?
☐ 1,25 € ☐ 2,50 € ☐ 5 €

2. Welche Staaten zählen zu den wichtigsten Minenproduzenten?
☐ Indien ☐ Irak ☐ Deutschland ☐ USA ☐ Nord- und Südkorea ☐ Frankreich ☐ Russland
☐ Pakistan ☐ China ☐ Skandinavische Staaten ☐ ehem. Jugoslawien

3. Welche Staaten haben den Vertrag zum Verbot von Anti-Personen-Minen (Ottawa-Vertrag, 1997) noch nicht unterzeichnet?
☐ Indien ☐ Irak ☐ Deutschland ☐ USA ☐ Nord- und Südkorea ☐ Frankreich ☐ Russland
☐ Pakistan ☐ China ☐ Skandinavische Staaten ☐ ehem. Jugoslawien

4. In welchen Ländern liegen die meisten Minen?
☐ Afghanistan ☐ Irak ☐ Deutschland ☐ USA ☐ Kambodscha ☐ Angola ☐ Russland
☐ Pakistan ☐ China ☐ ehem. Jugoslawien ☐ Mosambik

5. Werden in Deutschland noch Minen produziert?
☐ ja, auch Anti-Personen-Minen.
☐ nein, überhaupt keine Minen mehr.
☐ es wird nur in die Forschung investiert, nicht mehr in die Produktion.
☐ es werden nur noch Anti-Fahrzeug-Minen, keine Anti-Personen-Minen mehr produziert.

6. Was schätzt du: wie viele Minen wurden in den Nachkriegsjahren in Polen geräumt?
☐ 3 Millionen ☐ 7 Millionen ☐ 10 Millionen ☐ 15 Millionen ☐ 20 Millionen

7. Und wie viele Tote und Verletzte gab es in Polen zwischen 1945 und 1977 bei Minenunfällen?
☐ 200 Tote 1 000 Verletzte
☐ 500 Tote 3 000 Verletzte
☐ 1 000 Tote 6 000 Verletzte
☐ 4 000 Tote 9 000 Verletzte
☐ 8 000 Tote 12 000 Verletzte

8. Was ist die sicherste Methode der Minensuche und anschließenden Minenräumung?
☐ mit Spürhunden über das Areal gehen, dann die »erschnüffelten« Stellen mit einer Sonde untersuchen, markieren und später sprengen.
☐ mit detonationsgeschützten Minenräumfahrzeugen über das Gelände fahren.
☐ mit einem Metalldetektor in der Hand über den Boden gehen, die angezeigten Stellen mit einer Sonde untersuchen und gefundene Minen entschärfen oder sprengen.

9. Was meinst du: Wie viele Quadratmeter kann ein einzelner Mensch durchschnittlich an einem Tag nach Minen durchsuchen und räumen?
☐ 1 bis 20 m^2 ☐ 20 bis 50 m^2 ☐ 50 bis 100 m^2 ☐ mehr als 100 m^2

10. Wie viel kostet wohl die Räumung einer Mine durchschnittlich?
☐ bis 100 US-Dollar
☐ 100-500 US-Dollar
☐ 500-1 000 US-Dollar
☐ über 1 000 US-Dollar

11. Was versteht man unter »humanitärer Minenräumung«?
☐ Vermintes Gelände wird von Menschenhand geräumt, es werden Zivilisten eingesetzt.
☐ Die Minenräumung wird von humanitären Organisationen finanziert.
☐ »Humanitäre« Minenräumung ist das Gegenstück zu »militärischer« Minenräumung, d. h. die Räumung (100%) von Wohn- und Nutzgelände hat Vorrang vor der Räumung von militärisch benötigtem Gelände.

Kinder arbeiten auf Kaffeeplantagen

Schwüle Luft treibt Schweiß aus den Poren der Passanten. Die Fenster und Türen der Häuser stehen weit offen. Ventilatoren surren. Es scheint, als bewege sich das Leben in Zeitlupe.
Die Stadt Retalhuleu ist eines der wichtigsten Kaffeezentren in Guatemala. Obwohl ein großer Teil der Kaffeebarone schon vor Jahren in die Hauptstadt gezogen ist, bestimmen die braunen Bohnen noch immer das Leben dieser kleinen Stadt. Hier wird der Kaffee weiterverarbeitet, den die Landarbeiter und ihre Familien auf den Plantagen der Umgebung pflücken. Trotz sengender Hitze füllen die Menschen zahllose Säcke mit der wertvollen Frucht – pro Person rund hundert Pfund am Tag.
Der Verwalter Jorge Melendez beaufsichtigt 120 Tagelöhner auf einer Finca in der Nähe von Retalhuleu. Er erklärt: »Die meisten von ihnen kommen aus den Bergen. Es sind Menschen ohne jeden eigenen Besitz. Sie arbeiten in den Plantagen, weil sie nirgendwo anders Geld verdienen können. Auf dieser Finca arbeiten keine Kinder, denn sie sind unaufmerksam, es gibt immer Probleme, sie arbeiten nicht gut.«
Das sagt er, obwohl nur wenige Schritte von seinem Haus entfernt fünf Jungen im Alter zwischen 7 und 14 Jahren Unkraut jäten. Sie knien zwischen den Reihen der Jungpflanzen, während ihr Vater, Victor Hernandez, mit einer Handpumpe Chemikalien versprüht. Er ist 41 Jahre alt, aber seine Stimme klingt so müde wie die eines alten Mannes: »Es ist so: Die einfachen Bauern in Guatemala haben kein eigenes Land. Wir müssen für einen Patron arbeiten. Der bezahlt uns schlecht. Von dem bisschen Lohn, den er uns gibt, können wir nicht leben. Deshalb kann ich meine Familie nur mit Hilfe meiner Kinder ernähren.«
Alberto Schnitzler ist der Besitzer der Kaffeeplantage. Er wohnt auf einer komfortablen Hacienda in der Nähe Retalhuleus, wo sich ein halbes Dutzend Hausangestellte um ihn und seine Familie kümmern. Im Gespräch kommt er immer wieder auf sein Lieblingsthema zurück: die Hundezucht. Während er von den arbeitenden Kindern auf seinen Feldern berichtet, krault er zärtlich den Hals einer reinrassigen Dogge: »Durch die Arbeit, die ich den Kindern gebe, können sie zum Einkommen ihrer Familien beitragen. Ich würde ihnen gerne höhere Löhne zahlen, aber was soll ich machen? Die Weltmarktpreise für Kaffee sind miserabel.«
Ana Maria (10) arbeitet auch auf den Feldern von Alberto Schnitzler. Bevor sie morgens mit der Feldarbeit beginnt, bindet sie sich einen Plastikeimer vor die Hüfte, in dem sie die Kaffeekirschen sammelt. Wenn es viele Kirschen gibt, kann Ana Maria an einem Tag über 50 Pfund pflücken, doch sie ist oft geschwächt von der schwülen Hitze und manchmal wird ihr schwindlig. Dann muss sie einen Moment lang im Schatten sitzen, um Luft zu schnappen, bevor sie weiterarbeiten kann. Gerne würde sie eine Schule besuchen, aber sie muss für die Familie mitverdienen.
Isabel Rodriguez, eine Sozialarbeiterin, kommt hin und wieder und hilft Ana Maria rechnen und schreiben zu lernen. Sie kennt die Probleme der Kinder: »Kinder, die nicht lesen und schreiben können, werden am schlimmsten betrogen. Häufig bekommen sie nur den halben Lohn eines Erwachsenen, obwohl viele von ihnen mehr arbeiten als ihre Eltern. Die Kinder haben kaum Freizeit; sobald sie nach Hause kommen, müssen sie in der Küche helfen oder auf ihre kleineren Geschwister aufpassen. Die Eltern lassen sie allein, weil sie arbeiten müssen. Deshalb gibt es auch nur selten Gespräche zwischen Eltern und Kindern.«
Von einem anderen Problem der Kinder kann Isabel Rodriguez noch berichten: »Vor ein paar Tagen hatten vier Jungen den Morgen über mit giftigen Chemikalien gearbeitet. Sie waren hungrig und wollten etwas essen. Eigentlich hätten sie sich die Hände waschen müssen, doch weil das Waschbecken neben dem Haus des Verwalters steht, trauten sie sich nicht dorthin. Sie hatten Angst, der Verwalter würde ihnen keine Arbeit mehr geben, wenn er sehen würde, dass sie während der Arbeit eine Pause machen. Deshalb haben sie ihre Tortillas mit den schmutzigen Fingern gegessen, sodass die Chemikalien in ihren Körper gelangt sind. Alle vier bekamen heftige Bauchschmerzen, Durchfall und Kopfweh ...«

A. Boueke

Freundschaftsband

Mit dem Freundschaftsband wird zeichenhaft die Solidarität mit den arbeitenden Kindern der »Dritten Welt« verdeutlicht:

Material: Sicherheitsnadel, Schere, verschiedenfarbiges Perlgarn der Stärke drei oder fünf; es können auch Reste von buntem Baumwollgarn verwendet werden.

Von jeder Farbe wird ein 90 cm langer Faden abgeschnitten. Alle Fäden werden nach einer Länge von 10 cm zusammengeknotet. An diesen Knoten wird die Sicherheitsnadel geheftet. In Kniehöhe wird sie dann an der Hose festgesteckt. Wichtig ist, dass jede Knotenreihe mit dem ersten linken Faden beginnt und mit ihm der Reihe nach alle restlichen Fäden zweimal umknotet werden. Der Faden, der gerade umknotet wird, muss immer straff gehalten werden. Nach jeder Schlinge muss das Fadenende fest nach oben gezogen werden, damit feste Knoten entstehen.

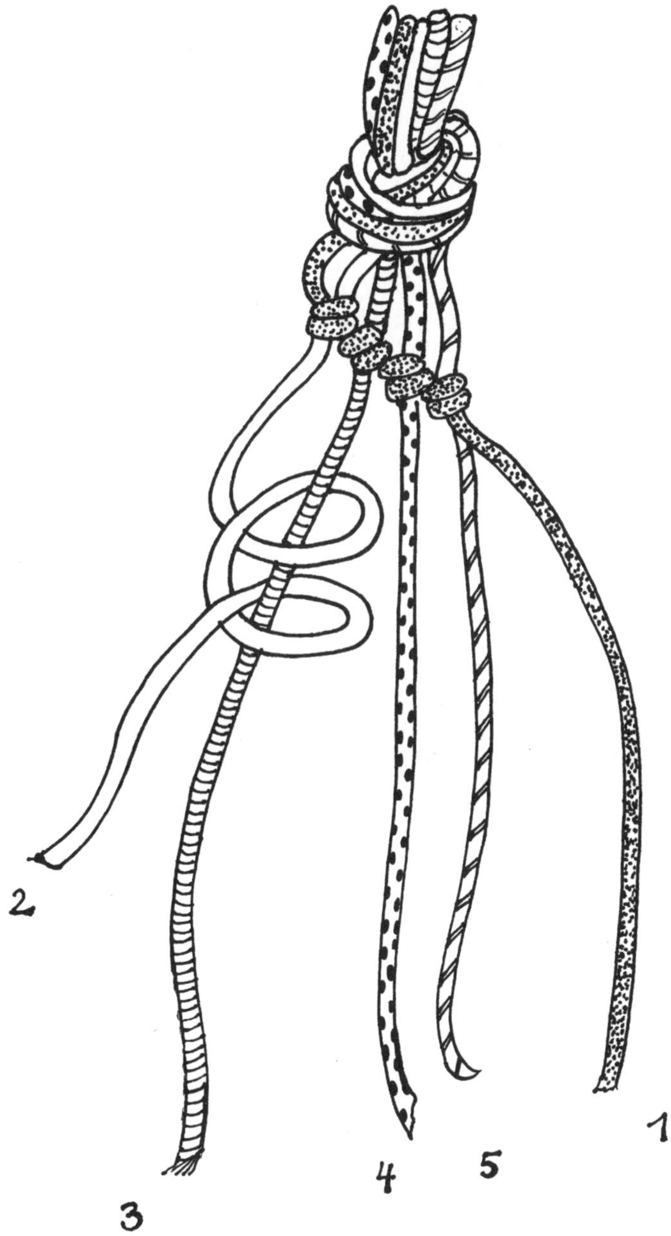

Arbeitsanleitungen zur Kinderarbeit

A) Papiertüten kleben

Hier müssen aus Butterbrotpapier Tüten hergestellt werden.

Material: Butterbrotpapier, Klebestifte, Anleitung.

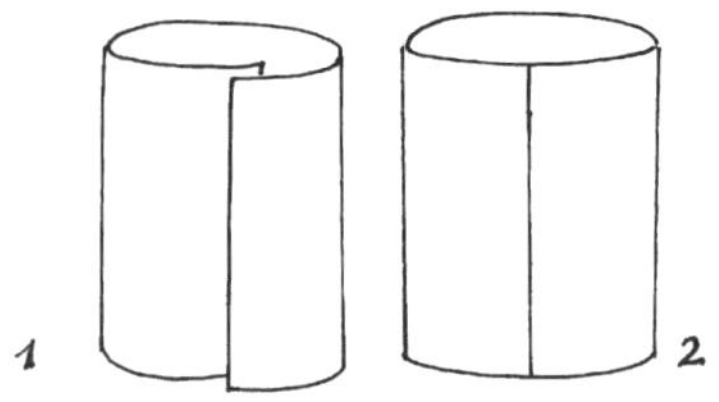

Lege beide Papierseiten zur Mitte (Abb. 1)
Bestreiche einen Rand mit Klebstoff
und klebe den überstehenden Rand fest (Abb. 2)

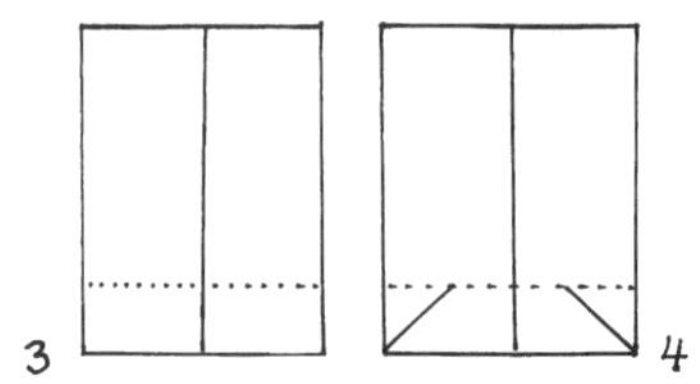

Klappe das untere Ende ca. 5 cm um
knicken und wieder auffalten (Abb. 3)
Untere Ecken bis zum Falz umknicken (Abb. 4)

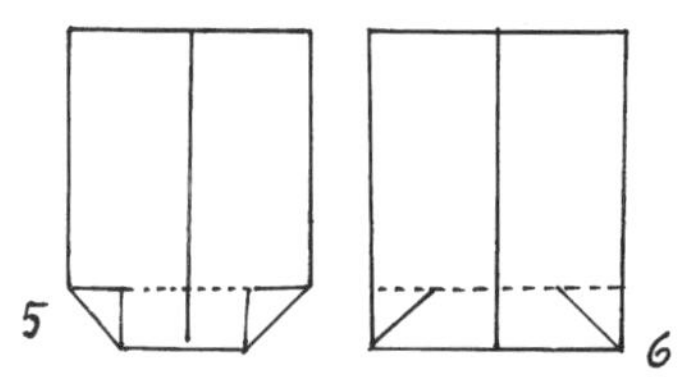

Festdrücken und falzen (Abb. 5)
Wieder aufklappen (Abb. 6)

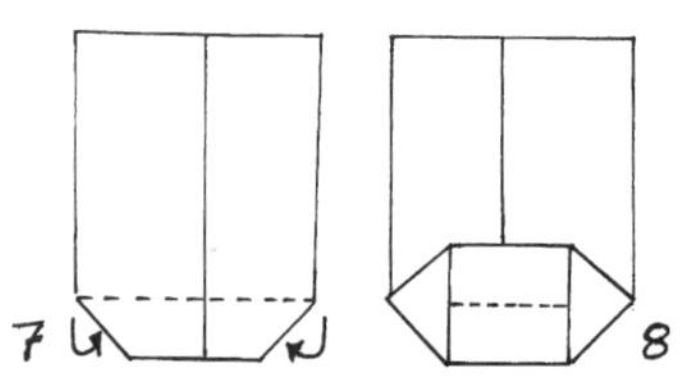

Ecken nach innen einschlagen (Abb. 7)
Jetzt hast du eine Tüte mit zwei Klappen
A und B wie in Abb. 8

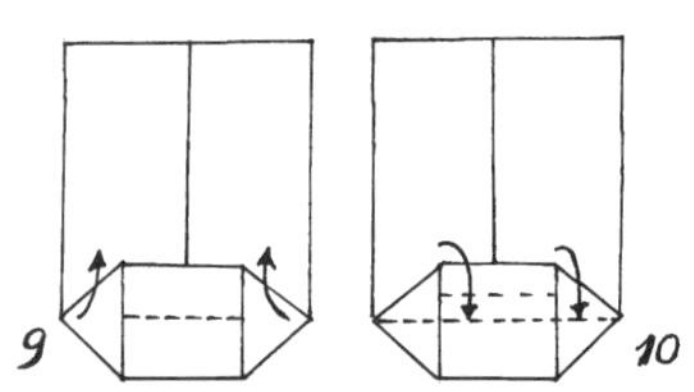

Knicke die obere Klappe A bis zur Mittellinie C um
(Abb. 9 und 10)

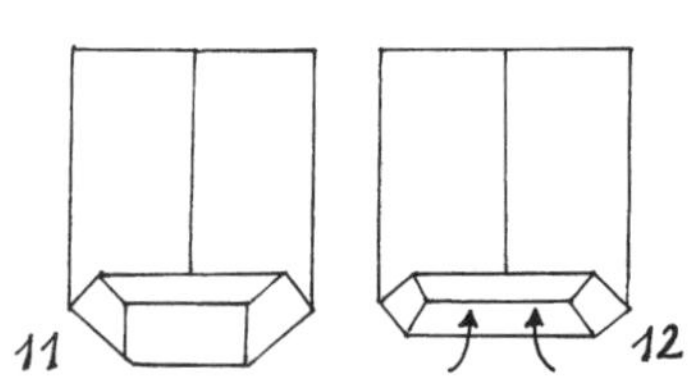

Bestreiche die sichtbare umgeknickte Hälfte
von A mit Klebstoff (Abb. 11)
Nimm nun die Klappe B und klebe sie bundgenau
auf die mit Klebstoff bestrichene Seite von A (Abb. 12)

B) Streichholzfabrik

Hier müssen nicht wie in Indien inmitten giftiger Gase Zündhölzer hergestellt werden, sondern nur im Akkord in Schachteln sortiert werden (38 Streichhölzer pro Schachtel).

Material: leere Streichholzschachteln, pro Arbeitsplatz eine Kiste mit ca. 200 Streichhölzern, Stoppuhr.

C) Ziegelei

An dieser Arbeitsstelle müssen Lehmziegel von der »Fabrik« zu einem Platz getragen werden, an dem sie weiterverarbeitet werden (z. B. Straßenbau). Der Weg dorthin ist sehr unbequem.

Material: 100 Ziegelsteine (o. Ä.); Baumwolltuch als Kopfschutz; Hindernisse für den unbequemen Weg (evtl. Beratung durch eine/n Sportlehrer/in über richtiges, wirbelsäulengerechtes Tragen).

Porträt eines Straßenkindes

Jesus und die Straßenkinder

Was sagt wohl Jesus zu den Straßenkindern?
Was wollen die Kinder Jesus antworten, welche Fragen haben sie an ihn?

Mädchenschicksale

Ramullama, ein Mädchen aus einem Dorf in Indien, erzählt: »Ich kümmere mich um die Kühe. Ich folge ihnen überallhin, wo sie etwas zu fressen finden. Von morgens bis spät in die Nacht. Vier Kühe gehören dem Bauern, von dem meine Eltern Land gepachtet haben. Eine Kuh gehört meinem Vater. Im Sommer ist das Kühehüten sehr anstrengend, besonders dann, wenn es in der Monsunzeit viel regnet und ich vollkommen durchnässt bin und keinen Unterstand finde. Auf dem Nachhauseweg sammle ich immer Feuerholz. Wenn ich dann vollgepackt und müde nach Hause komme, helfe ich meiner Mutter noch beim Kochen auf der offenen Feuerstelle und manchmal auch beim Wäschewaschen.«

»Ich heiße **Nakosi**«, antwortet ein etwa siebenjähriges Mädchen. In Lumpen gehüllt, von Fieber und Erschöpfung gekennzeichnet, hütet sie ebenfalls Kühe. Vidya Apte, Projektmitarbeiterin des India-Teams von *terre des hommes*, zuckt zusammen, als das Mädchen diese Antwort gibt. Ins Deutsche übersetzt heißt Nakosi nämlich »unerwünscht«! Wie schrecklich, solch einen Namen zu haben und bei jedem Ruf daran erinnert zu werden, dass man nicht willkommen ist! Die Eltern der kleinen Viehhirtin hatten sich voll und ganz auf einen Sohn eingestellt – und als dann die Tochter zur Welt kam, waren sie enttäuscht. Die Wahl des Namens »Nakosi« ist Ausdruck ihrer Gefühle und ihrer Einstellung zu dem Kind.

Marceline hat einen Traum: Noch immer hofft das neunjährige Mädchen, dass es seine Tante zur Schule schickt. Aber Marceline muss arbeiten, jeden Tag von früh bis spät. Sie ist das Hausmädchen im Haus ihrer Tante, irgendwo im heruntergekommenen Zentrum der haitianischen Hauptstadt Port-au-Prince. Bei Sonnenaufgang steht Marceline auf, schleppt den schweren Eimer zum nahe gelegenen Brunnen und holt Wasser. Dann kauft sie Lebensmittel auf dem Markt. Wieder zu Hause, beginnt sie zu putzen. Wenn ihre Vettern dann zur Schule gehen, muss Marceline Geschirr spülen. Marceline bereitet das Essen vor, selbst darf sie nur die Reste essen. Nach einem langen Arbeitstag legt sie sich auf dem Fußboden unter dem Bett der Tante schlafen. Das kleine Mädchen hat keine eigenen Kleider, es trägt gebrauchte, die nicht immer passen.

»Wir taten es, weil wir unsere Töchter lieben. Es war unsere Tradition, wir haben nichts Schlechtes darin gesehen.« **Oureyre Sall** ist eine stolze afrikanische Frau. Sie ist Mutter und Großmutter und bis vor wenigen Jahren war sie die Beschneiderin ihres Dorfes im Senegal. 18 Jahre übte sie die Tradition der Beschneidung aus: Mit einer Rasierklinge, die nur mit Parfum oder Alkohol sterilisiert wurde, entfernte sie jungen Mädchen in einer äußerst schmerzhaften Prozedur die Klitoris und die inneren Schamlippen. Viele der Mädchen wurden anschließend bis auf eine kleine Öffnung zugenäht und erst für die Hochzeitsnacht wieder geöffnet. Und alle litten schreckliche Schmerzen: Blutungen und Infektionen, fortdauernde Beschwerden, gefährliche Komplikationen bei Geburten. Dieses Ritual hat für viele Mädchen und Frauen lebensbedrohliche Folgen. Vom zwei Monate alten Säugling bis zum zehnjährigen Mädchen: Alle wurden sie von ihren Müttern zu Oureyre gebracht. »Ich habe das getan, weil schon meine Mutter Beschneiderin war. Ich tat es nicht, um jemandem weh zu tun, sondern für einen guten Zweck«, sagt Oureyre. Denn unbeschnittene Frauen galten in ihrem und vielen anderen Dörfern des Senegal als Außenseiterinnen, als unrein. »Niemand will einer solchen Frau zu nahe treten. Und niemals würde sie verheiratet werden.«

Lisa, Deutschland, 10 Jahre: Sie liebt Pferde, sehnt sich nach Geborgenheit und wird vom Vater sexuell missbraucht. Sie soll das »Geheimnis« für sich behalten. Wagt nicht, darüber zu sprechen. Leidet unter Schlafstörungen. Bringt schlechte Schulnoten mit nach Hause. Hat Angst, dass die Familie zerbricht. Fasst schließlich Vertrauen zur Beratungsstelle »Für Mädchen in Not«.

Überprüfung der Geschlechteranteile im Unterricht

Selbstbeobachtungsbogen für Schülerinnen und Schüler

Lehrerfrage	1	2	3	4	5
Ich weiß die Antwort					
Ich melde mich					
Ich komme dran					
Meine Antwort wird – bestätigt – gelobt – kommentiert – korrigiert					
Reaktionen aus der Klasse – neutral oder positiv – abwertend					
Ich suche Hilfe bei – der Lehrerin/dem Lehrer – einem Mädchen – einem Jungen					
Hilfestellung – wird sofort gegeben – muss ich abwarten					
Hilfe erfolgt durch – Information – Lösung meines Problems					

Erziehungsmethoden

Erlaubte Erziehungsmethoden

Unerlaubte Erziehungsmethoden

Folgen der erlaubten Methoden

Folgen der unerlaubten Methoden

Kinderwünsche an die Schule

Art. 2 Nichtdiskriminierung
- Geschichtsbücher, in denen Frauen vorkommen;
- eine Schulleitung, die aus Frauen und Männern, Jungen und Alten besteht;
- Förderunterricht für Kinder mit Lernschwierigkeiten.

Art. 3 Wohl des Kindes
- Schulbücher, die spannend sind;
- ein Unterricht, in dem wir Gefühle zeigen dürfen;
- eine Schule, die die Fähigkeiten von Jungen und Mädchen berücksichtigt und unterstützt.

Art. 12 und 13 Freie Meinungsäußerung und Beschaffung von Informationen
- das Recht, Schulzeitungen ohne Zensur herauszugeben;
- Geld, um die SMV-Arbeit zu bezahlen;
- mehr Aufklärung über die Rechte der Kinder in der Schule;
- mit festlegen zu dürfen, was gelernt und wie gearbeitet wird.

Art. 15 Vereinigungs- und Versammlungsfreiheit
- eine Schule mit schönen Außenanlagen, die zum Spielen einladen und die man auch außerhalb der Schulzeiten nutzen darf;
- eine Freistellung von Lehrerinnen und Lehrern für Arbeitsgemeinschaften und für die Begleitung von Schüler/innengruppen.

Art. 19 Schutz vor Missbrauch und Vernachlässigung
- Selbstverteidigungskurse für Mädchen;
- Lehrer/innen, die sich für uns Zeit nehmen;
- eine Schule, in der wir angenommen sind.

Art. 23 Förderung behinderter Kinder
- gemeinsame Aktivitäten von behinderten und nichtbehinderten Kindern sollten gefördert werden, z.B. Sport- und Spielfeste.

Art. 24 Gesundheit und Gesundheitsfürsorge
- gute Stühle und dazu passende Tische, die unsere Rücken nicht kaputtmachen;
- ausreichende Bewegungsmöglichkeiten während des Unterrichts;
- gesunde und preisgünstige Ernährungsmöglichkeiten in der Schule;
- Innenräume, die frei sind von Schadstoffbelastung.

Art. 28 Recht auf Bildung
- mit der Schule nach draußen gehen, z. B. in die Natur oder die Arbeitswelt;
- Klassenfahrten, die bezahlbar sind;
- freundliche Schulen mit viel Licht und Farbe, Platz für Kreativität, Nachtunterricht und Theaterspiel.

Art. 29 Bildungsziele
- keine Schulnoten, sondern Schulzeugnisse, die etwas über die Kinder und ihr Lernen aussagen;
- einen Unterricht, in dem Kinder nicht ausgelacht werden wegen »falscher« Antworten;
- ein Unterricht, der die Fähigkeiten von Mädchen und Jungen berücksichtigt und unterstützt.

Art. 30 Kulturelle und sprachliche Rechte
- das Recht, in der Schule anziehen zu dürfen, was wir wollen, z. B. auch ein Kopftuch;
- andere Bräuche und Kulturen kennen zu lernen.

Art. 31 Erholung, Kreativität, Freizeit
- einen Schulbauernhof, den die Schüler/innen eines Stadtteils betreiben.

Steffi Hofschlaeger KSJ

Kinderrechte

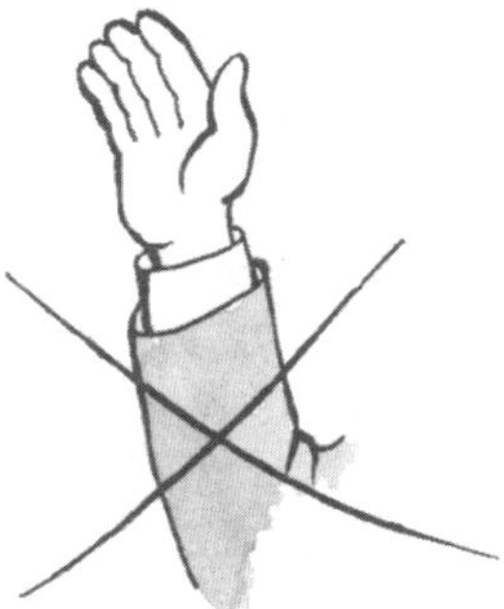

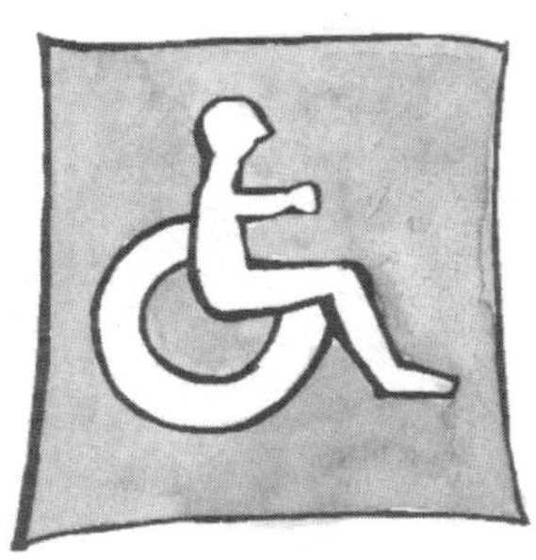

Goldene Regel

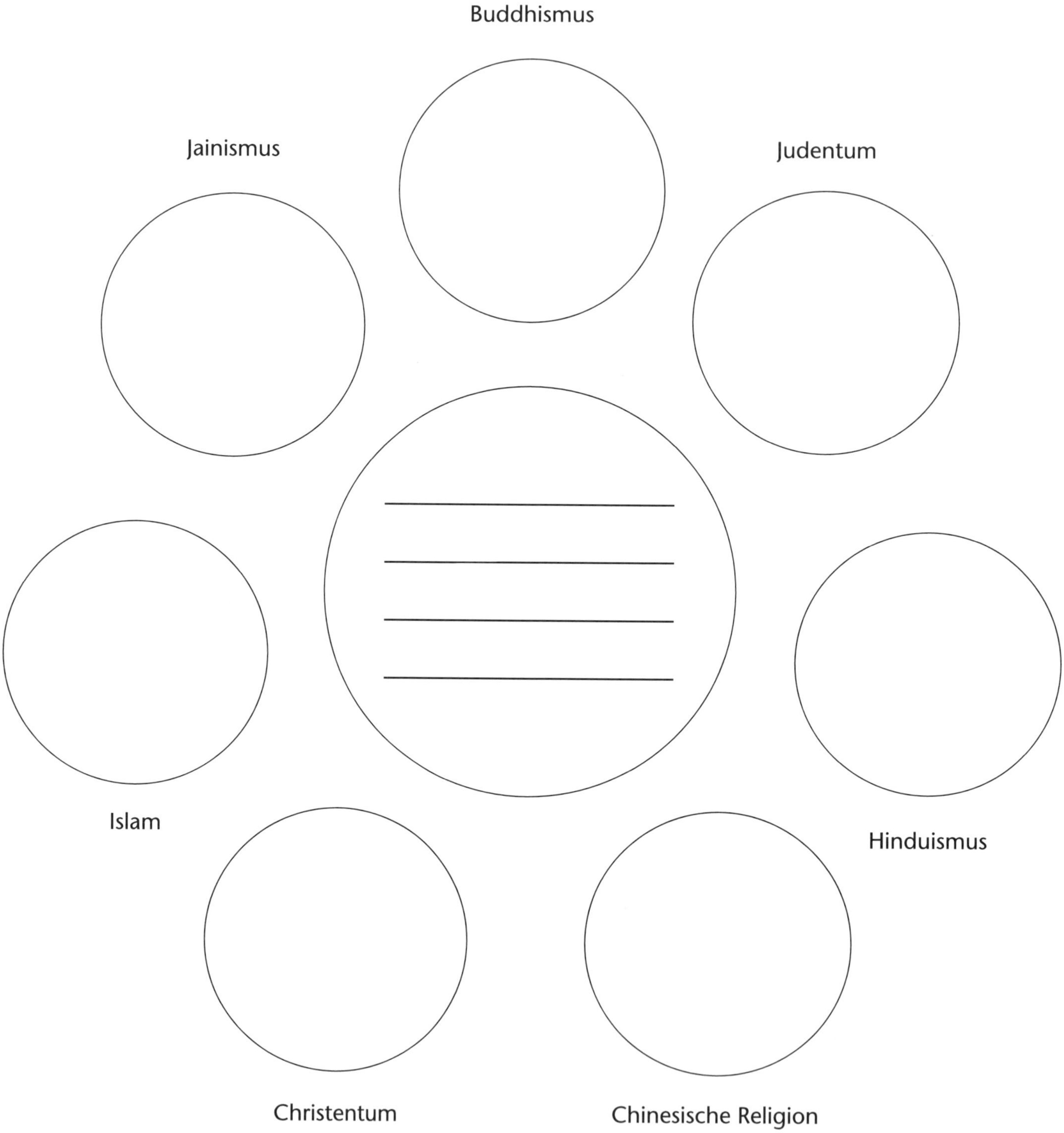

Symbolische Sicht des Wassers

Wasser, du hast weder Geschmack noch Farbe, noch Aroma. Man kann dich nicht beschreiben. Man schmeckt dich, ohne dich zu kennen. Es ist nicht so, dass man dich zum Leben braucht; du selber bist das Leben! Du durchdringst uns als Labsal, dessen Köstlichkeit keiner unserer Sinne auszudrücken fähig ist. Durch dich kehren uns alle Kräfte zurück, die wir schon verloren gaben. Dank deiner Segnung fließen in uns wieder alle bereits versiegten Quellen der Seele. Du bist der köstlichste Besitz dieser Erde. Du bist auch der empfindsamste, der rein dem Leib der Erde entquillt. Vor einer Quelle magnesiumhaltigen Wassers kann man verdursten. An einem Salzsee kann man verschmachten. Und trotz zweier Liter Tauwasser kann man zugrunde gehen, wenn sie bestimmte Salze enthalten.
Du nimmst nicht jede Mischung an, duldest nicht jede Veränderung. Du bist eine leicht gekränkte Gottheit! Aber du schenkst uns ein unbeschreibliches einfaches und großes Glück.

Antoine de Saint-Exupéry

Der französische Schriftsteller Antoine de Saint-Exupéry war 1935 mit seinem Flugzeug in der Sahara abgestürzt und hat seine Erlebnisse in dem Buch »Wind, Sand und Sterne« verarbeitet.

Des Menschen Seele gleicht dem Wasser:
vom Himmel kommt es, zum Himmel steigt es,
und wieder nieder zur Erde muss es,
ewig wechselnd.

Strömt von der hohen, steilen Felswand der reine Strahl,
dann stäubt er lieblich in Wolkenwellen zum glatten Fels,
und leicht empfangen wallt er verschleiernd,
leiserauschend zur Tiefe nieder.

J. W. von Goethe

Es muss etwas Heiliges im Salz sein.
Es ist in unseren Tränen und im Ozean.
Du magst denjenigen vergessen,
mit dem du gelacht, aber nie denjenigen,
mit dem du geweint hast.

Khalil Gibran

Alle Flüsse fließen ins Meer,
das Meer wird nicht voll.
Zu dem Ort, wo die Flüsse entspringen,
kehren sie zurück, um wieder zu entspringen.

Kohelet 1,7

Wir sind Kinder einer Erde

»fair – unfair«

Trage ein, wie die Lebensbedingungen auf der Nord- und Südhälfte der Erde sind.

Süd	*Nord*

Betrachte die Karikatur genau. Was will der Karikaturist mit dem Personentausch aussagen?

Folgende Organisationen wollen die Waage oben ins Gleichgewicht bringen und Nord und Süd verbinden. Trage in die Kästen unter den Logos ein Stichwort für die Schwerpunkte der Arbeit der Hilfsorganisationen ein.

aktion hoffnung ©

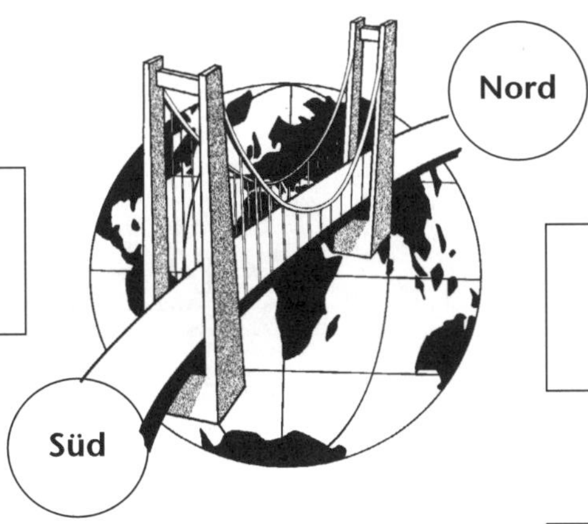

caritas

Renovabis
Solidaritätsaktion der deutschen Katholiken mit den Menschen in Mittel- und Osteuropa

adveniat
für die Menschen in Lateinamerika

missio

MISEREOR
DAS HILFSWERK

Lernen für die Eine Welt – Gerechtigkeitsverständnis von Kindern und Jugendlichen

Angesichts wachsender sozialer und wirtschaftlicher Ungleichheit und zahlreicher katastrophaler Unrechtssituationen in der Welt, insbesondere für Kinder und Jugendliche, fordern Christen im »konziliaren Prozess«, sich weltweit für Gerechtigkeit, Frieden und die Bewahrung der Schöpfung einzusetzen. Globale Solidarität und die »vorrangige Option für die Armen« erschöpfen sich dabei nicht in der persönlichen Fürsorge für Benachteiligte, sondern zielen auf den Abbau der strukturellen Ursachen. Notwendige Voraussetzung dafür ist, dass bereits in der Schule ein »Lernen für die Eine Welt«, das Bewusstsein für die Eingebundenheit jedes/r Einzelnen in einen globalen Zusammenhang entsprechend gefördert wird. Gerechtigkeit zu vermitteln und zu lernen, erweist sich damit als ein zentrales Anliegen im RU.

Das biblische Gerechtigkeitsverständnis, wie es z. B. bei den alttestamentlichen Propheten und Jesus von Nazaret zum Ausdruck kommt (vgl. Mt 20,1-16; Lk 15,11-32), kann nicht nur als »austeilende Gerechtigkeit« (gleicher Lohn/gleiche Noten für gleiche Leistung) im Sinne des Gleichheitsprinzips verstanden werden, sondern muss auf die ausgleichende Gerechtigkeit hin erweitert werden (z. B. Schuldenerlass). Aber selbst wenn die Einsicht wächst, anderen Menschen im weltweiten Zusammenhang helfen zu müssen, bleibt als entscheidendes Problem beim Gerechtigkeitslernen – ebenso wie beim ethischen Lernen allgemein – die in der Regel fehlende Übereinstimmung zwischen Einstellung und tatsächlichem Verhalten.

Die entwicklungspsychologischen Untersuchungen Kohlbergs legen die Vermutung nahe, dass die Entwicklung im moralischen Denken nicht nur zu einem immer umfassenderen Gerechtigkeitskonzept führt, sondern dass auch die Übereinstimmung zwischen moralischem Urteil und Handlungsentscheidung zunimmt. Im RU geht es daher vor allem darum, den Kenntnis- und Entwicklungsstand der Sch einschätzen zu können, um sie nicht mit für sie (noch) nicht nachvollziehbaren Gerechtigkeitskonzepten zu überfordern – was langfristig eher zu einer Ablehnung einer sozialen Gerechtigkeit führen wird –, aber sie gleichzeitig bei der Erweiterung ihres Gerechtigkeitsbegriffes durch entsprechende Lernchancen zu fördern, z. B. durch den Einblick in die Lebensverhältnisse anderer Menschen, durch Dilemmageschichten und den gemeinsamen Entwurf neuer Verhaltensmodelle (»global denken – lokal handeln«).

Entsprechend den sechs Niveaustufen des moralischen Urteils führen die Konstruktionen des Gerechtigkeitssinns von einem fremd- zu einem zunehmend selbstbestimmten Konzept. Sch der Sekundarstufe I bewegen sich mit ihren Argumentation meist auf den Stufen 2 und 3, auch wenn es teilweise eine unterschwellige Vorwegnahme (»Substufen«) der Entwicklung geben mag. Wird der wesentliche Grund Gerechtigkeit zu üben auf Stufe 1 noch in der Vermeidung von Strafe gesehen, wird auf Stufe 2 das als fair betrachtet, was der Befriedigung eigener Bedürfnisse dient, wobei durchaus anerkannt wird, dass auch andere Menschen Wünsche haben. Auf Stufe 3 will man den Erwartungen nahestehender Menschen entsprechen (»*Good-boy*-Orientierung«). Erst auf Stufe 4 wächst die Einsicht, mit einem gerechten Verhalten den Zusammenhalt eines Systems gewährleisten oder dem eigenen Gewissen genügen zu wollen.

Die Anerkennung absoluter Werte und die Einsicht in die Rationalität und Universalität moralischer Prinzipien wird, wenn überhaupt, frühestens in der Oberstufe von einzelnen Sch erreicht.

M. S.

Literatur

Kuld, Lothar/Schmid, Bruno, Lernen aus Widersprüchen. Dilemmageschichten im Religionsunterricht, Donauwörth 2001, bes. 92-100.

Bahr, Matthias/ Leimgruber, Stephan, Lernen für die Eine Welt, in: Hilger, Georg/ Leimgruber, Stephan/Ziebertz Hans-Georg (Hg.), Religionsdidaktik. Ein Leitfaden für Studium, Ausbildung und Beruf, München [5]2008, 443-454.

3 Gesichter der Macht

Das Thema im Schulbuch

Im Mittelpunkt des dritten Kapitels steht ein biblisches Thema. Historisch betrachtet geht es um den Zeitraum in der Geschichte Israels, der von der Landnahme (um 1230 v. Chr.) bis zum Auseinanderfallen des unter David geschaffenen Großreiches (931 v. Chr.) reicht. Der Gefahr »geschichtlicher Datenverarbeitung«, die biblisch-historischen Themen oft innewohnt, soll dabei bewusst ausgewichen werden. Es geht nicht in erster Linie um Jahreszahlen und Fakten; die Themenformulierung signalisiert vielmehr die Verzahnung von biblischer Grunderfahrung mit dem Lebens- und Erfahrungskontext der Sch. Es geht im weitesten Sinn um Erfahrungen mit Macht und ihre positiven Funktionen, aber auch um die noch heute gültigen Formen des Machtmissbrauchs, für die in der Bibel gleichsam ein Fundus archetypischer Bilder bereitgestellt wird. Vor dem biblischen Hintergrund der Königszeit erfahren Sch die Ambivalenz menschlicher Machtentfaltung. Den vom Volk Israel erhofften Vorteilen und Chancen eines Königtums stehen die Gefahren skrupellosen Machtmissbrauchs gegenüber.

Das *Titelbild* (**57**) von Marc Chagall thematisiert den Zwiespalt menschlicher Machtentfaltung als Doppelgesicht von »David und Batseba«. Wie kein anderer veranschaulicht König David die zwei Gesichter der Macht in einer Person: Dem gottgefälligen Gründer des Großreiches über Israel und Juda steht der skrupellose Machtmensch gegenüber, der um einer Frau willen auch vor einem Verbrechen nicht zurückschreckt.

Kontext (**58f.**) bietet verschiedene Möglichkeiten zum Einstieg in die Thematik. Die Texte spielen im Umfeld von Familie und Schule, geben also die Erfahrungswirklichkeit der Kinder wieder. Der Auszug aus dem Jugendbuch »Heinrichs Geheimnis« kann als Anregung für die fächerübergreifende Behandlung des Themas mit dem Fach Deutsch dienen.

Die *Pinnwand* (**60f.**) regt zu Reflexion und Gespräch über die bisher verwendeten Bausteine an und lenkt den Blick auch auf biblische Fragestellungen.

Orientierung 1 (**62f.**) kann als »Gelenkseite« verstanden werden. Der aktualisierenden Betrachtung des Themas (politische Situation in Afghanistan) wird eine biblische Situation (Verhältnisse in Palästina zur Zeit der Landnahme) gegenübergestellt. Die biblischen Texte können so als Träger zeitloser und elementarer Erfahrungen verstanden werden.

Orientierung 2 (**64f.**) nimmt den biblischen Erzählfaden auf. Sie erläutert die Situation Israels zur Zeit der Richter, in der der Ruf nach einem König laut wird. Mit dem Hinweis auf die gottgleiche Stellung des Pharao wird sichtbar, welche Vorstellungen die Israeliten mit dem Königtum verbanden. Der hier beginnende Geschichtsfries erleichtert Sch die Einordnung der Vorgänge in den Geschichtsverlauf Israels.

Orientierung 3 (**66f.**) zeigt auf, dass dem Königtum mit dem Prophetenamt ein entsprechendes Korrektiv erwächst, das von Samuel bis Elija im Namen Jahwes die Stimme erhebt, wenn Macht missbraucht wird.

Orientierung 4 (**68f.**) veranschaulicht an Israels erstem König Saul und dem Philister Goliat den Sturz der Macht, wenn diese in überheblicher Form ausgeübt wird. Ebenso werden »Gerechtigkeit« und »Gottesbilder« problemorientiert bearbeitet.

Orientierung 5 (**70f.**) rückt David in den Mittelpunkt der Betrachtung. Harfe und Flitzbogen veranschaulichen dabei nicht nur die Formen, in denen sich Macht äußern kann. Kultur und brachiale Gewalt werden zudem als die gegensätzlichen Pole des Doppelgesichts von David erkennbar (vgl. *Titelbild*).

Orientierung 6 (**72f.**) stellt die David-Batseba-Geschichte in den Mittelpunkt. Als dunkle Seiten in der Doppelnatur Davids werden skrupelloser Egoismus und gewissenloses Kalkül sichtbar. Am Beispiel Natans wird gleichzeitig die Rolle des Propheten als Mahner und Sprachrohr Jahwes aufgezeigt.

Licht- und Schattenseiten werden auch in der Gestalt des Königs Salomo erkennbar (*Orientierung 7*, **74f.**). Der legendären Weisheit steht hier die Laxheit in kultisch-religiösen Dingen gegenüber.

Eine weitere Form des Missbrauchs von Macht thematisiert *Orientierung 8* (**76f.**). Unersättlichkeit und Intrige werden am Beispiel der Geschichte von Nabots Weinberg aufgezeigt. Mit Elija tritt eine wichtige prophetische Gestalt auf.

Mit der *Perspektiven*-Seite (**78f.**) richtet sich der Fokus von der wertenden Betrachtung biblischer Texte auf die Frage nach dem Handeln. Ein Beispiel moderner Prophetie wird ergänzt durch die Möglichkeit, Reaktionsweisen anhand eines fortzuschreibenden Textes selbst durchzuspielen.

Die *Akzent*-Seite (**80**) greift eine Situation aus der Lebenswirklichkeit der Sch auf und bietet die Möglichkeit, Handlungsmodelle zu diskutieren.

Vernetzung mit anderen Themen im Schulbuch

Kapitel 1 Alltag bewältigen – Orientierung finden:
Das Thema »Macht der Medien« (vgl. *Orientierung 4* und *5*, **20ff.**) lässt sich mit dem Bild von Keith Haring (*Kontext,* **58**) gut kombinieren.

Kapitel 2 Kinder in der Einen Welt:
Benachteiligung und Ausbeutung von Kindern sind meist Ergebnis der von Macht ausgehenden Unterdrückungsmechanismen. Die Formulierung wie das Einfordern von Rechten als Antwort auf Machtmissbrauch muss erlernt und eingeübt werden (vgl. *Orientierung 1* und *2*, **44ff.**).
Auch der Einsatz des Salesianerpaters Rudolf Lunkenbein (*Perspektiven,* **78**) für die entrechteten Indianer ist auf diesem Hintergrund zu sehen.

Kapitel 4 Aus dem Dunkeln zum Licht:
Die Erfahrung des Leids (*Kontext*- und *Pinnwand*-Seiten, **82-89**) und die Notwendigkeit seiner Bewältigung sind mitunter auch Folge missbrauchter Macht (Verknüpfung besonders auch zu *Pinnwand,* **60**: »Die befreiende Macht Gottes«).

Kapitel 5 Der Geist führt zusammen:
Die Macht einer Gemeinschaft und der gemeinsamen Begeisterung erfahren (vgl. in Kapitel 5, v. a. *Orientierung 1*, **110f.**, und *Orientierung 3*, **114f.**).

Vernetzung mit der fünften Jahrgangsstufe

5.1 Miteinander leben, glauben, lernen:
»Wer kennt mich? – Wer bin ich?« (*Orientierung 3,* **18f.**) und »Ich in der Gemeinschaft« (*Orientierung 4,* **20f.**) lassen sich verknüpfen mit den Themen »Mobbing« (vgl. *Kontext*- und *Pinnwand*-Seiten, **59ff.**) und »Freundschaft« am Beispiel der Beziehung von David und Jonatan (vgl. *Orientierung 5,* **70f.**).

5.2 Im Leben Gott begegnen:
Auf die altorientalischen Vorstellungen, wie sie auf *Orientierung 2* (**38f.**) in Religion vernetzt 5 vorgestellt werden, kann im Rahmen von *Orientierung 1* bis *3* (**62ff.**) in Religion vernetzt 6 zurückgegriffen werden.

5.3 Erinnerung und Verheißung – die Bibel:
Neben der Bibelarbeit allgemein sind Verknüpfungen besonders auch zur Simson- bzw. Davidgeschichte (*Orientierung 2,* **64f.** bzw. *Orientierung 4,* **68f.**) oder den Psalmen Davids (*Orientierung 5,* **70f.**) möglich.

Vernetzung mit anderen Fächern

Evangelische Religionslehre: 6.5 Leben in Gruppen; Verknüpfung mit *Kontext*- und *Pinnwand*-Seiten (**59ff.**) sowie zum Thema »Freundschaft« (David und Jonatan), *Orientierung* (**70f.**).

Ethik: 6.2 Ich und die anderen; Verknüpfung mit *Kontext*- und *Pinnwand*-Seiten (**59f.**) sowie zum Thema »Freundschaft« (David und Jonatan) *Orientierung 5* (**70f.**).

Deutsch: 6.2 Gestalterisches Schreiben: erlebte oder erfundene Ereignisse erzählen; unterschiedliche Perspektiven einnehmen.
6.4 Sich mit Literatur und Sachtexten auseinander setzen: Erweitern der Grundkompetenzen zur Erschließung von Literatur (vgl. *Pinnwand,* **60**; *Orientierung 3,* **66f.**).
Gestaltendes Arbeiten: vgl. *Pinnwand* (**61**); *Orientierung 5* (**70f.**); *Perspektiven* (**79**); Ganzschriften angemessenen Umfangs sind zu lesen und im Unterricht zu behandeln (Verknüpfung mit *Kontext,* **59**).
6.5 Medien nutzen und reflektieren: vgl. z. B. *Pinnwand* (**60f.**); *Orientierung 5* (**70f.**); *Orientierung 7* (**74f.**); *Perspektiven* (**78f.**).

Latein: 6.1.3 Antike Kultur: Beschäftigung mit Mythen und Sagen der Antike.

Kunst: 6.1 Lebensumfeld: Erfinden und Erzählen – Wahrnehmen: Beschreiben von Mythischem und Märchenhaftem in Bildern, Spielen und Filmen; – Gestalten: Entwickeln von Rollenvorstellungen in kurzen Spielszenen; Erproben und Spielen von fantasievollen Szenen; die zeichnerische, malerische, digitale Umsetzung der Erlebnis- und Phantasiewelt weiterentwickeln.
6.4 Grundzüge griechischer und römischer Kunst in Architektur und Plastik erarbeiten (z. B. Tempel, städtebauliche Prinzipien); frühe Bildwerke und ihre magi-

sche bzw. religiöse Funktion erkennen; bildnerisches Erforschen von kunstgeschichtlichen Zusammenhängen, z. B. anhand einer fiktiven oder realen archäologischen Fundstätte (mit Karten, einfachen Planzeichnungen oder Multimediaanwendung).

Musik: 6.1. Musikpraxis: Singen, Musizieren, Bewegen; vgl. z. B. *Orientierung 5,* **70f.**).

Gesichter der Macht

Titelseite [57]

1. Hintergrund

Die Lebenswirklichkeit der Kinder ist geprägt von Erfahrungen wie Macht und Ohnmacht. Auf der biblischen Folie der Königszeit werden Sch an diese Problematik herangeführt und lernen Machtstrukturen im eigenen Lebensumfeld bewusster wahrzunehmen und zu beurteilen. Dabei soll Macht nicht als negative Größe verteufelt, sondern auch in ihren positiven Funktionen wahrgenommen werden.

Marc Chagall (1887-1985)
Der französische Maler und Grafiker jüdischer Abstammung Marc Chagall gehört zu den einflussreichsten Künstlern des 20. Jahrhunderts. Sein Gesamtwerk ist in besonderer Weise geprägt von biblischen Themen und Motiven, besonders auch des Alten Testaments, in denen sich Chagall mit der jüdischen Kulturtradition auseinander setzt. Viele Werke Chagalls spiegeln die dörfliche Atmosphäre seiner Kindheitsjahre in Weißrussland wider. Ausgebildet an der Akademie in Sankt Petersburg und in Paris, kam Chagall in den Jahren 1910-1914 mit den wichtigsten Strömungen der Kunst um die Jahrhundertwende in Berührung. Die ausdrucksstarke Farbgebung seiner Bilder ist geprägt vom russischen Expressionismus und französischen Kubismus, aus denen Chagall seinen unverwechselbaren Malstil entwickelte.

Marc Chagall: »David und Batseba«, 1956
In den 50er Jahren schuf Marc Chagall die Lithografien der Verve-Bibel. Der Bilderzyklus, zu dem auch »David und Batseba« gehört, stellt biblisches Geschehen von der Genesis bis zu den Propheten dar. Auf dem Hintergrund biblischer Geschichten werden menschliche Grunderfahrungen und seelische Tiefenschichten angesprochen.
Im Zentrum des Bildes (Farblithografie, 35,4 x 26,2 cm) steht ein Doppelgesicht, das sich, auffällig in Weiß und Grau gehalten, aus einem dunkleren Hintergrund heraushebt. Chagall zeigt einen Menschen mit zwei Gesichtern – halb Mann, halb Frau. Diese bilden jedoch keinen Widerspruch, sondern verkörpern eher die verschiedenen Seiten ein und derselben Person. Sie sind miteinander verwachsen, gehören also zusammen und bilden erst so eine untrennbare Einheit. Die linke Hälfte zeigt David, die rechte – im Profil – Batseba, die David nicht aus dem Kopf geht. Dies wird hier von Chagall malerisch in der unmittelbarsten aller möglichen Bedeutungen zum Ausdruck gebracht. Besessen von dieser Frau, macht sich David eines doppelten Verbrechens, des Ehebruchs und des Mordes, schuldig. Gottes Eingreifen ist nun unabdingbar. Von rechts schwebt in das Bild ein Engel herein, dessen göttliche Herkunft Chagall mit den Farben des Feuers (rot und gelb) noch unterstreicht. Er erteilt dem Propheten Natan, dargestellt an der Stirn der Hauptfigur in einem kräftigen himmlischen Blau, das die Nähe zu Gott ausweist, den Auftrag, David ins Gewissen zu reden. Natan wird David den Spiegel vorhalten, hier verkörpert durch die göttliche Thora, die Natan als Maßstab vor sich hält. Mit der Farbgebung der die Lyra schlagenden rechten Hand versinnbildlicht Chagall gleichzeitig die Klangfarbe der David zugeschriebenen Lieder und Psalmen. Neben die Psalmen des Jubels und der Freude (rot) werden sich in Zukunft auch die Moll-Akkorde der Buße und Trauer (violett) gesellen (vgl. Ps 51: »Ein Psalm Davids, als er mit Batseba die Ehe gebrochen hatte«).
Das Bild ist als Folie enthalten in: *Bilder aus Religion vernetzt 5 und 6. 36 Farbfolien,* München 2004, ISBN 978-3-466-50716-0.

2. Einsatzmöglichkeiten im RU

Betrachten und beschreiben
Da bei Sch die Kenntnis der David-Batseba-Geschichte (*Orientierung 6,* **72f.**) nicht vorausgesetzt werden kann, dient das Bild an dieser Stelle zunächst dazu, die sich durch das Thema ziehende Ambivalenz im Verhalten von Menschen herauszuarbeiten. Nach der Behandlung der David-Batseba-Geschichte (vgl. oben) empfiehlt sich ein erneutes Betrachten des Bildes, wobei jetzt der narrative Charakter des Bildes, das uns die Entwicklungsgeschichte von David erzählt, im Mittelpunkt steht.

- Sch betrachten das *Titelbild* (**57**). In GA wird besprochen, was es bedeutet, dass Menschen »zwei Gesichter« haben können:
- Findet Beispiele aus dem Alltag oder der Weltpolitik. Vielleicht habt ihr selbst auch zwei Gesichter?

Gestaltet zu dem Thema eine Collage. (Mögliche Überschrift: Ein Mensch mit zwei Gesichtern).

- Welche Querverbindungen lassen sich zwischen Kapitelüberschrift (»Gesichter der Macht«) und dem Bild herstellen?

- Darüber hinaus kann über männliche und weibliche Gesichts- bzw. Charakterzüge gesprochen werden:
- Sch assoziieren zu männlichen/weiblichen Eigenschaften und überlegen, warum die Harfe auf der »weiblichen« Seite platziert ist.
- Anschließend wird über die Symbolik der Farbgebung (rot-gelb beim Engel/blau beim Propheten/ violett in der Hand) gesprochen:
- Welche Klangfarbe verbindet ihr mit der Farbgebung der Hand (rot/violett)?
- Auch über die Bedeutung der Thora(-rolle) für Juden sollte gesprochen werden.

Unterdrückt – gemobbt – erpresst

Kontext 58 59

1. Hintergrund

Auf der *Kontext*-Seite (**58f.**) werden Ohnmacht und Unterdrückung als Alltagserfahrung von Kindern und Jugendlichen aufgegriffen und thematisiert. In **Annes Brief an Maren** steht zunächst die Familie im Mittelpunkt: Ein Mädchen beschreibt ihrer Freundin in einem Brief, wie ausgeliefert und machtlos sie sich ihren Eltern und ihrer Schwester gegenüber fühlt.

Keith Haring (1958-1990)
Bekannt wurde der US-Amerikaner Keith Haring in den frühen Achtzigerjahren durch seine Kreidezeichnungen, die er in der New Yorker U-Bahn mit raschen Strichen auf die schwarz überklebten Werbetafeln warf. Bereits 1984 war er in die angesehensten Museen und Galerien der Welt vorgedrungen. Als er 1990 an den Folgen von AIDS starb, hatte seine Kunst einen immens großen internationalen Kreis von Bewunderern gefunden, unter denen sich Kinder, sozial Engagierte bis hin zu Medienstars und andere große Künstler befanden. Haring erfand eine geistreiche, ausdrucksstarke Formensprache mit leicht wiedererkennbaren Elementen und allgemein verständlichen Symbolen wie Heiligenschein, Kreuz, Pyramide und Herz, die in unserem mediengeprägten Zeitalter unmittelbar anspricht.

Keith Haring: Ohne Titel, 1983
Harings Bild thematisiert die Macht der Medien, den Einfluss der Bilder, die über Computer oder Fernsehen unseren Kopf besetzt halten und auf diese Weise unser Verhalten manipulieren.
Den Mittelpunkt des Bildes dominiert ein drachenartiges Wesen, das vielleicht eine Allegorie menschlicher Triebe und Gewaltfantasien darstellt. Den Kopf dieses Wesens bildet ein Bildschirm, der eine Gewaltszene abbildet: Eine menschliche Hand zieht ein in Form und Konturen dem Reiter ähnliches Wesen am Schwanz. Mit diesem »Am-Schwanz-Ziehen« verbindet sich der fast archetypische Vorgang des Quälens. Woher der zusätzlich mit einem Knüppel bewaffnete Reiter seine Fantasien bezieht, wird damit deutlich: Sein Verhalten wird durch eine über die Medien vermittelte Bilderwelt geprägt, wobei offen bleibt, ob es sich um Fernsehen, Videos oder Computerspiele handelt. Die aus konventionellen Comicstrips bekannten Bewegungslinien und Strichsymbole (um Füße, Arme, Bildschirm) suggerieren zusätzlich Dynamik, Kraft oder auch Lautstärke. Die Opfer des Gewaltausbruchs sind auf dem Bild ebenfalls zu finden. Mit einem »X« als eliminiert gekennzeichnet, werden sie kopflos dargestellt.
Mit dieser reichhaltigen Symbolik kann das Bild als Anstoß für ein Gespräch über die Macht und den Einfluss der Medien und ihre Wirkung dienen. Dabei ist auch ein Blick auf die *Pinnwand* (**60**) hilfreich, wo das Thema **»Die Macht der Medien«** aufgegriffen wird. Das Bild ist als Folie enthalten in: *Bilder aus Religion vernetzt 5 und 6. 36 Farbfolien,* München 2004, ISBN 978-3-466-50716-0.
Der kurze Text **»So darf es nicht sein«** greift Problemfelder wie Mobbing, Schulangst oder Ohnmacht aus der Sicht einer erbosten Mutter auf. Neben Familie und Freundeskreis gehört die Schule für Kinder der sechsten Klasse zu den prägenden und den Lebenshintergrund bestimmenden Instanzen. Macht und Ohnmacht werden im »Kraftfeld« Schule in der Beziehung zwischen Eltern, L und Mit-Sch sehr unmittelbar und – wenn es um das schulische Fortkommen geht – geradezu existenziell erfahren. In der Funktion des positiven und negativen Verstärkers spielt L bei der Herausbildung eines Selbstwertgefühls der Sch entwicklungspsychologisch eine wichtige Rolle. Von diesem Selbstwertgefühl sind nicht selten Akzeptanz und soziale Stellung in der Klasse abhängig. Auf der anderen Seite müssen L in dem Maße, in dem Familie und Gesellschaft ihre Erziehungsaufgaben auf sie übertragen (und damit überfordern) zwangsläufig ins Fadenkreuz der Kritik geraten. So empfinden Eltern oft, dass Lehrkräfte über die Notengebung und vergleichbare Instrumente der »Evaluierung« eine unerhörte Macht

auf die Kinder ausüben. Der Text »So darf es nicht sein« ist dazu geeignet, berechtigte Kritik, aber auch gegenseitige Vorurteile und Klischees anzusprechen und (möglicherweise) Lösungswege anzudeuten.
Über den Impuls **»Mobbing in der Schule«** (*Pinnwand*, **61**) kann die Thematik noch vertieft werden.
Der aus Jo Pestums Jugendbuch »Heinrichs Geheimnis« stammende fiktive Text über die **Schülermafia** behandelt das Thema Gewalt und Erpressung unter Gleichaltrigen.
Das Buch handelt von einem Jungen, der neu in eine Klasse kommt. Seines Verhaltens und Aussehens wegen wird er »Indianer« genannt. Schnell freundet er sich mit den Klassenkameraden Uwe, Hennes und Schmackes an. Im gemeinsamen Kampf gegen die Schülermafia wird die Freundschaft immer enger. Doch da gibt es etwas, was die Freundschaft überschattet: Heinrichs Geheimnis. Dieses Geheimnis betrifft Heinrichs Herkunft, sein Zuhause, über das er seine Freunde im Unklaren lässt. Neugierig geworden, schleichen ihm eines Tages Hennes, Uwe und Schmackes nach. Als ihnen eine Frau erklärt, dass das Haus, in dem Heinrich verschwindet, ein Heim für straffällig gewordene Jungen sei, schwören sie sich, niemandem etwas davon zu erzählen. Schutz vor der Schülermafia suchend, nehmen sie Verbindung zu einer anderen im Stadtteil aktiven Jugendbande auf, den Fröschen. Dabei sind, will man dazugehören, drei Mutproben zu bestehen. Zunächst läuft alles nach Plan; zwei Mutproben werden problemlos bestanden, doch bei der dritten erscheint die Polizei und die Jungs werden festgenommen. Die Geschichte endet nachdenklich: Heinrich muss daraufhin die Schule verlassen und wird in ein Erziehungsheim gesteckt, worauf der Kontakt abreißt und auch sein bester Freund Hennes nichts mehr von ihm hört.
Der im Schulbuch abgedruckte Textauszug bietet die Möglichkeit, Gewalt- und Konfliktsituationen aufzuarbeiten. Zum Thema Gewalt und Unterdrückung finden sich auf der *Pinnwand* (**60f.**) ergänzende Materialien, z.B. der Impuls »Wolf und Lamm« oder »Humorlos«.

Jo Pestum (geb. 1936)
Jo Pestum wurde am 29. Dezember 1936 in Essen geboren und studierte zunächst Malerei, bevor er sich 1970 als freier Schriftsteller niederließ. Seine Jugend- und Kinderbücher zeichnen sich durch Realismus und Wirklichkeitsnähe aus. Neben seiner schriftstellerischen Tätigkeit arbeitet Pestum als Grafiker, Redakteur und Verlagslektor. Bevorzugtes Genre Pestums ist die Kriminalgeschichte. Beispielhaft stehen dafür die Serien um den Düsseldorfer Kommissar Katzbach, genannt »Der Kater«, oder »Luc Lucas«.

2. Einsatzmöglichkeiten im RU

Vergleichbare Situationen finden

- Sch lesen Annes Brief und suchen nach Alltagssituationen, die den Hintergrund für Annes Missmut bilden könnten:
- – Welche »bösen Worte«, »spottenden Blicke« oder »Beschuldigungen« könnte Anne konkret meinen?
- Sch suchen nach Parallelsituationen aus ihrem Erlebnisbereich (Familie, Schule) und erhalten den Auftrag, alle »Gemeinheiten« von Vorgesetzten (Eltern, Lehrkräfte, Erzieher/innen u. a.) eine Woche lang aufzuschreiben, um sie dann in der Klasse zu diskutieren.

Das Bild erschließen

- Sch äußern ihre spontanen Ideen, Assoziationen und Gefühle zum Bild von Keith Haring.
- Anschließend erhalten Sch eine Kopie des Bildes **(AB 6.3.1, Lehrerkommentar S. 142**) und lassen die Figuren in Sprechblasen zu Wort kommen; dabei müssen sie sich in die Opfer-Täter-Rollen hineindenken.
- Sch finden eine Überschrift (z. B.: »Der Computerdrache«, »Wie du mir, so ich dir«).
- Sch erkennen den oft unbewussten Einfluss der Medien auf unser Verhalten.
- – Besteht ein Zusammenhang zwischen dem Anschauen so genannter »Ballerspiele« und der Gewaltbereitschaft von Jugendlichen?
- – Könnten Amokläufe von Jugendlichen, z. B. 2002 in Erfurt, durch ein Verbot derartiger Spiele verhindert werden?
- L entfernt auf dem Bild den Inhalt des Bildschirms und verteilt vergrößerte Kopien des veränderten Bildes.
- Sch gestalten selbst eine vergleichbare Szene.

Die Macht der Medien PINNWAND 60

- Sch betrachten die Karikatur und erkennen den Einfluss der Medien auf unser Verhalten.
- – Was soll durch die Größenverhältnisse der Figuren zum Ausdruck gebracht werden?
- – Warum fehlt der Medien-Figur der Kopf?
- – Welche Bedeutung haben Schlauch und Trichter?
- – Betrachtet die Figur des Medienkonsumenten. Was fällt auf?
- Brainstorming: Sch sammeln eigene Medieneindrücke (Sendungen, Werbespots, Nachrichten...) vom Vortag und beschriften eine vergrößerte Kopie der Karikatur (ggf. grafisch abgeändert, mit längerem evtl. aufgerolltem Schlauch).

So darf es nicht sein! PINNWAND 60

- Sch lesen den Text »So darf es nicht sein« und berichten von ähnlichen Situationen in der Schule.

- Hat die Mutter Recht mit ihrer Aussage: »Die halten doch alle zusammen?«
  Was würdet ihr der Mutter raten? Sollte sie gleich zum Direktor gehen? Wie wirkt sich das auf das Verhältnis zur Sportlehrerin aus? Welchen Weg schlagt ihr vor?
- Findet ihr eine Erklärung für das Verhalten der Lehrerin? Inwiefern ist die Lehrerin daran schuld, dass das Mädchen viele Fehler macht?
- Könnte das Mädchen das Verhalten der Lehrerin provoziert haben? Warum spricht das Mädchen nicht mit der Lehrerin? Warum unterlaufen dem Mädchen bei den einfachsten Dingen Fehler?
- Die Psychologie kennt das Phänomen der sich selbst erfüllenden Prophezeiung. Was verbirgt sich hinter dem Begriff?
- Erzählt, wenn ihr wollt, von Erlebnissen in der Schule, wo ihr euch gedemütigt fühltet. Wie habt ihr auf diese Demütigungen reagiert?
- Zum Thema »Mobbing in der Schule« finden sich auf der *Pinnwand* (**60f.**) neben dem eigentlichen Pinnwandzettel noch verschiedene Arbeitsvorschläge (z. B. »Wolf und Lamm« und »Humorlos«).

Mobbing in der Schule PINNWAND 61

- Sch betrachten das Bild auf dem Pinnwandzettel und beantworten die Fragen auf **AB 6.3.2, Lehrerkommentar S. 143**, zum Thema Mobbing, die um vier Aspekte kreisen:
- Was ist im Umkleideraum passiert?
- Welche Art von Mobbing liegt hier vor?
- Wie könnte die Szene weitergehen?
- Was könnte das Mädchen tun, um sich zu wehren?
- Sch erzählen von eigenen Erfahrungen mit Mobbing, Ausgrenzung und Demütigung.
- Sch erhalten als Hausaufgabe oder – wenn Zeit vorhanden – im Rahmen des Unterrichts den Auftrag zur Internet-Recherche (www.friedenspaedagogik.de). Zu den Themen Gewalt, Fairplay, Mobbing und Zivilcourage finden sich dort Beispiele, über die Sch in der Klasse berichten.

Sich gegen Unterdrückung wehren

- Sch lesen den Text »Die Schülermafia« (*Kontext*, **59**).
- Sch stellen sich als Schauplatz der Handlung die eigene Schule/Klasse vor.
- Sch halten alle Gemeinheiten Catcher Göhrkes fest (z. B. Sachbeschädigung, Körperverletzung, Schutzgelderpressung).
- Sch beurteilen das Verhalten
- des Ich-Erzählers (Hennes), z. B. »Der traut sich was. Aber eigentlich hat er Angst.« »Er fühlt sich ohnmächtig, weil er eigentlich keine Chance hat.«;
- von Catcher Göhrke, z. B. »Der ist feige, weil er sich nur an Jüngeren vergreift.« »Der totale Angeber! Das sieht man schon an seiner Kleidung.«;

Die Fabeln von Äsop und Arntzen

Äsop, griechischer Fabeldichter, lebte im 6. Jh. v. Chr. Auf falsche Anschuldigungen der Priesterschaft hin soll der aus Thrakien oder Phrygien stammende Dichter zum Tode verurteilt und von einem Felsen herabgestürzt worden sein. Über Äsop kursierten schon zu Lebzeiten viele voneinander abweichende, mitunter sehr fragwürdige Berichte. So soll er mit den Sieben Weisen zusammengekommen oder nach seinem Tode sogar auferstanden sein. Quelle dieser Legende war ein Volksbuch über den Dichter (»Leben des Äsop«), das neben der Biografie auch eine Sammlung von Schwänken enthielt. Äsop griff bei seiner in Prosa abgefassten Fabelsammlung auf eine uralte mündliche Tradition zurück. Viele Fabeln sind in Griechenland entstanden, viele wurden aber auch über ausländische Sklaven, Kaufleute und reisende Erzähler nach Kleinasien und Griechenland gebracht. Die Moral oder Lehre, die jeweils am Ende der Fabel aus der Handlung abgeleitet wird, ist neben dem der Fabel eigenen Merkmal, dass Tiere sprechen können und menschliche Eigenschaften besitzen, wesentliches Gattungsmerkmal dieser sehr alten epischen Kleinform. Typische Tiergestalten sind der schlaue Fuchs, der starke Löwe, der stolze Adler, der böse Wolf oder das unschuldige Lamm.

Ihr moralisch-lehrhafter Zweck macht die Fabel zu einer geeigneten Erzählform in Predigt und Unterweisung. Als literarische Gattung blühte sie daher am stärksten in den von Rationalität geprägten Epochen auf, z. B. der Aufklärung.

Dass sich die Fabel bestens dazu eignet, im Schutz der Verkleidung auch Herrschaftskritik zu üben, das war auch Luther bewusst, wie folgendes Zitat zeigt:

»Alle Welt hasset die Wahrheit, wenn sie einen trifft. Darum haben weise hohe Leute die Fabel erdichtet und lassen ein Tier mit dem anderen reden, als wollten sie sagen: Wohlan, es will niemand die Wahrheit hören noch leiden und man kann doch der Wahrheit nicht entbehren, so wollen wir sie schmücken und unter einer lustigen Lügenfarbe in eine liebliche Fabel kleiden; und weil man sie nicht hören will aus Menschenmund, dass man sie doch höre aus Tier- und Bestienmund. So geschieht's denn, wenn man die Fabel liest, dass ein Tier dem anderen, ein Wolf dem anderen die Wahrheit sagt, ja zumal der gemalte Wolf oder Bär oder Löwe im Buch dem recht zweifüßigen Wolf oder Löwen einen guten Text heimlich liest, den ihm sonst kein Prediger, Freund noch Feind lesen dürfte.«

Dass die Fabel auch im 20. Jahrhundert nicht tot ist, wie oft in der Fachliteratur behauptet wird, beweisen die Fabelsammlungen moderner Dichter, etwa von Helmut Arntzen oder James Thurber. In der Fabel von Helmut Arntzen wird ein Merkmal moderner Fabeln besonders deutlich: der Rückgriff auf die Tradition bei gleichzeitiger Ironisierung derselben.

- der zwei »Miezen«, Astrid und Hilde, z. B. »Die fühlen sich nur so toll, weil sie Catcher Göhrke auf ihrer Seite haben.«
- Sch erkundigen sich bei dem/der Schulleiter/in. Mit welcher Strafe müsste Catcher Göhrke rechnen?
- Sch sammeln vergleichbare Situationen aus ihrem Schulalltag.

Wolf und Lamm PINNWAND 60

- Nach dem Lesen des Pinnwandzettels erhalten Sch **AB 6.3.3, Lehrerkommentar S. 144.** Mithilfe der Erschließungsfragen wird die Bildebene der Fabel erfasst.
- Wer sind die Gegenspieler? (Wolf-Lamm)
- Welche Eigenschaften verkörpern sie? (Wolf: gefräßig, gierig, stark – Lamm: unschuldig, brav)
- Wie verhält sich der Wolf? (Sucht nach einem Grund/Alibi, um das Lamm zu fressen)
- Wie verhält sich das Lamm? (Kann seine Unschuld beweisen)
- Wie endet die Geschichte? (Der Wolf frisst das Lamm)
- Sch erfassen die Bedeutungsebene der Fabel; auf die obigen Fragen ergeben sich z. B. folgende Antworten:
- Wer sind die Gegenspieler? (Herrscher – Untertan)
- Welche Eigenschaften verkörpern sie? (Herrscher: mächtig – Untertan: machtlos)
- Wie verhält sich der Herrscher? (Sucht seinen Vorteil, will sich bereichern ...)
- Wie verhält sich der Unteran? (Wehrt sich, besteht auf seinem Recht ...)
- Wie endet die Geschichte? (Der Mächtige setzt sich durch; Recht des Stärkeren ...)
- Dass man sich gegen Machtmissbrauch schützen kann, wird anhand der Arntzen-Fabel aufgezeigt:
- Vergleicht den Ausgang der Fabel bei Äsop und bei Arntzen. (Das Lamm wird gefressen – Das Lamm flieht)
- Wie kommt es zu diesem Unterschied? Nennt die Gründe. (Bei Äsop verhält sich das Lamm naiv, bei Arntzen hat das Lamm dazugelernt.)
  Als Lehre sind z. B. folgende Antworten möglich: Wissen ist Macht/Wissen schützt vor Machtmissbrauch.

Humorlos PINNWAND 61

- Sch lesen das Gedicht »Humorlos« von Erich Fried.
- Sie beschreiben das Verhalten der Jungen, ihre Gefühle (Steine werfen, Spaß). Im Kontrast dazu stehen die Frösche (sterben, Ernst).
- Sch betrachten die Fotografie »Mobbing in der Schule«: Welche Parallelen zwischen Gedicht und Bild könnt ihr erkennen?
- Sch erkennen: Was für die Mehrheit der Klasse der Belustigung dient, ist für das gemobbte Mädchen bitterer Ernst.
- Sch schreiben zu dem Gedicht von Erich Fried einen Paralleltext, der dem eigenen Erfahrungsbereich entspringt (Schule, Freizeit, Gruppe).

Erich Fried (1921-1988)
Erich Fried wurde 1921 als Kind jüdischer Eltern in Wien geboren; der Vater war Spediteur, seine Mutter Grafikerin. Er schrieb bereits als Gymnasiast, weiterhin war er Mitglied einer Kinderschauspielgruppe. Der deutsche Einmarsch 1938 beendete seine Schulausbildung. Der Vater wurde von der Gestapo ermordet. Fried floh nach London und ließ in den folgenden Monaten auch seine Mutter und mehr als siebzig andere gefährdete Personen ins englische Exil folgen. In den Kriegsjahren arbeitete Fried u. a. als Bibliothekar. 1944 erschien sein erster Gedichtband, »Deutschland«, im Exilverlag des österreichischen PEN. Nach dem Krieg arbeitete Fried für zahlreiche Zeitschriften und war in den frühen Fünfzigerjahren fest angestellter Kommentator der BBC, jedoch kündigte er 1968 wegen der Stellung der BBC zum Kalten Krieg. Schon vorher hatte er sich mit der Übersetzung von Dylan Thomas, dem ersten größeren Gedichtband (»Gedichte«) und seinem einzigen Roman (»Ein Soldat und ein Mädchen«) einen Namen gemacht. Ab 1963 entstanden auch die ersten Shakespeare-Übersetzungen. 1966 erschien sein Gedichtband »und Vietnam und«, der eine öffentliche Diskussion über das politische Gedicht auslöste. In den folgenden Jahren war Fried viel unterwegs, auf Vortragsreisen, Diskussions- und Solidaritätsveranstaltungen, bezog zu brisanten politischen Fragen Stellung (Prager Frühling, Israel-Palästina-Konflikt, Polizeiübergriffe, Haftbedingungen politischer Gefangener) und hatte daraufhin unter Verleumdungen, Zensur und Anklagen zu leiden. 1977 erhielt Fried den *Prix International des Editeurs* für »100 Gedichte ohne Vaterland«; es folgten der Bremer Literaturpreis, der Österreichische Staatspreis und der angesehene Georg-Büchner-Preis. Erich Fried starb 1988 während einer Lesereise und wurde in London begraben. Frieds Gedichte zeichnen sich durch knappe Worte und große Prägnanz aus.

Beispiele zu »Humorlos« (Lehrerkommentar S. 117):

Rolf und Hans
nennen Judith
zum Spaß
eine dumme Hexe.

Judith weint
im Ernst.

Die Neonazis
jagen »zum Spaß«(?)
einen Afrikaner
durch die Straßen.

Das Opfer fällt
und verblutet
im Ernst.

Lehrer xy
macht über Klaus
einen Witz.
Nur zum Spaß – ehrlich!

Klaus fühlt sich getroffen
und senkt den Kopf.

Pinnwand 60 61

Die Arbeitsimpulse der *Pinnwand* (**60f.**) werden im Lehrerkommentar auf folgenden Seiten aufgegriffen:

Die Macht der Medien:	S. 114f.
Wolf und Lamm:	S. 116f.
Keith Haring:	S. 114f.
So darf es nicht sein:	S. 114f.
Annes Brief an Maren:	S. 114
Humorlos:	S. 117
Mobbing in der Schule:	S. 116
Die Macht der Mächtigen:	S. 137
David gegen Goliat:	S. 126
Die befreiende Macht Gottes:	S. 141
Mobbing – Fairplay – Zivilcourage:	S. 116

Wer weiß noch ...
Beim Klick auf www.religionvernetzt.de erscheint in der Menüleiste ein Link »Wer weiß noch ...«. Hier finden Sch unter 6.3 folgende Antworten:

Frage 1: Während Germanen, Römer, Mesopotamier und Ägypter von vielen Göttern ausgehen, die den Menschen nicht immer freundlich gegenüberstehen und daher durch Opfer besänftigt werden müssen, macht Abram eine andere Erfahrung: Er lernt einen Gott kennen, der immer bei ihm ist und dem er bedingungslos vertrauen kann (vgl. Religion vernetzt 5.2, *Perspektiven 1*, **40f.**).

Frage 2: Sara und Hagar, dei beiden Frauen Abrahams, spielen in der Bibel eine ebenso wichtig Rolle wie Abraham selbst.
Nach alter Überlieferung sind Sara und Hagar die »Urmütter« der drei Weltreligionen. Hagars Sohn Ismael ist der Stammvater der Muslime, Saras Sohn Isaak der des Judentums und damit auch des Christentums. Abraham ist also der Stammvater von allen drei Religionen und spielt daher auch in den heiligen Schriften der Muslime, Juden und Christen eine wichtige Rolle (vgl. Religion vernetzt 5.2, *Perspektiven* 5, **48f.**).

Missbrauchte Macht — Orientierung 1 62 63

1. Hintergrund

Während auf den Kontextseiten der Versuch unternommen wurde, sich den Themen Macht und Machtmissbrauch von der Beziehungsebene im unmittelbar erlebten Alltag der Sch (Familie, Schule, Gruppe) zu nähern, sollen jetzt biblische Beispiele in den Mittelpunkt rücken. Dabei wird Macht vor allem als politisch-institutionelle Größe erfahrbar. Nun sind Formen von Unterdrückung und Diskriminierung, also Täter-Opfer-Konstellationen, nicht das zweifelhafte Privileg vergangener, biblischer Zeiten, sondern bestimmen bis in die Gegenwart hinein das politische Tagesgeschehen und fordern unseren Gerechtigkeitssinn heraus. Haben sich auch Namen, Methoden und die Krisenherde geändert – die grundsätzlichen Strukturen, mit denen sich Ethnien vor dreitausend Jahren oder Völker heute auseinander zu setzen haben, sind die gleichen geblieben. Die vorliegende Doppelseite versucht dieser Tatsache auch grafisch gerecht zu werden. Mit **Afghanistan** und **Palästina** bekommen – auf Stichworte verkürzt – politische Konstellationen einen Namen, die angesichts der sich dahinter verbergenden Erfahrungen von Leid nur marginal sind. So unterschiedlich die Voraussetzungen und Umstände auch sind, worum es geht, steht inhaltlich – und optisch – auf »ein und demselben Blatt«. Der **Riss** ist ein zeitlicher, die menschliche Grunderfahrung verbindet sie über den Graben der Vergangenheit hinweg.

Erzählen biblischer Geschichten

Kinder brauchen und verlangen nach Storys, wenn sie in der Phase des mythisch-wörtlichen Glaubens, wie Fowler gezeigt hat, dazu tendieren, ihre lebensrelevanten Erfahrungen und Sinnkonzepte narrativ zu repräsentieren. Auch in der weiteren Entwicklung hat sowohl das Erzählen eigener Erlebnisse als auch das Hören von Lebenserfahrungen anderer grundlegende Bedeutung für den kindlichen Spracherwerb und die Identitätsentwicklung der Kinder und Jugendlichen. Erzählen erweist sich – auch in der postmodernen Medienwelt – als unersetzliche Form der Kommunikation und der gemeinsamen Bewältigung von Erfahrungen.

In biblischen Erzählungen verdichtet und vergegenwärtigt sich die »gefährliche Erinnerung« (Metz) an die Geschichte Gottes mit dem Menschen und der Welt. So lässt das Weitererzählen biblischer Befreiungs- und Hoffnungsgeschichten das Christentum durch die Jahrhunderte hindurch zu einer »Erinnerungs- und Erzählgemeinschaft« (Metz) werden. Die sinn- und gemeinschaftsstiftende Kraft biblischer Erzählungen trägt auch im Religionsunterricht wesentlich dazu bei, (gemeinsamen) Hoffnungsperspektiven und Zukunftsvisionen einen Ausdruck verleihen zu können.

Unterschiedlich diskutiert wird allerdings die Frage, wie texttreu (Steinwede) bzw. fantasievoll (Neidhart) eine biblische Geschichte Sch erzählt werden soll. Eine absichtsvoll konstruierte Erzählung, die etwa versucht, historisch-exegetische Hintergrundinformationen einzubringen oder durch Glättungen die Aussageabsicht besonders zu profilieren, läuft Gefahr, die Authentizität der biblischen Texte zu nivellieren und die Glaubwürdigkeit zu untergraben. Umgekehrt darf der/die Erzählende nicht völlig hinter den Text zurücktreten, sondern hat den Text theologisch zu verantworten und sollte durch die Art des Erzählens zeigen, warum er/sie die biblische Geschichte für erzählenswert hält.

Hilfreiche Hinweise für die Gestaltung einer Erzählung ergeben sich aus einer Untersuchung (Hanisch/Bucher) zu der Frage, welche Erwartungen Kinder an biblische Geschichten haben bzw. wie sie selbst ihre biblischen Lieblingsgeschichten nacherzählen. Die Ergebnisse zeigen, dass eine biblische Erzählung vor allem spannend und packend sein muss. Sch verzichten bei der Erzählung auf ausschmückende Adjektive und Psychologisierungen, vielmehr erzählen sie knapp und karg, indem sie wesentliche Episoden aneinander reihen, Verben und die direkte Rede, nicht die indirekte, verwenden und vor allem die Aktivitäten der Handelnden in den Mittelpunkt rücken. Weiterhin zeigt die Untersuchung, dass es wichtig ist, den Erzählstoff mehrperspektivisch zu entfalten, um Kindern die Gelegenheit zu geben, sich die erzählten biblischen Geschichten als relevant für ihr Leben anzueignen. Vor allem ist auch darauf zu achten, den Inhalt der Erzählungen zu sichern, damit Sch sich die Geschichten dauerhaft einprägen können. Dabei genügt es nicht, sie aufzufordern, die Geschichte mit eigenen Worten wiederzugeben, vielmehr müssen die Aneignungsprozesse beispielsweise durch ein szenisches Nachspielen, eine musikalische bzw. bildhafte Nachgestaltung oder ein adressatenbezogenes Nacherzählen erleichtert werden. Schließlich kommt es darauf an, Sch durch geschickte Anregungen – analog zum Philosophieren bzw. Theologisieren mit Kindern – zum theologischen Nachdenken über die biblischen Geschichten und ihre Bedeutung für die eigene Gegenwart anzuregen.

M. S.

Literatur

Baldermann, Ingo, Art.: Erzählen, in: LexRP I, Sp. 435-441
Hanisch, Helmut/Bucher, Anton, Da waren die Netze randvoll. Was Kinder von der Bibel wissen, Göttingen/Zürich 2002, bes. 101-120
Zimmer, Siegfried, Erzählen, in: Bitter, Gottfried/Englert, Rudolf/Miller, Gabriele/Nipkow, Karl, Ernst (Hg.), Neues Handbuch religionspädagogischer Grundbegriffe, München 2002, 481-484

2. Einsatzmöglichkeiten im RU

Unrecht erkennen

- Nach der Lektüre des Textes auf *Orientierung 1* **(62)** erhalten Sch **AB 6.3.4, Lehrerkommentar S. 145.**
- Anhand von Erschließungsfragen auf dem AB vergegenwärtigen sich Sch die Situation der Menschen in Afghanistan; im gelenkten UG versuchen Sch zu bestimmen, gegen welches Recht jeweils verstoßen wird.
  - Politischer Zustand (Überfall der Sowjetarmee, Krieg gegen die Zivilbevölkerung, Bürgerkrieg, Errichtung eines Gottesstaats: Verstoß gegen das Recht auf Selbstbestimmung).
  - Schicksal der Bevölkerung (Flucht, Vertreibung, Heimatlosigkeit: Verstoß gegen das Recht auf Heimat).
  - Situation der Frauen und Mädchen (Entzug der Grundrechte, Verbot einer Schul- oder Berufsausbildung, strenge Bekleidungsvorschriften, bei Verstoß

drohen harte Strafen: Verstoß gegen das Recht auf Bildung/Verstoß gegen das Recht auf körperliche Unversehrtheit).
– Religion und Kultur (Verbot von Musik und Sport; Intoleranz, Verbot anderer Religionen: Verstoß gegen das Recht auf freie Meinungsäußerung/Verstoß gegen das Recht auf freie Religionsausübung).

In Gesichtern lesen
- Sch betrachten die Fotos von Menschen aus Afghanistan und erfinden dazu eine Geschichte.
- Sch versuchen sich in die Situation dieser Menschen zu versetzen.
- Sch versetzen sich in eine Person und schreiben ihre Gedanken nieder.

Parallelen wahrnehmen
- Mit einer Überleitung lenkt L den Blick von den politischen Verhältnissen der Gegenwart auf die biblische Vergangenheit und die Situation der Israeliten in Palästina.

– 3000 Jahre Menschheits- und Entwicklungsgeschichte trennen die hier beschriebenen Ereignisse. Lassen sich dennoch Parallelen/Gemeinsamkeiten erkennen?
(Ein militärisch überlegener Gegner fällt in ein Land ein; Unterdrückung eines Volkes; Unfähigkeit, sich gegen die Angreifer zu schützen; die Eroberer unterdrücken bzw. zerstören Religion und Kultur.)

Sich vor Angreifern schützen
- Sch erhalten **AB 6.3.5, Lehrerkommentar S. 146**, und lesen *Orientierung 1* (**63**).
- Wer sind die Philister? Sch übertragen ihre Ergebnisse auf das AB:

– Herkunft aus dem Ägäisraum (»Seevölker«);
– hoch entwickelte Kultur (Keramik);
– Ansiedlung in der Küstenebene;
– Monopol der Eisenverarbeitung;
– militärische Überlegenheit.

- Sch markieren den Fünf-Städte-Bund mit Rotstift (linke Karte auf dem AB).

– Warum konnten sich die Stämme nicht vor den Philistern schützen? Vergleicht die beiden Karten. Findet ihr mögliche Gründe? Die linke Karte zeigt das Siedlungsgebiet der Stämme, die rechte das Großreich unter König David.

- Sch übernehmen die Ergebnisse auf das AB:

– Fehlen einer gemeinsamen Grenze → Schutzlosigkeit;
– Stämme siedeln getrennt → kein Zusammengehörigkeitsgefühl;
– jeweils eigener Stammesführer → Zersplitterung, umständliche Organisation;
– Fehlen eines politischen und religiösen Mittelpunkts → fehlende Einheit.

- Die Vorteile, die mit der Konzentration der Macht auf einen König verbunden sind, werden erst nach Behandlung von *Orientierung 2* (**64**) auf das AB übernommen. Folgende Ergebnisse sind möglich:
Gemeinsame Grenze → bessere Verteidigung;
Machtkonzentration auf einen König → schnelles Reagieren möglich; stehendes Heer;
Gemeinsame Hauptstadt Jerusalem → politische Einheit;
Überführung der Bundeslade/Tempel → religiöse Zusammengehörigkeit.

Macht organisiert sich

Orientierung 2 64 65

1. Hintergrund

Landnahme und **Richterzeit** bilden den biblischen Hintergrund, auf dem in den zwölf Stämmen Israels der Ruf nach einem König laut wird. Neben der Auseinandersetzung mit den kanaanitischen Stadtstaaten ist es vor allem die von außen kommende Bedrohung durch die Philister, die nach einer Optimierung der politischen und militärischen Strukturen verlangte. Zum Richteramt wurde man durch Wahl bestimmt. Auf drohende Gefahr konnten die in den Siedlungsgebieten eingesetzten Richter nur schwerfällig reagieren, wie an der Geschichte von der Entführung der Bundeslade selbst noch für die Zeit Samuels sichtbar wird (1 Sam 5,1ff.). Die Richterzeit war auch eine Epoche religiöser Selbstfindung, in der sich der Glaube an Jahwe gegen die kanaanitischen Fruchtbarkeitsgötter durchzusetzen hatte. Ein kultisch-religiöses Zentrum existierte noch nicht und wurde erst mit der Errichtung des Tempels und der Überführung der Lade nach Jerusalem unter Salomo verwirklicht. Wie an der Bestimmung von sechs Asylstädten deutlich wird, fehlte es dem losen Stammesverbund an einer Zentralisierung des Rechts und der Macht.
An welchen Vorbildern sich die Israeliten bei ihrem Wunsch nach einem König orientierten, wird mit dem Verweis auf den **Pharaonenkult** der Ägypter gezeigt. An der gottähnlichen Stellung des Pharao wird außerdem sichtbar, welches neue Spannungsfeld der unmittelbaren Beziehung Gottes zu seinem Volk durch die Etablierung eines Königs erwuchs: Die dialogische Beziehung erhält jetzt eine trianguläre Struktur, in der

göttliches Recht und Königsrecht in Widerstreit geraten können. Den Propheten wird es vorbehalten sein, in diesen Fällen im Auftrag Gottes die Stimme zu erheben.
Der unterlegte **Geschichtsfries** bietet eine chronologische Übersicht; die Rückbindung des Geschehens an die Exodus-Geschichte wird so ermöglicht.
Das Bild zeigt die **Richterin Debora** unter der Debora-Palme. Durch Heben des rechten Arms erteilt sie ihrem Feldherrn Barak den Auftrag zur Feldschlacht gegen den König der Kanaanäer, Jabin, und seinen Feldherrn Sisera (Ri 4,4-6). Der Debora entgegengestreckte Arm signalisiert die Annahme des Befehls. Gleichzeitig wird durch die sitzende Haltung deutlich, wer die übergeordnete Stellung innehat. Dass das Richteramt hier von einer Frau bekleidet wird, war in der patriarchalisch geprägten Stammesgesellschaft von Viehzüchtern zwar eher selten, aber durchaus üblich. Die Gruppierung am rechten Bildrand nimmt Bezug auf Ri 4,5; dort wird berichtet, dass die Israeliten ins Gebirge Ephraim (zwischen Rama und Bet-El) kamen, um sich Recht sprechen zu lassen. Wichtige Informationen über die Beziehungen der Stämme zueinander liefert das Deboralied (Ri 5), das als eine der ältesten Schichten der Bibel überhaupt gilt.
Bei der Darstellung dieser Szene handelt es sich um eine byzantinische Miniatur aus dem 13. Jahrhundert. Sie entstammt dem auf der griechischen Halbinsel Chalkidike gelegenen Großkloster Watopédi, das, zwischen 972 und 985 erbaut, den zweiten Rang in der aus zwanzig Klöstern bestehenden Mönchsrepublik auf dem Berg Athos einnimmt. Schon bald nach seiner Entstehung wurde das Kloster durch die byzantinischen Kaiser und Fürstenhäuser mit reichen Stiftungen bedacht. Zu dem aus Kelchen, Reliquien und Ikonen bestehenden Klosterschatz gehören auch Prunkhandschriften, darunter der byzantinische Oktateuch aus dem 13. Jahrhundert, dem diese Miniatur entnommen ist. Diese alttestamentliche Schrift, sie umfasst 469 Blätter und 164 Bilder, gehört neben dem illuminierten Evangeliar »Iwíron 5« zu den bedeutendsten Werken des Athos. Die ungewöhnliche Nummerierung und die inhaltliche Unvollständigkeit – der Kodex setzt ein mit dem Buch Levitikus und schließt mit Rut – lassen vermuten, dass die ersten Bücher Mose verloren gegangen sind. Die insgesamt 29 Miniaturen werden, hier scheint sich die Forschung sicher zu sein, einer Künstlergruppe in Konstantinopel zugeschrieben. Im 13. Jahrhundert entstanden, bildet der Bilderzyklus Abschluss und Höhepunkt einer jahrhundertealten Entwicklung der alttestamentlichen Miniaturmalerei.
Das **Alabaster-Relief** zeigt König Echnaton mit seiner Familie beim Opfer. Es stammt aus dem Aten-Tempel in Tel el-Amarna und ist um 1355 v. Chr. entstanden (Neues Reich, 18. Dynastie). In Ägypten findet zu dieser Zeit ein Wandel im Gottesbild statt. Die Vielzahl der ägyptischen Götter wird auf den Sonnengott RE reduziert. Echnaton versteht sich als dessen Sohn, Prophet und Vollstrecker. In diesen Funktionen stellt er sich auch dem Volke dar. Um diesen Wandel zu unterstreichen, verlagert Echnaton seine Residenz von der alten Hauptstadt Theben, in der der König der Götter, Amun-Re, verehrt wurde, nach Tel el-Amarna. Der neue Reichsgott RE war als Schöpfergott »Mutter und Vater« zugleich. Als sein Abbild nimmt auch der König dessen konstruierte androgyne Mischgestalt an und lässt sich mit den absonderlichen Körperformen darstellen. Mit fast denselben Körperformen und Gesichtszügen wie der König steht die Königin Nofretete ebenfalls mit zwei Spendengefäßen hinter ihrem Gemahl. Eine Prinzessin schwingt ein *Sistrum* (antike Rassel). Der Gott Aton, die Sonnenscheibe, schwebt über der Königsfamilie; seine Strahlenhände fassen nach den Opfergaben und spenden zugleich Lebenskräfte, symbolisch dargestellt durch die Hieroglyphe für das »Leben«, die dem Königspaar zum Einatmen an die Nase gehalten wird.
Das Bild ist als Folie enthalten in: *Bilder aus Religion vernetzt 5 und 6. 36 Farbfolien*, München 2004, ISBN 978-3-466-50716-0.
Die **Sachzeichnung** gibt eine ägyptische Skulptur wieder, die den Pharao zusammen mit dem Gott Horus darstellt. Wohl kaum ein Gott spielte in der ägyptischen Religionsgeschichte, angefangen von der Frühzeit bis hin zur griechisch-römischen Epoche, eine solch wichtige Rolle wie der Falkengott Horus (»der Ferne«). Horus, der Sohn des Osiris und der Isis, wird entweder als falkenköpfiger Mensch oder nur als Falke dargestellt. Seine ausgespannten Flügel galten als Himmel, seine Augen als Sonne und Mond. Seit Urzeiten war der Falke das Emblem der siegreichen Herrscher und damit ein Sinnbild für die Macht. Er wurde daher mit dem König assoziiert, der als irdische Verkörperung des Horus angesehen wurde. Der Pharao galt als Horus auf Erden. Bereits in der Frühzeit wurde der Falke als Himmels- oder Sonnengott verehrt. Dadurch, dass Horus in enger Beziehung zum König stand, war ihm ein fester Platz in der ägyptischen Götterwelt sicher.

2. Einsatzmöglichkeiten im RU

Landkarte betrachten und Bibelstellen lesen

- L oder Sch fasst/fassen den Text im Schulbuch über die Richterzeit zusammen.
- Sch informieren sich über die Siedlungsgebiete der Stämme nach der Landnahme.
- Sch werden in KG aufgeteilt und lesen arbeitsteilig die auf **AB 6.3.6, Lehrerkommentar S. 147**, angegebenen Bibelstellen (da auf Simson in AB 6.3.7

Lösung von AB 6.3.6, Lehrerkommentar S. 147:

Kasten (1):	Mesopotamien	Kasten (5):	Midianiter, Amalekiter
Kasten (2):	König Eglon von Moab	Kasten (6):	Ammoniter
Kasten (3):	Philister	Kasten (7):	Philister
Kasten (4):	König Jabin aus Hazor		

Israel im Kreuzfeuer

(1) *Ri 3,7-11:*	Otniël schlägt den mesopotamischen König Kuschan-Richatajim, der acht Jahre lang über Israel herrschte.
(2) *Ri 3,12-30:*	Ehud schlägt König Eglon aus Moab, der Israel achtzehn Jahre beherrscht hatte.
(3) *Ri 3,31:*	Schamgar schlägt die Philister.
(4) *Ri 4-5:*	Debora und Barak schlagen Jabin aus Hazor, der Israel zwanzig Jahre lang massiv unterdrückte.
(5) *Ri 6-8:*	Gideon vertreibt die Midianiter und Amalekiter, die Israel sieben Jahre unterdrückten.
(6) *Ri 10,6-12,7:*	Jiftach schlägt die Ammoniter, die achtzehn Jahre regierten.
(7) *Ri 13-16:*	Simson fügt den Philistern schwere Verluste zu, nachdem diese Israel vierzig Jahre beherrscht hatten.

extra eingegangen wird, kann hier auf die Lektüre von Ri 13-16 verzichtet werden. Das Ergebnis wird nachgetragen).

- Jede KG berichtet über das jeweils beschriebene Kampfgeschehen (Name des Feindes/des israelitischen Feldherrn). Die Ergebnisse werden auf dem AB unten eingetragen (Lösung s. o.).
- Zur Veranschaulichung tragen Sch die Namen der Gegner Israels im AB in den jeweiligen Kasten auf der Landkarte ein (Lösung s. o.).
- Sch erkennen, dass mit der Forderung nach einem König ein elementares Schutzbedürfnis verbunden ist. Macht zu organisieren kann also sinnvoll sein.

Legendenbildungen erkennen

Mit Simson lernen Sch einen anderen Typus von Richter kennen. Die Geschichten, die sich um diese Gestalt ranken, kann man als wahre Heldensagen bezeichnen. Simsons auffällige Taten werden durch eine ebenso wunderbare Geburt noch überhöht. Nicht zu übersehen sind die Parallelen zu Heldengestalten der griechischen Sagenwelt (vgl. LP Deutsch), etwa zu Herkules. Der Leitgedanke des Deuteronomisten, der hinter der Simsongeschichte wie hinter dem Richterbuch insgesamt sichtbar werden soll, lautet: Wer Jahwes Gebote befolgt, ihm treu bleibt und nicht anderen Göttern nachläuft, darf auf Rettung und Wohlergehen hoffen, Abfall von Jahwe aber bedeutet Unheil und Strafe.

- Sch erhalten **AB 6.3.7, Lehrerkommentar S. 148,** mit vier charakteristischen Szenen aus dem Leben Simsons.
- Sch beschreiben das Geschehen auf den Bildern. Um Zeit zu sparen, werden Sch zur Lektüre der angegebenen Bibelstellen in vier Gruppen aufgeteilt. Anschließend ordnen Sch das Geschehen den Bildern zu.
- Zusammen finden Sch eine passende Überschrift und tragen die entsprechende Perikope unter dem Bild ein:

– *Bild 1 (Ri 14,6): Simson zerreißt den Löwen.*
  Simson verliebt sich in die junge Philisterin. Als er nach Timna hinabgeht, um sie zur Frau zu nehmen, fällt ihn ein Löwe an. Doch Simson, vom Geist des Herrn erfüllt, zerreißt den Löwen mit bloßen Händen.

Der Nasiräer Simson

Simson ist »Nasiräer« (hebr. *nazir* = ausgesondert, geweiht). In Num 6,1-21 steht das Nasiräergelübde formuliert. Nasiräer sein heißt, sich zeitlebens alles dessen zu enthalten, was vom Weinstock kommt, das Haupthaar nicht zu scheren und sich nicht durch die Berührung mit Toten zu verunreinigen. Simson wird bereits vor seiner Geburt Gott als Nasiräer geweiht. Der Frau des aus der Sippe der Daniter stammenden Manoach fordert ein Engel folgendes Gelübde ab: »Gewiss, du bist unfruchtbar und hast keine Kinder, aber du sollst schwanger werden und einen Sohn gebären. Nimm dich jedoch in Acht und trink weder Wein noch Bier und iss nichts Unreines ... Es darf kein Schermesser an seine Haare kommen, denn der Knabe wird von Geburt an ein Gott geweihter Nasiräer sein. Er wird damit beginnen, Israel aus der Hand der Philister zu befreien.« (Ri 13,3-5)

- *Bild 2 (Ri 15,15): Massenmord mit Kinnknochen.*
  Die Philister ziehen gegen Juda, um Simson gefangen zu nehmen. Um größeres Unglück abzuwenden, beschließen die Männer von Juda, Simson zu fesseln und den Philistern zu übergeben. Als die Philister mit Triumphgeschrei heranstürmen, zerreißt er die Fesseln und erschlägt mit dem Kinnbacken eines Esels tausend Männer.
- *Bild 3 (Ri 16,21): Kraft in der Locke.*
  Simson verliebt sich in Delila, eine Philisterin. Sie soll den Feinden der Israeliten verraten, woher er so große Kraft besitzt. Nachdem er die Philister mehrmals getäuscht hat (Er zerreißt sieben frische Sehnen sowie einen Strick, mit dem man ihn gefesselt hatte; den Webstuhl, an den die sieben Locken seines Haupthaares geknüpft waren, zertrümmert er), sagt er ihr endlich die Wahrheit: »Ein Schermesser ist mir noch nicht an die Haare gekommen; denn ich bin von Geburt an Gott als Nasiräer geweiht. Würden mir die Haare geschoren, dann würde meine Kraft mich verlassen« (Ri 16,17). Im Schlaf seiner Haare und damit seiner Kraft beraubt, überwältigen die Philister Simson und stechen ihm die Augen aus.
- *Bild 4 (Ri 16,30): Simsons Rache.*
  Die Philister feiern den Sieg über Simson als Sieg ihres Gottes über Jahwe. Mit Simson, dem die Haare inzwischen nachgewachsen sind, wollen sie ihren Spott treiben. Nun bittet Simson den Herrn, ihm seine Kraft zurückzugeben, damit er Rache nehmen kann. Als er die Mittelsäulen des Palastes aus dem Boden reißt, werden beim Herabfallen des Daches unzählige Philister erschlagen.
- L informiert Sch kurz über die Entstehungszeit der Simsongeschichte im babylonischen Exil und die durch den zeitlichen Abstand von 400 Jahren erklärbare Legendenbildung.

Julius Schnorr von Carolsfeld (1794-1872)
Schnorr von Carolsfeld studierte ab 1811 an der Wiener Akademie, wo er empfindsame Bilder mit vorwiegend religiöser Thematik zu malen begann. Auf der für seine Zeit obligatorischen Bildungsreise nach Italien (1817) schloss er sich in Rom der Bruderschaft der »Nazarener« an. Das war eine deutsch-romantische Künstlerkolonie, die wegen ihrer langen Haare von Zeitgenossen diesen Spottnamen erhielt. Natürlich wirkt die historisierende Art der Bibelillustrationen Schnorr von Carolsfelds aus heutiger Sicht naiv und – gemessen am Abstraktionsgrad moderner Malerei – künstlerisch eher fragwürdig (vgl. auch **AB 6.3.13, Lehrerkommentar S. 154**). In ihrer gegenständlich-übertreibenden Malweise kommen diese Bilder jedoch der Sehweise von Kindern dieses Alters entgegen.

Einen Geschichtsfries selbst gestalten
Auf *Orientierung 3* und *4* (**64ff.**) ist im unteren Teil des Buches ein »Geschichtsfries« abgedruckt, der eine Einordnung der biblischen Geschichten vom Exodus bis König Ahab ermöglicht.
- Sch gestalten selbst einen Geschichtsfries im Heft oder als GA auf einer Papierbahn an der Klassenzimmerwand.
- Wichtige Ereignisse aus der Geschichte Israels (und evtl. parallel dazu aus aller Welt) werden vermerkt erwähnt und kreativ ausgestaltetet. (Ein Überblick über die zeitliche Einordnung der biblischen Ereignisse findet sich z. B. im Anhang der Einheitsübersetzung.)

Propheten – Sprecher und Mahner Gottes
Orientierung 3 66 67

1. Hintergrund

Die Rolle der Propheten als Mahner und Rufer Gottes gegenüber König und Volk steht im Mittelpunkt von *Orientierung 3* (**66f.**). Mit dem Propheten und Richter Samuel befinden wir uns an der Nahtstelle zwischen Richter- und Königszeit. Von dem in die Jahre gekommenen Samuel fordern die Israeliten die Einsetzung eines Königs nach dem Vorbild der Nachbarvölker. Samuel deutete diesen Wunsch als Treuebruch des Volkes gegenüber Jahwe. Die sprachlichen Bilder, mit denen Samuel sein Volk vor der Einsetzung eines Königs warnt, sind ebenso düster wie unmissverständlich. Die **Zitate**, die um einen Holzschnitt von H. Groß gruppiert sind, lesen sich wie ein der Weitsicht abgerungener Katalog möglicher Verletzungen, derer sich ein König schuldig machen kann (Frondienst, Sklaverei, Habgier, Korruption, Ausbeutung, Steuern, Kriegsdienst, Leibeigenschaft).
Visuell verdeutlicht wird die Rolle der Propheten durch nebenstehende **Karikatur**. Der leicht angehobene Zeigefinger versinnbildlicht die Rolle des Mahners und Kritikers, der eingreift, wenn Macht missbraucht und Unrecht begangen wird. Dass dies nicht ohne Bedrohungen und Verletzungen abgeht, macht der eingebundene Zeigefinger deutlich.

Propheten sind aber nicht nur Mahner und Rufer, sie sind auch Gerufene. Dem Rufen geht der Anruf Gottes voraus. In dem nach oben, auf Gott gerichteten Blick wird dieser Umstand in dem **Bild von Rudolf Büder** sichtbar gemacht.
Das Bild ist als Folie enthalten in: *Bilder aus Religion vernetzt 5 und 6. 36 Farbfolien,* München 2004, ISBN 978-3-466-50716-0.

Rudolf Büder (1920-2002)
Der 1920 in Kamenz (Oberlausitz) geborene und in München lebende Künstler starb 2002 im Alter von 82 Jahren. Seine handwerkliche Ausbildung als Maler und Grafiker erhielt er im väterlichen Betrieb. Nach dem Kriegsdienst trat er in die Staatliche Kunsthochschule Bremen ein. Ab 1948 studierte er an der Akademie der Bildenden Künste in München bei Prof. Hermann Kaspar und Prof. Franz Nagel. Neben seinem künstlerischen Schaffen bildeten Lehr- und Beratertätigkeiten ein weiteres Aktionsfeld. Rudolf Büder fand seine Ausdruckskraft in vielen Gemälden, Grafik-Zyklen und Glasbildern, die eine visionäre Kraft und oftmals enge Beziehung zu Kosmos und Sternenwelt besitzen.
Ein Schwerpunkt ist seit Jahrzehnten die künstlerische Bearbeitung religiöser, speziell biblischer Aussagen. 1995 erhielt Rudolf Büder den Kunstpreis der Evangelisch-Lutherischen Kirche in Bayern für sein künstlerisches Lebenswerk.

2. Einsatzmöglichkeiten im RU

Propheten werden berufen
Mit Samuel gewinnt in der Geschichte Israels die Rolle des Propheten als Sprecher und Mahner Gottes an Bedeutung. Anhand **AB 6.3.8, Lehrerkommentar S. 149,** können Sch am Beispiel des Propheten Jeremia das Schema der Berufung erkennen, das in Variation auch bei Samuel Gültigkeit besitzt.

- Sch erhalten das AB und erkennen anhand von Jer 1,4-10 das Schema der Berufung:
- – Wie wird man Prophet? (Berufung durch Gott: »Ich habe dich ausersehen.«)
- – Wie reagiert der Berufene? (Er will sich dem Auftrag entziehen; Einwände und Ausreden: »Ich kann doch nicht reden, ich bin ja noch so jung.«)
- – Wie verhält sich Gott? (Gott sagt seine Hilfe zu, nimmt ihm die Angst: »Fürchte dich nicht!«)
- – Wie endet die Berufungsgeschichte? (Gott spricht durch ihn: »Ich lege meine Worte in deinen Mund.« Gott verleiht ihm Autorität: »Du sollst ausreißen und niederreißen ...«)
- Sch betrachten das Steinrelief auf dem AB und deuten die Symbolik: Hand – Engel – Mensch.
- – Hand: Gott führt den Menschen; Gott lenkt den Menschen nach seinem Willen; Gott gibt dem Propheten einen Auftrag; Gott führt den Menschen an seiner Hand.
- – Engel: Die Menschen haben einen Schutzengel; Gott greift nicht direkt in die Welt ein; Botschafter verkünden den Willen Gottes.
- – Mensch/Prophet: Gott führt den Propheten, ohne dass er es weiß; Gott segnet den Menschen; der Prophet gibt den Menschen das Lebensnotwendige (Brot).
- Das Symbol der führenden und den Weg weisenden Hand ist Sch von einer Abbildung aus der »Wiener Genesis« in Religion vernetzt 5, *Perspektiven 1* (**40f.**) bekannt. Beim Vergleich mit der dort thematisierten Berufungsgeschichte Abrahams lassen sich evtl. Grundwissenselemente hinsichtlich des Gottesbildes wiederholen.

Ansprache halten

- Sch greifen die zu Beginn des Kapitels thematisierten fremden bzw. selbst erlebten Missstände (vgl. *Kontext*, **58f.**) auf.
- – In GA suchen Sch nach belastenden Missständen (Schule, Familie, Gesellschaft).
- – Sch formulieren Anklagepunkte, möglichst mit konkreten Adressaten.
- – Sch zeigen Folgen/Bedrohungen auf (nach dem Muster: Wenn sich das nicht ändert, dann wird ...).
- – Sch finden Gegenmaßnahmen.
- – Jeweils ein Sch der KG trägt den Text vor der Klasse vor.
- – Im Plenum wird die Wirkung beurteilt (Warum ist Text x überzeugender als Text y?).

Beispiel:
Sehr geehrte Damen und Herren!
Oft quält mich die Frage, warum es auf der Welt Krieg und Terror gibt, warum die Menschen Streit nicht friedlich lösen können. Jeder Mensch empfindet Krieg und Terror als sehr schlimm, jeder sehnt sich nach Frieden, vor allem in Kriegsgebieten. Im Krieg sterben doch so viele unschuldige Menschen; Kinder verlieren ihre Eltern und ihr Zuhause.
Oft frage ich mich, warum es Kindersoldaten gibt, die von klein auf lernen mit einer Waffe umzugehen.
Ich fordere, dass keine Kindersoldaten mehr ausgebildet und alle Kindercamps aufgelöst werden! Denn wenn keiner mehr für den Krieg missbraucht wird, kann auch kein Krieg mehr entstehen.
Ich verlange, dass Menschen lernen, rücksichtsvoll miteinander umzugehen und Streit ohne Gewalt, Krieg und Terror lösen! Vor allem soll jeder Mensch lernen, den anderen so anzunehmen, wie er ist, und ihn zu verstehen.

Warnungen überprüfen

- Sch betrachten zunächst den Holzschnitt auf *Orientierung 3* (**66**). Welche Bedeutung haben Blickrichtung und Augen (Vision), Handhaltung (Beziehung zu Gott) und die ausgestreckten Finger (Anklage)?
- Der Prophet Samuel warnt die Israeliten vor der Einsetzung eines Königs. Sch lesen die entsprechenden Textstellen im Schulbuch (vgl. 1 Sam 8) und beurteilen das Verhalten des Königs.
- – Welche Verhaltensweise haltet ihr für besonders schlimm? Sch folgen dabei dem Muster: »Ich finde das Verhalten x besonders schlimm, weil...«.
- Wie wird Jahwe reagieren, wenn die Israeliten statt seiner einen irdischen König fordern?
- – Sch lesen 1 Sam 8 und erkennen, dass Jahwe dem Wunsch der Israeliten nachgibt.
- – L wirft die Frage auf: Warum fordern die Israeliten trotz der Nachteile einen König?
- – Wie waren die Erfahrungen der Israeliten mit Jahwe als König?
- Sch erhalten dazu **AB 6.3.9, Lehrerkommentar S. 150**, auf dem die Warnungen Samuels und die bisherigen Erfahrungen der Israeliten mit Jahwe gegenübergestellt werden. Dazu werden die Warnungen Samuels erneut aufgegriffen und in Form einer Ergebnissicherung auf das AB übernommen:

1 Sam 8,11-12:	Kriegsdienst und Unfreiheit.
1 Sam 8,12:	Sklaverei.
1 Sam 8,13:	Wegnehmen der Töchter, Leibeigenschaft.
1 Sam 8,14:	Bestechung, Eigennutz, Vetternwirtschaft.
1 Sam 8,16:	Frondienst, Ausbeutung.
1 Sam 8,15.17:	Steuern und Abgaben.

- L fasst die negativen Prophezeiungen in Form eines Resümees zusammen und konfrontiert Sch mit der Perikope 1 Sam 8,6, die als Zitat auf das AB übernommen wird: Dennoch: »Gib uns einen König, der uns regieren soll.« (1 Sam 8,6)
- Anhand ausgewählter Bibelstellen werden jetzt Israels Erfahrungen mit Jahwe untersucht; Sch lesen die Bibelstellen nach und tragen zusammen mit L die Ergebnisse in das AB ein:
  Gen 1,28: Jahwe segnet die Menschen; sie sollen die Erde bevölkern und über sie herrschen.
  Gen 9,5-7: Der Mensch ist Gottes Ebenbild; er besitzt Würde.
  Gen 17,6: Jahwe verspricht zahlreiche Nachkommen; er schließt mit ihnen einen Bund.
  Ex 6,5-8: Jahwe befreit aus Sklaverei; er verspricht Schutz, Land und eine neue Heimat; Erwählung.
- Sch erkennen, dass Jahwe Heil und Wohlergehen für sein Volk will; anschließend lesen Sch 1 Sam 8,7, gipfelnd in der paradoxen Schlussfolgerung: *»Ich soll nicht mehr ihr König sein.«*
- Zu ergänzen bleibt die Überschrift des AB. Sie liefert die Erklärung für die angesichts der Ergebnisse paradoxe Forderung nach Einsetzung eines Königs.
- – Welcher Vers liefert die Erklärung für den Wunsch der Israeliten? Abschließend wird die Überschrift auf das AB übernommen:
  »Auch wir wollen wie andere Völker sein« (1 Sam 8,20).

Die beiden Kunstbilder auf dem AB dienen der visuellen Unterstützung. Der Holzschnitt von Walter Habdank soll dabei nur die schützende Hand Jahwes illustrieren (zur Biografie Walter Habdanks siehe Religion vernetzt 5, Lehrerkommentar S. 20). Auf die hier gezeigte Hiobgestalt muss daher nicht eingegangen werden. Das untere Bild zeigt die gekrümmte Haltung des »verlorenen Sohnes«. Hans Thoma schuf 1919 diese Radierung (27,2 x 20,3 cm, Ulm, Museum der Stadt Ulm).

Mächtige stürzen

Orientierung 4 68 69

1. Hintergrund

Das Scheitern von Macht steht, wenn auch ganz unterschiedlich motiviert, im Mittelpunkt von *Orientierung 4* (**68f.**). Sie ist König Saul und dem Philister Goliat gewidmet. Jahwe widersetzt sich dem Drängen seines Volkes nicht. Mit **Saul** bekommt Israel seinen ersten König. Doch Sauls Regentschaft steht unter einem unglücklichen Stern. Wie der schnelle Aufstieg, so ist auch der Sturz Ausdruck des göttlichen Willens. Denn von Anfang an war eines klar: Jahwe duldet königliche Macht nur unter der Maßgabe, dass sie Bestandteil seiner göttlichen Ordnung bleibt und sich nicht verselbstständigt. Am Beispiel Sauls wird deutlich, dass Macht dann scheitern muss, wenn sie sich überhebt. Diese Überhebung wird auf zweifache Weise sichtbar gemacht: Zum einen maßt sich Saul mit der eigenmächtigen Darbringung eines Brandopfers priesterliche Autorität an und mischt sich in Amtsgeschäfte, die nur Samuel zustehen. Zum anderen hintergeht er Gott, indem er sich im Feldzug gegen die Amalekiter den besten Teil der Beute sichert, obwohl Jahwe die völlige Vernichtung des Gegners gefordert hatte. Die Problematik dieser Stelle besteht in der Unmittelbarkeit, da dort ein Gottesbild dargestellt wird, das uns einen den bedingungslosen Gehorsam fordernden Willkürherrscher vorführt.

Macht kann jedoch auch aus anderen Gründen scheitern. Mit der Gestalt des **Goliat** wird sichtbar, dass Macht dann scheitert, wenn sie sich aus hybrider Selbstüberschätzung auf rohe Gewaltanwendung beschränkt. Der reißerische Stil einer Boulevardzeitung eignet sich sehr gut dazu, vergleichbare David-Goliat-Konstellationen in der Gegenwart ausfindig zu machen (vgl. *Pinnwand,* **61**). Bildlich unterstützt wird diese Aussage auch durch die **Karikatur** mittels Verfremdung und Übertreibung.

2. Einsatzmöglichkeiten im RU

Gründe erkennen, Widersprüche verstehen

- Nach der Lektüre des Textes erhalten Sch **AB 6.3.10, Lehrerkommentar S. 151**. Dabei nehmen Sch eine Richterposition ein und beurteilen zunächst das Verhalten Sauls.
- Wie verhält sich Saul? Was lässt sich positiv/negativ über Saul sagen?
- Welche Verdienste, Eigenschaften sprechen für Saul?
- Welcher Verfehlungen macht er sich andererseits schuldig?

Sch-Ergebnisse:
Positiv am Verhalten Sauls:
»Saul kämpft erfolgreich für Israel.«
»Saul schont Mensch und Vieh. Das macht ihn menschlich.«

Aber sein Verhalten ist auch negativ:
»Saul mischt sich in die Amtsgeschäfte Samuels.«
»Saul hört nicht auf den Willen Gottes. Er schont den Erzfeind.«
»Saul versucht, sich zu bereichern.«

- Anschließend beurteilen Sch auch das Verhalten Jahwes:
- Welche Vorwürfe könnte man Jahwe machen (negativ)?
- Inwiefern verstößt Jahwe gegen seine eigenen Gebote?
- Aus welchen Gründen fordert Jahwe diese harte Vorgehensweise? Inwiefern handelt er gerecht?
- Hätte sich Jahwe aus dem Streit Israels mit den Amalekitern heraushalten sollen?
- Vergegenwärtige dir folgende Situation: Wie verhältst du dich, wenn jüngere Geschwister mit Gleichaltrigen streiten?
- Verfasst eine Anklage- und Verteidigungsschrift. Nachdem Sch ihre Antwort vorgetragen haben, bündelt L die Ergebnisse; diese werden in verkürzter Form auf das AB übernommen.

Sch-Beispiele:
Jahwe handelt ungerecht (negativ):
»Jahwe verstößt gegen sein eigenes Gebot: ›Du sollst nicht töten‹.«
»Gott hätte eigentlich Mitleid haben müssen. Mit den Menschen vielleicht nicht, aber mit den Tieren schon. Die können ja nichts dafür.«
»Gott ist grausam, weil er kein Mitleid hat.«
»Gott ärgert sich nur, dass Saul jetzt König ist, und will ihn wieder loswerden.«

Aber: Jahwe handelt auch gerecht:
»Saul hat gewusst, was passiert, wenn man Gottes Willen nicht gehorcht.«
»Gott kann nicht einfach wegschauen.«
»Jahwe durchschaut Saul. Saul will sich nur bereichern.«
»Jahwe will für Israel nur das Beste, wenn er seinen Erzfeind vernichtet. Die Amalekiter haben ja mit der Grausamkeit angefangen. Sie haben beim Auszug unschuldige Frauen und Kinder getötet.«
»Jahwe folgt nur dem Gesetz ›Auge um Auge, Zahn um Zahn‹.«

- Der Wille Jahwes wird nicht selten als Zumutung und grausame Überforderung empfunden. Dies zeigt sich auch in Gen 22, wo Gott von Abraham die Opferung seines Sohnes Isaak verlangt (vgl. Religion vernetzt 5, *Perspektiven 3,* **44f.**).
- Wo erkennst du Gemeinsamkeiten? Wo liegen die Unterschiede?
- Haben diese Geschichten euer Bild von Gott verändert? Erklärt euren Standpunkt.

David in der Boulevard-Presse

- Aufgrund der sprachlich-stilistischen Merkmale wird der Text »Gigant gestürzt« von Sch rasch als moderne Übertragung erkannt. Dahinter wird die Zeitlosigkeit der Geschichte deutlich.
- Welche Formulierungen stammen aus unserer Zeit?
- An welchen Stellen musstet ihr schmunzeln? Warum?
- Wo liegen möglicherweise Übertreibungen vor? Beachtet dabei auch die Art und Form der Überschrift.
- Warum arbeiten gewisse Zeitungen mit derartigen Übertreibungen?

David gegen Goliat PINNWAND 61

Sch finden Beispiele (z. B. Sport) für die Auseinandersetzung »David gegen Goliat«. Sch umschreiben diese Redensart (z. B. Favorit gegen Außenseiter, groß gegen klein, stark gegen schwach ...).

- Sch recherchieren moderne David-Goliat-Geschichten aus Sport und Politik.
- Was bedeutet in diesem Zusammenhang die Kari-

katur? Worin besteht hier das Mittel der Übertreibung?
- Ihr könnt jetzt selbst kreativ werden: Gestaltet zu diesem Thema eine Doppelseite im Heft (z. B. Karikatur, Zeichnung).

Das Original verstehen
- Sch lesen 1 Sam 17,1-54 und erstellen anhand der biblischen Vorgaben einen Steckbrief der beiden Kontrahenten. Ziel dieser kontrastiven Gegenüberstellung (siehe **AB 6.3.10, Lehrerkommentar S. 151**) ist es, Sch das dahinter stehende biblische Programm zu verdeutlichen.
- Welche Angaben macht der Text zu folgenden Punkten:
- – Kampferfahrung (Goliat: Soldat seit seiner Jugend, Vorkämpfer, Berufssoldat/David: Schafhirt, jung und unerfahren) .
- – Größe (Goliat: 6 Ellen und 1 Spanne, nimmt man nur die »gewöhnliche« (45,8 cm) und nicht die »königliche« Elle (52,5 cm) als Einheit, so ergibt sich selbst bei dieser Umrechnung eine fantastische Größe von 2,97 m/David: Keine Angaben).
- – Ausrüstung (Goliat: Helm und Schuppenpanzer aus Bronze, der fünftausend Schekel wog; Beinschienen/David: Ohne Rüstung).
- – Waffen (Goliat: Sichelschwert aus Bronze, Speer/David: Stock, Hirtentasche, fünf Steine, Schleuder).
- Errechnet das jeweilige Kampfgewicht. Wo in der Bibel keine Angaben gemacht werden, sind Schätzungen erlaubt. In der Einheitsübersetzung finden sich Anhaltspunkte, wie die damals gängigen Maß- und Gewichtsangaben (Elle/Schekel) umgerechnet werden können.
- – Wie konnte es trotz des deutlichen Ungleichgewichts (Goliat ca. 600 kg/David ca. 75 kg) zu diesem Ausgang kommen? Welche Hinweise gibt der Text? (Goliat: vertraut auf seine Ausrüstung und verhöhnt Gott; Ausgang: er fällt/David: vertraut auf Gott, innere Stärke; Ausgang: er siegt.).

Harfe und Flitzbogen

Orientierung 5 70 71

1. Hintergrund

Die Geschichte um König David konzentriert sich vornehmlich auf die beiden Samuelbücher. Bei der Lektüre werden schnell Ungereimtheiten und Widersprüche sichtbar. Beispielhaft ist die Einführung Davids am Hofe Sauls, für die in der Bibel drei Varianten vorliegen (1 Sam 16,14-23; 17,31-39; 17,55-58). Aufgrund dieser literarischen Brüche und Verwerfungen lässt sich schlussfolgern, dass hier keine Erzählung aus einem Guss vorliegt, sondern unterschiedliche Redakteure am Werk waren.
Auf die Frage, wodurch die »Karriere« Davids am Königshof Sauls eigentlich ermöglicht wird, bieten die Erzählungen um David in zwei unabhängigen Traditionen folgende Erklärungsversuche: Folgt man der ersten, so tritt David – als Goliatbezwinger hoffähig geworden – nach dem erfolgreichen Zweikampf in die Gefolgschaft Sauls ein. Nach der zweiten Tradition wird Saul wegen seines besonders anmutigen Harfenspiels auf David aufmerksam. Über die lindernde Wirkung, die sein Spiel auf die von Depressionen geplagte Seele Sauls ausübt, verschafft sich David demnach den Zugang zum Hof. Dass sich die »Doppelgesichtigkeit« Davids als kämpfender Held und feinsinniger Harfenspieler auch in diesen gegensätzlichen Traditionen spiegelt, ist daher nicht untypisch.
Deutlich wird jedenfalls, dass Macht, verstanden als die Fähigkeit andere Menschen zu beherrschen, nicht automatisch rohe Gewalt bedeuten muss. Mit Sensibilität und Musikalität spielt sich David in die kranke Seele König Sauls hinein. Neben der physischen Gewalt existiert die Kraft künstlerischer Ausdrucksweise; als kontrastive Erscheinungsformen dieser Ambivalenz stehen metaphorisch Harfe und Flitzbogen.
Dieser Gegensatz erscheint zunächst personifiziert in den Figuren Saul und David, wofür das Gemälde von **Otto Dix** Anschauungsmaterial liefert.

Otto Dix: »David vor Saul«, 1958
Das vorliegende Bild zeigt uns einen scheinbar untypischen Dix. Der mächtige Ankläger des Krieges scheint verstummt; Zeit- und Zivilisationskritik treten in den Hintergrund und biblische Themen dominieren das Schaffen des sonst hochpolitisierten und sozialkritischen Künstlers nach seiner Gefangenschaft 1945, in denen er seine eigenen Erfahrungen beleuchtet und widergespiegelt sah. Auf diesem biografischen Hintergrund gewinnt auch das Bild »David vor Saul« eine kritische, ja politische Stoßrichtung. Einen Hinweis gibt uns Dix, den Titel des Bildes reflektierend, mit folgendem Zitat: »Man kann es (das Bild) auch nennen ›Die Macht der Musik‹, man kann es aber auch nennen ›Die Macht des Geistigen über die pure Gewalt‹.« Die Harfe des Knaben David wird so zur »Metapher« für die Kunst allgemein, die mit Saul der totalen Macht entgegentritt.
Die Komposition des Bildes ist beeindruckend und spiegelt die angesprochene Antithetik auch durch seinen Aufbau: Saul, mit den typischen Insignien der

Otto Dix (1891-1969)
Otto Dix wurde am 2. Dezember 1891 in Untermhaus geboren. Nach einer Lehre als Dekorationsmaler im benachbarten Gera studierte er zwischen 1909 und 1914 an der Dresdener Kunstgewerbeschule, von 1919 bis 1925 dann an den Kunstakademien von Dresden und Düsseldorf. In zahlreichen Werken spiegeln sich die Erfahrungen des Künstlers als freiwilliger Frontsoldat im Ersten Weltkrieg wider. In diesem Kontext entstand später auch das Triptychon »Der Krieg« (1929-1932). 1927 erhielt Dix eine Professur in Dresden, wurde aber 1933 nach der Machtergreifung Hitlers entlassen und 1934 mit einem Ausstellungsverbot belegt. Seine Werke wurden zum großen Teil vernichtet, aber auch ins Ausland verkauft. Dix' realistisch ausgeführte, dabei aber oft grellfarbige und mit grotesken Details versehene Bilder der Zwanzigerjahre thematisieren bevorzugt sozialkritische Aspekte wie Armut, Gewalt, Tod und existenzielle Sinnlosigkeit, dargestellt im Kontext der großen Stadt. Die Menschen in seinen Bildern verzerrte Dix dabei häufig bis zur »Kenntlichkeit«, indem er ihre Physiognomie und körperliche Ausstrahlung polemisch überzeichnete. Daneben fertigte er zahlreiche Porträts und Selbstporträts. 1933 entstand mit »Die sieben Todsünden« ein letzter Zeitkommentar, bevor sich der seiner beruflichen und künstlerischen Existenz Beraubte in eine dörfliche Umgebung zurückzog. In dieser Phase schuf er vorwiegend Landschaften, Stillleben und Landschaftsbilder in spätexpressionistischer Manier. Anfang 1945 musste der Verfemte nochmals als Soldat einrücken. Nach dem Zweiten Weltkrieg nahm Dix den zeitkritischen Bezug wieder auf, dabei noch stärker auf eine christliche Thematik zurückgreifend. In Singen fertigte er für das dortige Rathaus ein großes Wandgemälde (Krieg und Frieden, 1960). Hier starb Dix am 25. Juli 1969.

Macht ausgestattet (Herrscherstab, Krone, Herrschergewand und Machtgebärde), dominiert die obere Bildhälfte. Die Gegenwelt des Geistes und der Kunst wird in der unteren Hälfte des Bildes sichtbar. Wenn David in gebeugter Stellung vor Saul liegt, so ist dies keine Geste der Huldigung, sondern gibt die Situation des »entarteten Künstlers« in der Diktatur wieder, der Unterdrückung und Unterwerfung am eigenen Leibe erfahren hat. Der Herrschaftsstab wird damit zum Knüppel, zum Symbol primitiver Macht und Gewalt, die keinen Widerspruch duldet und alles Geistige unterwirft. Das Fehlen innerer Freiheit zeigt sich auch in der Figur des Saul: Schon der massive Körper wirkt bedrohlich und macht Angst; dazu kommt der kantige und halslose Kopf, der Starre und Verkrampftsein signalisiert. Davids feingliedriger Knabenkörper steht dazu in deutlichem Kontrast. Introvertiert, mit geschlossenen Augen, ist er ganz der Musik, seinem Instrument ergeben, das er mit zarten Fingern spielt. Über Instrument und Körper liegen Helligkeit und Glanz, wodurch der Maler einen Hinweis darauf gibt, welche heilende oder auch lebenserhaltende Funktion er der Kunst überhaupt, aber auch – dem Kontext entsprechend – in der Diktatur beimisst. So gesehen ist dieses Bild auch ein Hoffnungsbild, mit dem Dix zum Ausdruck bringt, wem die Zukunft gehört.
Das Bild ist als Folie enthalten in: *Bilder aus Religion vernetzt 5 und 6. 36 Farbfolien,* München 2004, ISBN 978-3-466-50716-0.
Der **Freudenpsalm Davids** (Psalm 150) eignet sich dazu, den Gegensatz zwischen dem von Jahwe fallen gelassenen Saul und dem Gottesgünstling David aufzuzeigen. Daneben bietet sich hier die Gelegenheit, David als Psalmendichter kennen zu lernen. Andererseits werden beide Seiten als Riss, als Zwiespalt in der Figur Davids selber sichtbar. Diese moderne, psychologisierende Deutung lässt sich auch aus dem Gemälde von **Marc Chagall** (zur Biografie siehe Lehrerkommentar S. 113) herauslesen.

Marc Chagall: »David mit der Harfe«, 1956
Mit der 1956 entstandenen Farblithographie »David mit der Harfe« greift Marc Chagall ein Bildmotiv auf, das sich auf den ersten Blick vollkommen in die Bildtradition der Verve-Bibel einfügt: David, sitzend auf einem Thron, ausgestattet mit königlicher Robe und zackiger Krone, figuriert als *Rex et Propheta,* als König

Psalmen
Der Psalter ist das Gebet- und Gesangbuch des Volkes Israel. Die Liebe zum »Haus des Herrn«, dem Tempel, und die Freude an den geistlichen Segnungen in Gottes Gemeinschaft finden einen starken Widerhall in Psalmen (z. B. Ps 26 und 84, 42 und 43). Der gottesdienstliche Gebrauch der Psalmen geht auch aus den Überschriften hervor, die Anweisungen zum musikalischen Vortrag geben. Durch oftmaliges »Halleluja« wird die Gemeinde zur hymnischen Antwort aufgerufen.
Die Spannweite der in den Psalmen ausgesprochenen Gefühle und Gedanken reicht von tiefster Traurigkeit bis zu jubelnder Freude, in der der ganze Kosmos aufgerufen wird, in den Lobpreis Gottes einzustimmen. In der Art, wie die Psalmisten Gott anrufen, bitten, preisen und ihm danken, in der Art, wie sie ihm ihr Herz ausschütten, ihre Schuld und Angst bekennen, wird offenbar, wie sich Gott ihnen offenbart hat. Die meisten, nämlich 73 Psalmen, werden David zugeschrieben.

und prophetischer Sänger, entspricht damit dem Idealbild eines Herrschers, der in Personalunion zwei Herrschaftsbereichen vorsteht: dem Bereich weltlicher Macht und dem Reich des Geistes. Gleichzeitig kommt David damit dem Urbild des mittelalterlichen Dichter-Sängers nahe, der im Harfenspieler und Psalmisten die beiden Künste »Musik« und »Dichtung« vereinigt. Allerdings führt uns Chagall den Nachfolger Sauls, der nach 1 Sam 16,14ff. am Königshof aufspielt, um die Depressions- und Schwermutsanfälle seines Vorgängers zu besänftigen, hier selbst als gebrochenen Menschen vor. Nach links gelehnt, sich vom Instrument, der neunsaitigen Harfe abwendend, wirkt David kummervoll und traurig, im Spiel erscheint er ganz abwesend. Der Kopf ist gesenkt, David blickt starr nach unten, als denke er an etwas anderes. Die Harfe wirkt wie ein Fremdkörper in seinen Armen, was durch die Schräghaltung des Instruments, deren Saiten eine Diagonale von links unten nach rechts oben bilden, noch unterstrichen wird. Im Gegensatz zu der die königliche Macht und das Amt verkörpernden Krone, die in ihrer kantig-spitzen Form auch das Wesen der Macht selbst symbolisiert, stehen die weichen Rundungen des Instruments, mit denen der Künstler und Privatmensch David charakterisiert wird. Achtet man auf die Farbgebung, so fällt vor allem das mit dem Rot-Braun von Hintergrund und Gestalt kontrastierende Weiß des Gesichts und der darüber sitzenden Krone auf. Mit der Farbgebung von Kopf und Krone (links oben) korrespondieren am rechten bzw. unteren Rand die musizierenden Hände, wodurch der Gegensatz zwischen Staatsraison und Gefühl, zwischen Macht und Kunst hervorgehoben wird. Als wüsste der Kopf nicht, was die Hände tun, ordnet Chagall Denken und Handeln zwei auch räumlich entgegengesetzten Sphären zu und verdeutlicht so den Riss, der – markiert durch die querliegende Harfe – durch diesen Menschen geht.
Als Verdichtung fungieren die beiden **Bibelstellen** (1 Sam 24,14; 2 Sam 11,15), die im Vorgriff schon die dunkle Seite im Charakter Davids erkennen lassen. Der Seitenblick auf die Freundschaft zwischen **David und Jonatan** kann als eine Art Dilemmageschichte (zur Dilemmageschichte siehe Lehrerkommentar, S. 74f.) gelesen werden. Dabei stellt sich für Jonatan die Frage, welcher Stimme er folgen soll: der Stimme des Herzens oder der Stimme familiärer Bindung.

2. Einsatzmöglichkeiten im RU

Beschreiben und deuten des Bildes von Otto Dix

- Sch beschreiben Saul und David:
- – die Haltung des Körpers (Saul: aufrecht, kräftig, steif, mächtige Erscheinung – David: sich anschmiegend, schmächtig, hingebungsvoll).
- – Form, Aussehen und Haltung des Kopfes (Saul: dem Blick des Betrachters ausweichend, hartes Profil, mächtiger Kopf, Bart – David: Frontalansicht, verträumter Blick, weiche Züge, bartlos).
- – Arme und Hände (Saul: Speer in der zur Faust geballten Hand – David: offene Hand, in die Saiten einer Harfe greifend).
- Welche Eigenschaften/Charakterzüge wollte der Maler mit der Darstellung zum Ausdruck bringen?
- Was bedeuten in dieser Hinsicht Harfe und Speer? (Hinweis auf die statische Senkrechte des Speers im Gegensatz zur dynamisch-runden Form der Harfe)
- Brainstorming: Was fällt euch ein zu den Begriffen »Harfe« (Musik, Kunst, Gefühl, Ruhe) und »Flitzbogen« (Gewalt, Krieg, Angriff, Aggression).

In die Welt des Psalms 150 eintauchen

- Sch lesen Psalm 150. Da die Behandlung der Psalmen bzw. Psalmworte im Religionsunterricht der Grundschule einen breiten Raum einnimmt, soll hier weniger auf die Gattung, sondern den konkreten Inhalt des vorliegenden Psalms eingegangen werden.
- – Welches Lebensgefühl verbirgt sich dahinter?
- – Einige Musikinstrumente kommen uns heute eher fremd vor. Welche?
- – Sicherlich würdet ihr euch heute anders ausdrücken. Übersetzt diesen Psalm in eure Sprache.

Beispiele:

Yeah!
Preist den Herrn in seiner Kirche!
Yeah!
Denkt an ihn, wo ihr auch seid!
Singt ihm Pop und Klassik!
Spielt ihm mit Schlagzeug oder Keyboard auf.
Juhu!
Tanzt ihm Jazz und Tango!
Macht mit bei seiner coolen Party!
Super! Yippie! Yeah!

Lobt Gott im Himmel!
Lobt ihn wegen seiner großen Taten!
Lobt ihn mit Skratchen der DJs!
Lobt ihn mit E- und Bassgitarre!
Lobt ihn mit Drums and Breakdance!
Lobt ihn mit groovigem Sound!
Wo ihr auch seid,
Checkt ein now!

- Auf der Homepage der Evangelischen Kirche in Deutschland (www.ekd.de) findet sich unter dem Link »Spiele« ein Rätsel zum Thema Psalmen.

Verhaltensweisen erklären

- Sch lesen in der Einheitsübersetzung 1 Sam 24,1-23. Nach Austeilung von **AB 6.3.11, Lehrerkom-**

mentar S. 152, werden die Erschließungsfragen beantwortet.

- *Ort:* Berge von En-Gedi
- *Was passiert?* Saul trachtet David nach dem Leben; als dieser David in die Hände fällt, lässt ihn David am Leben.
- *Begründung Davids:* Er will ihn nicht töten, denn er ist der Gesalbte des Herrn.
- *Reaktion Sauls:* Er weint und erkennt David als neuen König an.

• L fasst die Ergebnisse zusammen. Anschließend erfolgt die Lektüre von 1 Sam 26,1-25 und die Beantwortung der Fragen.

- *Ort:* Wüste von Sif, Anhöhe von Hachila.
- *Was passiert?* Saul fällt David in die Hände; dieser schont ihn abermals.
- *Begründung Davids:* »Mich aber bewahre der Herr davor, dass ich meine Hände gegen den Gesalbten des Herrn erhebe.«
- *Sauls Reaktion:* Reue: »Ich habe gesündigt. Komm zurück, mein Sohn David!«, 1 Sam 26,21.

• Die erste Bibelstelle lässt eine Art »Happy End« vermuten. Warum kommt es wenig später zu einer Wiederholung? Die folgenden Sch-Antworten sind typisch: »Saul ist neidisch und eifersüchtig«, »Eigentlich will Saul seinen Rivalen loswerden. Er bereut nicht wirklich«, »Er lenkt nur ein, weil er gerade bloßgestellt wurde. Danach kommt der alte Groll wieder in ihm hoch.«

• David geht auf Sauls Bitte ein (»Komm zurück, mein Sohn David!«) und folgt ihm an den Hof. Das Bild auf dem AB könnte dort entstanden sein.

- Wie muss sich Saul nach den oben beschriebenen Vorgängen fühlen?
- Was geht in David vor?
- Schreibt ihre Gedanken in die Sprechblasen.

Beispiele:

SAUL: Zum Glück hat er mich nicht umgebracht! Ganz schön leichtsinnig von ihm. Ich hätte an seiner Stelle anders gehandelt. Beim nächsten Mal muss ich ihm zuvorkommen! Ich werde König bleiben!

DAVID: Gott wird Saul für sein Tun bestrafen. Bald werde ich an seiner Stelle König sein!

SAUL: Ich mag ihn nicht, diesen Tausendsassa! Alles fällt ihm in den Schoß! Nun will er mir auch noch den Sohn und die Macht wegnehmen.

DAVID: Warum er mich wohl an den Hof geholt hat? Sicher ist seine Reue nur gespielt. Ich muss auf der Hut sein!

SAUL: Wie gnädig, dieser David! Jetzt hat er mir schon zum zweiten Mal das Leben geschenkt. Welche Demütigung!

DAVID: Alter, trauriger Mann! Deine Zeit ist um! Das solltest du jetzt gemerkt haben.

Tagebuch schreiben

(Alternativ oder ergänzend zu den Sprechblasen auf AB 6.3.11, Lehrerkommentar S. 152)

- Schwermut und Isolation Sauls sind nicht allein Ergebnis eines krankhaften Gemüts, sondern Symptome einer Überforderung. Sch sehen in Saul nicht allein den König, sondern den Menschen (Überforderung, Erniedrigung, Neid des Verstoßenen gegenüber dem Günstling Gottes).
- Mit welchen Gefühlen betrachtet Saul die Freundschaft zwischen Jonatan und David?

Freundschaft in der Klemme

• Sch beschreiben das Gefühls-Dilemma Jonatans:

- Was bewundert Jonatan an David?
- Warum fühlt Jonatan Mitleid mit seinem Vater?

• Angenommen Saul stellte Jonatan vor die Wahl: »Ich oder er?!« Wie würdet ihr euch entscheiden? Begründet eure Meinung.

• Was hat Vorrang? Familie oder Freundschaft?

• Sch berichten über ähnliche Erfahrungen.

Beispiele:

Jonatan schreibt am Abend in sein Tagebuch:

Ich stehe vor einer schweren Entscheidung: Ist mir Davids Freundschaft wichtiger oder der Vater? Es sind beides wichtige Menschen in meinem Leben. Aber Vater tut David Unrecht, und nur, weil er eifersüchtig ist. Ich will ihm nicht helfen, meinen Freund zu ermorden. Und doch ist er mein Vater, auf den ich hören sollte. Wer weiß, vielleicht macht das Amt als König auch David zu einem herrschsüchtigen Monarchen, denn Freunde von Vater haben erzählt, dass auch er früher anders war. Logisch, sonst wäre er ja nie von Gott zum König erwählt worden. Wenn wir David töten, würde ich Thronfolger werden und könnte nach Vaters Tod Israel regieren. Doch ich denke, dass ich nicht dazu fähig bin. Aber wenn ich zu David stehe, kann es sein, dass Vater mich als Verräter abstempelt und mir nachstellt. Würde ich mich ganz heraushalten, stünde ich in beider Missgunst. Ich muss schnell handeln! Wenn Vater mir verspricht, David nicht mehr zu verfolgen, stehe ich zu ihm. Dann haben beide etwas davon. Andererseits wird Vater sowieso nicht König bleiben. Wenn David stirbt, erwählt Gott eben einen anderen. Dann wäre keinem gedient. Meinem Vater bringt die Ermordung Davids also nichts! Ich muss also zu David stehen. Vater erkennt mich dann zwar nicht mehr als Sohn an, doch das Risiko muss ich wohl eingehen. Dazu ist Saul nicht mehr gläubig, David dagegen schon. David ist gütig und verzeihend, er würde nicht sündigen.

Jonatan

Liebes Tagebuch!
David ist wirklich toll! Er hat schon viel erlebt und ist sehr stark, trotzdem ist er gar nicht eingebildet. Er ist nett zu mir. Aber ich weiß nicht, was ich machen soll. Mir geht es nicht gut. Ich bin hin- und hergerissen. David oder mein Vater?! Natürlich könnte ich König werden, aber so ein schlechter Freund will ich nicht sein. Ich möchte David nicht hintergehen. Außerdem hat Papa eigentlich sein Wort gegeben, dass David König werden soll, dann sollte er es auch halten!
Ich möchte die Freundschaft zu David nicht zerstören. Er soll König werden. Wenn ich aber nicht zu ihm halte, wird Vater ihn töten. Das will ich jedoch nicht; da verzichte ich lieber auf den Thron! Ich hoffe, dass sich alles regeln wird, ohne Blut und Tote!
Jonatan

Widersprüche sichtbar machen.
- Sch lesen die beiden David-Zitate im Schulbuch (1 Sam 24,14 und 2 Sam 11,15).
- – Welches der beiden Zitate überrascht?
- – Wo würde man eher Saul als Sprecher vermuten?
- – Saul und David sind sich hier in einem Punkt sehr ähnlich. In welchem?

Beschreiben und deuten des Bildes von Chagall
- Sch erkennen mithilfe von Erschließungsfragen die zwei Seiten Davids.
- L legt zur besseren Veranschaulichung eine vergrößerte Kopie des Bildes (Folie) auf den Tageslichtprojektor und deckt das Bild teilweise ab.
- – Wie würdet ihr das Gesicht zu dem Harfenspieler malen?
- Sch erkennen, dass Gesicht und Harfe in entgegengesetzte Richtungen gerichtet sind.
- Sch betrachten das Gesicht genauer (starrer, harter Blick nach unten, Bart, zackige Krone als Ausdruck der Macht). Im Gegensatz dazu die am Herzen liegende runde Form der Harfe, in deren Saiten die Hände greifen.
- – Ordnet die beiden Bibelzitate im Schulbuch den beiden Seiten Davids zu.

David und Batseba

Orientierung 6 72 73

1. Hintergrund

Israel ist unter König David auf dem Höhepunkt seiner Machtentfaltung angekommen. Die Kehrseite der Macht aber ist ihr Missbrauch. Diese dunkle Kehrseite steht jetzt im Mittelpunkt. Die David-Batseba-Erzählung eignet sich sehr gut dazu, diesen Sachverhalt zu thematisieren. In dem **Gespräch der Frauen** auf dem Marktplatz werden die »Verfehlungen« Davids zur Sprache gebracht und als »Klatschgeschichte« dargeboten, wodurch das gesunde Volksempfinden noch besser zum Ausdruck kommt. Wie aber einem absoluten Herrscher die Wahrheit sagen? Dass dies nur von übergeordneter, göttlicher Seite geschehen kann, wird in der **Natan-Parabel** deutlich. Erst mithilfe des Spiegels, der David vorgehalten wird, kommt David zur Erkenntnis seiner Schuld. Die blind machende Selbstgefälligkeit der Mächtigen, deren Denken nur zu oft um sich selbst kreist, wird so zum Ausdruck gebracht.
Visuell unterstützt wird diese Aussage durch die Illustration **David vor dem Spiegel**. Erst nachdem David von Natan darauf gestoßen wird, erschrickt er vor der hässlichen Fratze seines Tuns, die der egoistischen Eitelkeit seines »Liebesrausches« entgangen war. Dass es dieses Anstoßes von außen, Natans/Gottes, bedarf, macht deutlich, wie wenig verinnerlicht sich die Stimme Gottes als autonomes Gewissens bei David noch zeigt.
Auch das **Gedicht** von Heinrich Heine führt uns König David vor allem als machtbewussten Despoten vor. Willkürherrschaft und Versklavung des Volkes werden illusionslos ebenso als machttypische Verhaltensweisen ausgewiesen wie der Auftragsmord, mit dem er den in Ungnade gefallenen Feldherrn Joab noch posthum aus der Welt schaffen lässt. Das Gedicht »König David« ist im ersten Band der Gedichtsammlung »Romanzero« (1851) erschienen. Verklärung und eine geschichtsbedingte posthume Überhöhung sind Heine fremd. Selbst von der jüdischen Kulturtradition geprägt, weiß Heine von der Bedeutung des Davidischen Königtums für die Entstehung eines jüdischen Nationalbewusstseins. Was jedoch für sein Verhältnis zu Deutschland und den Deutschen gilt, trifft auch im Bezug auf das Judentum zu: Liebe und beißende Kritik schließen sich nicht aus, sondern scheinen sich bei Heine zu bedingen.
Auch machte sich Heine, der über Zensur und Verfolgung selbst Opfer einer repressiven Machtpolitik wurde, keine Illusionen darüber, welcher Mittel sich die politisch Einflussreichen zu bedienen pflegen, wenn es um den eigenen Machterhalt geht. Ganz unverblümt nennt er David einen Despoten und seine Regierung eine Willkürherrschaft (erste Strophe). Heines Blick kommt aus der Tiefe; von dort unten, aus der Perspektive des getretenen Volkes, dem er seine Sympathie nicht verweigert (»Armes Volk«), schaut er auf die Macht, die nicht davor zurückschreckt, des kleinen Manns Genick zu brechen, wenn er sich seinem Joch nicht beugt (zweite Strophe).

Heinrich Heine (1797-1856)
Heinrich Heine, 1797 in Düsseldorf geboren, gestorben 1856 in Paris, kommt aus einem jüdischen Elternhaus. Nach der Gymnasialzeit in Düsseldorf absolviert er eine Lehre im Bankhaus seines Onkels Salomo Heine in Hamburg. Nach erfolgloser Führung eines Manufakturwarengeschäfts beginnt er ein Jurastudium, das er 1825 mit der Promotion zum Dr. jur. in Göttingen abschließt. Noch im gleichen Jahr tritt er zum protestantischen Christentum über und erhofft sich dadurch gesellschaftliche Akzeptanz und die Möglichkeit zur Ausübung seines Berufs, wozu es jedoch nicht kommt. Denn die wahre Begabung und Leidenschaft Heines liegt im Schreiben.
Heine gilt als bedeutendster Lyriker zwischen Romantik und Realismus. Seine Gedichte prägten vor allem Ironie, Spott und bissige Satire, die er im Gefolge der Autoren des »Jungen Deutschland« gegen das in Deutschland immer noch feudale Herrschaftssystem richtet. Es liegt in der Logik der restaurativen Metternichzeit, dass seine zeitkritischen und politischen Gedichte durch einen Bundestagsbeschluss 1835 verboten werden. Zu diesem Zeitpunkt weilt Heine, dessen Werke in Deutschland nur stark zensiert erscheinen dürfen, schon vier Jahre als Korrespondent der »Augsburger Allgemeinen Zeitung« in Paris, wo er die Ziele der französischen Revolution, Freiheit, Gleichheit und Brüderlichkeit verwirklicht sieht und das er bis zu seinem Lebensende nicht mehr verlassen wird. Von 1837 an plagt ihn ein heftiges Augenleiden und seit 1848 eine Rückenmarksstarre, die ihn aufs Krankenlager zwingt. Dort pflegt ihn bis zu seinem Tod seine französische Geliebte und seit 1841 Ehefrau Créscence Eugenie Mirat, besser bekannt unter Heines selbst gewähltem Kosenamen Mathilde.

Wie auf dem Sterbelager, bei der jetzt gebotenen Kürze, lakonisch und fast wie nebenbei über Leben und Tod Joabs befunden wird, das demonstriert Skrupellosigkeit, Zynismus und den vielen Heinegedichten eigenen Sprachwitz (dritte Strophe). Gleichzeitig wird eine bis heute gültige Eigenheit politisch Verantwortlicher sichtbar: Unbequeme Entscheidungen werden vertagt und nach dem Prinzip der unschuldigen Hände der nächsten Generation aufgebürdet (vierte Strophe). Dass David dieser Auftrag zum Mord als ein Gebot politischer Klugheit in den Mund gelegt wird, entlarvt nicht nur David, sondern auch die viel beschworene Weisheit Salomos, die eben auch als Machtkalkül daherkommen kann. Es grenzt jedoch an Blasphemie und religiösen Tabubruch, wenn Heine dem Mordkomplott durch das verwendete Vokabular (»gottesfürchtig«, »fromm«) auch noch die entsprechende göttliche Rückendeckung zuspricht (fünfte Strophe).

2. Einsatzmöglichkeiten im RU

Klatschgeschichten

- Sch lesen das Gespräch der drei Frauen auf dem Marktplatz.
  - Welche Vorwürfe werden David hinter vorgehaltener Hand gemacht?
  - Welche Warnung Samuels findet sich hier bestätigt?
  - Welche Details erfahren wir über Batseba?
  - Welches Schicksal erlitt Urija, der Ehemann Batsebas?
  - Warum spielt der Prophet Natan eine so wichtige Rolle?
- Klatsch- und Tratschgeschichten sind nicht immer so nahe an der Wahrheit wie in diesem Fall. Oft verzerren sie den Sachverhalt oder werden zur Lügengeschichte, was sich für die betroffenen Menschen verhängnisvoll auswirken kann. Nennt Beispiele aus eurem Umfeld (Klasse, Familie, Stadt usw.).
- Durch derartige Geschichten, von einschlägigen Medien verbreitet, werden Menschen nicht selten in die Enge getrieben, manchmal sogar ruiniert. Vor allem Personen des öffentlichen Lebens sind davon betroffen. Kennt ihr solche Fälle?
- »Paparazzi« (aufdringliche Pressefotografen, Skandalreporter) erhalten für das richtige Foto, die außergewöhnliche Story kaum vorstellbare Geldbeträge. Deshalb helfen sie der Wahrheit oft etwas nach. Diskutiert in der Klasse, wer daran Schuld hat: die Medien oder die Leser/innen?

Die Natan-Parabel verstehen

- Sch erhalten **AB 6.3.12, Lehrerkommentar S. 153,** auf dem der Graph einer Parabel und die Symmetrieachse (Spiegelachse) abgebildet sind. Mit dem Verweis auf die Mathematik, aus der die Möglichkeit der Spiegelung bekannt ist, erläutert L die »Funktionsweise« der Gattung Parabel.
- Sch erkennen in der Parabel eine Form gleichnishaften Sprechens. Dabei kann von der Bildebene, der eigentlichen Geschichte, auf eine Bedeutungsebene, die der/die Sprechende, hier Natan, im Auge hat, geschlossen werden.
- Zu den Handlungsschritten und Figuren der Geschichte lassen sich also entsprechende Spiegelbilder ausfindig machen. Es hängt nicht zuletzt von der Kreativität und Fantasie der Sch ab, wie viele Spiegelmöglichkeiten gefunden werden. Dieses Vorgehen bereitet Sch in der Regel keine Schwie-

rigkeiten, kann aber vom L im Bedarfsfall durch Zusatz- und Hilfsfragen erleichtert werden. Dies sollte in jedem Fall für den Punkt der Parabel gelten, in dem Bild und Bedeutung zusammentreffen. Dieser Schnittpunkt, der beide Ebenen verbindet und zusammenhält, stellt auch den die Erkenntnis vermittelnden Höhepunkt, die Pointe der Geschichte dar. In unserem Fall lautet diese Erkenntnis: »Du selbst bist dieser Mann!«

Jahwes Reaktionen prüfen

- Sch lesen 2 Sam 12,7-25 und übertragen nach Beantwortung folgender Erschließungsfragen ihre Ergebnisse auf das **AB.6.3.12, Lehrerkommentar S. 153**.
- – Welche Anklage erhebt Jahwe gegen David?
- – Wie lautet sein Urteil?
- – Wie verhält sich David?
- Betrachtet erneut das Bild »David und Batseba« von Marc Chagall auf der *Titelseite* (**57**). Erzählt anhand des Bildes die Geschichte nach.

Lösung zu AB 6.3.12, Lehrerkommentar S. 153:

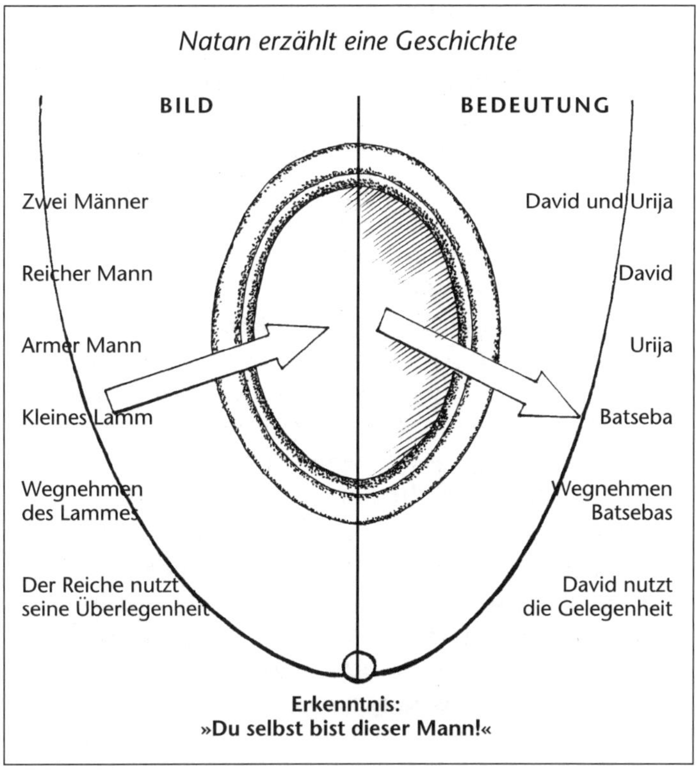

TA zu »Jahwes Reaktionen prüfen«:

Natan verkündet Gottes Willen
(2 Sam 12,7-25)

Jahwe ...		**David ...**	
klagt an:	Missachtung des Wortes Gottes (V. 9) Erschlagen Urijas (V. 9) Ehebruch (V. 9)	tut Buße:	Eingestehen der Schuld (V. 13) fastet (V. 16)
spricht sein Urteil:	Bedrohung mit Krieg (V. 10) Zwietracht in der Familie (V. 11) Wegnehmen der Frau (V. 11) Sohn muss sterben (V. 14)		fasst neuen Lebensmut (V. 23f.)
verzeiht:	vergibt Sünde (V. 13)		

Weisheit und Machtspiele

Orientierung 7 74 75

1. Hintergrund

Reichtum und Macht des Königs Salomo sind legendär. Als Erbauer des Tempels und »Verfasser« weisheitlicher Werke – viele von ihnen wurden ihm erst im Nachhinein zugeschrieben – steht seine Herrschaft für Prachtentfaltung nach außen wie den Höhepunkt geistiger Kultur nach innen. Salomo bringt das Großreich Israel/Juda auf den Zenit seiner Macht und Jerusalem wird dessen politischer wie kultischer Mittelpunkt. Mit dem Zuwachs an repräsentativer Herrschaftsentfaltung geht jedoch ein Verlust geistig-religiöser Identität einher, denn durch die Zulassung fremder Götter untergräbt Salomo die im Sinai-Bund festgeschrie-

bene Forderung nach Ausschließlichkeit in der Beziehung zwischen Jahwe und seinem Volk.
Der vorliegende **Tagebucheintrag** reflektiert genau diesen Zwiespalt. Er verdeutlicht gewissermaßen das gesunde Volksempfinden, dem sich ein nur dem Machterhalt dienendes Denken längst entfremdet hat.
Über die 40-jährige Regierungszeit des Königs Salomo unterrichtet 1 Kön 3-11. Sagenhafte Erzählungen über Salomos Weisheit und Reichtum finden sich dort ebenso wie chronikartige Notizen oder Beamtenlisten. Der Versuch, die im Charakter wenig homogenen Stücke zu einer chronologischen Salomogeschichte zusammenzufügen, gelingt dem deuteronomistischen Verfasser daher nicht immer. Theologisch besteht seine Absicht darin, den Beginn von Salomos Amtszeit mit Tempelbau und Weisheit in einem günstigen Licht erscheinen zu lassen. Vom Zenit seiner Macht bis zum Lebensende erfährt die Regentschaft Salomos jedoch eine negative Bewertung (ab 1 Kön 11: Salomos Bundesbruch); beispielhaft sind die Episoden um die ausländischen Frauen und der Abfall von Jahwe. Auch die Liquidierung seines Halbbruders Adonija, eines möglichen Konkurrenten um die Macht, sowie die Ermordung des altgedienten Feldherrn Joab sind auf diesem Hintergrund zu sehen. Der egoistisch an der Festigung der eigenen Hausmacht orientierten Politik dient ebenfalls die Absetzung des Priesters Abjatar, an dessen Stelle Salomos Favorit Zadok tritt. Geschichtstheologisch, aus der retrospektiven Sicht des Verfassers, stehen die Zeichen mit Salomos Regentschaft auf Verfall, der sich 926 v. Chr. mit der Teilung des Reiches auch politisch manifestiert.

Silke Rehberg: »Salomos Bitte um Weisheit«, 2003
Wie auf einer Bühne wird das Geschehen im Gerichtssaal präsentiert. Der Königsthron steht auf einem hohen Podest, zwei mächtige Säulen im Hintergrund rahmen den richtenden Salomo. Der Fußboden ist kunstvoll getäfelt. Das Ambiente entspricht durchaus der biblischen Beschreibung der Bautätigkeit des Königs. *»Er schuf die Thronhalle, das ist die Gerichtshalle, um darin Recht zu sprechen. Sie war vom Fußboden bis zum Gebälk mit Zedernholz ausgetäfelt«* (1 Kön 7,7). Die verschwenderische Vorliebe Salomos für Zedernholz, den kostbaren Exportartikel des Libanon, wird in der Bibel oft – und durchaus nicht beifällig – erwähnt. Der Pfau, präziser: das Pfauenmännchen, rechts neben dem Thron ist eine vielschichtige Bilderfindung, nicht bloß Dekoration, die zu einem orientalischen Herrscher passt. Sie kann, wie auch das Kissen, auf dem ein Fuß des Königs ruht, den Sinn für Bequemlichkeit und Luxus unterstreichen ... Der Pfau, der balzend sein Rad schlägt, charakterisiert also *»Salomo in all seiner Pracht«* (Mt 6,29) und kann durchaus als »kritisches« Attribut verstanden werden. Übrigens ist

Silke Rehberg (geb. 1963)
Die Malerin und Bildhauerin Silke Rehberg wurde 1963 in Ahlen, Nordrhein-Westfalen, geboren. Die Meisterschülerin von Timm Ulrichs studierte unter anderem an der Freien Akademie Münster, hat bereits zahlreiche Auszeichnungen für ihr Werk erhalten und ist Mitglied der Deutschen Gesellschaft für christliche Kunst (DG). Heute lebt die Künstlerin in Sendenhorst bei Münster.

der Pfau auch ein treffendes Symbol für die »polygamen« Neigungen des Königs. Allerdings sind die des Vogels mit seinen drei bis fünf Weibchen bescheiden gegen den Harem des Salomo: *»Er hatte siebenhundert fürstliche Frauen und dreihundert Nebenfrauen«* (1 Kön 11,3). Zum bühnenhaften Arrangement des Bildes gehört es, dass jede Person in ihrer Rolle charakterisiert ist. Salomo in der Hauptrolle besetzt die Bildmitte. Obwohl er als Einziger sitzt – er »sitzt zu Gericht« –, präsentiert er sich denkbar aktiv. Er beugt sich nach vorn, den Frauen zu; während seine Linke auf der Lehne ruht, hat er mit der überlangen Rechten seinen Soldaten »im Griff«. Der Mann hat »Power«. Dazu gehört auch seine Jugendlichkeit, die zu seiner »Weisheit« nicht zu passen scheint, aber umso deutlicher zeigt, dass diese Weisheit nicht in einem langen Leben gereift, sondern von Gott geschenkt ist. Die beiden Frauen vor dem Richter sind so dargestellt, dass nicht infrage steht, wer die wahre Mutter des Kindes ist. Die rechte hat die Arme in die Hüfte gestemmt, breitbeinig und leicht zurückgelehnt steht sie da, herausfordernd, »frech«. Sie schaut zu dem Soldaten links herüber, als wolle sie die Tötung des Kindes provozieren und könne dabei gelassen zuschauen. Sie wirkt in dieser Haltung völlig ungerührt, »cool«. Die wahre Mutter hingegen ist vor dem Richter in die Knie gesunken. Sie windet sich: Sie biegt den ganzen Oberkörper mit inständig flehender Gebärde dem König zu und gleichzeitig scheint sie die Liebe zu ihrem Kind nach links hinüber zu drängen. Diese sichtbare Anziehungskraft steht in deutlichem Kontrast zur körpersprachlichen Distanzierung der »falschen« Mutter.
Der Soldat mit dem prächtigen Federbuschhelm ist eine Bilderfindung, die zwei wichtige Momente des Geschehens zugleich anschaulich werden lässt. Einmal den so brutalen ersten Befehl des Königs: *»Holt mir ein Schwert! ... Schneidet das lebendige Kind entzwei!«* (1 Kön 3, 24f.) Ein Befehl des Königs ist für den Soldaten keine Spielerei. Entschlossen hat er sich das Kind gegriffen. Und das geeignete Schwert ist auch zur Hand. Kinder zerschneiden: Das erledigt der Mann – wenn's sein muss – mit links. Aber dann die Wende. Der Befehl hat die unterschiedlichen Reaktio-

nen der Frauen ausgelöst. Salomo hat sie durchschaut. Und die wahre Mutter an ihrer Liebe erkannt. Er packt entschlossen den Schwertarm: *»Gebt der ersten Frau das Kind und tötet es nicht. Denn sie ist seine Mutter.«* (1 Kön 3, 27) – Gottseidank bekommt das Kind nicht mit, in welcher Gefahr es sich befunden hat. Es spielt arglos mit dem Federbusch am Helm des Kriegers. Und woher wissen wir das alles? Der Schreiber am rechten Bildrand kommt zwar in der Erzählung ebenso wenig vor wie der Soldat, aber er ist eine nahe liegende Ergänzung. Schließlich müssen Gerichtsurteile protokolliert werden, damit sie wirksam sind. Aber über seine Rolle als Gerichtsschreiber hinaus kann der Mann uns daran erinnern, dass gerade in der Zeit der Könige David und Salomo die Schriftkultur in Israel beginnt. Und damit die Schriftwerdung der Heiligen Schrift! (Fendrich, 65ff.)
Das Bild ist als Folie enthalten in: *Die Bilder aus Meine Schulbibel. 30 Farbfolien,* München 2003, ISBN 978-3-466-50689-1.

2. Einsatzmöglichkeiten im RU

Lesen und beurteilen
Das Urteil Hannas über Salomo fällt zwiespältig aus. Sch erkennen die positiven und negativen Aspekte der Regierungszeit Salomos.

- Sch erhalten **AB 6.3.13, Lehrerkommentar S. 154,** zu Salomo und lesen den Text unter Vorgabe der Erschließungsfragen (z. B. Was lobt Hanna an Salomo? Wo übt sie Kritik?).
- Sch tragen ihre Ergebnisse ein (positiv: Reichtum/Tempelbau/Opferkult/Weisheit/Gerechtigkeit – negativ: ausländische Frauen/Gottesdienst als »Show«/Politik wichtiger als Glaube/Verehrung fremder Götter).
- Sch schlagen die Bibelstellen (1 Kön 6,11-13; 1 Kön 11,4) nach und geben den Bildern eine Überschrift (z. B. »Tempelbau« und »Abgötterei«).
- Sch betrachten und deuten die Bilder von Julius Schnorr von Carolsfeld (vgl. Lehrerkommentar S. 123) auf dem AB:
  Bild links (»Tempelbau«) zeigt König Salomo als den Erbauer des Tempels in Jerusalem. Umgeben von höfischen Beamten steht Salomo rechts von der Bildmitte, den Blick nach oben gerichtet, wo vom Himmel her, einem Gnadenstrahl gleich, sein Tun eine Heiligung erfährt. Dieses göttliche Wohlwollen gibt Salomo durch den wie zum Segen erhobenen Arm weiter. Worauf sich dieser Segen bezieht, wird an den beiden Säulen und den vor allem links im Hintergrund befindlichen Holzkonstruktionen deutlich: Es geht um die Erbauung des ersten Tempels. Dies wird auch durch die in die Bildmitte gesetzte und neben David platzierte Figur ausgedrückt, bei der es sich um den Architekten handelt. Bauplan, Skizze und Zirkel unterstreichen diese Funktion als typische Attribute ebenso wie das am Boden liegende Winkelmaß. Bei den anderen Figuren handelt es sich, an Körperhaltung und Kleidung unschwer zu erkennen, um Arbeiter und Sklaven.
  Im Zentrum des *rechten Bildes* (»Abgötterei«) befindet sich Salomo, der, den Blick nach oben gerichtet, auf einem Altar postierten Götzenbild huldigt. Der Gestus der Huldigung wird auch durch Körper- und Armhaltung ausgedrückt. Mit seiner Rechten bringt Salomo zudem ein Rauchopfer dar, indem er wohlriechende Substanzen in ein kelchähnliches Gefäß streut. Dass es sich um eine Art Gottes- oder besser: Götzendienst handelt, unterstreicht auch die musikalische Umrahmung (Tamburin, Harfen, rhythmisches Klatschen), deren ins Fremdländisch-Exotische spielende Atmosphäre vielleicht durch das Äffchen und den Pfau unterstrichen werden soll. Die in der Bibel formulierte Kritik, die im Vorwurf des Abfalls ihres von ausländischen Frauen verführten Königs vom Jahwe-Glauben gipfelt, wird möglicherweise durch die zweite Personengruppe im Hintergrund ins Bild gesetzt. Worüber sie, es scheinen drei Männer zu sein, gerade hinter vorgehaltener Hand sprechen, geschieht aus inhaltlicher wie räumlicher Distanz und kann der/die Betrachtende leicht erraten.

Bild beschreiben und deuten

- Sch lesen zunächst den Bibeltext vom Salomonischen Urteil (1 Kön 3,16-28). L bricht die Lektüre mit dem Urteil (V. 25) ab.
- Sch vergegenwärtigen sich das Dilemma des Richters: Aussage steht gegen Aussage!
- Sch empfinden das Todesurteil als Provokation: »Was, das soll weise sein?«, »Das ist herzlos!«
- Jetzt erst erfolgt der Einsatz des Bildes: »Die Geschichte ist noch nicht zu Ende. Wie geht sie weiter?«
- Sch betrachten die Akteure und deuten die unterschiedlichen Haltungen/Reaktionen; dabei werden die wahre und falsche Mutter erkannt.
- Sch erläutern abschließend, worin in diesem Fall die Weisheit Salomos besteht. (Sie besteht hier nicht in der Kenntnis der Gesetze, sondern aus dem Gespür für das Innere des Menschen. Wie sich »wahre« Mütter verhalten, weiß Salomo im Voraus. Sie lieben ihr Kind. Sie wollen, dass es lebt, deshalb können sie aus dieser Liebe heraus ihr Kind loslassen – und es dadurch behalten).

Eine Kontrastgeschichte kennen lernen

- Sch erhalten **AB 6.3.14, Lehrerkommentar S. 155,** mit Brechts Erzählung vom Augsburger Kreidekreis.

- Sch erarbeiten Gemeinsamkeiten und Unterschiede zum Richterspruch Salomos.
- Sch beurteilen die Entscheidung des Richters.
- Sch suchen nach Pro- und Contra-Argumenten (Das Urteil ist richtig, weil .../Das Urteil ist falsch, weil ...).
- Das Bild ist der »Elternzeitschrift des Bayerischen Kultusministeriums – EZ« entnommen. Die dem Kind entgegengestreckten Arme der Eltern veranschaulichen das Bedürfnis des Kindes nach Halt und Führung (vgl. den schmalen Steg, die Gefahr des Absturzes). Im vorliegenden Kontext kann das Bild jedoch auch als Streit um das Kind (bzw. Sorgerecht) gedeutet werden.

3. Weiterführende Anregung

Das König-Salomo-Spiel

- Auf der Homepage der Evangelischen Kirche in Deutschland (www.ekd.de) findet sich unter dem Link »Spiele« eines zu König Salomo.
  Tipp:
  Auf einigen Seiten wird nach Lösungswörtern gesucht. Da es in der Mentalität der Sch liegt, so schnell wie möglich den entscheidenden Begriff zu finden, besteht die Gefahr, dass die eigentliche Lektüre auf der Strecke bleibt und die Seiten nur schnell »durchgeklickt« werden. Mit der Erstellung eines Lückentextes kann dies leicht verhindert werden. Da Text und Bilder schnell heruntergeladen bzw. kopiert werden können, stellt dies kein Problem dar.

Auch ein Urteil: Bertolt Brechts »Augsburger Kreidekreis« als Kontrastgeschichte zur Bibel
Hinter der Idee zu Brechts »Augsburger Kreidekreis« lässt sich unschwer die biblische Vorlage vom Salomonischen Urteil erkennen. Die Idee zu der 1940 entstandenen Erzählung, die hier in abgeänderter und gekürzter Form vorliegt, entstammt einem chinesischen Singspiel des 13. Jahrhunderts, das Brecht in einer Übersetzung Klabunds 1924 kennen lernte und schließlich einer Dramatisierung zuführte, die als »Kaukasischer Kreidekreis« (1944/45) bekannt ist. Der Streit zweier Mütter um ein Kind stellt in Erzählung wie Stück das zentrale Motiv dar. Im Gegensatz zur Bibel definiert Brecht Zusammengehörigkeit und Besitz neu: nicht mehr biologisch, sondern nach sozialer Verantwortung. Dem mit Kommunismus und Sozialismus sympathisierenden Autor kam es dabei auf den Modellcharakter dieser Lösung an, die als ähnliche gedankliche Konstruktion ebenfalls in dem als Vorspiel gedachten »Streit um das Tal« vorzufinden ist: In diesem Fall streiten sich in der nach Russland verlegten Handlung zwei Kolchosen um ein Tal, das schließlich denen zugesprochen wird, die es am besten zu nutzen wissen. Die Rechtsfindung in diesem Konflikt folgt – im Gegensatz zur Klassengesellschaft, wo Macht und Besitz maßgebend sind – der sozialistischen Utopie sozialer Vernunft. Deshalb heißt es im »Kaukasischen Kreidekreis« in Bezug auf das Kind folgerichtig: »Dass da gehören soll, was da ist, denen, die für es gut sind.«
(Zur Biografie Brechts siehe Lehrerkommentar S. 18.)

Macht macht unersättlich

Orientierung 8 76 77

1. Hintergrund

Mit dem Zerfall des Großreiches 931 v. Chr. und der Aufspaltung Gesamtisraels in das Nordreich Israel und das Südreich Juda endet auch die Herrschaft Salomos. In den Königsbüchern werden die nun folgenden knapp 200 Jahre bis zum Untergang Israels durch den Einfall der Assyrer (722/21 v. Chr.) als ein einheitlicher Geschehenszusammenhang gesehen, der die Schuld für die sich anbahnende Katastrophe vor allem bei den Königen sieht. Auch die Herrschaft König Ahabs, eines Vertreters der Omridendynastie, der das Nordreich zwanzig Jahre lang (von ca. 870-851 v. Chr.) regierte, reiht sich in diese Verfallsgeschichte ein. Die politisch motivierte Heirat mit der Tochter des Königs Etbaal von Tyrus belegt, dass gute Beziehungen zu der mächtigen phönizischen Handelsstadt wichtiger waren als kultische Gesichtspunkte oder die Glaubensreinheit. Erfährt die Herrschaft der Omriden durch den Deuteronomisten aufgrund ihrer die Grenzen des Glaubens verwischenden Offenheit ohnehin schon eine negative Beurteilung, so trifft dies in besonderer Weise auf Ahab zu. Seiner Gattin Isebel, einer Baalsverehrerin, lässt er einen dem Fruchtbarkeitsgott Baal geweihten Tempel erbauen und stellt mit der Tolerierung auch anderer Gottheiten die Einzigartigkeit Jahwes infrage. Dass Glaubenskrisen dieser Art prophetische Widerworte herausfordern, liegt auf der Hand.
1 Kön 21 (Nabots Weinberg) eignet sich sehr gut, den Abfall des Königs von tradierten Werten sichtbar zu machen. Daneben kann die Entfremdung aufge-

zeigt werden, die sich zwischen Volk und König sowie seiner von ihm abhängigen Clique eingestellt hat. Mit Elias tritt außerdem ein Prophet auf, der nicht nur der ureigensten Prophetenaufgabe nachkommt, den Jahweglauben rein zu halten, sondern auch Sozialkritik übt.

Nach dem **erzählerischen Einstieg**, in dem die Situation kurz geschildert wird, kommen in einer Art innerem Monolog die zentralen Figuren selbst zu Wort. Diese Darstellungsform erlaubt den unmittelbaren Einblick in die Gedankenwelt Nabots, Isebels und Ahabs, die in einer Art szenischem Auftritt ihr »Innenleben« offen legen. Mithilfe der auf dem **AB 6.3.15, Lehrerkommentar S. 156,** zu findenden Erschließungsfragen erhalten Sch so Einblick in Lebensweise und Wertewelt der Antagonisten. Die hier festzustellenden Unterschiede bezüglich Tradition, Religion usw. bilden das eigentliche Konfliktpotenzial für die jetzt einsetzende äußere Handlung. An dieser Stelle, mit der Inszenierung der Intrige durch Isebel, setzt der **Comic** ein. Zum einen wird durch diesen methodischen Wechsel erneut Aufmerksamkeit erzeugt, zum anderen lässt sich das noch ausstehende Geschehen in der Verbindung von Sprechblase und Bild raffen, wodurch die zentralen Handlungsschritte noch klarer akzentuiert werden. Auch wenn die Wichtigkeit des Propheten Elija an dieser Stelle noch nicht sichtbar wird (er erscheint nur im vorletzten Bild als der das Unheil androhende Mahner), so wird dieser mögliche Nachteil durch *Perspektiven* (**78f.**) und das **AB 6.3.16, Lehrerkommentar S. 157,** wieder ausgeglichen; hier erfahren Sch mehr über diesen Propheten.

2. Einsatzmöglichkeiten im RU

Die Macht der Mächtigen PINNWAND 61

- Sch finden Beispiele für verantwortungsvollen Machtgebrauch/für Machtmissbrauch. Dazu teilen sie die Heftseite in zwei Spalten und versehen diese mit den entsprechenden Überschriften.

Beispiele:

Ein Mensch setzt seine Macht verantwortungsvoll ein, wenn er ...

... dafür sorgt, dass niemand wegen seines Aussehens oder seiner Rasse unterdrückt wird.

... wenn er Schwächeren hilft.

... wenn ein Lehrer auf dem Pausenhof zwei Streithähne trennt.

Jemand missbraucht seine Macht, wenn er ...

... nur an sich selbst denkt.

... in die eigene Tasche wirtschaftet.

... wenn er sich dadurch einen Vorteil verschafft.

Positionen klären

- Sch erhalten **AB 6.3.15, Lehrerkommentar S. 156,** und charakterisieren auf der Grundlage des Textes die Personen (Nabot/Ahab/Isebel).
- Der Hefteintrag zu den vorgegebenen Erschließungsfragen (Beruf, Lebensweise usw.) könnte wie folgt aussehen (s. u.).

Nabots Weinberg

	Nabot	**Ahab**	**Isebel**
Beruf:	Weinbauer	König	Königin
Lebensweise:	lebt von seiner Hände Arbeit, Geld ist nicht alles	Welt als Selbstbedienungsladen, mit Geld kann man alles kaufen	»Luxusgeschöpf«, als König hat man alle Rechte
Eigenschaften:	gottesfürchtig, fleißig	spöttisch, überheblich	berechnend, machtbewusst, arrogant
Bedeutung des Weinbergs:	ernährt Familie, Erbe seit Generationen	Abrundung des Besitzes, schöne Aussicht vom Palast	keine
Religion/Tradition:	Stolz erfüllt sein Leben, gläubiger Jude, Verpflichtung gegenüber Vorfahren	Jude, aber ohne Überzeugung, Wahrung des Scheins, im Zwiespalt	Baalsverehrerin

Brief schreiben

- Sch schreiben einen Brief, in dem sie Ahab erklären, warum er den Weinberg nicht haben kann.

Beispiele:

Sehr geehrter König,
der Verkauf meines Weinbergs ist aus folgenden, ich hoffe auch für Sie verständlichen Gründen nicht möglich:
Der Weinberg ist das Erbe meiner Väter, ein Familienerbstück, er ist unersetzlich.
Kein anderer Wein schmeckt so gut wie der hart erarbeitete.
Mein Herz hängt an ihm, als wäre er ein Mitglied der Familie.
Gott schenkte ihn einst meinen Vorfahren. Selbst ich verfüge nicht über ihn. Jahwe allein kann über seinen Besitz entscheiden.
Für Euch ist dieser Weinberg einer von vielen und daher nichts Einzigartiges! Für mich ist er etwas ganz Besonderes!
Ich hoffe, die Argumente können Sie überzeugen.

Mit freundlichen Grüßen,
Ihr treuer Untertan Nabot

Sehr geehrter Herr König Ahab!

Mir tut es Leid, Ihnen mitteilen zu müssen, dass ich diesen Weinberg nicht an Sie verkaufen kann, denn dieses Stück Land befindet sich schon seit Generationen in unserem Besitz und ich möchte diese Tradition auch weiterführen. Das von Ihnen angebotene Geld könnte ich zwar gut gebrauchen, aber ich lege mehr Wert auf den Willen meiner Väter. Gott hat uns dieses Land vermacht, und was Gott gemacht hat, soll man nicht widerrufen! Ich hoffe, dass Sie mich verstehen können!

Mit freundlichen Grüßen, *Nabot*

Zeitungsartikel schreiben

- Sch verfassen einen Zeitungsartikel, in dem die Empörung über die skandalösen Vorgänge zum Ausdruck kommen. Dabei können sie sich der Ergebnisse aus **AB 6.3.15, Lehrerkommentar S. 156,** bedienen.
- Sch suchen nach Parallelen in der Gegenwart.

Beispiel für »Zeitungsartikel schreiben«:

SAMARIA AM SONNTAG

Exklusiv!!

Wer kann dem König heute noch vertrauen?

(spa) Ein Skandal ist am israelitischen Königshof geschehen! Aus sicherer Quelle sind an die Zeitung folgende Informationen durchgesickert: Nachdem Nabot, ein einfacher und armer Bauer, seinen nahe am Palast gelegenen Weinberg nicht an den König verscherbeln wollte, fädelte Isebel, die hinterlistige Frau Ahabs, eine Intrige ein: Sie schickte gefälschte Briefe an die Stadtältesten, in denen Nabot der Gotteslästerung und Majestätsbeleidigung beschuldigt wurde. Natürlich war das alles nur erfunden, um den unbequemen Mann loszuwerden. Das Ergebnis: Nabot wurde gesteinigt und der König konnte sich den Weinberg einheimsen. Wohin sind wir gekommen? Darf sich der König denn alles erlauben?!

Anklage erheben

- Sch informieren sich über das israelitische Königsrecht (Dtn 17,14-20) und erheben Anklage gegen Ahab.
  - Gegen welche hier formulierten Grundsätze verstößt Ahab?
- Sch vergleichen ihre Ergebnisse mit der Androhung des Strafgerichts durch Elija (1 Kön 21,17-29).
  - Welcher Vergehen hat sich Ahab schuldig gemacht? (Mord, Übernahme des Weinbergs, Verstoß gegen die Gesetze Jahwes, Verführung Israels zur Sünde, läuft den Götzen nach)
  - Welche Strafen kündigt Elias an? (»Hunde werden dein Blut lecken«, Untergang des Königshauses)
  - Wie reagiert Ahab? (Buße, Fasten, Zerreißen der Kleider.)

Bild beschreiben und deuten

Ahabs Zwiespalt ist Thema des Bildes auf **AB 6.3.15, Lehrerkommentar S. 156.** Die ausgebreiteten Arme veranschaulichen die Besitzgier und den Wunsch, den Weinberg entgegenzunehmen. Auf der anderen Seite weiß Ahab um seine Schuld, die in der Ermordung Nabots besteht. Die Selbststeinigung und die im Gebet zu Gott nach oben gerissenen Arme symbolisieren das schlechte Gewissen, das um die Verpflichtung gegenüber Jahwe weiß.

1. Hintergrund

Waren die vorausgegangenen Texte dazu geeignet, das Thema anhand biblischer Beispiele und damit aus der Distanz zu beurteilen, so eröffnet die folgende Doppelseite *Perspektiven* (**78f.**) die Möglichkeit, die Folgerungen für das eigene Handeln zu reflektieren. Mit **Rudolf Lunkenbein** wird ein moderner Prophet eingeführt, dessen mutiger Einsatz für die unterdrückten Indios in Brasilien Vorbild sein kann. Gleichzeitig erfüllt der Text eine Brückenfunktion: Er schlägt den Bogen zwischen biblischem Befund und Handlungsanspruch in der Gegenwart. Der Vergleich Lunkenbeins mit dem biblischen Propheten Elija lädt dazu ein, Parallelen und Unterschiede herauszuarbeiten. An dieser Stelle bietet es sich auch an, die Probleme der Entwicklungsländer (vgl. zweites Kapitel), herrschende Unterdrückungsmechanismen und Lösungsmöglichkeiten zu diskutieren.
Individuelle Lösungsmöglichkeiten in einer konkreten Konfliktsituation durchzuspielen, dazu macht die Geschichte **»Das Kaugummipapier«** ein Angebot. Mit dem Auftrag, die Geschichte fertig zu schreiben, werden Sch dazu aufgefordert, ein individuelles Konfliktlösungsmodell zu erarbeiten.

2. Einsatzmöglichkeiten im RU

Parallelen und Unterschiede zwischen Elija und Lunkenbein herausarbeiten

- Sch erhalten **AB 6.3.16, Lehrerkommentar S. 157,** und schlagen die ausgewählten Bibelstellen nach. Auf diese Weise erstellen sie einen Steckbrief über den Propheten Elija. Der vorliegende Text – ergänzt durch eine Internetrecherche (www.heiligenlexikon.de) – liefert die Hintergrundinformationen zu Rudolf Lunkenbein, der als moderner Elija gesehen werden kann. Das AB hat so auch ergebnissichernde Funktion.
- Trotz der Unterschiede im Detail wird bei dieser Gegenüberstellung die Zeitlosigkeit des »Phänomens Machtmissbrauch« und die Notwendigkeit eines engagierten Einsatzes gegen die Mechanismen der Unterdrückung sichtbar.

Lösung:

	Elija	Rudolf Lunkenbein
Beruf(ung):	Prophet	Priester, Missionar
Heimatort:	Tischbe in Gilead	Döringstadt bei Bamberg
Gegenspieler:	Isebel und Ahab	Großgrundbesitzer, die Mächtigen
Missstände:	Abfall von Jahwe	Gier nach Land, Enteignung
Reaktion der Mächtigen:	Tötung der Jahwepropheten	Einschüchterung durch Gewalt, Mord
Höhepunkt des Konflikts:	Jahwe erweist sich als der wahre Gott	Landvermessung zum Schutz der Indios
Die Folgen:	Isebel trachtet Elija nach dem Leben	Ermordung Lunkenbeins

Die Szene fertig schreiben

- Sch schreiben die Geschichte »Das Kaugummipapier« zu Ende. Als Überleitung könnte der Satz »Im Geiste überschaute ich die ganze Situation ...« dienen.
  Im anschließenden Unterrichtsgespräch werden die Lösungen besprochen.
- Nach dem Vorlesen werden die verschiedenen Strategien im UG gemeinsam beurteilt.

– Sch erkennen, dass sich für den bedrohten Jungen mit dem Eingehen auf die Provokation der Handlungsspielraum verengt (nach: »Na, wirst du's nicht aufheben?«).
– Sch benennen die Stelle im Text, mit der die verbale Eskalation eingeleitet wird. In Unterrichtsgespräch und Stegreifspiel werden die Motive für die verschiedenen Reaktionsweisen erarbeitet.

Beispiele:
Im Geiste überschaute ich die ganze Situation. Mir war mulmig zumute. »Soll ich wegrennen oder ...?«, dachte ich mir. Aber da stänkerte der Junge schon wieder: »Na, wird's bald? Oder willst du eine blutige Nase?« Jetzt hatte mich der Zorn gepackt. Ich trat wie wild auf ihn ein und schrie: »Du ... du Mistkerl!« Leider hatte ich nicht daran gedacht, dass der Junge

stärker sein würde als ich! Er umklammerte meine Handgelenke so fest, dass es schmerzte. Tränen schossen in meine Augen. Plötzlich kam eine leichte Windbrise und das Papier war weg.

Im Geiste überschaute ich die ganze Situation. »Der ist aber nicht gut drauf«, dachte ich mir. »Ob er das ernst meint? Vielleicht ist es ernst, was er sagt. Dann müsste ich aufpassen! – Vielleicht hilft es etwas, wenn ich mit ihm rede?« Ich nahm mir ein Herz und sprach ihn an: »Hey du, können wir das nicht anders regeln? Zum Beispiel miteinander reden?« »Ach, reden ist nur was für Weicheier wie du!«, spottete der Junge. Doch dann besann er sich: »Ja, vielleicht hast du Recht.« Darauf erwiderte ich: »Du hebst das Kaugummipapier auf und wir vergessen die Sache.« »Okay!«, sagte der Junge. »Wir können doch Freunde werden!« »Ja, können wir. Am besten wir machen gleich was für morgen aus«, antwortete der Junge. Und seitdem sind wir die besten Freunde.

Im Geiste überschaute ich die ganze Situation. Dann blickte ich ihn selbstbewusst an und griff in meine Tasche, denn auch ich hatte Kaugummis bei mir. Ich wickelte eines aus und schmiss ihm das Papier ebenfalls vor die Füße. Verdutzt schaute er mich an. Dann kam die Mutter des Jungen. Als sie uns sah, beide mit einem kleinen Papierröllchen vor den Füßen, musste sie lachen. Sie lachte so laut, dass wir mitlachen mussten. Wir hatten uns gleich dumm verhalten und waren also quitt. Seit dieser Zeit sind wir die besten Freunde.

Die Szene nachstellen
- Sch stellen die Szene aus der Geschichte »Das Kaugummipapier« so weit wie möglich nach. Dabei gibt es zwei Rollen: Bedroher und Bedrohter.
- – Großer Junge (Bedroher) beschreibt seine Gefühle (Macht, Lust, Überlegenheit, »Kampf ums Revier«) während des verbalen Machtkampfes.
- – Schmächtiger Junge (Bedrohter) beschreibt seine Gefühle (Angst, Unsicherheit des »Neuen«, Selbstbehauptung, Frage nach der richtigen Reaktionsweise) während des verbalen Machtkampfes.
- Sch spielen die Szene weiter; dabei werden extreme Reaktionsweisen gegenübergestellt:
- – Der Bedrohte wehrt sich aktiv. Wie reagiert der Angreifer?
- – Der Bedrohte zieht sich zurück. Wie reagiert der Angreifer?

3. Weiterführende Anregung

Ein Buch zum Thema lesen
Eine eindringliche und spannende Lektüre verspricht Beverley Naidoo, Die andere Wahrheit. Deutsch von Salah Naoura, Hamburg 2002. Es erzählt die Geschichte von zwei Kindern, die aus Nigeria nach England fliehen, weil ihr Vater, ein Journalist, regimekritische Beiträge veröffentlicht hat, nachdem die Mutter ermordet wurde. Das Buch stand auch auf der Empfehlungsliste des Katholischen Kinder- und Jugendbuchpreises für das Jahr 2003.

Was tun? Akzent 80

Hintergrund

Mit der letzten Seite des Kapitels schließt sich der Kreis. Wir kehren zum Lebensraum Schule zurück. Im Gegensatz zum Anfang erhalten Sch jetzt die Möglichkeit, das Gelernte am konkreten Fall durchzuspielen und Modelle der Konfliktlösung zu diskutieren und auf ihre Tauglichkeit zu überprüfen. Von den biblischen Vorlagen sensibilisiert, wird es Sch möglich sein, auf Formen des Machtmissbrauchs (zum Beispiel im schulischen Umfeld) zu reagieren und entsprechende Strategien zu entwickeln.

2. Einsatzmöglichkeiten im RU

Lösungswege bewerten
- Sch erhalten **AB 6.3.17, Lehrerkommentar S. 158**.
- – Welcher Lösungsweg erscheint euch als der beste?
- Sch einigen sich in PA auf eine gemeinsame Lösung/Note (Noten 1 bis 6 = sehr gut/schlecht geeignet).
- Sch tragen ihre Note in die Klammer des Kästchens ein und geben eine kurze Begründung.
- Sch suchen weitere Lösungswege und sprechen darüber.
- Sch wählen sich einen Fall aus *Kontext* (**58f.**) und überlegen sich Einspruchsmöglichkeiten.

Die befreiende Macht Gottes begreifen PINNWAND 61
- Sch suchen im Alten und Neuen Testament nach Geschichten, an denen die befreiende Macht Gottes sichtbar wird.
- Sch erzählen die Geschichten nach; im Bedarfsfall werden die Erzählungen durch L ergänzt oder nachgelesen.
- Nach dem Anschreiben der Beispiele an die Tafel überlegen Sch, welche Bedeutung das Eingreifen Gottes für den Betroffenen hat.

Beispiele:
Altes Testament:
Ende der Sintflut (Gen 8) → Rückkehr zum Leben.
Die Rettung am Schilfmeer (Ex 13,17-14,31) → Befreiung aus Sklaverei; Ende der Verfolgung.
Befreiung Jonas aus dem Bauch des Fisches (Jon 2,1-11) → »Wiedergeburt«, nimmt sein Leben neu in die Hand.
Neues Testament:
Heilung des Gelähmten (Mk 2,1-12) → seelisches und körperliches Wohlergehen.
Auferweckung des Lazarus (Joh 11,17-44) → neues Leben.
Der Sturm auf dem See (Mt 8,23-27) → Befreiung von Angst.
Die Heilung eines Mannes am Sabbat (Mt 12,9-14) → Befreiung von unsinnigen Gesetzen.
Ostern (Lk 24,1-35; vgl. *Perspektiven 1-3*,96ff.) → Befreiung von Sünde und Tod.
Der barmherzige Samariter (Lk 10,25-37) → Befreiung von Vorurteilen (Ausländerhass).
Heilung der gekrümmten Frau (Lk 13,10-17) → Befreiung von Leiden/Befreiung vom Sabbatgebot, wenn dieses dem Menschen schadet (vgl. Religion vernetzt 5, *Orientierung 6*, **93**).

Literatur

Fendrich, Herbert, Salomos Bitte um Weisheit, in: Hoeps, Reinhard, Sehen lernen mit der Bibel, München 2003, 65-69

Gunneweg, Antonius H. J., Geschichte Israels. Von den Anfängen bis Bar Kochba und von Theodor Herzl bis zur Gegenwart, Stuttgart [6]1989

Kuld, Lothar/Schmid, Bruno, Lernen aus Widersprüchen. Dilemmageschichten im Religionsunterricht, Donauwörth 2001

Oberthür, Rainer, unter Mitarbeit von Mayer, Alois, Kinder und die großen Fragen. Ein Praxisbuch für den Religionsunterricht, München [9]2010

Soggin, Alberto, Einführung in die Geschichte Israels und Judas. Von den Ursprüngen bis zum Aufstand Bar Kochbas, Darmstadt 1991

Westendorf, Wolfhart, Das alte Ägypten, Baden-Baden o. J.

religionspädagogik kompakt

Kreative Bibelarbeit

Empirische Untersuchungen belegen es: Während Grund-Sch biblische Erzählungen heiß und innig lieben, verliert die Bibel ins Jugendalter hinein zunehmend an Bedeutung und Lebensrelevanz: »Machen Sie alles, nur nicht Bibel!« war schon vor Jahren ein Fachbeitrag zum Thema überschrieben.
Bei der Ursachenforschung sollte man neben plausiblen entwicklungspsychologischen Erklärungen – beim Abschied vom Gott des Kinderglaubens werden alle Utensilien, die damit in Verbindung gebracht werden, ebenfalls abgelegt – auch didaktische Argumente reflektieren: Einerseits wird zu wenig deutlich, inwiefern biblische Texte tatsächlich Sch in ihrer Lebens- und Erfahrungswelt treffen und für sie Bedeutung erlangen können. Andererseits kommt gymnasiale Didaktik auch bei der Inszenierung biblischer Texte selten an die Standards heran, die Sch von der Grundschule her gewohnt waren. Ziel ist es nun, entgegen dem Phänomen des *overfamiliar* – irgendwie kennen Sch biblische Texte schon und wollen sich gar nicht mehr damit auseinander setzen – biblische Texte so didaktisch ins Spiel zu bringen, dass sie einen »Schlüssel zur Welt des Glaubens« (Horst Klaus Berg) darstellen. Gleiches gilt für die zunehmende Zahl von Sch, die kaum über biblische Grundkenntnisse verfügen bzw. diese nachhaltig vergessen haben. Interaktional-dialogische Bibelarbeit will biblischen Texten und heutigen Kindern und Jugendlichen gleichermaßen gerecht werden. Dabei sollte die folgende innere didaktische Dynamik unterrichtlich umgesetzt werden:

- *Vom Eindruck zum Ausdruck*: die Empfindungen und Erfahrungen der Texte sollen zum Schwingen gebracht werden; nur wenn die unpatinierte Erfahrungssättigung eines biblischen Textes offen gelegt wird, können Sch in einen Dialog mit ihm (Personen, Situationen, Aussagen etc.) treten und zum Ausdruck eigener Erfahrungen und Empfindungen befähigt werden. Didaktisch kann man hier auf den reich gedeckten Tisch kreativer Methoden zurückgreifen: Spiel, Diskurs, Tanz, Musik, handwerkliches Gestalten, kreative Textarbeit etc. Durch wechselseitige Prozesse des Wahrnehmens, Erfassens, Erkennens, Problematisierens, Durchdringens, Weiterspinnens etc. werden die Tiefendimensionen biblischer Texte, ihre zugrunde liegenden Erfahrungen, zugänglich.
- *Vom Ausdruck zum Austausch*: Unterricht ist ein soziales Geschehen. Der Austausch mit den Rezeptionen (Gedanken, Einwänden, Interpretationen, Weiterführungen etc.) von anderen lässt eine Schulklasse im Ansatz zu einer »Erzählgemeinschaft angesichts des Glaubens« werden und dient auch dem Ziel, fähig zu werden für den Umgang mit pluralen Ansichten.
- *Vom Austausch zum Eindruck*: biblische Texte in ihrer Fremdheit, aber auch individuelle Fremd-Rezeptionen z. B. der Klassenkameraden verstören: sie sind anders (provokativer, naiver, komplexer, eigen-artiger) als die eigenen Zugriffe und fordern zur erneuten Stellungnahme heraus.

H. M.

Gib dem Bild eine Überschrift

Mobbing

Manche Mobbinghandlungen sind für sich genommen eher harmlos. Die erdrückende Gewalt entwickeln solche Handlungen erst, wenn sie systematisch ausgeübt werden. Andere Mobbinghandlungen sind für sich ein massiver Angriff auf die persönliche Würde. Eine einmalige Strafaktion ist noch kein Mobbing.

Die Mobbingforscher unterteilen Mobbinghandlungen in fünf Bereiche:

1. Angriffe auf die Möglichkeit sich mitzuteilen.
2. Angriffe auf die Beziehungen untereinander.
3. Auswirkungen auf das soziale Ansehen.
4. Angriffe auf das Wohlbefinden in der Klasse oder sonst wo.
5. Angriffe auf die Gesundheit.

Willst du folgende Fragen beantworten?

Das habe ich selbst schon erlebt:

____

____

So habe ich mich dabei gefühlt:

____

____

Das habe ich unternommen:

____

Welche Art von Mobbing wurde auf dem Bild angewendet?

____

____

Was könnte das Mädchen tun, um sich zu wehren?

Alleine:

____

Mit anderen:

____

Sofort:

____

Längerfristig:

____

Der Umkleideraum

Was ist genau geschehen?

____

____

Wie könnte die Vorgeschichte aussehen?

____

Was empfindet das Mädchen am Boden vermutlich?

____

Was denken vermutlich die anderen Mädchen?

____

____

____

Die Fabel von Wolf und Lamm

Gegenspieler:

Eigenschaften

des Wolfs:

des Lamms:

Wie verhält sich
der Wolf:

das Lamm:

Schluss:

	Äsop	Arntzen
Ergebnis:		
Grund:		

Missbrauchte Macht: Afghanistan

Politischer Zustand:

____

____

____

____

____

Schicksal der Bevölkerung:

____

____

____

____

____

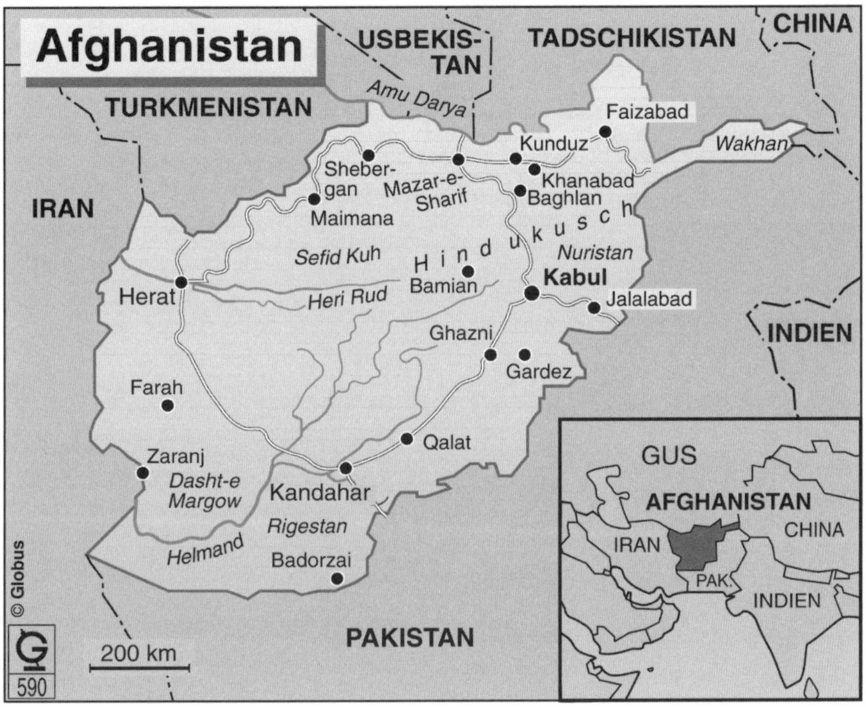

Situation der Mädchen und Frauen:

____

____

____

____

Religion und Kultur:

____

____

____

____

____

Parallelen zur biblischen Situation:

____

____

____

____

____

Israel und die Philister

Siedlungsgebiete der Stämme

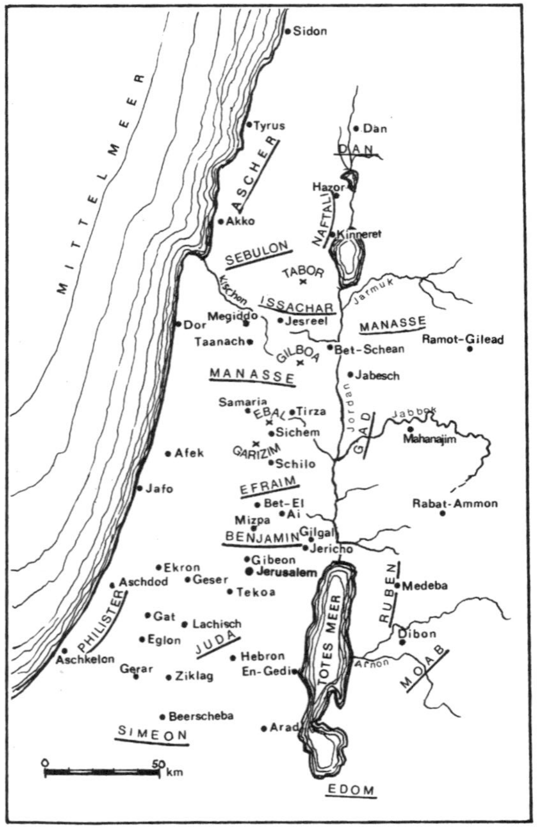

Israels Hauptfeind – Die Philister:

Warum konnten sich die Stämme nicht gegen die Philister wehren?

Macht macht Sinn!

Das Reich Davids

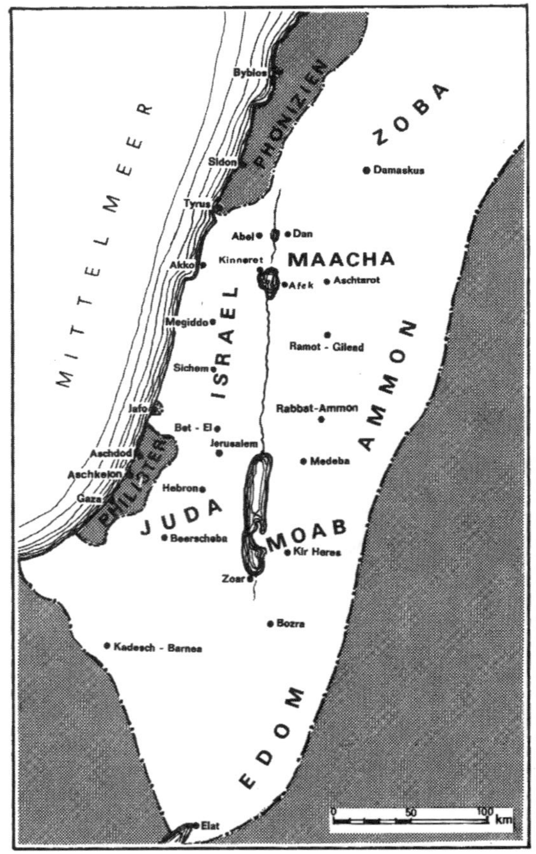

Vorteile eines Königreichs:

Israel im Kampf gegen seine Nachbarn

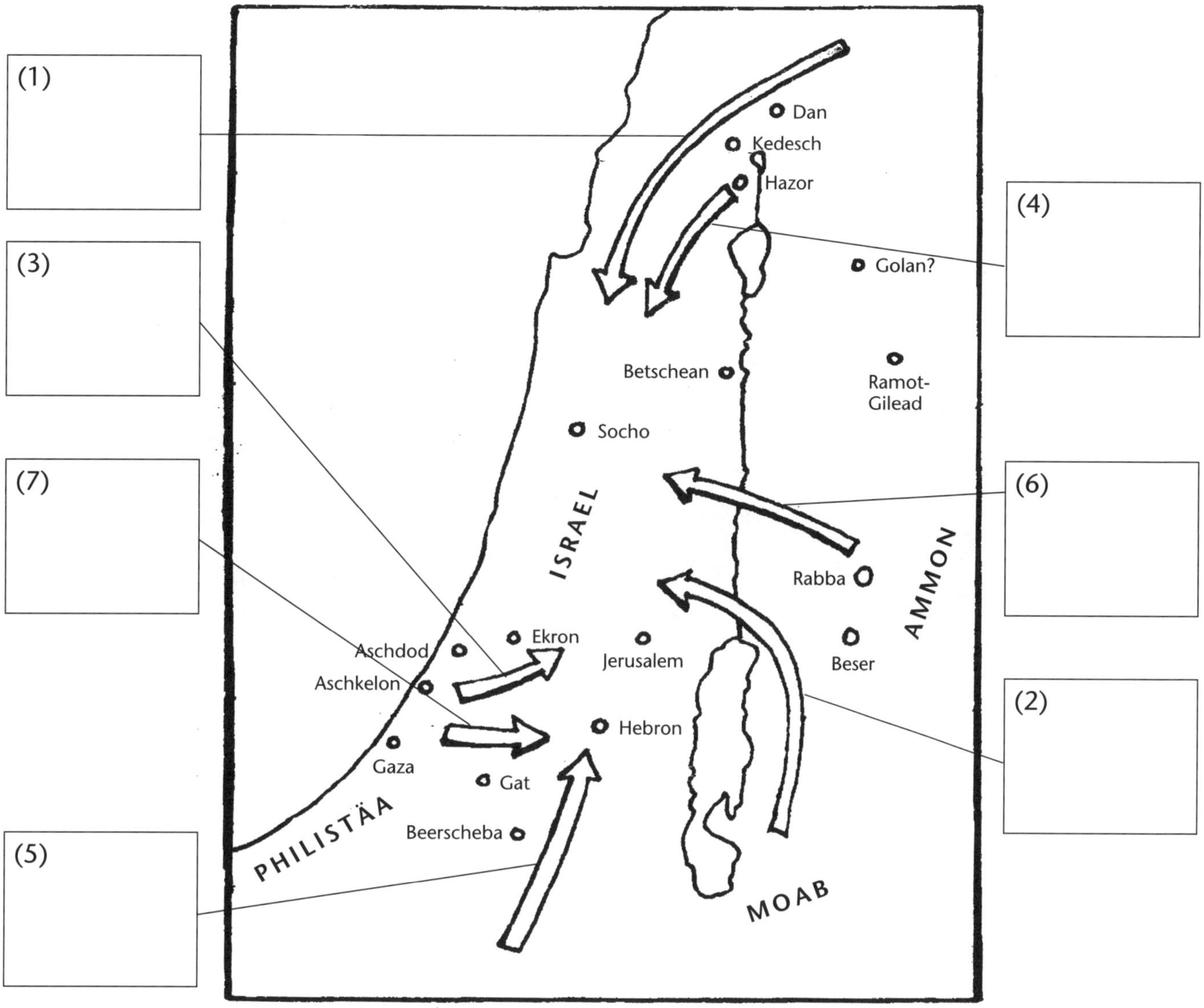

Israel im Kreuzfeuer

Der Kampf gegen die Nachbarvölker stellt neben der Versuchung, fremden Göttern zu dienen, für die Israeliten das größte Problem während der Richterzeit dar. Immer wieder geraten sie in die Abhängigkeit der Angreifer, aus der sie sich aber befreien können (Richter 1-16).

(1) Ri 3,7-11: ______________________________

(2) Ri 3,12-30: ______________________________

(3) Ri 3,31: ______________________________

(4) Ri 4-5: ______________________________

(5) Ri 6-8: ______________________________

(6) Ri 10,6-12,7: ______________________________

(7) Ri 13-16: ______________________________

Der sagenhafte Simson

Simson gehört zu den »großen Richtern«. Im Gegensatz zu seinen »Kollegen«, die gegen ihre meist übermächtigen Feinde bewaffnete Einheiten zusammenzogen und gegen sie kämpften, kann man Simson als »Einzelkämpfer« bezeichnen. Sagenumwoben ist seine Kraft.

Bild 1: ______________________

Bild 2: ______________________

Bild 3: ______________________

Bild 4: ______________________

Ordnet die folgenden Bibelstellen den Bildern zu und gebt den Bildern Überschriften.

Ri 16,21 – Ri 16,30 – Ri 15,15 – Ri 14,6

Was ist passiert? Lest die dazugehörige Bibelstelle ganz und erzählt die Geschichte nach.

Die Berufung Jeremias zum Propheten

Das Wort des Herrn erging an mich: »Noch ehe ich dich im Mutterleib formte, habe ich dich ausersehen, noch ehe du aus dem Mutterschoß hervorkamst, habe ich dich geheiligt, zum Propheten für die Völker habe ich dich bestimmt.« Da sagte ich: »Ach, mein Gott und Herr, ich kann doch nicht reden, ich bin ja noch so jung.« Aber der Herr erwiderte mir: »Sag nicht: Ich bin noch so jung. Wohin ich dich auch sende, dahin sollst du gehen, und was ich dir auftrage, das sollst du verkünden. Fürchte dich nicht vor ihnen; denn ich bin mit dir, um dich zu retten – Spruch des Herrn.« Dann streckte der Herr seine Hand aus, berührte meinen Mund und sagte zu mir: »Hiermit lege ich meine Worte in deinen Mund. Sieh her! Am heutigen Tag setze ich dich über Völker und Reiche; du sollst ausreißen und niederreißen, vernichten und einreißen, aufbauen und einpflanzen.«

Jer 1,4-10

Gott spricht Jeremia an, weil er ihn zum Propheten erwählt hat. Die Art, wie Jeremia reagiert, ist dabei auch typisch für viele andere Propheten. Verfolgt daher den Gesprächsverlauf.

Wie wird man Prophet?

____

____

Wie reagiert der Berufene?

____

____

Wie verhält sich Gott?

____

____

Wie endet die Berufungsgeschichte?

____

____

Nach diesem Muster werden auch andere Propheten berufen.

Notiert, was euch spontan zu dem Bild einfällt:

Hand:

____

____

____

Engel:

____

____

____

Mensch:

____

____

____

(1 Sam 8,19-20)

Erfahrungen Israels mit Jahwe als König:

Gen 1,28:

Gen 9,5-7:

Gen 17,6:

Ex 6,5-8:

Samuel warnt vor diesem König: 1 Sam 8,11-12:

1 Sam 8,12:

1 Sam 8,13:

1 Sam 8,14:

1 Sam 8,16:

1 Sam 8,15.17:

Aber:

(1Sam 8,7)

Dennoch:

(1Sam 8,6)

Mächtige stürzen

1. Saul wird von Jahwe verworfen

Wie verhält sich Saul?

Positiv

Aber:

Wie verhält sich Jahwe?

Negativ

Aber:

2. Goliat fällt in einem ungleichen Kampf

STECKBRIEF

	Goliat	**David**
Kampferfahrung:		
Größe:		
Ausrüstung:		
Waffen:		
Volles Kampfgewicht:		

und

Ausgang:

und

Saul und David

1 Sam 24,1-23	Sam 26,1-25
Ort:	
Was ist passiert?	
Begründung Davids:	
Reaktion Sauls:	

Natan erzählt eine Geschichte

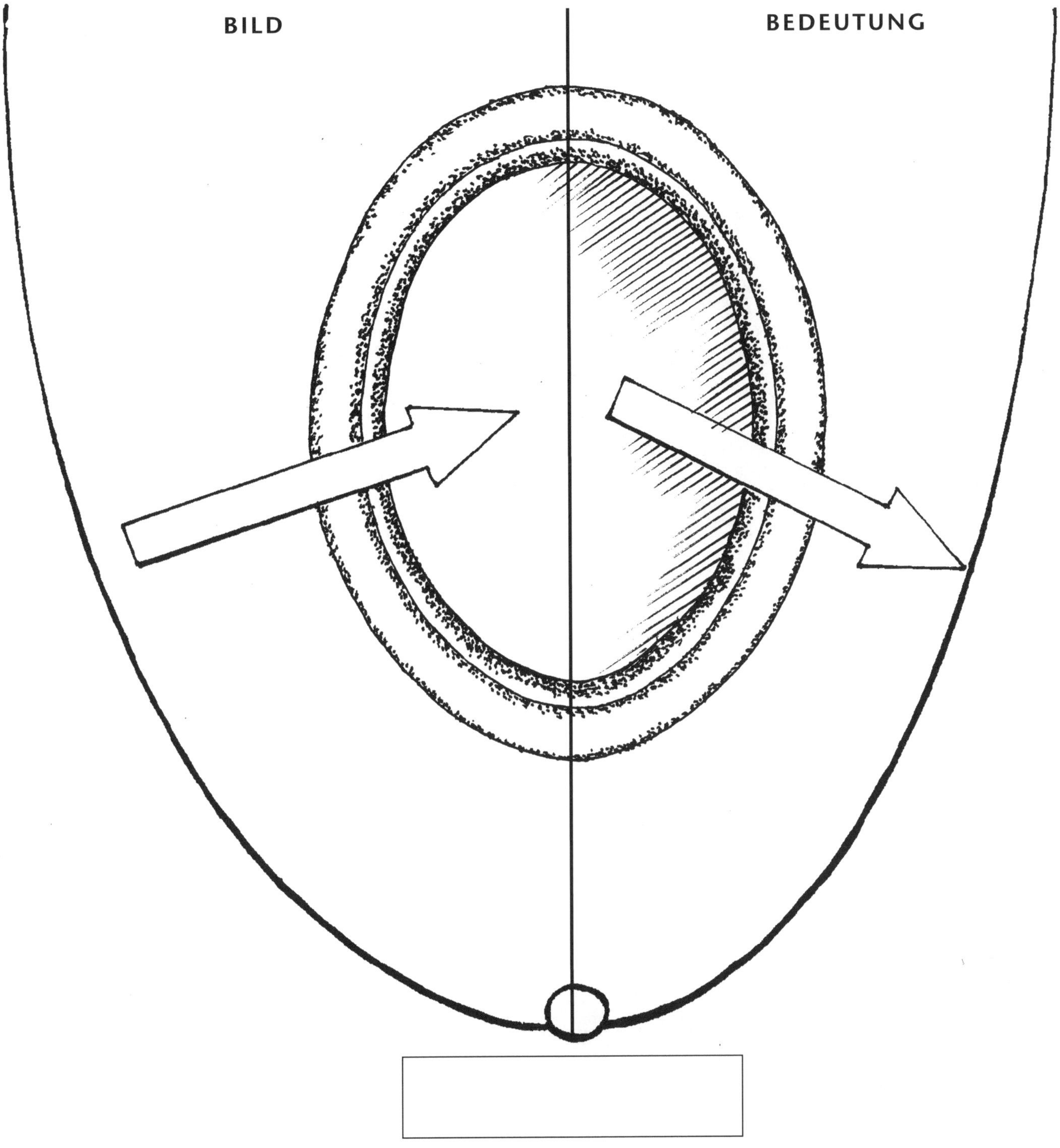

Natan verkündet Gottes Willen
(2 Sam 12,7-25)

Jahwe ...

David ...

Salomos Herrschaft zwischen ...

___________ und ___________

1 Kön 6,11-13

1 Kön 11,4

positiv

____

____

____

____

____

____

Hanna über Salomo

negativ

____

____

____

____

____

____

Der Augsburger Kreidekreis

Vor einem Richter erschienen zwei Frauen. Die eine war arm, aber herzensgut. Anna war ihr Name. In den Wirren des Krieges, es ist lange her, hatte sie sich eines kleinen Kindes angenommen, hatte es gehegt und gepflegt, denn die leibliche Mutter war in der Gefahr einfach davongelaufen. Die andere war Frau Zingli, die Frau eines reichen Gerbers; sie behauptete, die eigentliche Mutter des Kindes zu sein. Wohlhabend und etwas verwöhnt, waren ihr Fragen der Garderobe stets wichtiger gewesen als die Bedürfnisse des Kindes. Jetzt aber, nach Jahren, wollte sie es wieder haben. Ein Richter sollte nun entscheiden, wer die wahre Mutter sei und wem es also gehören solle.
Als der Gerichtstag gekommen war, sprach der Richter, er hieß Dollinger, wie folgt: »Klägerin und Angeklagte! Der Gerichtshof hat euren Fall angehört und hat keine Klarheit gewonnen, wer die wahre Mutter dieses Kindes ist. Ich als Richter habe die Verpflichtung, daß ich für das Kind die richtige Mutter finde.«
Und mit ärgerlicher Stimme rief er den Gerichtsdiener und befahl ihm, eine Kreide zu holen. Der Gerichtsdiener ging und brachte ein Stück Kreide. »Zieh mit der Kreide da auf dem Fußboden einen Kreis, in dem drei Personen stehen können!«, wies ihn der Richter an. Der Gerichtsdiener kniete nieder und zog mit der Kreide den gewünschten Kreis. »Jetzt bring das Kind!«, befahl der Richter. Das Kind wurde hereingebracht. Es fing wieder an zu heulen und wollte zu Anna. Der alte Dollinger kümmerte sich nicht um das Geplärr und hielt seine Ansprache nur in etwas lauterem Ton. »Diese Probe, die jetzt vorgenommen werden wird«, verkündete er, »habe ich in einem alten Buch gefunden, und sie gilt als recht gut. Der einfache Grundgedanke der Probe mit dem Kreidekreis ist, dass die rechte Mutter an ihrer Liebe zum Kind erkannt wird. Also muss die Stärke dieser Liebe erprobt werden. Gerichtsdiener, stell das Kind in diesen Kreidekreis!« Der Gerichtsdiener nahm das plärrende Kind von der Hand der Amme und führte es in den Kreis. Der Richter fuhr fort, sich an Frau Zingli und Anna wendend: »Stellt auch ihr euch in den Kreidekreis, fasst jede eine Hand des Kindes, und wenn ich ›los‹ sage, dann bemüht euch, das Kind aus dem Kreis zu ziehen. Die von euch die stärkere Liebe hat, wird auch mit der größeren Kraft ziehen und so das Kind auf ihre Seite bringen.« Im Saal war es unruhig geworden. Die Zuschauer stellten sich auf die Fußspitzen und stritten sich mit den vor ihnen Stehenden. Es wurde aber wieder totenstill, als die beiden Frauen in den Kreis traten und jede eine Hand des Kindes faßte. Auch das Kind war verstummt, als ahnte es, um was es ging. Es hielt sein tränenüberströmtes Gesichtchen zu Anna emporgewendet. Dann kommandierte der Richter »los«. Und mit einem einzigen heftigen Ruck riss Frau Zingli das Kind aus dem Kreidekreis. Verstört und ungläubig sah Anna ihm nach. Aus Furcht, es könne Schaden erleiden, wenn es an beiden Ärmchen zugleich in zwei Richtungen gezogen würde, hatte sie es sogleich losgelassen. Der alte Dollinger stand auf. »Und somit wissen wir«, sagte er laut, »wer die rechte Mutter ist. Nehmt der Schlampe das Kind weg. Sie würde es kalten Herzens in Stücke reißen.« Und er nickte Anna zu und ging schnell aus dem Saal, zu seinem Frühstück.

Bertolt Brecht

Welche Gemeinsamkeiten und Unterschiede zum Richterspruch Salomos stellt ihr fest?
Beurteilt die Entscheidung des Richters. Haltet ihr sein Urteil für richtig oder falsch? – Sucht Argumente.

Nabots Weinberg

	Nabot	Ahab	Isebel
Beruf:			
Lebensweise:			
Eigenschaften:			
Bedeutung des Weinbergs:			
Religion/Tradition:			

Elias droht ein göttliches Strafgericht an (1 Kön 21,17-29)

Ahabs Schuld:

____

____

____

↓ Drohung

____

____

____

↓ Reue

____

____

____

Der Macht widerstehen – Zwei Steckbriefe

Elija		Rudolf Lunkenbein
	Beruf(ung)	
1 Kön 17,1:	Heimatort	
1 Kön 21,18-20:	Die Gegenspieler	
1 Kön 16,29-33:	Angeklagte Missstände	
1 Kön 18,4:	Reaktion der Mächtigen	
1 Kön 18,25-39:	Der Höhepunkt des Konflikts	
1 Kön 19,2f.:	Und die Folgen?	

Was tun?

Als Markus am Dienstag in einer Ecke des Pausenhofs auf seine Kameraden wartet, kommen zwei Neuntklässler auf ihn zu, rempeln ihn an, treten ihm auf die Füße und drohen: »Übermorgen nach der Schule gibst du uns fünf Euro, sonst schlagen wir dich zusammen. Und zu keinem ein Wort! Kapiert?«
Bevor Markus reagiert, sind die beiden verschwunden. Als kurz darauf seine Freunde auftauchen, ist er noch ganz verstört. Nach einigem Drängen erzählt er schließlich von dem Vorfall. Gemeinsam überlegen sie, was nun geschehen soll.

Bewertet die Aussagen. Gebt Noten von 1 bis 6. Begründet eure Meinung. In die Sprechblasen könnt ihr einen eigenen Lösungsvorschlag schreiben.

( ) ____

( ) ____

( ) ____

( ) ____

( ) ____

( ) ____

4 Aus dem Dunkel zum Licht

Das Thema im Schulbuch

Das vierte Kapitel greift ein Grundthema christlichen Glaubens auf. Schon im Titel wird die ganze Spannung menschlicher Existenz zwischen Leiderfahrung und Auferstehungshoffnung sichtbar. Da eine am Erfolg orientierte Gesellschaft vor allem die dunklen Aspekte des Lebens gerne ausblendet, bietet sich hier die Möglichkeit, Sch mit Aspekten zu konfrontieren, die sonst eher tabuisiert werden. Die Werte unserer »*Fun*-Kultur« lassen die Artikulation negativ besetzter Empfindungen wie Leid und Schmerz nur bedingt zu. So verstanden sucht das Thema die Konfrontation: Es fordert heraus zum Gespräch über die grundsätzlichen Fragen menschlicher Existenz. Die kleinen, im Kindesalter empfundenen Sorgen und Ängste sollen als »Identifikationsmodelle« ebenso ernst genommen werden wie die Erfahrungen von Behinderung und Tod.
Die Konzeption versucht sich bewusst offen dem Thema zu nähern. Die in einer pluralistischen Gesellschaft vorzufindenden Formen säkularer Leidbewältigung werden also nicht ausgeblendet. Im Mittelpunkt steht jedoch die christliche Lebensantwort, die ihre Zuversicht mit der Haltung Jesu gegenüber Leid und Tod begründet. Der Auferstehungsglaube soll als die Kraftquelle auch für die eigene Leidbewältigung erkennbar werden.

Bereits das *Titelbild* (**81**) von Hieronymus Bosch veranschaulicht in seinem Kontrast zwischen Hell und Dunkel das Thema auf treffende Weise. Es versinnbildlicht die Situation der Gottferne, des Haderns mit Gott, das der Leiderfahrung entspringen kann, aber auch die Sehnsucht nach Heil und Erlösung, die durch das Licht am Ende des Tunnels symbolisiert werden.

Kontext 1 (**82f.**) dient vor allem als Gesprächseinstieg. Die oft als »Kinderkram« verniedlichten Sorgen und Ängste sind aus dem Alltag gegriffen und zeigen das »kleine Leid«. Innere Gefühlslage und von außen herangetragene Rollenerwartung stehen dabei oft im Widerspruch.

Kontext 2 (**84f.**) führt zum Thema Tod hin, der als Bedrohung erfahren wird. Mit dem Verlust eines lieben Menschen stellt sich gleichzeitig die Frage nach Gott und nach dem Sinn des menschlichen Lebens.

Auf *Kontext 3* (**86f.**) werden zunächst aus dem Blickwinkel von Kindern (**86**) Formen der Leidverarbeitung zur Sprache gebracht. Auch wird deutlich, dass der Kampf gegen das Leid als Kraftquelle erfahren werden kann (**87**).

Die *Pinnwand* (**88f.**) bietet mit ihren unterschiedlichen Arbeitsaufträgen, Texten, Bildern und Projektvorschlägen Annäherungsmöglichkeiten an das Thema Leid und Tod an.

Auf *Orientierung 1* (**90f.**) rückt am Beispiel eines Heilungswunders der Umgang Jesu mit Leid in den Mittelpunkt. Mit der Aufnahme des Themas »Behinderung« erfährt der biblische Zugriff gleichzeitig einen aktuellen Bezug.

Leid manifestiert sich jedoch nicht nur als körperliches Gebrechen, sondern ist auch Ergebnis von Diskriminierung und gesellschaftlicher Ächtung. Jesus will das Heil des ganzen Menschen. Auf *Orientierung 2* (**92f.**) wird dies am Beispiel des Umgangs Jesu mit Sünde und Schuld aufgezeigt.

Doch Jesus ist nicht der göttliche Wundermann, dem menschliches Leid fremd wäre. In der Passionsgeschichte (*Orientierung 3*, **94f.**) zeigt er sich als der Leidende, der das Menschsein bis in den Tod hinein durchlebt. Die den Kreuzwegstationen beigefügten Paralleltexte bieten eine Aktualisierung, hinter der die Zeitlosigkeit der biblischen Vorlage sichtbar wird.

Der christlichen Auferstehungshoffnung nähert sich *Perspektiven 1* (**96f.**). Im Mittelpunkt steht die Emmausgeschichte; zur Unterstützung dienen Bild und Lied.

Auferstehungsglaube bleibt stumm und kraftlos, wo er nicht auf Menschen trifft, die ihn ins Leben hineintragen. Die aus verschiedenen Jahrhunderten stammenden Glaubenszeugnisse auf *Perspektiven 2* (**98f.**) stellen persönliche Interpretationen dieser zentralen Glaubenserfahrung dar. Sie vermitteln, zu welchen

Aufbrüchen die befreiende Botschaft fähig machen kann.

Sterben und Tod sind Bestandteile des Lebens. *Perspektiven 3* (**100f.**) macht den Tod als eine dem Leben zugehörige Phase des Abschiednehmens begreiflich. Indem der Tod nicht aus dem Leben verdrängt, sondern ihm vielmehr schon zu Lebzeiten ein Platz eingeräumt wird, verliert er die Härte einer plötzlichen Zäsur und der Charakter einer Verwandlung rückt in den Vordergrund.

Diese Hoffnung auf ein Weiterleben nach dem Tod wird im Christentum sichtbar in der Feier des Osterfestes. Grund und Zentrum dieser Hoffnung ist der auferstandene Christus; er bildet den inneren Kern, zu dessen Veranschaulichung Liturgie und Brauchtum dienen, auch wenn in unserer veräußerlichten Zeit dieser Kern mitunter in Vergessenheit zu geraten droht (*Perspektiven 4,* **102f.**).

Auf die befreiende Botschaft der Auferstehung zu vertrauen, heißt nicht, einem naiven Gottvertrauen das Wort zu reden; auch das Christentum setzt nicht auf einen den Menschen entmündigenden *deus ex machina.* Auf der abschließenden *Akzentseite* (**104**) wird das Mit- und Ineinander von göttlicher Verheißung und menschlicher Verantwortung sichtbar gemacht.

Vernetzung mit anderen Themen im Schulbuch

Kapitel 1 Alltag bewältigen – Orientierung finden:
Kontext 1 (**7f.**): »Ich Steffi« thematisiert Sorgen wie »Kinderkram?« (*Kontext 1,* **82f.**).
»Sich engagieren« (*Orientierung 6,* **24f.**) konkretisiert »Mit Jesus aufstehen gegen Leid« (*Orientierung 1,* **90f.**) und »Der Auferstandene bewegt« (*Perspektiven 2,* **98f.**). »
Feste Zeiten und Festzeiten« (*Perspektiven 2,* **28f.**) strukturiert »Ostern feiern« (*Perspektiven 4,* **102f.**).

Kapitel 2 Kinder und ihre Probleme in aller Welt:
Kontext 1-4 (**34-41**) und *Orientierung 1-2* (**44-47**) korrespondieren auf vielen Ebenen mit »Kinderkram?« (*Kontext 1,* **82f.**), »Tod des kleinen Bruders« (*Kontext 2,* **84f.**), »Mit Leid umgehen« (*Kontext 3,* **86f.**) und »Kreuzwege« (*Orientierung 3,* **94f.**).

Kapitel 3 Gesichter der Macht:
»Unterdrückt – gemobbt – erpresst« (*Kontext* **58f.**), »Der Macht widerstehen« (*Perspektiven,* **79**) und »Was tun?« (*Akzent,* **80**) veranschaulichen »Kinderkram?« *Kontext 1* (**82f.**) und helfen bei der Suche nach Lösungen.

Kapitel 5 Der Geist führt zusammen:
»Skandal beim Mahl« (*Orientierung 2,* **92f.**): Der Geist, der von Jesu Verhalten ausgeht, verändert Menschen und Verhältnisse. »Pfingsten« (*Orientierung 1,* **110f.**) und »Weggefährten« (*Perspektiven 1,* **96**) zeigen jeweils, wie durch die Begegnung mit Jesus und seinem Geist aus Angst Hoffnung wird.
Orientierung 5 (**118f.**): Mit der Verkündigung der Botschaft von der Auferstehung Christi stößt Paulus bei den Griechen auf Unverständnis und Spott. Ähnliche Erfahrungen werden in der »Österlichen Parabel« (*Perspektiven 3,* **100f.**) und der »Geschichte vom Schmetterlingskreuz« (**AB 6.4.18, Lehrerkommentar S. 209**) thematisiert. Es bietet sich hier an, die jeweiligen Reaktionsweisen auf Gemeinsamkeiten und Unterschiede hin zu überprüfen.

Die thematischen Bezüge zum *Kirchlichen Festkalender* sind offensichtlich:
Fastenzeit – Erfahrung des Leides und Mitleiden mit Christus in der christlichen Tradition (Kreuzweg, Passionsspiele, Karfreitagsliturgie); ggf. kirchliches Hilfswerk Misereor;
Ostern – Freude über die Auferstehung Jesu (Feier der Osternacht, Osterbrauchtum).

Vernetzung mit der fünften Jahrgangsstufe

5.1 Miteinander leben, glauben, lernen:
»Vieles belastet mich« (Religion vernetzt 6, *Kontext 1,* **83**) kann sinnvoll mit *Perspektiven 1* bis *3* (**22ff.**) von Religion vernetzt 5 vernetzt werden, die – ausgehend von der Lebenssituation der Sch – vom Beten handeln. Auch *Kontext 3* (**86**) in Religion vernetzt 6 bietet Anknüpfungspunkte diesem Thema.

5.2 Im Leben Gott begegnen:
Kontext 2 und *3* (**84ff.**) sowie *Perspektiven 3* (**100f.**) in Religion vernetzt 6 greifen die religiösen und philosophischen Fragestellungen der Kinder auf, die in Religion vernetzt 5 auf den *Kontext*-Seiten des zweiten Kapitels (**30ff.**) zur Sprache kommen.

5.4 Jesus fasziniert:
Orientierung 1 (**90**) und *Perspektiven 1* (**96f.**) in Religion vernetzt 6 bieten zahlreiche Anknüpfungspunkte zu Religion vernetzt 5, *Orientierung 5-7* (**90ff.**) und *Perspektiven 1* (**96f.**).

Vernetzung mit anderen Fächern

Evangelische Religionslehre: 6.2 Jesus von Nazaret und seine Botschaft. Passion und Auferstehung Jesu als Grund des christlichen Glaubens verstehen lernen.

Verknüpfung mit *Orientierung 3* (**94f.**) »Kreuzwege«, *Perspektiven 1* (**96**) »Weggefährten« und *Perspektiven 2* (**98f.**) »Der Auferstandene bewegt«.
6.4 Religiöse Feste und Bräuche. Die Bedeutung christlicher Feste, Bräuche und Symbole erfassen. Verknüpfung mit »Ostern feiern«, *Perspektiven* (**102f.**).

Deutsch: 6.2 Gestalterisches Schreiben: ... erlebte oder erfundene Ereignisse erzählen; unterschiedliche Perspektiven einnehmen, inneres Geschehen gestalten; umgesetzt im Impuls »Jemand stirbt« (*Pinnwand*, **88**) sowie auf *Orientierung 2* (**93**), *Orientierung 3* (**95**) und *Perspektiven 4* (**102**).
6.5 Medien nutzen und reflektieren; Einbeziehen von Computer und Internet in die schulische Arbeit. Verknüpfung mit Arbeitsaufträgen auf der *Pinnwand* (**89**), auf *Orientierung 1* (**91**) und *Perspektiven 2* (**102**).

Musik: 6.2 Musik im Kontext: Verknüpfung mit »Der Auferstandene bewegt« *Perspektiven 2* (**98f.**).

Aus dem Dunkel zum Licht

Titelseite 81

1. Hintergrund

Hieronymus Bosch (um 1450-1516)
Eigentlich Van Aeken, d. h. wahrscheinlich nach der Herkunft seiner Familie aus Aachen benannt; Bosch ist die Abkürzung des Namens der Heimatstadt Hertogenbosch. Der niederländische Maler, der zu einer vorreformatorischen Bruderschaft gehörte, schuf bedeutende religiöse Bilder in illustrativer Weise. Sie verbreiteten sich schon früh bis nach Italien und Spanien und wurden vielfach kopiert. Seine Bilder vom Jüngsten Gericht, der Versuchung des Heiligen Antonius und des Gartens der Lüste zeigen in angstvoller Fantasie Höllenstrafen, Todsünden, Versuchungen mit absonderlichen Fabelwesen und grotesken Figuren und brachten ihm den Namen »Teufels-Bosch« ein. Sein malerisches Können begeistert bis heute. Als Feinmaler gestaltete er in präziser Ausführung auch die geringsten Einzelheiten und beherrschte gleichzeitig die freie und kühne Pinselführung auf großen Flächen. Seine durchscheinenden Ölfarben, die den Malgrund durchschimmern lassen, hatten eine außerordentliche Wirkung auf seine Zeitgenossen (vgl. Schneider, 7f.).

Hieronymus Bosch: »Engel geleiten die Gerechten in den Himmel oder Aufstieg zum ewigen Licht«, 1500-1504
Das Bild (Öl auf Holz; 87 x 40 cm; Venedig, Dogenpalast) entstand als Teil eines Flügelaltares, dessen Mittelstück – man vermutet, dass es sich um eine Darstellung des Jüngsten Gerichtes handelte – verloren ging. Die vier Seitentafeln mit den Motiven Paradies und Hölle sind heute im Museum des Dogenpalastes in Venedig zu sehen. Das Bild zeigt eine tunnelartige Öffnung, die in immer heller werdenden Ringen auf einen hellen Lichtpunkt im Zentrum hinläuft. Im Vordergrund geleiten geflügelte Engel die verkörperten Seelen der Gerechten zu der Öffnung und weiter hinein. In kniender Haltung, die Hände zum Gebet gefaltet und mit erhobenem Kopf, schweben die Leiber wie schwerelos auf das Licht zu. Im Zentrum lösen sich ihre Umrisse weitgehend auf. Sie gehen im Licht auf. Der Lichtschein strahlt sie an und die Gestalten heben sich dadurch vom Dunkel des Hintergrundes und ihrer Umgebung ab.
Das Bild lebt aus dem starken Gegensatz von Hell und Dunkel. Licht erscheint als die zentrale Aussage über das, was die Verstorbenen erwartet. Bosch folgt damit der vielfältig erscheinenden biblischen Metapher vom Licht als Zeichen der Nähe und Herrlichkeit Gottes. Er nimmt auch die Symbolik des »Übergangs ins Licht« auf und setzt sie ins Bild: Mit dem strahlenden Licht, das alle Finsternis durchdringt und einen Weg eröffnet, gestaltet Bosch in der Lichtröhre den Blick auf den Ziel- und Endpunkt aller menschlichen Existenz. Er fasst die Sehnsucht im Blick auf das Jenseits ins Bild. Damit vermittelt er den Betrachtenden die Hoffnung, ebenso wie diese Gerechten von den Engeln begleitet ins Jenseits, in das Licht des unsichtbaren Gottes einzugehen. So werden sie in ein neues Dasein, das Sein bei Gott, aufgenommen. Das Bild der Röhre lässt sich auch tiefenpsychologisch deuten. Es erinnert an den Eintritt ins Leben durch den Geburtskanal. Am Ende des Lebens steigert sich dieser Vorgang zum Eintritt in das ewige Leben. In seiner Darstellung könnte Bosch auch die Berichte von Nahtoderlebnissen, wie sie vielfach aufgezeichnet wurden, bildlich vorweggenommen haben.
Das Bild ist als Folie enthalten in: *Bilder aus Religion vernetzt 5 und 6. 36 Farbfolien*, München 2004, ISBN 978-3-466-50716-0.

2. Einsatzmöglichkeiten im RU

Bild betrachten und deuten

- Sch beschreiben und deuten das Bild:

- den Kontrast zwischen Hell und Dunkel;
- die Bedeutung des Tunnels.

- Sch geben dem Bild selbst einen Titel. (Die meisten Sch haben schon einen Straßentunnel durchfahren. Auf diese Erfahrung wird oft zurückgegriffen. Sch erzählen dann, welche Empfindungen sie in der Mitte des Tunnels hatten, wenn das Tageslicht in der Ferne wieder sichtbar wird und schließlich das Ende des Tunnels erreicht ist.)

Gemeinsamkeiten von Bild und Text erkennen

- Sch erhalten **AB 6.4.1, Lehrerkommentar S. 194**, das ein Sterbeerlebnis eines reanimierten Menschen wiedergibt.
- Sch erkennen wesentliche Stationen des Weges und tragen ihre Ergebnisse in die Spalte rechts neben dem Text ein. L gibt dabei Hilfestellungen, welche Gesichtspunkte zu beachten sind:

- akustische Wahrnehmungen (Todeserklärung, unangenehmes Brummen);
- visuelle Wahrnehmungen (Tunnelerlebnis, Außer-Leib-Sein, Begegnung mit »Lichtwesen«, Lebensrückblick);

- Sch versuchen ihre Vorstellungen aufzuschreiben oder zu malen;

- Gefühle/Erfahrungen (Grenzerlebnis, Zwang zur Rückkehr; Schwierigkeit, darüber zu sprechen);
- Einfluss auf das spätere Leben.

Aussagen von Jugendlichen diskutieren

- L teilt **AB 6.4.2, Lehrerkommentar S. 195** aus, das Sch mit den Vorstellungen anderer Jugendlicher konfrontiert.
- Sch vergleichen diese Vorstellungen mit dem Bild von Hiernonymus Bosch; dadurch werden die eigenen Darstellungen hinterfragt und ergänzt.
- Sch erkennen, dass über Jenseits-Erfahrungen nur bildlich/symbolisch gesprochen werden kann.
- Sch erstellen eine Mind-Map zum Thema: »Was kommt nach dem Tod?« und erfassen anschließend dazu einen eigenen Text.

Kinderkram?

Kontext 1 82 83

1. Hintergrund

Bevor im weiteren Verlauf dieses Kapitels die »großen Fragen« (Oberthür) nach Leid und Tod zur Sprache kommen, wird auf *Kontext 1* ein Zugang über das alltägliche »kleine Leid« der Kinder gesucht werden. Die Beschäftigung damit hat aber nicht nur vorbereitende Funktion, sondern zunächst einmal ihren eigenen Wert. Sch sollen spüren, dass sie mit ihren Sorgen ernst genommen werden, dass ihre Nöte nicht als unwichtiger »Kinderkram« abgetan werden. Es findet ein Austausch statt, bei dem Sch merken, dass es anderen ähnlich geht. Gemeinsam werden Lösungsmöglichkeiten und Bewältigungsstrategien diskutiert bzw. erarbeitet.

Die Schülerzeichnung auf *Kontext 1* **(82)** zeigt einen **Skater** in typischer Bekleidung, der scheinbar »cool« an der Wand lehnt, die linke Hand lässig auf sein Sportgerät gestützt, die rechte in der Hosentasche vergraben. Bei genauerem Hinsehen fällt aber auf, dass der Gesichtsausdruck des Jungen eher unglücklich als »cool« ist.

Der **Text** ist nach Assoziationen von 11- bis 13-Jährigen zu der Zeichnung entstanden und enthält in geballter Form Probleme von Jugendlichen dieses Alters. Angesprochen sind die Themen:

- Probleme mit den Eltern,
- Akzeptiert werden in der Clique,
- Gruppenzwang (Kleider, Drogen),
- Verliebt sein (einseitig),
- Probleme in der Schule (Noten),
- Minderwertigkeitsgefühl, Versagensangst.

Auf *Kontext 1* **(83)** werden in der Ich-Form einige der Sorgen der linken Seite noch einmal aufgegriffen und durch weitere, auch über den Augenblick hinausgehende Nöte ergänzt. Kontrastiert werden diese Aussagen durch stereotype Sprüche, die wohl aufmunternd gemeint sein können, aber im Grunde den Jugendlichen, der ein Problem hat, nicht ernst nehmen.

Die Zeichnung im Zentrum von *Kontext 1* **(83)** zeigt ein in sich zusammengesunkenes **Mädchen** auf einer Bank – vielleicht in der U-Bahnstation – sitzend, den Kopf in der linken Hand vergraben. Die Schultasche, die daneben auf dem Boden steht, lässt den Schluss zu, dass sie auf dem Heimweg von der Schule ist. Vielleicht hängt die Sorge, die sie hat, mit der Schule zusammen, vielleicht kommt ihr aber auch nach der Schule ein anderes Problem wieder in den Sinn.

2. Einsatzmöglichkeiten im RU

Von eigenen Sorgen erzählen/ Alltägliches Leid von Kindern und Jugendlichen PINNWAND 88

- Sch notieren zu meditativer Musik auf **AB 6.4.3, Lehrerkommentar S. 196**, ihre eigenen Ängste und Nöte. L weist darauf hin, dass anschließend die Möglichkeit zum Austausch besteht, aber nie-

Theodizeekonzepte von Kindern und Jugendlichen

Kann Gott einen Stein erschaffen, der so schwer ist, dass ihn Gott selbst nicht tragen kann? Wird Gott entweder beim Schaffen oder beim Tragen des Steines versagen? Oder kann er wirklich alles und ist allmächtig? Warum tut er aber dann nichts gegen das Unglück auf der Welt? Ein wirklich guter und allmächtiger Gott müsste doch dringend etwas an seiner Welt ändern, auf der es drunter und drüber geht!

Auf solche oder ähnliche (Theodizee-)Fragen suchen auch Kinder ihre eigenen Antworten. So auch auf die Frage, ob ein zunächst wohlhabender und angesehener Richter, der aber schließlich alles verliert, obwohl er regelmäßig Gott für sein glückliches Leben im Gebet gedankt hat, weiter zu Gott beten solle und ob Gott dieses Unglück zugelassen oder sogar gewollt habe. Mit zunehmendem Alter beantworten Kinder und Jugendliche zwischen fünf und siebzehn Jahren dieses so genannte Hiob- bzw. Richter-Dilemma anders. Vergleichbar den Entwicklungsstufen des religiösen Urteils nach Oser/Gmünder lassen sich die Antwortversuche etwa in folgende drei Typen unterteilen:

- Der allmächtige Gott schickt beides: Liebes und Leides. Das heißt, alles Geschehen, Gutes und Böses, wird in Abhängigkeit von Gott gedacht (vgl. *deus ex machina*).
- Das Leid der Menschen muss in irgendeiner Art Folge böser Taten sein. Die Beziehung zwischen Mensch und Gott wird damit nach dem Prinzip des Austausches gestaltet (vgl. *do ut des*).
- Gott wird bei Unglücksfällen und Leid nicht im Spiel gesehen. Das bedeutet, dass menschliches Leid allein aus dem Kontext menschlicher Autonomie erklärt wird und kein direktes Eingreifen Gottes erwartet wird (vgl. »Deismus«).

Verweise auf den christlichen Gott, der die Leidenden nicht alleine lässt, sondern am Kreuz mit ihnen leidet, oder darauf, dass die Frage falsch gestellt sei und man nicht in der Rolle des/der Zuschauenden den Blick gegen den verursachenden oder zulassenden Gott richten dürfe, sondern sich in der Nachfolge Jesu Christi selbst aufs Spiel setzen und mit den Leidenden solidarisieren müsse, werden Sch der Sekundarstufe I in der Regel (noch) nicht zu ihren eigenen Deutungsversuchen machen können.

Entscheidend ist es daher, dass Kinder und Jugendliche selbst zunächst um eine Antwort auf die Theodizeefrage ringen und erkennen, dass dieses Ringen auch für sie selbst bedeutsam ist. L sollte sie auf dieser Suche begleiten, ohne ihnen allzu schnell scheinbar abgeschlossene Lösungen zu präsentieren: So kann man Kinder dazu auffordern, Fragen aufzuschreiben, die sie Gott gerne stellen würden, und in einem zweiten Schritt zu versuchen, einige Fragen der Mit-Sch zu beantworten. Oder man lässt Sätze von Philosophen ergänzen, z. B. den klassischen Ansatz von Epikur »Wenn Gott die Übel beseitigen will und nicht kann, so ist er ...«. Für ältere Sch empfiehlt sich als Einstieg für einen offenen Diskurs auch die Methode der Meinungsumfrage, nach der jede/r Sch sich aus etwa zehn bis zwölf kontroversen Antwortversuchen drei aussuchen und begründen sollte, die ihm/ihr am stimmigsten erscheinen.

M. S.

Literatur

Oberthür, Rainer, Kinder fragen nach Leid und Gott. Lernen mit der Bibel im Religionsunterricht, München [6]2008.

Ders., Neles Buch der großen Fragen. Eine Entdeckungsreise zu den Geheimnissen des Lebens, München [7]2010.

Büttner, Gerhard/Rupp, Hartmut, Theodizee als Dilemma. Möglichkeiten und Grenzen der Dilemmadiskussion als Medium kindlichen Theologisierens, in: dies. (Hg.), Theologisieren mit Kindern, Stuttgart 2002, 21-34.

mand etwas preisgeben muss, was er/sie nicht möchte.

- Sch erzählen sich in GA von ihren Problemen.

Weiterführende Vorschläge:

- L teilt Kuverts aus, Sch schreiben die eigene Adresse darauf, legen ihr beschriebenes Blatt ein und verschließen das Kuvert. Am Schuljahresende bekommen Sch das Kuvert wieder. Welche Sorgen und Nöte haben sich erledigt, welche nicht? Was sind die aktuellen Probleme?
- Sch können im Rahmen von »Kreuz-Wege« *Orientierung 3* (**94f.**) die persönlichen Briefe an ein Kreuz heften/in der Osternacht ins Feuer werfen/bei einem Kirchenbesuch in den Tabernakel legen.

Probleme von Jugendlichen benennen/Alltägliches Leid von Kindern und Jugendlichen

PINNWAND **88**

- Sch lesen den Text auf *Kontext 1* (**82**) und äußern sich spontan. Sie stellen fest, dass die Probleme darin ziemlich geballt auftreten, dass es aber in ihrem Leben durchaus ähnliche Sorgen gibt.
- L fragt nach den Bereichen, in denen die Probleme auftreten. Sch nennen z. B. Familie, sich selber, Freunde, Schule.

TA zu »Probleme von Jugendlichen benennen« (Lehrerkommentar S. 163f.):

Familie	Eigene Person	Freunde	Schule	(Welt)
Eltern arbeitslos	Unsportlich	Keine Anerkennung	Schlechte Noten	(Angst vor Krieg)
Bevormunden	Keine Markenkleidung	Gruppenzwang	...	...
...	...	...	...	...

- L und Sch sammeln an der Tafel die Aspekte. Für eine fünfte Spalte sollte Platz gelassen werden (s. o.).
- Nach der Lektüre von *Kontext 1* (**83**) wird die Aufstellung ergänzt, auch um eine weitere Spalte (»Welt«).

Ratschläge bewerten/Alltägliches Leid von Kindern und Jugendlichen PINNWAND 88

- L kopiert *Kontext 1* (**83**) aus dem Schulbuch. Sch bekommen den Auftrag, die Ratschläge dort mit Noten von 1-6 zu bewerten. Sie erkennen dabei den floskelhaften Charakter der wenig hilfreichen Sprüche.
- Sch suchen nach den Gründen für diese Sprüche.

Mögliche Antworten:
- zu wenig Interesse am anderen und seinen Problemen;
- sprechen ohne nachzudenken;
- zu hohe Ansprüche der Erwachsenen usw.

- Anschließend formulieren Sch Sätze, die jemandem in einer Notlage wirklich weiterhelfen könnten.

Beispiele:
- Komm, erzähl mir deinen Kummer!
- Zu mir kannst du immer kommen.
- Ich helfe dir in Mathe.

Eine Geschichte zum Bild schreiben/Alltägliches Leid von Kindern und Jugendlichen PINNWAND 88

- Sch versetzen sich in das abgebildete Mädchen auf *Kontext 1* (**83**) und schreiben eine Geschichte dazu. Verschiedene Schwerpunkte sind denkbar:
- Sch erzählen die Geschichte, die zu der Situation auf dem Bild geführt hat.
- Sch schreiben im inneren Monolog über die augenblickliche Situation.
- Sch schreiben aus der Sicht einer Freundin, die daneben sitzt und das verzweifelte Kind tröstet bzw. Lösungsmöglichkeiten vorschlägt.

Tägliche Katastrophen PINNWAND 88

In einer medial vermittelten Welt werden auch die Kinder ständig mit Kriegen, Gewalt, Leiden und Tod konfrontiert. Die folgenden Vorschläge geben eine kleine Hilfe zur Verarbeitung dieser Informationen.

- Sch sammeln aus Tageszeitungen Berichte von Kriegen, Katastrophen und Unglücksfällen und bringen sie in den Unterricht mit.
- Im Gespräch drücken Sch ihre Emotionen aus.
- Sch und L suchen nach Ursachen für das Leid, das meistens von Menschen gemacht, aber oft unerklärlich und sinnlos ist.
- Sch suchen nach Möglichkeiten den Betroffenen zu helfen.

Beispiele:
- materielle Hilfe über Hilfsorganisationen bei Naturkatastrophen;
- Patenschaften übernehmen, Aufmerksamkeit in unserer Bevölkerung für arme Länder wecken (siehe auch Kapitel 2):
- Einsatz für Völkerverständigung, Aktionen für den Frieden usw.

3. Weiterführende Anregungen

Sorgenbuch anlegen

- Die Klasse legt als Fortsetzung des Klassengebetbuchs der 5. Klasse ein anonymes »Sorgenbuch« an, aus dem zu Beginn der Religionsstunde Beiträge verlesen werden.

Eine Collage/«Gegencollage« täglicher Katastrophen gestalten

- Aus den Zeitungsausschnitten über Katastrophen können in GA Collagen gestaltet werden.
- Etwas aufwändiger ist die Materialsammlung für eine »Gegencollage«, die Hilfsaktionen, Friedensbemühungen und andere Hoffnungszeichen dokumentiert.

1. Hintergrund

Erfahrungen mit dem Tod sind in unserer Gesellschaft tabuisiert. Alter und Tod werden ausgeklammert und in den zuständigen Institutionen Krankenhaus, Altersheim oder Hospiz verwaltet. Gerade Kindern ist mangels Zugang dieser Erlebensbereich fremd. Mit den Bildern von Käthe Kollwitz und Edvard Munch soll die Begegnung mit dem Tod aus dem Blickwinkel der Sch eingeleitet werden: einmal der Tod eines kleinen Kindes, bei dem trauernde Erwachsene anwesend sind, und aus anderer Perspektive der Tod der Mutter, wo vor dem Totenbett ein Kind in abwehrender Körperhaltung signalisiert, sich von dem Problem distanzieren zu wollen. Der Text »Tod des kleinen Bruders« ist authentisch und wurde von der Schwester des Verstorbenen verfasst. Hier werden Erlebnisse zusammengefasst, die für Sch nachvollziehbar sind, außerdem werden kindgemäße Formen aufgegriffen, mit der Situation umzugehen. In dem Gedicht »Klage« von W. H. Auden, das dem Gedichtband »Anhalten alle Uhren« entnommen ist, werden die Gefühle beim Tod eines Freundes in vielfältiger Weise lyrisch umschrieben. Die Angst vor dem Tod greift der Text »Der Tod ist für mich etwas Drohendes« auf; deutlich wird die Distanz des technischen Zeitalters vor dem Tod fühlbar.

Käthe Kollwitz (1867-1945)
Käthe Kollwitz begann ihre künstlerische Ausbildung in Berlin und setzte sie dann später in München fort. In der Tätigkeit ihres Mannes Karl Kollwitz als Armenarzt kam sie mit dem Milieu und den sozialen Problemen der Arbeiterklasse in Kontakt und machte diese Erfahrungen in ihrem Werk sichtbar. Stark prägend in ihrem künstlerischen Schaffen war der Tod ihres Sohnes Peter zu Beginn des ersten Weltkriegs. Bilder vom Tod zeugen von der Betroffenheit und geben die seelischen Vorgänge eindrucksvoll wieder. Ihre bekanntesten Werke sind »Der Weberaufstand«, »Der Bauernkrieg« und Mutter-Kind-Darstellungen.

Käthe Kollwitz: »Im Kinderkrankenhaus«, 1908
Die Kohlezeichnung zeigt Menschen, die sich in einen relativ kleinen Raum hineindrängen. Im Zentrum des Raumes steht ein Säuglingsbett, davor eine gebückte Frau, die den Betrachtenden den Blick auf das Kind im Bettchen verwehrt. Kaum sichtbar befindet sich ein Stuhl rechts vom Säuglingsbett. An der Wand neben dem Bettchen steht eine Frau mit einer weißen Haube und verschränkten Armen. Die zögernd hereinkommenden Erwachsenen haben ihre Blicke auf das Bettchen gerichtet.
Im Bild lassen sich drei Ebenen herausfiltern:
Die erste, das Bettchen mit den weißen Wänden und der davor stehenden gebeugten Frau; ihr bodenlanges dunkles Kleid wirft einige Falten, ansonsten ist nur der gebeugte Rücken und ein Teil ihres schwarzen Haarschopfes sichtbar. Das Gebeugtsein der Frau weist auf die Lebenslast hin, die sie durch den Anblick des toten Säuglings empfindet. Das abgewandte Gesicht erspart den Betrachtenden den Anblick der Trauer.
Die zweite Ebene ist eher im rückwärtigen Raum zu finden mit der grauen, schmucklosen Wand und der davor stehenden Frau mit Haube; durch ihre aufrechte Haltung und die etwas hellere Kleidung zeigt sie einerseits etwas Distanz zum Geschehen, möglicherweise aber auch, dass sie sich mit der Situation abgefunden hat.
Als dritte Ebene – seitlich angefügt – die in das Zimmer drängenden Menschen. Sie bringen Unruhe in das Zimmer, verdeutlicht durch ihre unterschiedlichen Körperhaltungen. Ihr Äußeres wirkt durch die Körperhaltung und den Gesichtsausdruck bestürzt bis ängstlich. Die jeweilige Handhaltung ist wie bei der Frau mit Haube geschlossen – oder einander haltend. Von den Händen geht kein Tatendrang aus, sie nehmen das Geschehen so hin.
Das Bild vermittelt die gnadenlose Sprache des Lebens: »Du musst es hinnehmen, ob du willst oder nicht.« Dass Käthe Kollwitz die Schnittstelle von Geborenwerden und Sterbenmüssen so eng wählt, trifft den/die Betrachtende/n hart. Hilflose Trauer empfindet man auch beim Anblick des gebeugten Rückens der Mutter und der hilflosen Gesichter der Kondolierenden. Es ist eine Situation, die tief in die Gefühlswelt eines Menschen eindringt.
Käthe Kollwitz ist bekannt für ihre schnörkellose Darstellung des Elends der Arbeiterschaft um die Jahrhundertwende. Ihr weicher Zeichenstil, der oft noch durch die Verwendung von rauem Ingres-Papier betont wird, scheint ganz auf die Darstellung von Menschen abgestimmt zu sein. Allein durch die Gesichter und die Körperhaltung der Porträtierten können sich die Betrachtenden ein Bild von den unmenschlichen Lebensbedingungen der sozial deklassierten Bewohner der damaligen Großstädte machen.
Beim Betrachten der Arbeiten anderer Künstler/innen und Karikaturist(inn)en, fällt der Unterschied zu den Blättern von Käthe Kollwitz schnell ins Auge: Jene räumen den Requisiten und Gegenständen, die Lebensumstände und Milieu der Porträtierten illustrieren sollen, viel mehr Platz ein. Auch stammt bei ihnen die

Gesamtkonzeption, also Bild und Bildunterschrift, aus einer Hand. Die veröffentlichten Kollwitz-Zeichnungen haben hingegen im Grunde zwei Titel: den ursprünglichen, von der Künstlerin selbst gewählten, und einen zweiten, der aus der Feder des Redakteurs der Satire-Zeitschrift *Simplicissimus* stammt. Beispielsweise wurde der Titel der Kollwitz-Zeichnung »Im Kinderkrankenhaus« in »Am Totenbett des Säuglings« umgewandelt. Die wenig pietätvolle Bildunterschrift dazu: »Trösten Sie sich, so hat das Kind wenigstens nicht erfahren, dass es unehelich war«. Die satirische Schärfe entsteht also vor allem durch die bissigen Bildunterschriften, die manchmal die Blasiertheit und den Zynismus des Großbürgertums widerspiegeln, zum Teil aber auch der Gossensprache der Arbeiter entlehnt sind.
Diese Zuspitzung soll Käthe Kollwitz in Kauf genommen haben. Denn durch die Popularität und auch durch die hohen Auflagen des *Simplicissimus* konnte sie mehr Menschen erreichen und auf die Lage der Unterprivilegierten der Gesellschaft aufmerksam machen, was ja mit der wichtigste Aspekt ihrer Kunst war.

Edvard Munch (1863-1944)
Edvard Munch musste bereits als Kind mehrere Schicksalsschläge ertragen: Gerade geboren, wurde er wegen Lebensgefahr notgetauft. Als er fünf Jahre alt war, starb seine Mutter, neun Jahre später seine Lieblingsschwester Sophie im Alter von fünfzehn Jahren. Eine andere Schwester litt an Depressionen, Bruder und Vater starben früh. Entsprechend häufig sind in seinen Werken Darstellungen von Krankheit und Tod zu finden. Geboren wurde Munch in Norwegen, später lebte er zeitweise in Paris und Berlin. Seine bekanntesten Werke sind »Der Schrei«, »Vier Mädchen auf der Brücke« und das »Lebensfries«.

Edvard Munch: »Die tote Mutter und das Kind«, 1899/1900
Der erste Blick wird festgehalten von einem Kind, das die Ohren zuhält. Bekleidet ist es mit einem Trägerkleid, das den Körper von den Schultern bis zu den Knien bedeckt. Aus gleichem Stoff bestehen die Ärmel, die bis zu den Ellenbogen reichen. Der erste scheinbar freundlich-heitere Eindruck wird verdrängt durch den zweiten Blick, der im Hintergrund eine Person, die im Bett liegt, wahrnimmt; erst wenn man länger hinsieht, fällt auf, dass der Mensch tot ist. Der Leichnam ist im Bett fast versunken in der Fülle des Kissens und der Bettdecke.
Das Bild ist in klaren Gegensätzen aufgebaut: die waagerecht liegende Tote im Hintergrund – das aufrecht stehende Mädchen im Vordergrund; die tote Mutter schwarzhaarig, mit geschlossenen Augen, blass – die Tochter blond, mit weit geöffneten Augen, leuchtend; die Frau reglos, ihr Körper hebt sich kaum noch vom Laken ab – das Kind mit erhobenen Armen und nach vorn gerichteten Füßen; die Liegende von undefinierbarem Alter, unscharf und fast nicht mehr gegenwärtig – die Stehende deutlich kleinkindhaft, lebendig und gegenwärtig; oben dunkles Grün, Blaugrau und Schwarz – unten ein Rot, Zeichen des Lebens, des Blutes, auch des Schmerzes?
Die beiden Pole berühren sich; die Köpfe der beiden Personen befinden sich auf gleicher Höhe. Ebenso sind sie durch die weiße Farbe miteinander verbunden und durch den Schattenrand, die schwarze Linie, die das Kind umrahmt und sich am Bettrand und auf dem Kissen fortsetzt. Die Antinomie von Tod und Leben drückt Munch noch im Detail aus: er malt die Tote fahl und hager, mit dunklen Haaren, nur den Kopf in klaren Umrissen. Ihr Körper ist nur zu ahnen, der Pinselstrich verschwimmt. Der Leichnam löst sich in seiner Körperlichkeit auf. Dagegen steht das Kind kräftig da, sein helles Trägerkleidchen, bei dem Rocksaum und Ausschnitt hart markiert sind, betont den kindlichen Körper. Hell und leuchtend ist auch der kindliche Kopf gemalt, aber die Konturen weich. Das Kind steht noch vor dem Leben, wenngleich es auch noch von dem umfangen ist, was hinter ihm liegt, es betritt noch kein Neuland, keine Zukunft. Im Schnittpunkt der beiden Linien (liegende Mutter – stehendes Kind) tritt der Kopf des Kindes hervor, der die Aufmerksamkeit des/der Betrachtenden auf sich zieht. Hier liegt das eigentliche Zentrum des Bildes.
Die Analyse der Formensprache erklärt sicher, weshalb dieses Bild den/die Betrachtende/n gefangen nimmt, fesselt; was ihn/sie aber bewegt, ist etwas anderes: Perspektive und Proportionen der Bildmotive machen die Betrachtenden unvermittelt zu überraschten, hilflosen Kondolenzbesuchern, vor denen ein kleines Mädchen steht, das in rührend irrationaler Gebärde das ausdrückt, was es noch nicht aussprechen kann: das existenzielle Erschrecken über den Tod: Es hält sich die Ohren zu und erstarrt in dieser Gebärde, fragt nicht, weint nicht.
Das Gesicht des Kindes ist noch nicht vom Tod gezeichnet, es drückt noch kein Entsetzen, keinen verzweifelten Schrecken aus. Die Augen haben etwas gesehen, dem sie sich nicht entziehen können – sie müssen starr offen stehen – , aber sie erkennen noch nicht. Der Mund ist geschlossen, er gibt dem Schmerz noch keinen Ausdruck. Seltsam unberührt wirkt das Gesicht, es lässt an ein scheues, puppenhaftes, naives und noch gänzlich unerfahrenes Kind denken – und doch verbirgt sich hinter dieser Fassade das Ahnen jenes Schrecklichen, das unerträglich scheint und von dem sich das Kind abwendet. Man kann die Wirklichkeit dadurch zu leugnen suchen, dass man seine Sinne verschließt. So werden auch die Ohren

zugehalten, obwohl kein Schrei zu hören ist. Die ganze Haltung ist eine des Nicht-wahrhaben-Wollens, des Nicht-Zulassens.
Über sein berühmtes Bild »Der Schrei«, in dem sich der Schreiende wie das Kind hier die Ohren zuhält, schreibt Munch: »Ich war müde und krank. Ich sah auf den Fjord hinaus. Die Sonne ging gerade unter – die Wolken färbten sich rot, wie Blut. Ich empfand das alles wie einen Schrei, der durch die Natur ging. Ich glaubte, einen Schrei zu hören. Ich malte das Bild, malte die Wolken wie richtiges Blut. Die Farben schreien.« Das Schreien, das der Maler selbst empfindet, drückt sich in den Farben seiner Bilder aus. Auch dieses Bild hat in diesem Sinn eine Stimme: Ein Schrei ist präsent, obwohl niemand den Mund öffnet; er ist präsent in den zugehaltenen Ohren, die ihn nicht hören wollen, er ist präsent im grellen Weiß des Kinderkleides und im Blutrot des Bodens.
Der fünfjährige Edvard Munch erlebt den Tod seiner Mutter, der Erwachsene Edvard Munch malt ihn rund 30 Jahre später. Und wenn dieses Bild in seiner durchdachten Komposition die Distanz des Erwachsenen zeigt, so verraten doch Blick und Gebärde des Mädchens, dass die Betroffenheit geblieben ist. Da ist nichts Verklärendes, nichts Tröstliches für den Maler; ein erlebter Augenblick wird als Zustand fixiert.
Das Bild ist als Folie enthalten in: *Bilder aus Religion vernetzt 5 und 6. 36 Farbfolien*, München 2004, ISBN 978-3-466-50716-0.

Wystan Hugh Auden (1907-1973)
W. H. Auden war Professor für Dichtung, lebte in Oxford, Berlin und Österreich; er war mit Erika Mann, der Tochter von Thomas Mann, verheiratet. Seine späte Dichtung verarbeitet Anregungen aus Religion, Geschichte und Mythos. Mit der Veröffentlichung von *The Age of Anxiety* (Das Zeitalter der Angst, 1947), einem »barkcken Hirtengedicht«, avanciert er auch international zum einflussreichsten britischen Lyriker seit T. S. Eliot.

2. Einsatzmöglichkeiten im RU

»Weil der Tod das Leben be-drängt, wird er ver-drängt« PINNWAND 88

- Sch sammeln Beispiele, wo der Tod in unserer Gesellschaft vorkommt (z. B. Todesanzeigen, Nachrichten etc., v. a. medial vermittelter Tod!).
- Sch suchen Beispiele für obige These, dass der Tod aus unserer Welt verdrängt wird (z. B. anonymes Sterben im Krankenhaus, Tote sind nicht sichtbar, heile Welt der Werbung mit ihrem Jugendlichkeitswahn).
- Sch finden im Gespräch mit älteren Verwandten, mithilfe von **AB 6.4.4, Lehrerkommentar S. 197**, und/oder im Internet Informationen über den Umgang mit dem Tod in früheren Zeiten. Die Ergebnisse können auf Plakaten dokumentiert werden (vgl. *Pinnwand*, **88**).

Internet-Adressen:
www.bestattungwien.at (Link »Wissenswertes – Bestattungsmuseum«;
www.sepulkralmuseum.de (Sepulkralmuseum in Kassel; interessante Infos);
www.aeternitas.de (Verbraucherberatung bei allen Fragen rund um die Bestattungskultur).

»Man stirbt viele kleine Tode, bis man den letzten stirbt« PINNWAND 88

- Sch erkennen die »kleinen Tode« mitten im Leben und suchen Beispiele dafür. Sie setzen die Liste der *Pinnwand* (**88**) in ihren Heften fort.

Beispiele:
Die Erfahrung des Sterbens oder Totseins mache ich,
- wenn meine Gefühle absterben,
- wenn ich unterdrückt werde und mir die Luft zum Atmen fehlt,
- wenn mein Vertrauen erschüttert wird,
- wenn jemand mich hasst,
- wenn ich ein Unrecht nicht wieder gutmachen kann,
- wenn ich ein Ziel nicht erreichen kann.

Sich mit dem Tod eines Kindes auseinander setzen
- Sch beschreiben das Bild von Käthe Kollwitz, besonders die Körperhaltung und den Gesichtsausdruck der Personen.
- Sch berichten von ähnlichen erlebten Situationen. Was könnten die um das Totenbett Versammelten sagen?
- Sch recherchieren über »verwaiste Eltern«, einer Initiative von Eltern, die ein Kind verloren haben: www.veid.de oder www.leben-ohne-dich.de.

Mit dem Tod eines Geschwisters umgehen
- Sch beschreiben, wie die Verfasserin des Textes auf *Kontext 2* (**84**) mit dem Tod des Bruders fertig wird.
- Womit versuchen sich Sch in ähnlichen Begebenheiten zu trösten?
- Sch malen ein Hoffnungsbild für einen schwerkranken Menschen.

Dem Leid Ausdruck geben
- Sch gestalten in vier Gruppen ein Plakat (als Zeichnung oder als Collage) zu jeweils einer Strophe des Gedichtes von W. H. Auden und hängen sie zusam-

men mit dem zugehörigen Text im Klassenzimmer auf.
- Sch finden eigene Allegorien in Anlehnung an die im Gedicht vorgestellten.
- Sch entwerfen eine zeitgemäße Todesanzeige für eine schon lange verstorbene berühmte Persönlichkeit.

Jemandem beistehen, der/die trauert PINNWAND 88
- Sch entlarven die Sätze auf *Pinnwand* (**88**) als wenig mitfühlend, wenig hilfreich und als Ausdruck der Hilflosigkeit dessen, der sie äußert.
- Sie suchen nach Gesten, mit denen man einem Trauernden beistehen kann.

Beispiele:
- einfach da sein;
- den Trauernden einladen oder besuchen;
- über den Verstorbenen reden;
- zusammen das Grab besuchen usw.

Sich Erfahrungen mit dem Tod nähern
- Sch äußern sich zunächst darüber, warum sich das Kind auf dem Bild von Edvard Munch die Ohren zuhält.
- Anschließend ergänzen Sch auf dem **AB 6.4.5, Lehrerkommentar S. 198,** die Dinge, Situationen, Erlebnisse, die das Kind nicht hören (evtl. auch sehen) will.
- In einer nonverbalen Annäherung an das Bild legen Sch nacheinander eine aus Papier ausgeschnittene Kinderfigur in Position (sich zu der Toten beugen; sich von ihr abwenden; Blick in bestimmte Richtung; Entfernung oder Nähe zu der Toten) auf die auf Folie kopierte Abbildung von **AB 6.4.6, Lehrerkommentar S. 199.**

Der Tod ist für mich etwas Drohendes/Einen Friedhof besuchen PINNWAND 89
- Sch finden Begründungen, warum der Tod als etwas Bedrohendes erlebt wird.
- Sch überlegen, was geschehen könnte, damit dies weniger der Fall wäre.
- Sch stellen in einer Zeichnung das für sie Bedrohende des Todes dar. (Vgl. *Pinnwand*, **89**, dazu s. u. »Einen Friedhof besuchen«).

3. Weiterführende Anregung

Einen Friedhof besuchen PINNWAND 89
- Sch besuchen zusammen mit den evangelischen Mitschüler/innen und deren Lehrkraft einen Friedhof.

Edvard Munch:«Die tote Mutter und das Kind«, 1899/1900

- Sch beschreiben ihre Stimmung auf dem Friedhof mit einem kurzen Brief oder Gedicht.
- Sch schauen sich die verschiedenen Gräber an und versuchen die Einstellung zum Tod, die sich in der Grabgestaltung ausdrückt, zu formulieren.
- Sie stellen sich anhand der Lebensdaten, der Berufe, der Grabsprüche etc. einzelne Lebensgeschichten vor
- Sch zeichnen Symbole von den Gräbern ab und deuten sie, evt. mithilfe eines (virtuellen) Symbollexikons.

Alternative:
- Sch erhalten **AB 6.4.7, Lehrerkommentar S. 200,** und erklären mithilfe eines Symbollexikons die Symbole auf den Gräbern.
- Sch deuten die Bepflanzung des Friedhofs.
- Sch interviewen den/die Friedhofsleiter/in oder eine/n Mitarbeiter/in.
- Sch beschreiben oder zeichnen, wie sie sich ihr eigenes Grab einmal wünschen, und erklären einander in GA ihre Vorstellungen.
- Sch besuchen einen virtuellen Friedhof im Internet und sprechen über diese Art der Bestattung.

Internet-Adressen virtueller Friedhöfe:
www.begraebnis.at
www.memoriam.de
www.virtueller-tierfriedhof.de

1. Hintergrund

Käthe Kollwitz: »Tod hält Mädchen im Schoß«, 1934
In ihrem letzten grafischen Zyklus widmet sich die siebzigjährige Käthe Kollwitz (Biografie siehe Lehrerkommentar S. 165) noch einmal dem Thema »Tod«. Die auf *Kontext 3* (**86**) abgebildete Kreidelithografie zeigt eine nicht erkennbare Person mit schwarzem Gesicht, die in sitzender Haltung dargestellt ist und liebevoll ein vom Tod gezeichnetes Mädchen mit ihren Armen umschlingt und auf dem Schoß hält. Die Gesichtszüge des Mädchens erinnern an die Künstlerin selbst. Im Kontext eines Selbstporträts tritt der Ruf des Todes als neues Motiv hinzu. Das Aufbegehren gegen das Töten im Krieg ist der Resignation vor der Unausweichlichkeit des Sterbens gewichen, aber auch der Hoffnung auf den Tod als Erlöser.
Das Bild ist als Folie enthalten in: *Bilder aus Religion vernetzt 5 und 6. 36 Farbfolien*, München 2004, ISBN 978-3-466-50716-0.

Erwachsene wollen Kinder vor dem Thema »Trauer« schützen: Sie dürfen nicht mit zur Beerdigung der Oma und der Wellensittich ist nicht tot, sondern in den Vogelhimmel geflogen. Verständlich ist das insofern, als Erwachsene wünschen, dass die Kindheit unbelastet und freudig verläuft.
Aber Kinder nehmen die Situationen des Lebens durchaus wahr und haben von Anfang an viele Ängste und Sorgen. Kinder spüren die Angst und den Schrecken der Erwachsenen und es entsteht das Gefühl, dass man darüber nicht reden darf. Damit verlieren sie die Chance, sich mit dem Thema Abschied auseinanderzusetzen und sich vorzubereiten für den Fall, dass ein Tier, ein geliebter Mensch oder sie selbst sterben. Der Tod bleibt ein Tabu.
Kinder brauchen jedoch die Möglichkeit, mit ihren traurigen und wütenden Gefühlen umzugehen, Fragen zu stellen und eigene Erfahrungen zu machen. Nur dadurch kann das Thema »Tod« enttabuisiert und ein echter innerer Entwicklungsschritt gegangen werden.
Leiderfahrung spielt sich auch in anderen Bereichen als in der Begegnung mit dem Tod ab. Mit dem Text **»Deutschland – extrem kinderunfreundlich?«** kommt das »kleine Leid« der Kinder zur Sprache.
Viele Kinder erleben mit dem Tod eines Haustieres den ersten Kontakt mit dem Tod an sich. **»Der Tod meines Hundes Blitz«** thematisiert, wie ein Kind um sein Haustier trauert. Diese Trauerarbeit kann als »Einübung« in den Umgang mit dem menschlichen Tod dienen.

Das immer wieder vorgebrachte Theodizee-Problem: »Warum lässt Gott das alles zu?« steht im Vordergrund des Textes **»Gott und das Leid«** von Anthony de Mello.

Anthony de Mello (1931-1987)
Der indische Jesuitenpater Anthony de Mello S. J., geboren 1931 in Bombay (Indien), ist durch seine zahlreichen Bücher bekannt auf der ganzen Welt. Er studierte Philosophie in Barcelona, Theologie in Poona, Psychologie in Chicago und Spiritualität an der Gregoriana in Rom. Die Priesterweihe erhielt er 1961. Im Jahre 1968 wurde er zum Rektor im Jesuitennoviziat in Bombay berufen. 1972 gründete Anthony de Mello das *Institute of Pastoral Counseling and Spirituality* am *De-Nobili*-College in Poona und wurde dort Leiter. Die Einrichtung, an der Exerzitienmeister und Meditationsleiter spirituell ausgebildet wurden, ist heute das *Sadhana*-Institut. Anthony de Mello starb 1987 in New York.
Anthony de Mello verband in seinen Meditationen die asketischen Methoden des Buddhismus und Hinduismus mit der jahrhundertealten Tradition geistlicher Übungen des Ignatius von Loyola. De Mello ist damit eine Synthese von östlicher Meditation und christlicher Lehre gelungen.
Überraschenderweise veröffentlichte im elften Jahr nach Anthony de Mellos Tod die vatikanische Kongregation für die Glaubenslehre eine Notifikation, die sein Werk kritisierte und dazu aufforderte, »die Gefahren in den Schriften von Pater Anthony de Mello oder in den ihm zugeschriebenen Texten zu benennen und die Gläubigen vor ihnen zu warnen«. Die mit der Notifikation faktisch ausgesprochene Indizierung fand weltweit nur eine sehr begrenzte theologische Beachtung. Denn seine Veröffentlichungen sind praktische »Lebensweisheiten«, geistliche wie profane, durch die Anthony de Mello beeindruckte und derart bekannt wurde und keine systematische Theologie.

Wie in einem Regal werden in Rom aus Platzmangel die Verstorbenen in einer Wandnische begraben (vgl. das Foto der **Kindergräber** auf *Kontext 3*, **86**). Für uns, die wir meist nur Erd- oder Feuerbestattung kennen, ist diese Art gewöhnungsbedürftig. Auf engem Raum, dichtgedrängt, müssen die Angehörigen der Verstorbenen ihrer Trauer Ausdruck geben.

Lance Armstrong (geb. 1971)
Lance Armstrong, geboren am 18. September 1971 in Plano (Texas), wuchs als einziger Sohn einer allein erziehenden Mutter in seiner Geburtsstadt auf.
Nach Erfolgen als Jugendlicher im Triathlon wandte er sich schon früh dem Radsport zu. Im Jahr 1992 gab er sein Debüt als Radrennprofi beim Rennen in San Sebastian, kam aber abgeschlagen ins Ziel. Seine Mutter ermutigte ihn, weiter zu trainieren und nicht aufzugeben. Mit Härte und Ehrgeiz fuhr er sich in die Weltspitze. 1996 zählte er schließlich zu den Top-Fahrern unter den internationalen Radprofis. Im gleichen Jahr wurde bei ihm Hodenkrebs im fortgeschrittenen Stadium diagnostiziert. Ein Hoden und zwei Gehirntumore wurden entfernt, eine der schärfsten Formen der Chemotherapie schloss sich an. Drei Jahre später, 1999, gewann er den härtesten Sportwettkampf der Welt, die *Tour de France*. Folgen seiner Krankheit waren nicht nur ein geändertes Bewusstsein zum Leben und Sport, sondern auch die Gründung der »Lance-Armstrong-Foundation«. Diese Institution hat sich die Unterstützung krebskranker Kinder zum Ziel gesetzt. Ebenso rief der Sportler die Sponsorenrennen *Ride for the Roses* ins Leben. Armstrong hat mit seiner ehemaligen Frau Kristin – dank seines vor der Operation deponierten Samens – drei Kinder, zwei Töchter und einen Sohn.

2. Einsatzmöglichkeiten im RU

Kinderleid erkennen

- Sch erzählen von den Folgen der Kinderunfreundlichkeit, die sie erleben.
- Sch stellen Hilfen und Organisationen für Kinder vor, die unter diesen Schicksalen leiden (Initiativen für ausländische Kinder, Kinder- und Jugendberatungsstellen, ALF-Programm, Lions Quest, staatliche Unterstützungen, etc.).

Der Tod meines Hundes Blitz — PINNWAND 89

- Sch überlegen sich eine Grabinschrift, die auf einem Grabstein für den vierbeinigen Freund stehen könnte.
- Sch gestalten ein »Grab« für das verstorbene Lieblingstier im Deckel eines Schuhkartons.
- Haben Tiere eine Seele? In einem ersten Gespräch geben sich Sch selbst eine Antwort und tragen dann Antworten aus verschiedenen Religionen/Glaubensrichtungen zusammen.

Trauerzeichen sammeln — PINNWAND 88

- Sch finden Zeichen, mit denen Menschen ihre Trauer ausdrücken. Sie setzen die Liste von *Pinnwand* (**88**) in ihren Heften fort.

Beispiel:
Wenn jemand um einen geliebten Menschen trauert,
- trägt er Trauerkleidung,
- legt er Blumen aufs Grab,
- gestaltet er einen Grabstein,
- verschickt er Todesanzeigen,
- stellt er ein Bild des geliebten Menschen auf,
- betet er für den/die Verstorbene/n,
- weint er um den/die Verstorbene/n.

Formen des Totengedenkens kennen lernen/Einen Friedhof besuchen — PINNWAND 89

- Sch beschreiben, welche Formen des Totengedenkens sie auf dem Foto mit den Kindergräbern erkennen.
- Sch entwerfen eine Todesanzeige für ein verstorbenes Kind.
- Mit der Gedichtform »Elfchen« (vgl. das Gedicht von Magdalena Meister auf *Kontext 3*, **86**) geben Sch ihrer Leiderfahrung Ausdruck.
- Unterrichtsgang zum Friedhof (vgl. *Pinnwand,* **89**, Lehrerkommentar S. 168): Auf vielen Friedhöfen gibt es ein eigenes Gräberfeld mit Kindergräbern, auf denen die Ausdrucksformen der Trauer gesehen und erlebt werden können. In manchen Friedhöfen findet man auch Gedenkstätten für totgeborene Kinder und verstorbene Frühgeborene unter 500 Gramm Körpergewicht (für diese Kinder gibt es keine Bestattungspflicht).

Der Tod als Freund

- Sch betrachten das Bild von Käthe Kollwitz auf *Kontext 3* (**86**) und beschreiben, was der Tod dem Mädchen ins Ohr flüstern könnte.
- Sch beschreiben Situationen, in denen der Tod als »Freund« wahrgenommen wird.
- Sch fertigen eine Gegenüberstellung von dem Bild und einem Gedicht von Matthias Claudius auf **AB 6.4.8, Lehrerkommentar S. 199**, an.
  Mögliche Leitfragen:
- Wie wird jeweils der Tod/das Mädchen dargestellt?
- Wodurch unterscheiden sich die Situationen?
- Wie reagieren jeweils der Tod/das Mädchen?

Sich der Theodizeefrage stellen

- Sch lesen den Text »Gott und das Leid« und benennen Möglichkeiten eigenen Engagements.
- Sch werden durch ähnliche Theodizee-Fragen sensibilisiert (vgl. Lehrerkommentar S. 103).
- Meditations-Übung nach Anthony de Mello: Sch sitzen in vom L vorgegebener Meditationshaltung.

L spricht den Text von **AB 6.4.9, Lehrerkommentar S. 197** *(auch in für die Situation der Klasse adaptierter Fassung möglich; zur Imagination sind lange Pausen und konzentrierte Stille nötig).*

Mit Psalmen arbeiten

In der Arbeit mit Psalmen kann die Theodizeefrage aufgegriffen werden. Sch erfahren die Klage vor Gott als Möglichkeit, mit Leid umzugehen.

- Sch erhalten **AB 6.4.10, Lehrerkommentar S. 201,** und beschäftigen sich mit den Psalmtexten. Sie drücken sie mit eigenen Worten aus, entdecken darin eigene Ängste und Nöte wieder und erfahren das Beten von Psalmen als Trost in schwierigen Situationen.

Erst den Krebs besiegt, dann die Tour gewonnen PINNWAND 88

- Sch arbeiten die Stationen des Lebens von Lance Armstrong heraus. Parallel dazu wird das Verhalten im Umgang mit der Krankheit aufgezeigt: Warum ich? Nicht-wahrhaben-wollen. Akzeptieren. Kampf gegen die Krankheit. Änderung der Lebenseinstellung. Sinn-Suche.
- Sch ergänzen den Satzanfang: »Wenn ich noch einen Tag zu leben hätte ...«
- Sch verfassen einen Text für eine Ehrung Lance Armstrongs durch die deutsche Krebsgesellschaft.

3. Weiterführende Anregungen

Einen Gottesdienst/eine Frühschicht/eine Meditation gestalten

Gottesdienstliche Formen sind eine gute Möglichkeit, auf die Ängste und Sorgen der Jugendlichen einzugehen, und bieten sich besonders an, wenn im Gespräch die Betroffenheit über ein aktuelles Unglück deutlich wird. Ausgangs- und Mittelpunkt einer solchen Andacht kann ein Gebet sein (vgl. **AB 6.4.11, Lehrerkommentar S. 202**).

- L gibt Sch nur einige Impulse aus dem Gebet vor und lässt Pausen, die evt. mit meditativer Musik unterlegt werden können.

Vater im Himmel,
ein großes Unglück ist geschehen.
...
Warum...
...
Wir wissen keine Antwort.
Gott, wir bitten dich:
...
Schenke uns den Mut
...

Weitere Gebete: Psalm 30; UNO-Gebet, Gotteslob 31/1

Pinnwand 88 89

Die Arbeitsimpulse und Projekte der *Pinnwand* (**88f.**) werden im Lehrerkommentar auf folgenden Seiten besprochen:

Trauerzeichen sammeln:	S. 170
Jemandem beistehen, der/die trauert:	S. 168
Einen Friedhof besuchen:	S. 168, 170
Jemand stirbt:	S. 167
Alltägliches Leid von Kindern und Jugendlichen:	S. 162-164
Tägliche Katastrophen:	S. 164
Man stirbt viele kleine Tode	S. 183

Wer weiß noch ...

Beim Klick auf www.religionvernetzt.de erscheint in der Menüleiste ein Link »Wer weiß noch ...«. Hier finden Sch unter 6.4 folgende Antworten:

Frage 1: Jesus stellt sich auf die Seite der Geächteten und Kranken wie z. B. Zöllner, Kranke und wegen Ehebruch verurteilte Frauen, Aussätzige und Kinder. Gleichzeitig hinterfragt er die Selbstsicheren im Glauben, z. B. Pharisäer und Schriftgelehrte (vgl. Religion vernetzt 5.4, *Orientierung 5*, **90f.**).

Frage 2: Der Altarraum ist meistens die hellste und prächtigste Stelle in einer Kirche. Traditionellerweise befindet sich der Altarraum im Osten der Kirche, also da, wo die Sonne aufgeht. Damit soll zum Ausdruck gebracht werden: Der Mensch geht durch sein (eher dunkles) Leben zur ewigen Freude des göttlichen Lichts. Schaut doch mal in eurer Pfarrkirche, ob es dort auch so ist! (Vgl. Religion vernetzt 5.5, *Orientierung 5*, **119**.)

Frage 3: Kirchliches Brauchtum setzt sich mit dem Tod und mit Freud und Leid im Leben auseinander. An Leid und Tod erinnern u. a. Wegkreuze und Martersäulen, Votivtafeln, Totenbretter, Bildstöcke und Kapellen. Im Jahreskreis gedenkt man des Leidens und des Todes besonders in der Passionszeit und im November. Doch bei allem Gedenken schwingt immer auch die christliche Hoffnung auf die Überwindung von Leid und Tod mit (vgl. Religion vernetzt 5.5, *Perspektiven 1*, **125**).

1. Hintergrund

Sch lernen den Kampf Jesu und anderer Menschen gegen das Leid am Beispiel der Heilung eines Gelähmten kennen und werden dadurch ermutigt, selbst gegen die Not und Diskriminierung von Menschen mit Behinderung anzukämpfen.
Die nach Mk 2,2-12 gestaltete Geschichte von der **Heilung eines Gelähmten** veranschaulicht den bedrückenden Alltag des gelähmten Micha, dem seine Freunde durch ihren unermüdlichen Einsatz die heilende Begegnung mit Jesus ermöglichen. Sie verändert sein Leben grundlegend.
Die Perikope Mk 2,2-12 besteht aus zwei Teilen, einer Heilungswundererzählung (Mk 2,1-5.11-12) und einem später aufgenommenen Streitgespräch über das Thema »Sündenvergebung« (Mk 2,6-10).
Die konkrete Erzählung folgt weitgehend dem allgemeinen Aufbau von Wundergeschichten und kann folgendermaßen gegliedert werden:
1. Auftreten des Wundertäters und Versammlung einer Menschenmenge (Einleitung, Ort, Situation): Jesu Verkündigung vor sehr vielen Menschen in Kafarnaum (V. 1-2);
2. Begegnung mit dem Wundertäter: Der Transport des Gelähmten zum Haus, in dem Jesus lehrt (V. 3);
3. Erschwernis der Annäherung (normalerweise: Bitte um Heilung): Der ungewöhnliche Zugang zu Jesus durch das teilweise Abtragen des Dachs (V. 4);
4. Die Heilung (Heilwort, Demonstrationsbefehl, Entlassung): Das heilende Wort Jesu (V. 5.11);
5. Die Feststellung der Heilung mit Demonstration, Staunen und preisendem Chorschluss der Menge: Die Bestätigung der Heilung, allgemeines Staunen und Lobpreis Gottes (V. 12).
Umstritten ist der genaue Beginn des Einschubs. Einige Exegeten beziehen V. 5 noch in die Heilungsgeschichte ein, da im alttestamentlich-jüdischen Denken ein enger Zusammenhang zwischen Krankheit und Sünde, Vergebung und Heilung bestand. Ohne V. 5 gibt es nach Rudolf Pesch außerdem in der Wundergeschichte »keine Basis für den Einschub« (Pesch, 156). Denn es entspricht jüdischem Denken, im Kranken die zerstörerische Macht der Sünde zu erkennen und die Heilung als Bestätigung der Sündenvergebung anzunehmen. Andere Neutestamentler weisen dagegen darauf hin, dass die Vergebung innerhalb einer Wundergeschichte singulär ist und deshalb V. 5b bereits zum Streitgespräch (= sekundärer Einschub) gehöre.
Die Erzählung im Schulbuch hat gegenüber dem knappen, eher sachlichen Bibeltext verschiedene Vorteile:

- Das Leid und die Diskriminierung Michas wegen seiner angeblichen Schuld werden für Sch gut veranschaulicht.
- Der unglaubliche Einsatz der Freunde Michas, der für Jesus ein zentraler Grund für die Heilung ist (»als Jesus ihren Glauben sah«), kommt deutlich zum Ausdruck.
- Realien, wie die Seitentreppe auf das flache Dach und das Abtragen der Erdschicht, werden anschaulich erklärt.
- Das für Sechstklässler schwierige (sekundäre) Streitgespräch über die Sündenvergebung bleibt ausgespart.
- Die Erzählung ermöglicht einen nahtlosen Übergang zu heutigen Problemen von Menschen mit Behinderung.

Die Darstellung des **Mosaiks** (6. Jh. Ravenna) zeigt auf vereinfachte Weise die wesentliche Aussage der Perikope:
Rechts wird der Kranke mit seinem Bett von zwei Männern, die im Unterschied zum Bibeltext auf einem schrägen Dach stehen, in einen leeren Raum herabgelassen. Links steht Jesus, dessen Haupt von einer Gloriole umgeben ist, mit einem Jünger bereit, um dem Kranken mit der segnenden Hand die Sünden zu vergeben und ihn zu heilen.
Das Bild ist als Folie enthalten in: *Bilder aus Religion vernetzt 5 und 6. 36 Farbfolien,* München 2004, ISBN 978-3-466-50716-0.
Der Text **»Behindert sein – anders sein«** informiert über Laura, ein Mädchen mit körperlicher Behinderung, das im Alltag immer wieder von anderen – vielleicht unbewusst oder aus Unkenntnis – diskriminiert wird, z. B. durch Vorurteile, Anstarren, Mitleid und dumme Sprüche. Dabei will sie so normal wie möglich behandelt werden und erwartet Respekt, kein Mitleid.
Wie das Beispiel Lauras zeigt, sind Menschen ohne Behinderung oft unsicher, wie sie sich gegenüber Menschen mit Behinderung verhalten sollen. Deshalb werden im Buch acht Hinweise gegeben, wie die Achtung und Würde von Menschen mit Behinderung besser geschützt werden kann, damit mehr Verständnis zwischen Menschen mit und ohne Behinderung entsteht.
Die **Karikatur** von Reinhold Löffler zeigt ein alltägliches Problem einer jungen Rollstuhlfahrerin, die eine Schule besuchen möchte: Einige wenige Stufen versperren ihr den Zugang zum Schulgebäude. Der Schuldirektor oder ein zuständiger Kommunalpolitiker spricht sich zwar grundsätzlich für die Integration von Menschen mit Behinderung aus, macht aber

deutlich, dass sie nichts kosten darf, was freilich angesichts der konkreten Situation illusorisch erscheint. Zudem lässt seine abwehrende Haltung den Verdacht aufkommen, dass dieser Hinweis nur vorgeschoben ist, um möglichen weiteren Problemen aus dem Weg zu gehen. Somit entlarvt die Karikatur seine angebliche Integrationsbereitschaft für Menschen mit Behinderung: Es soll kein zusätzlicher Aufwand an Geld, Zeit, Zuwendung, Geduld, Einsatz anfallen, letztlich soll alles so bleiben, wie es ist.

2. Einsatzmöglichkeiten im RU

Einen Brief schreiben

- Sch schreiben aus der Sicht Michas, der nach der Heilung Jesus – ohne ein Wort zu sagen – verlassen hat, einen Brief an Jesus: Darin bedankt er sich und schildert, was sich für ihn seit der Heilung verändert hat.
  Alternative: Ein Freund Michas oder ein Augenzeuge schreibt einem Bekannten einen Brief über die Heilung.

Die Geschichte vergleichen

- Sch suchen Gemeinsamkeiten und Unterschiede zwischen der Erzählung und Mk 2,1-12 bzw. Lk 5,17-26. Dabei soll vor allem die Veränderung der beklemmenden Lebenssituation Michas durch die Zuwendung Jesu (vgl. Lehrerkommentar S. 172) herausgearbeitet werden.
- Sch vergleichen die Erzählung mit der Darstellung auf dem Mosaik: Was ist zu sehen, was ist verändert, was fehlt? Sch entdecken die – durch die Mosaik-Technik bedingte – Reduzierung des Geschehens auf das Wesentliche (Jesus, die Freunde, der Gelähmte, das offene Dach). Dadurch bleibt die Szene aus größerer Entfernung erkennbar und der Goldhintergrund taucht die Heilung, die Konkretisierung und Realisierung der Reich-Gottes-Botschaft Jesu, in ein himmlisches Licht.

Lähmung und Bewegung nachempfinden

- Sch suchen Begriffe zu den Bereichen »Lähmung« und »Bewegung«. Danach setzen einige Sch eine Minute lang den Zustand »Lähmung«, die anderen »Bewegung« um. Schließlich wird gewechselt.
- Sch beschreiben ihre Gedanken und Gefühle während der Übung.
- Sch überlegen und gestalten eine Szene, in der aus Lähmung Bewegung wird, z. B. ein Mensch hat sich den Fuß gebrochen, geht dann auf Krücken, legt eine Krücke weg, danach die zweite. Nach einiger Zeit beginnt er zuerst vorsichtig, dann zunehmend sicher zu gehen. Schließlich fängt er an, sich zu Musik zu bewegen, zu tanzen und zu springen.

Die Situation von Menschen mit Behinderung kennen lernen

Sch werden dafür sensibel, wie Menschen mit Behinderung diskriminiert werden.

- Sch verdeutlichen, in welcher Form Laura aus dem Text *Orientierung 1* (**91**) diskriminiert wird.
- Sch erzählen von eigenen Erlebnissen, in denen Menschen mit Behinderung diskriminiert wurden.
- Sch erklären die Aussage Susannas: »Dabei sind eigentlich alle Menschen in manchen Situationen behindert oder werden behindert.«
- Sch berichten von konkreten Beispielen für diese Aussage aus ihrem Alltag, z. B. Benachteiligung von Kindern durch Jugendliche oder Erwachsene.

Plakate gestalten

Sch erkennen, dass man Menschen mit Behinderung so normal wie möglich begegnen soll.

- Sch sprechen über die Aussagen, bewerten und ergänzen sie.
- Sch erfinden und spielen Szenen, in denen richtiges und falsches Verhalten gegenüber Menschen mit Behinderung gezeigt werden.
- Sch entwerfen zu einer Aussage ein Plakat, das zu einem besseren Miteinander aufruft.

Sich über die Lebenssituation von Menschen mit Behinderung informieren

- Sch informieren sich – ausgehend vom *Lexikon* (**131**) – im Internet über Behinderteneinrichtungen in ihrer Stadt.
- Sch stellen verschiedene Einrichtungen vor (Infos gibt es z. B. unter www.ursberg.de; www.bethel.de; www.aktion-mensch.de; www.behindertenhilfe-coburg.de; www.rummelsberg.de; www.pfennigparade.de; www.naund.net; www.lebenshilfe-donau-iller.de.

3. Weiterführende Anregungen

Menschen mit Behinderung begegnen

- Sch und L besprechen, welche Einrichtung sie besuchen könnten.
- L bzw. Sch nehmen Kontakt auf und klären organisatorische und praktische Probleme.
- Sch überlegen, wie die Begegnung verlaufen soll und wie Menschen mit und ohne Behinderung gleichermaßen beteiligt werden können. Sie bereiten Fragen für die Begegnung vor.
- Sch dokumentieren ihren Besuch (z. B. in der Schülerzeitung; auf der Homepage; in einem Leserbrief, in dem sie auf Probleme von Menschen mit Behinderung in ihrer Stadt aufmerksam machen).
- Sch halten Kontakt zu Menschen mit Behinderung (z. B. durch E-Mail, Briefe, gegenseitige Besuche).

Sich in einen Rollstuhlfahrer versetzen
Sch fühlen sich in den Alltag eines Menschen mit einer körperlichen Behinderung ein.

- Sch machen eine Imaginationsübung zum Thema »Ein Tag als Mensch mit einer körperlichen Behinderung« und notieren anschließend ihre Erfahrungen und Gedanken.
- Sch und L leihen einen oder mehrere Rollstühle aus einer Behinderteneinrichtung oder einem Altenheim aus und »rollen« einige Zeit durch die Fußgängerzone und Geschäfte. Sie erleben dabei die praktischen Schwierigkeiten und Barrieren im Alltag, aber auch die unterschiedlichen Reaktionen von Passanten.
- Sch sprechen über ihre Erfahrungen.

Eine Ganzschrift lesen
Sch erkennen am Alltag eines Mädchens, das einen Bruder mit einer Behinderung hat, wie sehr das Verhalten der Mitmenschen belasten kann.

Als Lektüre eignet sich z. B. Renate Welsh, Drachenflügel, dtv junior, [8]2002.
Für diesen Kinderroman von 104 Seiten wurde die Autorin unter anderem mit dem österreichischen Staatspreis für Jugendliteratur ausgezeichnet.
Im Klappentext heißt es:
»›Welche Anne meinst du?‹ – ›Die mit dem behinderten Bruder.‹ Wie kann Lea nur so etwas sagen? Anne will kein Mitleid, weder für sich noch für Jakob. Aus lauter Liebe zu ihrem Bruder zieht Anne einen schützenden Wall um sich und ihre Familie. Sie isoliert sich immer mehr von ihrer Umwelt – und damit auch von ihrer Freundin Lea. Doch Lea ist hartnäckig ...«
Zu diesem Band gibt es ein Unterrichtsmodell, enthalten in: Daubert, Hannelore/Ewers, Hans-Heino (Konzeption): Lesen in der Schule mit dtv junior – Moderner Kinderroman. Unterrichtsvorschläge für die Altersstufen 9 bis 12 Jahre. Zu Texten von Tormod Haugen, Christine Nöstlinger, Renate Welsh, Dagmar Chidolue, Andreas Steinhövel, Elisabeth Ahrendt und Uwe Timm, München 1996.

Skandal beim Mahl!

Orientierung 2 92 93

1. Hintergrund

Die Perikope Lk 7, 36-50 steht als lukanisches Sondergut ganz im Dienst der theologischen Aussagen des Lukas: Er zeigt in Jesus den Heiland der Verlorenen, der sozial Entrechteten, der Frauen, der Zöllner und der Sünder. Jesus gibt sich hier nicht nur öffentlich, sondern geradezu provokativ im Haus eines Pharisäers mit einer Dirne ab. Die Geschichte lehrt auf dem Hintergrund des Pharisäertums im Verhalten Jesu den Umgang mit Sündern. Die Menschenliebe Gottes nimmt den/die andere/n an, unabhängig von seinem/ihrem Vorleben und seinen/ihren Vorleistungen.
Zum zweiten Stein des Anstoßes für fromme Pharisäer wird das Wort von der Sündenvergebung. Als Grund für die Vergebung wird die große Liebe der Frau angegeben, die in V. 50 mit ihrem Glauben in eins gesetzt wird. Damit ergibt sich ein gewisser Widerspruch zu dem Gleichnis, das Jesus dem Pharisäer Simon erzählt, denn dort ist die Liebe die Folge der Vergebung, in der Geschichte ist sie der Grund. Jesus spricht der Frau die von Gott schon gewährte Vergebung zu, was die Zeugen nach seinem wahren Wesen fragen lässt (vgl. Schürmann, 386-443).
Während in der Erzählung des Lukas der Schwerpunkt auf der Belehrung des Pharisäers Simon liegt, konzentriert sich die Nacherzählung **»Skandal beim Mahl!«** ganz auf die Beziehung zwischen Jesus und der Sünderin.
Die Nacherzählung aus der Sicht des Dieners **Josua** zeigt das Skandalöse des Handelns Jesu und versucht zu erklären, warum er – trotz aller Nähe – in Widerspruch zu pharisäischen Kreisen gerät.
Die Geschichte der **Salome** geht vor allem auf die gesellschaftliche Stellung der Sünderinnen ein, die ihre Außenseiterposition akzeptieren, aber eine tiefe Sehnsucht nach deren Überwindung haben. Für Rahel wird diese Sehnsucht Wirklichkeit in der Begegnung mit Jesus. Sie baut mit ihren Liebesbeweisen eine Beziehung zu ihm auf, er nimmt sie ungeachtet ihres Standes an und hebt schließlich im Zuspruch der Sündenvergebung ihre Isolation auf. Damit erhält ihr Leben durch die Begegnung mit Jesus eine völlig neue Richtung.

Sünde
In Jesu Botschaft hat keine der damals bekannten Sündenlehren Platz, nirgends bezieht er sich auf die geläufige Einteilung in »Gerechte« und »Sünder«. Das hat seinen Grund in seinem neuen Menschenbild: Der Mensch ist die von Gott dem Menschen gestellte große Aufgabe. Was den anderen Menschen nicht zum Nächsten werden lässt, das ist Sünde. Die neue, von Gott angebotene Selbstverwirklichung des Menschen findet ihre Grundregel in der ständigen Neuausrichtung auf das, was »das größte Gebot« in der unaufgebbaren Vereinigung von Gottes- und Nächstenliebe verlangt (Mt 12, 28-34 parr.). Hier wird die Sünde entmachtet, weil sie keinen Ansatzpunkt mehr finden kann (vgl. Grabner-Haider, 1056ff.).

Emil Nolde (1867-1956)
Emil Nolde wurde als der Bauernsohn Emil Hansen im Dorf Nolde nahe der dänischen Grenze geboren. Gegen den Widerstand seiner Eltern wollte er Kunstmaler werden, setzte eine Lehre als Schnitzer und Möbelzeichner durch, und entschied sich schließlich 1897 ganz für die Malerei. Nolde gehörte kurzzeitig der Künstlervereinigung »Die Brücke« an, fand aber bald seinen eigenen Stil und wurde zu einem der bedeutendsten Maler des deutschen Expressionismus. Sein Hauptausdrucksmittel sind die leuchtenden, kontrastreichen Farben.

Emil Nolde: »Die Sünderin«, 1926
Das Ölgemälde »Die Sünderin« (86 x 106 cm) entstand 1926, als sich der Künstler zum wiederholten Mal mit religiösen Themen auseinander setzte.
Die dargestellte Menschengruppe hat Nolde vor einen gelben Hintergrund gemalt, der das ganze Bild golden durchlichtet.
Ebenso wie die Blicke der drei Männer fällt auch der Blick der/des Betrachtenden auf die vierte Halbfigur am unteren Bildrand. Die Frau hält ihren rechten Arm gegen den Mann am rechten Bildrand ausgestreckt, während ihr Kopf gegen die Brust des Mannes am linken Bildrand zurücksinkt, der ihr langes, rotbraunes Haar umfasst hält. Auffällig sind die für die Malerei Noldes feinen Gesichtszüge und die Farbe ihres Körpers: er ist in einem hellen, ja fast grellen Gelb gehalten, das an einigen Stellen von einem fahlen Grün durchsetzt ist.
Der Mann links scheint den Kopf der Frau von hinten zu sich herabgezogen zu haben. Er ist über ihr Gesicht geneigt und blickt sie mit braunen Augen aufmerksam an. Sein asketisch wirkendes Gesicht ist in einem warmen, hellen Orangeton gezeichnet, der noch intensiver leuchtet als der helle Hintergrund. Das Rot seiner Wangen spiegelt sich im Gesicht der Frau wider. Er ist mit einem braunen Gewand bekleidet. Auffällig an diesem Mann ist seine kräftige Hand, die das Haar der Frau und einen Teil ihres Nackens liebevoll umfasst.
Die beiden anderen Männer, welche die rechte Hälfte des Bildes einnehmen, fixieren das Gesicht der Frau mit kaltem bzw. zweifelndem Blick.
Der Mann in der Mitte füllt mit seinem breiten, überproportional wirkenden Oberkörper einen Großteil des Gemäldes aus. Über sein braunes Gewand fällt ein langer orange-roter Bart. Sein Kopf wirkt viereckig, was durch die grobe Zeichnung seiner Gesichtszüge unterstützt wird. Seine blauen Augen, die lange gerade Nase sowie sein zu einem Strich zusammengezogener Mund vermitteln den Eindruck von Strenge, aber – bedingt durch die Farbgebung – auch von Wärme und Zuneigung.
Auch die Augen des Mannes am rechten Bildrand richten sich auf die Frau, allerdings sind seine Gesichtszüge durch die schwarz-grünliche Farbe nur schwer zu erkennen. Seine Lippen verschwinden fast in seinem langen schwarzen Bart. Sein Körper ist in ein grünliches Gewand gehüllt, durch das der Mann finster wirkt. Er scheint der direkte Gegenspieler der Frau zu sein.
Die Darstellung lässt offen, um welche Szene es sich handelt. Ein Hinweis Noldes aus seiner Autobiografie deutet auf Joh 8, 2-11 (Jesus und die Ehebrecherin) hin.
Rechts, starr aufgerichtet in finsterer Aggressivität steht der Ankläger. Wie eine drohende Wolke hält das Schwarzgrün seines Körpers die Ausbreitung des warmen Lichts, das von dem übrigen Bild ausgeht, auf. Auf der hellen Bahn ihres Armes stößt das Gelb der Frau auf das finstere Grün, auf die vernichtenden Vorwürfe ihres Anklägers. Vor seinem Blick sinkt die Sünderin zurück und hebt als einzige Geste abwehrend, beschwörend dem Ankläger ihren Arm entgegen. Vor dem Fall ins Nichts fängt Jesus sie auf. Mit offenen, empfangenden Armen hält er die Zurücksinkende fest, bietet ihr Schutz und Geborgenheit. Er ermöglicht ihr durch seine Liebe ein neues Leben, was Nolde durch das Rot der Wangen andeutet, ohne nach ihrer Schuld zu fragen.
Mitten in diesem Gegensatz steht die viereckige Halbfigur des Rotbärtigen, streng ob der Vergehen dieser Frau, um die er zu wissen scheint, aber auch zweifelnd, ja von warmer Zuneigung angerührt angesichts Jesu, der nicht fragt, was war, sondern die innere Not der Frau erkennt und ihr Leben erneuert. Der Rotbärtige fühlt sich von diesen beiden harmonisch wirkenden Menschen angezogen, was durch die Farbgebung (Rot, Orange, Braun) unterstrichen wird (vgl. Schulz, 10-12).
Das **Gedicht** unter dem Bild von Emil Nolde fasst in lyrischer Form noch einmal zusammen, was das Besondere an der Person Jesu in seinem Verhalten gegenüber Sündern ist: Der verurteilenden Haltung der weltlichen Gerechtigkeit wird seine verzeihende Liebe, die neues Leben ermöglicht, gegenübergestellt.

2. Einsatzmöglichkeiten im RU

Die Bibelstelle mit der Nacherzählung vergleichen
- Sch fassen die beiden Berichte zusammen und stellen fest, was Josua und Salome übereinstimmend erzählen.
- Sch lesen die Originalstelle bei Lk 7,36-50 nach. Ein Vergleich, der Gemeinsamkeiten und Unter-

schiede feststellt, dient der weiteren Annäherung an den Text.

- L und Sch klären mithilfe des Artikels »Pharisäer« im *Lexikon* (**140**) das Verhalten Simons.
- Sch notieren, was sie an der Reaktion Jesu auf das Verhalten der Sünderin beeindruckt, evtl. auch befremdet, und sprechen darüber.
- Der Versuch, die Beziehungen zwischen den Personen mit Pfeilen darzustellen, zeigt die intensive Beziehung zwischen Jesus und der Sünderin, die viel bekommt, weil sie ihre ganze Existenz in diese Begegnung hineinlegt.

TA:

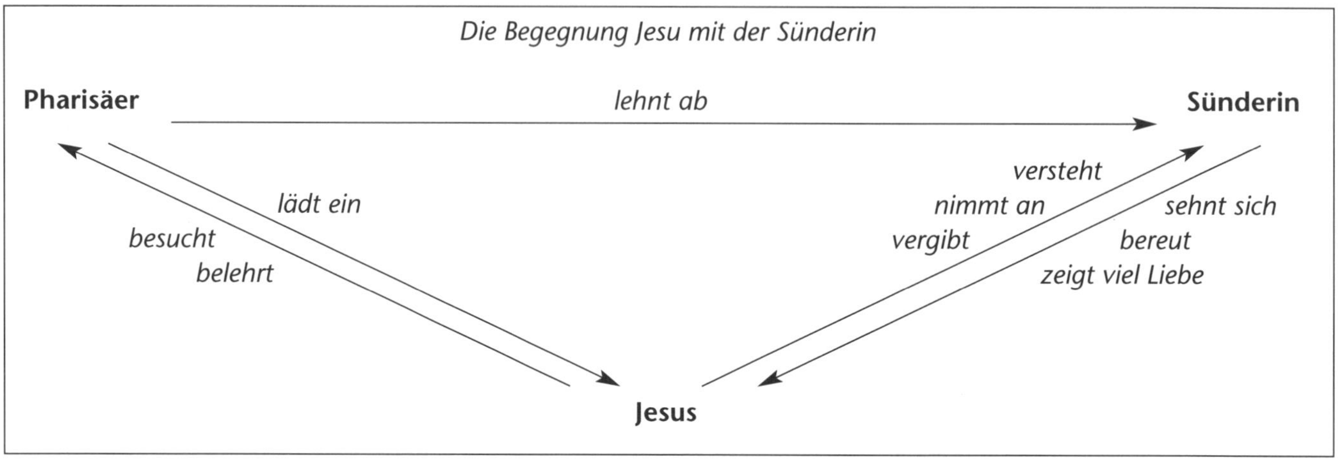

Ein Standbild gestalten

- Sch bestimmen in GA die wichtigste Szene der Geschichte und gestalten dazu ein Standbild.
- In GA führen sie sich gegenseitig ihre Bilder vor. Die jeweils nichtbeteiligten Sch deuten die Standbilder ihrer Mit-Sch.

Geschichte weiterschreiben

- Sch versetzen sich in Josua bzw. Salome und schreiben die jeweilige Geschichte weiter.

Mögliche Aspekte:

- Reaktion des Pharisäers Simon auf die ihm erteilte Lektion
- Gespräch zwischen Diener und Herr
- Verhalten der anderen Gäste
- Weiteres Leben der »Sünderin« Rahel
- Gespräch zwischen Rahel und Salome

Bild deuten

Die Szene Noldes entspricht weder der Erzählung Lk 7,36-50 noch der Nacherzählung »Skandal beim Mahl!« genau, stellt aber die Beziehung zwischen Jesus und der Frau, das Angenommen- und Aufgefangensein bei Jesus, treffend dar.

- Sch betrachten das Bild eingehend. L sollte es bei verdunkeltem Zimmer mit OHP oder als Dia projizieren, damit die Wirkung der Farben besser zur Geltung kommt.
- Sch beschreiben das Bild genau, v. a. Figurenkonstellation und Farbgebung.
- Sch wählen sich eine Figur aus, versetzen sich in sie und schreiben deren Gedanken nieder.
- Sch vergleichen das Bild mit dem Bibeltext und ordnen die Personen zu. (Vermutlich wird der

Emil Nolde: Die Sünderin, 1926

Kontrast zwischen der weichen Jesus- und der harten Anklägerfigur im Bild als stärker empfunden.)

- Sch arbeiten die Züge des Menschen Jesus von Nazaret heraus, die in Geschichte und Bild erscheinen.
- Sch bekommen **AB 6.4.12, Lehrerkommentar S. 203**, mit einer Schwarzweiß-Wiedergabe des Bildes und verleihen nun selbst durch eine bewusste Farbgebung dem Bild Ausdruck. Dazu kann meditative Musik gespielt werden.
- Anschließend präsentieren Sch ihre Bilder und erläutern sie.

Bildbetrachtung vertiefen

- Sch bestimmen ihren eigenen Standpunkt und malen sich auf einer Kopie des Bildes selbst dazu.
- Sch stellen eine Person aus dem Bild, z. B. die harte Figur am rechten Bildrand, vor Gericht und spielen mit Ankläger, Verteidiger, Richter, Zeugen etc. eine Gerichtsverhandlung durch.

Gedicht fortsetzen

Durch den klaren Aufbau in Antithesen (nicht ... sondern ...) und die persönliche Ich-Form lädt dieser Text zum Weiterschreiben ein, in das jede/r Sch seine/ihre persönlichen Anliegen einfließen lassen kann.

Vorgabe:
Es gibt einen,
der nicht ...,
sondern...

Beispiel:
Es gibt einen,
der nicht nur an mir herumnörgelt,
sondern mich nimmt, wie ich bin;
der mich nicht niedermacht,
wenn ich Mist gebaut habe,
sondern mit mir nach einem Ausweg sucht

Kreuz-Wege

Orientierung 3 94 95

1. Hintergrund

Sch sollen die Haltung Jesu gegenüber dem Leiden kennen lernen und das Leiden Jesu mit dem vielfachen Leiden heutiger Menschen verbinden.
Auf *Orientierung 3* (**94f.**) sind vier Stationen des Leidenswegs Jesu nach der Passion des Johannes dargestellt. Die **Bilder** stammen von Robert Hammerstiel aus Wien und wurden für den ökumenischen Jugendkreuzweg des Jahres 1989 mit dem Titel »Schlagzeilen« verwendet. Jede Station ist so angelegt, dass zunächst eine Kreuzwegszene von Jesus gezeigt wird, die ein kurzer **Meditationstext** erschließt. Unter dem Bild wird der entsprechende **Bibelvers** zitiert. Die jeweilige Darstellung wird mit einer **Zeitungsnotiz** (»Schlagzeilen«) konfrontiert, in der in sachlicher Weise vom Leiden und Sterben von Menschen unterschiedlichen Alters in der ganzen Welt (Chile, Deutschland, Lateinamerika, Südostasien, Westafrika, El Salvador) berichtet wird.

Hinweis: Den jeweils aktuellen ökumenischen Jugendkreuzweg, der jährlich am Freitag vor Palmsonntag in ganz Deutschland gebetet wird und die größte ökumenische Jugendaktion ist, kann man zusammen mit einer Fülle von Materialien (Folien, Plakate, Dias, Textheft, CDs, Liederbuch) unter folgender Adresse bestellen: jugendhaus düsseldorf, Postfach 32 05 20, 40420 Düsseldorf; E-Mail: bestellung@jugendhaus-duesseldorf.de; Internet: www.jugendhaus-duesseldorf.de; Telefon 02 11/46 93-128/-129; Telefax: 02 11/46 93-120

Unter der genannten Adresse kann man auch frühere Jugendkreuzwege anfordern, die noch lieferbar sind.

Der Kreuzweg
Als Andachtsform ist der Kreuzweg das andächtige Abschreiten und Meditieren des Leidensweges Jesu in 14 Bild-Stationen (vgl. *Lexikon,* **137**). Die Stationen sind teils in den Evangelien belegt, teils legendär. Das Gehen und Beten des Kreuzweges ist schon seit dem 14. Jahrhundert zuerst in Jerusalem verbürgt. Die 14 Bild-Stationen gibt es in vielen katholischen Kirchen. Der Kreuzweg wird heute noch besonders in der Fastenzeit in den Gemeinden gebetet.

Vorgeführt

Die erste Station stellt das Thema »Verhaftung und Verhör« dar. Streng bewacht von zwei Soldaten in heutiger Bewaffnung (Helm, Gewehre) und beobachtet von Gaffern steht Jesus vor Pilatus, der im Hintergrund seine Hände in Unschuld wäscht. Jesus wirkt wehrlos und unschuldig und ist seinem Richter auf Leben und Tod ausgeliefert. Der möchte ihn zwar nach Aussage des Textes freilassen, aber seine Gegner sind laut und haben scheinbar die besseren Argumente: Jesus wird dem Machtkalkül des Pilatus geopfert.
Jesus blickt die Betrachtenden direkt an, so als wolle er sagen: »Sprich auch du dein Urteil über mich. Entscheide, wer ich für dich bin.« Die Menschen auf dem Bild haben ihren Richterspruch schon gefällt.

Zur johanneischen Passionsgeschichte
Im Gegensatz zu den Synoptikern, die das Leiden und Sterben Jesu als den Tiefpunkt seiner Erniedrigung schildern, erweist sich für Johannes gerade darin seine königliche Hoheit und Würde. Die ersten Evangelien und die frühesten Gemeinden versuchen stets dem schmachvollen Tod Jesu ausgehend vom AT einen tieferen Sinn zu geben (z. B. unter Hinweis auf das Leiden des Gerechten und des Gottesknechtes). Die Auferweckung des Gekreuzigten durch Gott überstrahlt dieses unbegreifliche Geschehen. Dagegen ist es das Ziel von Johannes zu zeigen: Jesus wird am Kreuz erhöht, er trägt im Verborgenen den Sieg über die Macht des Bösen davon, das Kreuz ist der Thron Jesu, sein Sterben die Vollendung seines Werkes. (Vgl. Schnackenburg, 246f.)
Literarisch kunstvoll gestaltet Johannes in der Leidensgeschichte kleine Einzelszenen, die sich dramatisch steigern und im Prozess vor Pilatus, »dem Forum der Weltöffentlichkeit« (a.a.O., 247), einen klaren Schwerpunkt haben. Die Erzählung erreicht immer dann einen Höhepunkt, »wenn Jesus selbst das Wort ergreift ... und die Stimme des Offenbarers zur alles deutenden und erhellenden Vermittlerin des tieferen Sinnes« (ebd.) wird. »Die geheime jüdische Verhandlung ist absichtlich übergangen, um die Feinde Jesu allesamt auf einer einzigen Bühne auftreten zu lassen und letztlich vor das Tribunal Gottes zu stellen. Ähnlich bewusste Kürzungen um wieder anderes, dem Evangelisten Bedeutsameres zur Sprache zu bringen, sind auch für den relativ kurzen Bericht vom Kreuzweg und Kreuzesleiden Jesu (19,17-30) anzunehmen« (ebd.).

Die Zeitungsmeldung berichtet von Demonstranten in Chile, die sich für die Rechte von Arbeitern eingesetzt haben und deshalb von der Staatsgewalt in großer Zahl verhaftet wurden. Auch sie wurden vorgeführt, obwohl sie gewaltlos gegen Unrecht gekämpft haben.

Beklagt
Die zweite Station zeigt Jesus mit einem gewaltigen Kreuz auf dem Weg nach Golgota. Am Rand stehen Menschen, die um ihn klagen. Aber Jesus will als Unschuldiger kein Mitleid, das nichts an den ungerechten Strukturen der Welt ändert, sondern fordert die Umkehr vom falschen Weg und Einsatz und echte Solidarität mit Leidenden.
Die Zeitungsnotiz berichtet über den Drogentod einer jungen Frau, die nur wenige soziale Kontakte und psychische Probleme hatte. Auch dieses tragische Schicksal mitten in unserer Gesellschaft ist Anlass zur Klage: Warum nehmen Menschen Drogen? Warum fallen sie trotz der Hilfen von Seiten der Gesellschaft durch das soziale Netz? Warum verzweifeln sie und töten sich?

Entblößt
An der dritten Station geht es um die Entkleidung Jesu. Die Soldaten des Hinrichtungskommandos hatten Anspruch auf die Kleider des Delinquenten. Da Kleidung damals wertvoll war, hatte jeder Soldat ein Interesse daran. Deshalb wurde das Obergewand an der Naht aufgetrennt und den vier Soldaten zugeteilt. Um das aus einem Stück gewobene Untergewand nicht durch Zerschneiden zu beschädigen, loste man darum. Für Jesus bedeutet die Entkleidung eine tiefe Schmach und die Missachtung seiner Würde. Mit den Kleidern verliert er seinen letzten Schutz.
Die Zeitungsmeldung thematisiert das weltweite Problem der sexuellen Ausbeutung von Kindern und Frauen. Auch sie werden in aller Öffentlichkeit bloßgestellt, ihre menschliche Würde wird mit Füßen getreten.

Erledigt!
Die vierte Station zeigt das Sterben und den Tod Jesu. Im Unterschied zu den Synoptikern, nach denen Jesus in seiner Not Gott anruft, lässt Johannes Jesus sein irdisches Werk vollenden. Jesus übergibt seinen Lebensodem an den Vater, dem er bis zum letzten Atemzug gehorsam war. »Das Sterben Jesu, wie es Johannes darstellt, ist ein Höhepunkt seiner christologischen Sicht, der verborgene Triumph des Sohnes, der zum Vater geht, nachdem er sein irdisches Werk vollbracht hat« (Schnackenburg, 333).
Die bildliche Darstellung zeigt den leidenden, sterbenden Jesus mit geschlossenen Augen. Seine Arme sind weit geöffnet, gleichsam um den Schmerz aller Menschen in sich aufzunehmen. Davon unberührt stehen die beiden Soldaten da und tun ihre Pflicht.
Die Meldung berichtet von der Ermordung des Erzbischofs von San Salvador, Oscar Romero.

Oscar A. Romero (1917-1980)
Erzbischof Oscar A. Romero wirkte auch nach seiner Weihe zum Bischof der Diözese Santiago de Maria 1970 zunächst eher zurückhaltend und unscheinbar. Nach der Ernennung zum Erzbischof der Hauptstadt San Salvador kämpfte er aber immer entschiedener gegen die Unterdrückung des Volkes und für soziale und politische Reformen und die Einhaltung der Menschenrechte. Einen Tag vor seiner Ermordung wandte er sich mit Entschlossenheit an die Angehörigen des Militärs und der Polizei: »In Gottes Namen und im Namen dieses leidgeprüften Volkes, dessen Klagen jeden Tag lauter zum Himmel steigen, ersuche ich euch, bitte ich euch, befehle ich euch im Namen Gottes: Beendet die Repression!«

2. Einsatzmöglichkeiten im RU

Bezüge zwischen Jesus und heutigen Menschen herstellen
- Sch verdeutlichen – ausgehend von den Überschriften der einzelnen Stationen – Gemeinsamkeiten zwischen dem Leiden Jesu und dem heutiger Menschen. Was bedeutet das Leiden Jesu für Kranke und Leidende?
- Sch bringen die besondere Bedeutung des Todes Jesu für die Menschen zum Ausdruck.
- Sch suchen im Internet Informationen über das Leben und Wirken von Erzbischof Romero.

Passion kennen lernen
- Sch lesen die Passion Jesu nach Johannes (Joh 18,1-19,42), fassen die Textabschnitte zusammen und tauschen ihre Gedanken aus.
- Sch notieren im Heft die Überschriften und formulieren wesentliche Aussagen.

Jugendkreuzweg feiern
- Sch und L sprechen über die Gestaltung (Ort, Rahmen, Zeit, Aufgabenverteilung) eines Jugendkreuzwegs. Günstig ist z. B. der Meditationsraum, eine in der Nähe der Schule gelegene Kapelle oder kleine Kirche.
- Sch bereiten in GA die einzelnen Texte vor, ergänzen sie durch weitere Beiträge und suchen eine geeignete Musik für die Bildbetrachtung.
- Sch feiern gemeinsam den Jugendkreuzweg.

3. Weiterführende Anregung

Selbst einen Kreuzweg gestalten
- Sch und L besprechen die Vorgehensweise und Organisation des Projekts.
- Sch erstellen eine Liste mit möglichen Kreuzwegstationen (z. B. nach Joh 18,1-19,42).
- Sch wählen und bearbeiten in GA (auch im Kunst- oder Musikunterricht) die einzelnen Stationen.
  - Sch malen Bilder und gestalten Collagen.
  - Sch schreiben meditative Texte.
  - Sch suchen und wählen passende Meldungen in Zeitungen aus.
  - Sch wählen Lieder und Musik aus und üben sie ein.
  - Sch proben die verschiedenen Elemente.
- Sch gestalten in der Fastenzeit mit ihren Elementen einen Jugendkreuzweg oder Wortgottesdienst für alle 6. Klassen, die Unterstufe, die ganze Schule, ihre Eltern und Geschwister oder eine Kirchengemeinde.

Literatur zum Projekt:

- Das Leben und Leiden Jesu mit anderen Mitteln, z. B. durch Fotografie, »neu« erzählen; vgl. das Projekt »Jesus an der Ruhr« in: KatBl 128 (2003), 33-38 Einige Bilder finden sich unter: http://www.rpi-virtuell.de/arbeitsbereiche/artothek/infos/info.htm
- Das interessante Gesicht Jesu als eine Ikone für das Gesicht aller Leidenden, vgl. Beeli, Benedetg, Ansehen. Eine Unterrichtsreihe zu den Kreuzwegbildern von Hetty Krist, in: KatBl 128 (2003), Heft 5, 352-356

Weggefährten

Perspektiven 1 96 97

1. Hintergrund

Lukas fügt seine sorgfältig komponierte Geschichte von der **Begegnung mit dem Auferstandenen auf dem Weg nach Emmaus** (Lk 24,13-35) in die Reihe der Berichte vom Ostertag ein, in denen die Erscheinung des Auferstandenen zur Grundlage des Glaubens an Jesus als den Messias wird. Auffallend ist, dass es hier nicht um die Kerngruppe der Zwölf, sondern um zwei andere Jünger geht, von denen nur einer, Kleopas, namentlich genannt wird. Die beiden sind bedrückt, ihre Hoffnungen sind zerstört, sodass sie den Fremden, der mit ihnen geht, nicht erkennen. Die Augen gehen ihnen auch nicht auf, als Jesus mit ihnen unterwegs spricht, sondern erst, als er mit ihnen das Brot bricht. Im Reden und Handeln erinnern sie sich, erkennen sie den Herrn. Kurze Zeit später sehen sie ihn nicht mehr, aber die Herzen der beiden brennen und sie kehren sofort nach Jerusalem zurück, wo sie mit dem Auferstehungszeugnis des Petrus empfangen werden.
In der Erzählung erscheint Jesus wie zu den Zeiten seines irdischen Lebens als der, der lehrend, aber nicht belehrend mit seinen Jüngern unterwegs ist und der mit ihnen gemeinsam Mahl hält. In ihr verbinden sich wohl ursprüngliches Auferstehungszeugnis und die Erfahrungen der Urgemeinde, der sich Jesus in der Mahlfeier immer wieder vergegenwärtigte.
Sie ist damit auch ein Paradigma für die Christen von heute: Das gemeinsame Gehen von Wegen und Um-

wegen, der Austausch über Glauben, Enttäuschungen und Hoffnungen und die Mahlgemeinschaft sind notwendig, um das brennende Herz zu spüren und immer wieder Jesus zu erkennen als den, der letztlich Hoffnung zuspricht und Gemeinschaft stiftet.
Der dialogische Charakter der Geschichte legt für das Schulbuch eine Präsentation in Dialogform nahe, mit der im Unterricht gut gearbeitet werden kann.

Janet Brooks-Gerloff (geb. 1947)
Janet Brooks-Gerloff, 1947 in Kansas, USA, geboren, studierte Kunstpädagogik an der *University of Northern Colorado.* Sie lebt und arbeitet heute in Deutschland. Viele ihrer Arbeiten beziehen sich auf literarische, musikalische oder religiöse Themen (vgl. www.brooksgerloff.de).

Janet Brooks-Gerloff: »Unterwegs nach Emmaus«, 1992
Das Ölgemälde ist ein Geschenk der Künstlerin an die Abtei Kornelimünster und hängt dort im Kreuzgang. Die Mönche wünschten sich ein Bild für die *Statio,* vor dem sie sich für den Gottesdienst sammeln könnten, und wählten dafür das Emmaus-Thema.
»Die beiden Emmausjünger und ihr Begleiter Jesus – drei Gestalten. Der Betrachter schaut ihnen nach; er sieht nicht ihre Gesichter, nur ihre Rücken. Die drei gehen ihm voraus. Sie sind wie eine Einladung, mit ihnen zu gehen, ihrem Gespräch zu lauschen, sich selbst in das Gespräch mit dem Unbekannten einzubringen.
Die weiten Gewänder der beiden Jünger sind schwarz. Anspielung auf das schwarze Ordenskleid der Mönche? Andeutung der dunklen Trauergedanken der Emmausjünger damals? Hinweis auf die Sorgen, Schmerzen und Leiden der Menschen aller Zeiten?
Neben den beiden der Unerkannte – nur eine Konturenzeichnung –, durchsichtig, leicht und schwerelos, – noch nicht fassbar und sich schon wieder entziehend. Die Jünger sind im Gespräch mit ihm, aber ihre Augen sind ›gehalten‹, obwohl das Herz schon brennt. Im Gespräch und im Brechen des Brotes wird sich ihnen der Unerkannte als der auferstandene Meister ihrer gemeinsamen Wege ›verdichten‹ ... und sogleich wieder entziehen. Wie ein Lockruf, alte Wege zu verlassen, um neue zu entdecken und die Stationen auf dem Weg nicht mit dem Ziel zu verwechseln, geht er mit ihnen ... und uns.
Die beiden Jünger schreiten in der linken Bildhälfte voran, ihr Meister begleitet sie etwa in der Bildmitte. So wird er zum ›Dreh- und Angelpunkt‹ des Bildes, des Gesprächs und des Weges. Der Jünger, der außen geht, wendet sich an seinem Gefährten vorbei dem Fremden zu. Der Eindruck: der Blick hat schon eine neue Richtung gefunden, – die Schritte müssen sie noch suchen.
Die drei gehen durch eine weglose hügelige Landschaft auf einen weiten Horizont zu. Erdfarben deutet sich die Kargheit einer Wüste an. In der Ferne des Horizonts am oberen rechten Bildrand spielen Licht und Regendunkel miteinander. Es bleibt offen, was die Jünger am Ende ihres Weges erwartet. Wichtig ist ihnen das Unterwegssein mit dem Unerkannten, der ihnen das Herz brennen macht. Wie Schuppen wird es ihnen von den Augen fallen, weil sie sich nicht sträuben, ihr Herz brennen zu lassen« (Abt Albert Altenähr OSB, leicht gekürzt).
Das Bild ist als Folie enthalten in: *Bilder aus Religion vernetzt 5 und 6. 36 Farbfolien,* München 2004, ISBN 978-3-466-50716-0.

Dem bekannten **Kanon** liegt der Vers Lk 24,29 zugrunde. Durch die Wiederholungen im Kanon werden die darin enthaltene Bitte und das geäußerte Vertrauen intensiv wahrgenommen. Das Lied ist eingespielt auf der CD: *Lieder aus Religion vernetzt 5 und 6. Zum Zuhören und Mitsingen. Mit Karaoke-Fassung!* München 2004, ISBN 978-3-466-45763-2.

2. Einsatzmöglichkeiten im RU

Die Annäherung an die biblische Geschichte erfolgt hier über das Spiel, um eine größere Identifikation der Sch zu erreichen. Zunächst wird eine einfache Form vorgestellt, dann eine komplexere, die etwas Vorbereitung erfordert.

Geschichte mit verteilten Rollen lesen
- Sch lesen die Emmausgeschichte wie im Schulbuch abgedruckt mit verteilten Rollen.
  Variante:
  Um das erinnernde Lernen der Jünger, das über das Reden und Handeln ausgelöst wird, nachzuempfinden, wird die Geschichte an zwei Stellen unterbrochen: nach »Was denn?« (Zeile 9) und nach »Und er legte ihnen dar, ... was ... über ihn geschrieben steht« (Zeile 20f.).
- Sch sammeln, was sie von Jesus wissen und was sie an ihm schätzen.

Szene nachspielen
- Sch probieren unter Anleitung von L Körperhaltungen, Mimik und Gestik aus, die die Befindlichkeiten der Emmausjünger ausdrücken:
- – Sch gehen frei im Raum umher, auf ein akustisches Signal von L frieren sie ihre Bewegung ein. Beim nächsten Signal gehen Sch weiter.
- – L gibt nun Begriffe vor, die pantomimisch leicht dargestellt werden können, z. B. Bettler sein, Body-

builder sein, dann etwas schwierigere Zustände und Emotionen wie schwitzen, frieren, wütend sein, sich freuen etc. Die Bewegung wird immer wieder eingefroren und aufgelöst.
- Schließlich werden ausgedrückt: Niedergeschlagenheit, Verzweiflung, Hoffnungslosigkeit, Trauer, Unverständnis, Erstaunen, Erkennen, Hoffnung und Freude.

- Sch spielen nun die Emmausgeschichte z. B. so: Geschichte wird mit verteilten Rollen noch einmal vorgelesen, Rest der Klasse drückt im Gehen durch den Raum pantomimisch die Wandlung der Jünger durch die Begegnung mit Jesus aus. Jesus wird nicht dargestellt.

Variante:
Die Szenen werden digital fotografiert, ausgedruckt und mit Kommentaren/entsprechenden Bibelstellen beschriftet (vgl. Projekt von Astrid Greve, Auferstehung lernen, in: KatBl 126 (2001), 102-107).

Meditative Bildbetrachtung
Das Bild von Brooks-Gerloff eignet sich – vgl. seinen »Sitz im Leben« – sehr gut für Meditationen z. B. am Tagesanfang oder an »Wegkreuzungen« des Schuljahres.

- Sch schreiben selbst Texte zum Thema »Weg – Weggefährten« und tragen sie vor.

Der Auferstandene bewegt

Perspektiven 2 98 99

1. Hintergrund

Sch sollen die Bedeutung des Glaubens an die Auferweckung für Menschen früher und heute erkennen. Die Texte und Lieder stammen aus der Geschichte und Gegenwart, von Heiligen und unbekannten Menschen, von Männern und einer Frau.
Die Darstellung »*Anastasis*« (Höllenfahrt Christi) stammt aus der ältesten erhaltenen **Exsultet-Rolle**, wohl aus dem Jahr 981, aus Benevent in Unteritalien. Felix Vongrey kommentiert das Bild so:
»Im Vordergrund der Szene liegt unten ein Flügel des gesprengten, aus den Angeln geworfenen Höllentores. In der linken Bildecke, über den Torflügel hinaus, lodern in zwei Reihen hohe rote Flammenbündel empor, aus denen die Oberkörper der Ureltern Adam und Eva herausragen; sie sind frontal gegeben, nackt bis auf ein um die rechte Schulter gelegtes Gewandstück. Evas Kopf ist in Dreiviertelansicht, der Adams in reinem Profil nach rechts gewendet. Eva sieht dem Erlöser entgegen, Adam blickt bittend und vertrauensvoll zu ihm auf. Flehend hebt Eva die Linke empor, passiv und todesmatt ist die Hand Adams, dessen Gelenk der Erlöser mit kraftvollem, Leben spendendem Griff umfasst hat. Dieser Gestus Christi, der im Mittelpunkt der Bildkomposition steht, versinnbildlicht die Erlösung.
Mehr als die Hälfte des Bildes, das sich in diagonaler Komposition aus der linken Ecke nach rechts oben entwickelt, beherrscht die stürmisch ausschreitende Gestalt des Auferstandenen. Die rot-goldene Mandorla, das Zeichen der Lichtepiphanie, hebt seine Person in die göttliche Sphäre. Christus ist bekleidet mit der knöchellangen, weitärmligen Tunika von blauweißer Farbe mit roten Clavi. Das helle, grünliche Pallium mit Ornamentverzierung *(Calliculus)* ist um den Körper geschlungen und über die linke Schulter gewor-

Exsultet
Das Osterlob (lat. *exsultet iam angelica turba caelorum*, d. h. »Frohlocket, ihr Chöre der Engel«) ist ein hymnischer Gesang eines unbekannten Verfassers, der im 7. Jahrhundert im gallischen Raum lebte. Er ahmt darin die jüdische Pessach-Haggada nach und greift Gedanken von Ambrosius und Augustinus auf. Der Lobpreis, ein Höhepunkt österlicher Verkündigung, schließt den ersten Teil der Osternacht, die Lichtfeier, ab und dient zur Verherrlichung und Darbringung der Osterkerze, die den auferstandenen Christus symbolisiert.
Der vorliegende Textauszug enthält die Aufforderung an Himmel (die Chöre der Engel) und Erde zu Jubel und Freude über den Sieger und König Jesus Christus, denn er hat das Dunkel vertrieben und die Ketten des Todes zerbrochen.
Darüber hinaus besingt das Exsultet die Tilgung der Schuld Adams und der Sünde und vor allem die Befreiung aus Ägypten und die Rettung aus den Fluten des Roten Meeres. »Diese Heilstat Gottes wird zum Symbol des Pascha-Mysteriums Christi, das zu preisen der Text nach immer neuen Wendungen und Bildern ringt, um dann in staunende Bewunderung auszubrechen: ›O unfassbare Liebe des Vaters ... O wahrhaft Heil bringende Sünde des Adam ... O glückliche Schuld ... O wahrhaft selige Nacht ...‹ Schließlich wendet sich der Hymnus in rührenden Worten der Osterkerze als dem Symbol des unsichtbaren Herrn zu, ›der von den Toten erstand, der den Menschen erstrahlt im österlichen Licht‹« (Adam, 71).

fen. Die schwungvoll zur Seite flatternden Zipfel und der weit nach rückwärts ausschwingende Saum der Tunika unterstreichen die Dynamik des Vorwärts- und Emporstrebens, die mit der Statik der riesigen Mandorla im Hintergrund wirkungsvoll kontrastiert.
Das Haupt Christi mit schulterlangen Haaren und spitzem Bart ist von einem großen Kreuznimbus umgeben. Der Blick des Erlösers ist in die Höhe gerichtet, wohin auch der Zeigefinger der Linken weist. Diese Hand hält das lange Stabkreuz, die siegreiche Waffe, die er geschultert trägt. Die gleichlangen Kreuzbalken sind geschweift und an den beiden Enden mit Voluten versehen. Auf den Kreuzestod deuten auch die angegebenen Wundmale hin.
Im Hintergrund links oben zwei kleine Riefelsarkophage, aus denen sich je zwei Mumien erheben und staunend das Geschehen verfolgen. Die biblische Quelle für sie bietet das Evangelium (Mt 27,52f.). Sie geben zugleich einen eschatologischen Hinweis, repräsentieren, wie auch die Ureltern, die erlöste Menschheit, sind das Unterpfand für die Auferstehung der ganzen Menschheit.« (Vongrey, 88f.)
Der Gewinn dieser Darstellung für den Unterricht ist enorm, denn sie führt auf eindrucksvolle Weise die Bedeutung der Auferstehung Christi vor Augen: »Jesus Christus ist in das gemeinsame Todesschicksal eingetreten und hat es von innen heraus verwandelt« (Lange, 238). Jesus hat sich der Macht des Todes unterworfen (Karfreitag), aber er hat dessen scheinbare Allmacht, die Pforten der Unterwelt, gebrochen und ist auferstanden (Ostern). Das war kein individuell-exklusives Geschehen, sondern wirkt sich universal, auf die Toten der Vergangenheit (Adam) und die ganze Menschheit aus. »Ein Bild, das die Mitte des Glaubens der Christen hoffnungsvoll aufleuchten lässt, sodass Universalität und Konzentration des Glaubens in eins zu sehen sind. Ein katechetischer Glücksfall!« (ebd.)
Das Bild ist als Folie enthalten in: *Bilder aus Religion vernetzt 5 und 6. 36 Farbfolien*, München 2004, ISBN 978-3-466-50716-0.
Die Aussage von **Roger Schutz**, dem Prior von Taizé, verdeutlicht den engen Zusammenhang zwischen Ostern und dem Leben als Christ: Kleine Tode (Enttäuschung, Hass, Einsamkeit) und Ansätze von Auferstehung (Versöhnung, Liebe, Gemeinschaft) bestimmen ständig den Alltag, nicht nur in der Heiligen Woche. Dabei ist es für den Christen von zentraler Bedeutung, dass nicht die Nacht und der Tod (Karfreitag) das letzte Wort haben, sondern – wie es die Feier der Osternacht erfahrbar macht – Licht und Leben.
Den Gedanken, dass dies »ständig« geschieht, hat Roger Schutz vom **Hl. Athanasius** übernommen, dem Patriarchen von Alexandrien, der etwa 295-373 lebte. Nach seinen Worten hat dieses »beständig« etwas Provozierendes an sich.

Franz von Assisi (1181/82-1226)
Nach Gefangenschaft (1204) und Krankheit, die Franziskus die Leere und Oberflächlichkeit seines bisherigen Lebens vor Augen führen, macht dieser um 1206 eine prägende mystische Erfahrung: Beim Gebet in der zerfallenen Kapelle von San Damiano begegnet er dem gekreuzigten und auferstandenen Christus, der ihn dazu aufruft, sein Haus wieder aufzubauen. Nachdem Franziskus die eigentliche Bedeutung dieses Auftrags erkannt hat, findet er seine Lebensaufgabe in der Nachfolge Jesu. Dabei wirkte er so radikal und überzeugend, dass sich ihm in kurzer Zeit viele Jünger anschließen.
Das Kreuz von San Damiano wird heute noch in Assisi in der Kirche »Santa Chiara« gezeigt und dient neben dem Porträt des Franziskus von Giotto – millionenfach als Andenken reproduziert und von Pilgern erworben – der Erinnerung.

Irmi Spangenberger thematisiert in ihrem Gedicht **»Auferstehung«** eine Grundfrage von Ostern, wie sie Thomas im Johannesevangelium ausgesprochen hat: »Wenn ich nicht die Male der Nägel an seinen Fingern sehe und meinen Finger nicht in die Male der Nägel und meine Hand nicht in seine Seite lege, glaube ich nicht« (Joh 20,25).
Die Autorin verdeutlicht, dass sie die Auferstehung, die sich den irdischen Naturgesetzen entzieht (»Wer tot ist, ist tot und kann nicht ins Leben zurückkehren«), nicht beweisen kann und will. Stattdessen erzählt sie von ihrem persönlichen Vertrauen auf die Liebe und Rettung durch Gott, an die man glauben und die man wagen muss. Denn ebenso wie der Mensch im Leben Vertrauen und Liebe – ohne Beweise zu bekommen – wagen muss, so kann er die Auferstehung letztlich nur im Glauben erfahren. Hier verläuft die Grenze zwischen Glauben und Vernunft.
Das Lied **»Christ ist erstanden«** gehört zu den geistlichen Volksliedern des 10.-16. Jahrhunderts. Schon im 10. Jahrhundert »zersang« das Volk das Kyrie eleison zum »Kyrieleis« und verband es mit Texterweiterungen in der Landessprache. So entstanden die »Leisen« zu allen Festen des Kirchenjahres, von denen heute noch einige lebendig sind: »Christ ist erstanden« (Osterleise), »Nun bitten wir den heiligen Geist« (Pfingstleise), »Gelobet seist du, Jesus Christ« (Weihnachtsleise).
Man spürt an diesen Schöpfungen des Volksgeists, die getragen sind von der Kraft reiner Empfindung: Die Menschen beugten sich nicht mehr widerwillig einer aufgezwungenen Lehre, sondern sie hatten begonnen, wirklich in ihr zu leben: Sie waren Christen geworden.

Neues geistliches Lied
Das »Neue Geistliche Lied« ist eine Musikform, die in unterschiedlicher Weise von Elementen des Jazz, Beat oder der internationalen Folklore beeinflusst ist. Sie entstand infolge des Zweiten Vatikanischen Konzils, das die Verwendung der Volkssprache in der Liturgie förderte. Die Texte versuchen meist, die Glaubenstradition der Christen mit heute gebräuchlichen Begriffen zu beschreiben und darzustellen. Heute ist das »Neue Geistliche Lied« aus vielen Gemeindegottesdiensten nicht mehr wegzudenken.

Peter Janssens (1934-1998)
Peter Janssens gilt als der Protagonist des »Neuen Geistlichen Liedes« schlechthin. Zunächst studierte er Musikwissenschaft (1961-1964), war dann als Musikerzieher und musikalischer Leiter tätig und begann ab 1969 im Bereich des »Neuen Geistlichen Liedes« zu komponieren und zu spielen. Janssens verfügte über eine reiche Erfahrung an allen musikalischen Stilen: Kirchentonarten, Choräle, Klassik, Volkslied, Jazz, Pop, Rock, Chanson, Tanzmusik und Sprechgesang münden ein in seine kompositorische Arbeit. Sie ergeben ein Neues – eben den typischen Janssens-Ton, den man sofort heraushört.

Kurt Marti (geb. 1921)
Kurt Marti wurde am 31. Januar 1921 in Bern geboren. Nach der Matura studierte er evangelische Theologie in Bern und Basel. Im Dienste des ökumenischen Rates der Kirchen verbrachte er ein Jahr in Paris. Von 1963 bis 1983 war Marti Pfarrer in Bern. Er ist Mitbegründer der »Erklärung von Bern« für mehr Solidarität mit der so genannten »Dritten Welt« und Mitbegründer der »Schriftsteller-Gruppe Olten«. Sein Werk ist undenkbar ohne die Impulse des christlichen Glaubens und utopischer Vorstellungen. Deswegen geriet Marti als amtierender Pfarrer in der Zeit des Kalten Krieges unter den Verdacht, Kommunist und subversiv zu sein. Der Beruf, den Marti kontinuierlich ausübte, hat ihn im Schreiben nicht gehemmt, sondern bereichert und angeregt, gerade durch die dauernde Spannung zwischen der kirchlichen und der literarischen Sprache. Vor allem seine Kurzgeschichten sind ohne den Erfahrungshintergrund des Pfarrers nicht denkbar.

Das **»Andere Osterlied«** versteht sich als kritischer Kommentar zu »Christ ist erstanden«: Aufstand gegen den Tod und nicht Vertröstung auf das Jenseits. Auch knüpft die Tradition der Ostermärsche an den im Lied genannten Aufstand »gegen die Herrschaft der Herren« an. Mitte der sechziger Jahre wandte sich die Friedensbewegung mit Ostermärschen und der Kampagne »Kampf dem Atomtod« in Großdemonstrationen gegen Bestrebungen von Verteidigungsminister Strauß, die Bundeswehr mit taktischen Atomwaffen auszustatten (deren Sprengköpfe unter Kontrolle der USA verbleiben sollten). Anfang der achtziger Jahre formierte sich neuer Widerstand als Reaktion auf den Nachrüstungs-Doppelbeschluss der NATO vom Dezember 1979.

2. Einsatzmöglichkeiten im RU

Ein Jubellied lesen und selbst schreiben
- Sch lesen und besprechen die Aussagen des liturgischen Exsultet-Hymnus.
- L erklärt den Hintergrund und liest weitere Aussagen des Exsultet vor.
- Sch betrachten, beschreiben und erklären das Bild der Exsultet-Rolle.
- Sch schreiben selbst ein Osterlob und lesen es vor.

Ein Wappen gestalten
- Sch erklären, warum sich Franziskus so grundlegend veränderte.
- Sch erhalten **AB 6.4.13, Lehrerkommentar S. 204,** und verdeutlichen, was sie am Leben des Franziskus besonders fasziniert.
- Sch gestalten auf **AB 6.4.14, Lehrerkommentar S. 205,** ein Wappen, in das sie zentrale Erfahrungen des Hl. Franziskus einzeichnen (vgl. Lehrerkommentar S. 184).

Von Auferstehungserfahrungen erzählen/Man stirbt viele kleine Tode ... PINNWAND 88
Sch erkennen den engen Zusammenhang von Karfreitags- und Ostererfahrungen im menschlichen Leben.
- Sch lesen die Aussage von Roger Schutz und erklären sie.
- Sch notieren in EA Beispiele für Ansätze von Auferstehung nach kleinen Toden, z. B. »Die Erfahrung von Auferstehung mache ich, wenn ich nach einer Krankheit wieder gesund werde, wenn ich mich nach einem heftigen Streit mit meinem/r Freund/in wieder versöhne, wenn ...«
- Diese Überlegungen greifen eine Übung (*Pinnwand,* **88**: »Man stirbt viele kleine Tode ...«) auf, in der »kleine Tode« mitten im Leben thematisiert werden, und führen sie weiter zu Auferstehungserfahrungen. L kann an diese Aussagen anknüpfen, sodass die Bedeutung von »Auferstehungserfahrungen mitten im Leben« nachhaltig vor Augen geführt wird.

Schülerbeispiele für »Ein Wappen gestalten« (vgl. Lehrerkommentar S. 183):

Die Bedeutung der Auferstehung erfassen

- Sch verbinden die Aussage von Athanasius mit der von Roger Schutz und erklären, inwiefern der Begriff »beständiges Fest« für den Christen eine Herausforderung ist.
- Sch erklären die Aussagen von I. Spangenberger und notieren eigene Gedanken über »Auferstehung«.
- Sch schreiben den Begriff »Auferstehung« in farbigen Großbuchstaben senkrecht ins Heft und suchen in PA zu jedem Buchstaben einen zentralen Begriff von *Perspektiven 2* (**98f.**) oder einen eigenen und notieren ihn.
  Beispiel:

GL**A**NZ
J**U**BEL
BE**F**REIUNG
V**E**RTRAUEN
VE**R**AENDERUNG
SIEG
FES**T**
G**E**HEIMNIS
HOFFNUNG
Z**U**KUNFT
LEBE**N**
WA**G**NIS

Lieder zusammenfassen

- Sch hören die beiden Lieder »Christ ist erstanden« und »Anderes Osterlied« auf CD. Diese sind eingespielt auf *Lieder aus Religion vernetzt 5 und 6. Zum Zuhören und Mitsingen. Mit Karaoke-Fassung!* München 2004, ISBN 978-3-466-45763-2.
- Sch fassen die Grundaussagen der Lieder in jeweils einem Satz zusammen. Dabei empfiehlt es sich, vorher Strophe für Strophe die Glaubensvorstellungen herauszuarbeiten (vgl. TA, Lehrerkommentar S. 185).
- Sch erhalten beide Lieder ohne Text, nur mit Noten. Sch fügen den Text des jeweils anderen Liedes unter die Noten rhythmisch und sinnfällig ein.
- Sch suchen Informationen über die Zeithintergründe (vgl. *Perspektiven 2*, **99**. Aufgabe 3): Während die Existenz und das Heil des Individuums (vgl. das Zeitalter der »Renaissance«) bei »Christ ist erstanden« im Vordergrund stehen, versucht das »Andere Osterlied« gesellschaftliche Bedingungen anzuprangern (1970) und so zur Veränderung – zum Aufstehen – aufzurufen.

TA zu »Lieder zusammenfassen« (vgl. Lehrerkommentar S. 184):

a) Gegenüberstellung der Strophen

Christ ist erstanden	*Anderes Osterlied*
1. Christus überwindet alle Marter. Trotz Folter ersteht er vom Tod. Deswegen sollen wir froh sein. Christus will uns auf diese Weise trösten.	1. Die Herren der Welt verhindern Gerechtigkeit vor dem Tod; erst nach dem Tod wäre die Knechtschaft vergessen.
2. Wenn er nicht vom Tod auferstanden wäre, wäre die Welt untergegangen. Weil er auferstanden ist, freuen sich alle.	2. Den Herren der Welt würde es passen, wenn alles so bliebe; wenn alles so weiterginge.
3. Halleluja. Deswegen sollen wir alle froh sein. Christus will unser Trost sein.	3. Der Befreier vom Tod ist auferstanden, und er ruft uns jetzt zur Auferstehung, zum Aufstand gegen die Herren, die uns mit dem Tod regieren.

b) Aussagen der Lieder

Wir Menschen sind froh, dass Christus auferstanden ist.	**Wir Menschen sollen wie Christus gegen Knechtschaft und Ungerechtigkeit aufstehen.**

Über den Tod hinaus

Perspektiven 3 100 101

1. Hintergrund

Erste Erfahrungen mit dem Thema Tod machen die Kinder in der Regel innerhalb der Familie. Der Verlust eines geliebten Menschen wirft die Frage auf, ob und wie es nach dem Tod weitergeht. Tod und Sterben werden meist erfahren als Zäsur, als plötzliches und punktuelles Ereignis, dem man fassungslos gegenüber steht. Den Tod als Prozess, als Verwandlung zu begreifen, bei der ihm die Härte des Einschnitts genommen wird, diesen Gedanken versucht der Text **»Sterben lernen«** zu vermitteln. Die Momenthaftigkeit des schrecklichen Ereignisses »Tod« wird aufgelöst und jetzt zum Weg, zu einer Phase des Übergangs, innerhalb derer man sich dem neuen Zustand »anverwandeln« kann. Tod und Sterben werden so nicht mehr als Gegensatz, sondern als Bestandteil des Lebens begreifbar.
Der Text (es handelt sich um eine geraffte Darstellung einer Erzählung von Else Breen) nähert sich diesem Thema aus der Sicht eines krebskranken Jungen. Die Auseinandersetzung mit dem Todesgedanken wird als Prozess der Aneignung erkennbar, der von der Phase des Protests bis zum bewussten Abschiednehmen reicht. Hinter allem Leid wird Gott als die lebensspendende und tragende Kraft sichtbar.

Mit der Auferstehungshoffnung berührt das vorliegende Kapitel den Kern der christlichen Botschaft, dem auch authentische Glaubenszeugnisse nur bedingt gerecht werden können. Das Unsagbare lässt sich eben in keine noch so einfühlsame Sprache übersetzen. Die Bildsprache der **»österlichen Parabel«** erscheint insofern als angemessene Form, sich in der Auseinandersetzung mit Kindern und Jugendlichen-diesem Bereich des nicht mehr Ausdrückbaren zu nähern.
Dass alle Versuche, sich diesen Zustand zu imaginieren, letztlich allzu menschliche, aber fehlerhafte Konstruktionen bleiben müssen, diesen Sachverhalt thematisiert der abschließende kurze Text mit der programmatischen Überschrift **»So oder anders«**.
Das **Schmetterlingsreliquiar** mit Kreuzpartikel (Pariser Werkstatt? um 1325/25, vergoldetes Silber, transluzides Email) befindet sich im Diözesanmuseum St. Ulrich, Regensburg, und ist eine Leihgabe des Priesterseminars St. Wolfgang.
Ein Reliquiar ist ein künstlerisch gestalteter Behälter (z. B. Medaillons, Fläschchen, Kästchen), der, wie der Begriff schon sagt, Reliquien bedeutender Heiliger oder auch Partikel symbolischer oder für den Glauben wichtiger Gegenstände enthält. Oft deutet schon die Form des Behältnisses auf den Charakter der Reliquie

Entwicklung des Todes- und Jenseitsverständnisses

Die Kenntnis der Entwicklung der Todes- und Jenseitsvorstellungen kann gerade in der Übergangsphase einer sechsten Jahrgangsstufe zwischen Kindheit und Pubertät das Verständnis für die disparaten Suchbewegungen von Sch nach eigenen tragfähigen Hoffnungskonzepten erleichtern.

Nach einzelnen psychologischen Ansätzen wird vermutet, dass Kleinkinder bereits vor jedem intelligiblen, sprachbezogenen Wissen aufgrund von Trennungsängsten ein intuitives, leiblich-seelisch konnotiertes Todeswissen haben könnten und gerade die frühkindliche Todesfurcht den Anstoß für den weiteren Individuationsprozess liefert. Danach würde das Kind in den jeweiligen Stadien Strategien entwickeln, um die Realität seiner Todesfurcht ertragen zu können und diese später modifizieren, transformieren oder teilweise auch wieder aufgeben. Sowohl die familiäre Erziehung als auch das kulturelle Umfeld würden von Anfang an wesentlich dazu beitragen, eine gesunde Abwehrstruktur gegenüber dem Tod zu entwickeln.

Nach einem häufig verwendeten vier- bzw. fünfstufigen Entwicklungsmodell geht man dagegen davon aus, dass Kinder erst ab dem dritten Lebensjahr Schritt für Schritt die Realität, Allgemeingültigkeit und Endgültigkeit des Todes erfassen können.

So gilt etwa im Kindergartenalter (3-5 Jahre) nur die Bewegung als Unterscheidungskriterium für tot und lebendig. Der Tote schläft oder ist verreist, kann aber wieder erwachen oder zurückkehren. Die Möglichkeit des eigenen Todes wird auch noch im frühen Grundschulalter (6-8 Jahre) weitgehend verdrängt. Vor allem affektiv vermittelte Hoffnungsimpulse, z. B. ein kindgemäßes Reden vom Auferweckungshandeln Gottes, ist für eine spätere Aneignung der Auferstehungsvorstellung förderlich. Der Verzicht auf eine religiöse Orientierung führt bei Kindern dagegen zu einer betonten Abwehr des Redens von Himmel und Seele und trägt damit eher zur Verzögerung des Todesverständnisses bei. Umgekehrt unterstützen aber auch spiritualistische Verharmlosungen des Todesproblems bei Kindern Realitätsverleugnung und regressive Tendenzen.

In der späten Kindheit (9-11 Jahre) findet dann zunehmend eine Vermischung von mythisch bzw. naturwissenschaftlich-technisch orientiertem Denken statt, z. B. in Form der Synthese diesseitiger und jenseitiger Weltbildelemente. Der Tod – auch der eigene – wird nun weitgehend realistisch als biologisches Phänomen mit seiner Irreversibilität und Unausweichlichkeit erkannt.

Mit der noch einmal verschärft wahrgenommenen Realität des Todes und der gleichzeitigen Krise des »Kinderglaubens« im Pubertätsalter (12-14 Jahre) werden Aspekte der vorausgehenden Phasen individualisierend aufgegriffen. In dem Versuch, sich von naiv Geglaubtem abzunabeln und sich auf die unbeschönigte »Realität« einzulassen, reichen die Todeskonzepte Jugendlicher von einer – teilweise vorübergehenden – dezidierten Ablehnung religiöser Hoffnungen bis hin zur Überzeugung eigener Unsterblichkeit aufgrund der Entdeckung persönlicher Einzigartigkeit, dabei unter Umständen im Rückgriff auf (pseudo-)religiöse Sinnangebote.

Das christliche Todes- und Auferstehungskonzept wird nach einer empirischen Studie u. a. von Lothar Kuld allerdings nur (noch) von einer Minderheit der Sch geglaubt. Die meisten Sch ziehen deshalb aus den Inhalten des Religionsunterrichts vermutlich nur dann eine Hilfe für ihren eigenen Umgang mit dem Tod, wenn der Unterricht die Pluralität der verschiedenen Todes- und Jenseitsvorstellungen aufgreift.

Eine Chance, sich mit unterschiedlichen Konzepten auseinander zu setzen, ermöglicht beispielsweise die Lektüre einer thematisch passenden Ganzschrift. Sch können auf verschiedenste Weise dazu angeregt werden, sich mit einer (Haupt-)Figur zu identifizieren und sich damit an das Thema Tod anzunähern, ohne aber gezwungen zu sein, eigene notwendige Distanzierungsmöglichkeiten zu allzu persönlichen Fragen aufgeben zu müssen. Gerade die Ich-Perspektive eines jugendlichen Erzählers/einer jugendlichen Erzählerin bietet zahlreiche Möglichkeiten, die Imaginationskraft der Kinder und Jugendlichen mit verschiedensten Formen des kreativen Schreibens (fiktive Tagebucheinträge oder (Trost)Briefe an Hinterbliebene, Fortsetzung von Gedichtanfängen), durch die Gestaltung von Bildern oder Collagen oder auch mit Hilfe von Rollenspielen zu fördern, um sich auch in die christliche Hoffnung auf ein Verbundensein aller Menschen über den Tod hinaus einfühlen zu können.

M. S.

Literatur

Thiede, Werner, Art.: Sterben und Tod, in: LexRP II, Sp. 2051-2056

Kuld, Lothar/ Rendle, Ludwig/Sauter, Ludwig, Tod – und was dann? Ergebnisse einer Umfrage unter Schülerinnen und Schülern im Bistum Augsburg, in: RpB 45/2000, 69-88

Langenhorst, Annegret, Jugendbücher über Tod und Sterben im Religionsunterricht, in: KatBl 127 (2002), 212-217 hin; so gab es Arm-, Hand-, Finger-, Schädel-, Fuß- oder Rippenreliquiare für Knochen oder Knochenteile. Im vorliegenden Fall handelt es sich um ein Kreuzreliquiar, in dem Teile des Kreuzes, an dem Jesus starb, aufbewahrt werden. Reliquiare waren vor allem im Mittelalter weit verbreitet.

2. Einsatzmöglichkeiten im RU

Lied zum Einstieg hören

- Sch lesen den Text »Sterben lernen« und geben anschließend das Geschehen kurz wieder.
- Mittels CD wird der Song »*Seasons in the Sun*« von Terry Jacks vorgespielt und der Text **AB 6.4.15, Lehrerkommentar S. 206,** als Folie auf den Overhead-Projektor gelegt.
- Sch beschreiben die Gefühle, die Johannes beim Hören des Liedes bewegen.
- Sch erkennen den Unterschied zwischen »schöner« Melodie und trauriger Aussage.
- Sch diskutieren über die Rolle der Musik bei der Verarbeitung von Gefühlen.
- Sch beschreiben und deuten das Verhalten der Eltern/der Menschen im Umfeld.

Trost im leidenden Christus finden

- Sch versuchen nachzuempfinden, inwiefern das Leiden Christi dem todkranken Johannes hilft. Sie erhalten dazu **AB 6.4.16, Lehrerkommentar S. 207,** und beantworten die erste Frage (z. B. Bruderschaft im Mitleiden, Solidarität).
- Sch betrachten den Kupferstich von Hans Weiditz auf dem AB und erkennen unterschiedliche Formen des Schmerzes (z. B. Geißel steht für körperlichen Schmerz; Silberlinge und Hahn für den Verrat und die Verleugnung, für seelische Schmerzen).
- Sch erkennen, dass Jesus in Schmerz und Todesangst allein gelassen wurde.
- Sch erkennen in der Freundschaft zu Caroline eine Form »geschwisterlichen« Mitleidens, die das Leid zu ertragen hilft.
- Auf den aufgeblühten Magnolienzweig kann auch erst später im Zusammenhang mit dem Verwandlungsmotiv Bezug genommen werden.

Parabel und Schmetterlingskreuz deuten

Im gelenkten Unterrichtsgespräch erschließen L und Sch den Text.

- Sch nehmen **AB 6.4.17, Lehrerkommentar S. 208,** zur Hand und besprechen zunächst die Bildebene der Parabel (Raupen).

Zum Bild »Stehender Schmerzensmann« von Hans Weiditz

Der im Jahre 1522 entstandene Renaissance-Holzschnitt (Graphische Sammlung Albertina, Wien, 2,94 x 2,24 cm) zeigt Christus als Schmerzensmann. Durch die Nacktheit der Figur, durch den zur Seite geneigten Kopf und die Armhaltung werden Schutz- und Hilflosigkeit, aber auch Unschuld ausgedrückt. Als Symbole des körperlichen Leidens finden sich auf dem Bild eine Dornenkrone, Geißel, Hammer und Nägel (für die Wundmale), der Ysopstab mit dem essiggetränkten Schwamm sowie die Lanze. Stellvertretend für das kaum sichtbare Kreuz (zu sehen ist nur der Fuß) können Stab und Lanze durch ihre Überkreuzstellung als Symbol des Kreuzesmartyriums aufgefasst werden. Neben dem körperlichen Leid wird aber auch das Motiv der Verlassenheit und des »seelischen Schmerzes« ins Bild gesetzt. Es finden sich Anspielungen auf den Verrat des Judas (am Boden liegende Silberlinge), die Verleugnung durch Petrus (Hahn) und den Spott, den die Soldaten mit Jesus treiben (Würfeln um die Gewänder).

Mögliche Erschließungsfragen und Antworten:

- Wer sind die beteiligten Figuren? (Guter Mensch, der Mitleid hat.)
- Wie leben die Raupen? (Plagen sich.)
- Warum plagen sie sich? (Haben keine Ahnung, dass sie sich in Schmetterlinge verwandeln werden.)
- Könnte sich an ihrem Verhalten etwas ändern? (Sie würden dann froher leben.)
- Warum nehmen sie diese Botschaft nicht an? (Sie ist in der schwerfälligen Raupensprache nicht auszudrücken/In ihrem beschränkten Raupenhorizont denken sie nur ans Fressen.)
- Wie denken sie von dem Menschen? (Halten ihn für einen Spinner.)

- Sch erkennen, dass die Parabel eine Aussage über die Menschen machen will, die als Bedeutungsebene bezeichnet wird; im Schmetterlingskreuz sind Bild (Raupe/Schmetterling) und Bedeutung (Tod/Auferstehung) miteinander verbunden.

- Sch beschreiben das Schmetterlingskreuz; dabei wird das Motiv der Verwandlung (Metamorphose) als Gemeinsamkeit erkannt.
- Mithilfe von Erschließungsfragen werden analoge Antworten gefunden.

Lösungsvorschlag für AB 6.4.17, Lehrerkommentar S. 208:

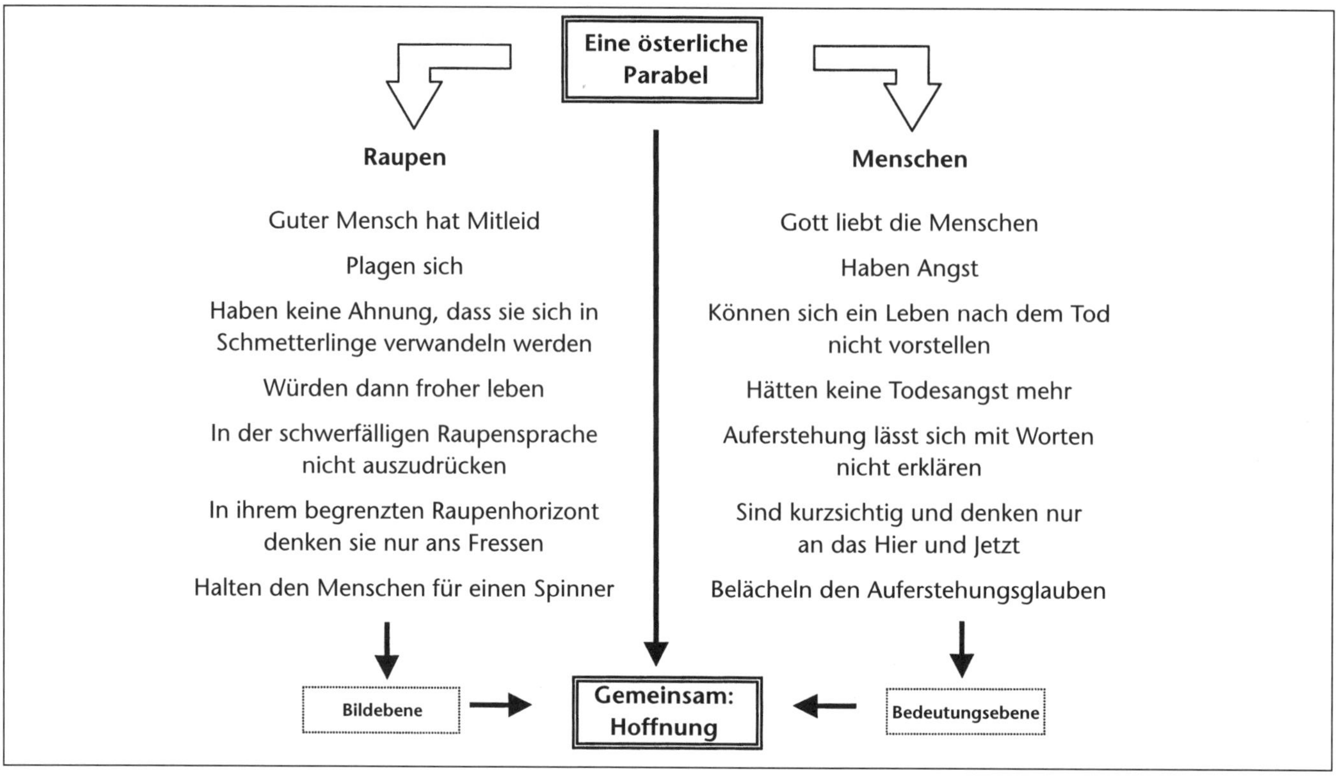

Die Geschichte vom Schmetterlingskreuz

- Sch erhalten **AB 6.4.18, Lehrerkommentar S. 209,** auf dem die Geschichte des Schmetterlingskreuzes erzählt wird.
- – Um uns vorstellen zu können, was bei der Auferstehung passiert, sind wir auf Bilder und Symbole angewiesen. Der Goldschmied denkt dabei zunächst an die Geschichte vom Senfkorn. Wo liegen die Parallelen?
- – Warum ist der Goldschmied mit dieser Geschichte/diesem Symbol dennoch unzufrieden?
- – Welche Haltung nimmt der Wirt in der Geschichte vom Schmetterlingskreuz ein?
- – Findet eine vergleichbare Figur in der »Österlichen Parabel«.
- Dass Jesus von den Toten auferstanden sein soll, hält der Wirt für »Blödsinn«.
- – Wie erklärt ihr seine Haltung?
- Nachdem das Verwandlungsmotiv (Raupe – Schmetterling/Tod Jesu – Auferstehung) als beiden Bereichen gemeinsames Zeichen der Hoffnung noch einmal bekräftigt und auf das **AB 6.4.17, Lehrerkommentar S. 208** übernommen wurde, werden Sch aufgefordert, ein vergleichbares Motiv im Text »Sterben lernen« zu finden. (Der aufblühende Magnolienzweig ist ein Symbol der Hoffnung.)
- Sch suchen nach weiteren Zeichen/Symbolen für Hoffnung und malen diese in ihr Heft.

Andere Jenseitsvorstellungen kennen lernen

Sch lesen die Anekdote »So oder anders« (*Perspektiven 3,* **101**). Dabei wird deutlich, dass die Bilder vom Jenseits der menschlichen Vorstellungskraft entspringen und daher sehr unterschiedlich sein können.

Bilder für das Weiterleben nach dem Tod finden: Jemand stirbt PINNWAND 88

- L erarbeitet mit Sch die Struktur des Gedichts, gemeinsam werden die Metaphern erklärt.
- Sch finden eigene Metaphern und schreiben neue Strophen. Vorgegeben bleiben Struktur und die gleichen Anfänge:

Jemand stirbt,
und das ist,
wie wenn ...
Aber wenn ...

1. Hintergrund

Bedingt durch die Säkularisierung unserer Zeit herrscht vielfach Ahnungslosigkeit, wie kirchliche Feste im privaten Rahmen gefeiert werden können. Dass die Auferstehungsbotschaft in den Alltag hineinreicht, kann nur über die Gestaltung des Osterfestes im Kreis der Familie erfahren werden.
Ein Sprichwort aus Asien sagt: »Die Sprache verstehen ist die Tür zum Menschen; den Brauch verstehen aber ist die Tür zum Herzen.« Über das Brauchtum, das sich rund um die Liturgie der Kirche gebildet hat, können die tieferen Schichten des Lebens und Erlebens angerührt werden. Jede Region hat verschiedene Bräuche zu Ostern herausgebildet, einige sind im Buch exemplarisch aufgelistet. Deren Vielfalt lässt sich jeweils erst »vor Ort« erkunden.
Die zweite Abbildung auf *Perspektiven 4* (**102**) zeigt eine Nachzeichnung des **»Drei-Hasen-Fensters«** im Dom zu Paderborn, dessen Maßwerk aus besagten drei Nagern gebildet wird, die der Künstler geschickt so gruppiert hat, dass sie zusammen nur drei Ohren haben und doch jeder Hase zwei Löffel hat: »Der Hasen und der Löffel drei, und doch hat jeder Hase zwei«. Das Drei-Hasen-Fenster ist ein altes Wahrzeichen von Paderborn und Glücksbringer, den jeder durch Paderborn wandernde Handwerksbursche gesehen haben musste.
Die **Wortspirale** symbolisiert, wie sich das Osterfest von der Osterbotschaft (»Auferstehung«) über das vielfältige Brauchtum zum heutigen Fest mit Geschenken, Ausflügen und Urlaub entwickelt hat.
Exemplarisch für das Brauchtum seien hier vier Begriffe näher erläutert.
Osterbrunnen: Der Dorfbrunnen wird mit Fichtengirlanden, die zu Kronen geflochten sind, mit zu Büscheln gebundenen bunten Bändern, Ostereiern und Blumen geschmückt. Der Hauptgrund für das Schmücken von Brunnen und Quellen ist vor allem die Bedeutung des Wassers als lebensspendendes Element.
Osterkerze: Sie ist Symbol für den auferstandenen Christus. Die Zeichen, mit denen die Osterkerze verziert wird – das Kreuz, die Buchstaben Alpha und Omega, die Jahreszahl und die fünf Wachsnägel – verdeutlichen die Symbolik. Im AT war bei der Flucht aus Ägypten eine Feuersäule Zeichen der Gegenwart Gottes. So ist die Osterkerze ein Zeichen dafür, dass Christus uns auf unserem Weg vorausgeht.
Während die Osterkerze brennt und Licht abgibt, schmilzt sie auch; sie verzehrt sich für andere. Auf diese Weise ist sie auch ein Bild für Christus, der sich für uns hingegeben hat.

Osterlamm
Aus Anlass des Frühlingsfests der hebräischen Nomaden wurde ein neugeborenes Lamm geschlachtet. Damit verbunden war auch die Hoffnung auf Fruchtbarkeit der Herden für das kommende Jahr. Darüber hinaus gehörten Schafe, vornehmlich Widder und Lämmer, in der Antike zu den gebräuchlichsten Opfertieren wegen ihres häufigen Vorkommens und ihrer Eigenschaften (Lamm: Unschuld; Widder: Kraft und Fruchtbarkeit; Schaf: Geduld und Schweigen). Durch die Darbringung des Widders galt ein Menschenopfer als abgegolten, durch einen Widder kann ein verwirktes Menschenleben ausgelöst werden.
Mit dem Exodus bekam dieses Lamm eine neue religiöse Bedeutung: das Blut des Lammes wurde an die Türpfosten gestrichen, um so den Todesengel abzuweisen. Wegen des geschlachteten Lammes blieben die Menschen am Leben. »Das Blut soll ein Schutzzeichen für euch sein«, verspricht Jahwe seinem Volk (Ex 12,13). Es stiftet Verbindung zwischen Jahwe und seinem Volk, im Essen des Lammes erfährt der gläubige Jude das Heilswirken Gottes.
Später wurde in der Geschichte Israels dieses Mahl zum Erinnerungsmahl an die Befreiung aus der ägyptischen Sklaverei. Beim jüdischen Pessachfest wird auch ein Stück Lamm gereicht.
Im babylonischen Exil erhebt Jesaja seine Stimme, um das Volk zu trösten und ihm die nahe Erlösung anzukündigen. Mit der geheimnisvollen Gestalt des leidenden Gottesknechtes nimmt die Hoffnung der Israeliten menschliche Gestalt an: Er ist ein von Gott Geschlagener, ein Ausgestoßener. »Er wurde geplagt und niedergedrückt, aber er tat seinen Mund nicht auf. Wie ein Lamm, das man wegführt um es zu schlachten, und wie ein Schaf, das verstummt, wenn man es schert, so tat auch er seinen Mund nicht auf« (Jes 53,7).
Der Evangelist Johannes lässt am Anfang der öffentlichen Wirksamkeit Jesu den Täufer auf Jesus deuten und sprechen: »Seht das Lamm Gottes, das die Sünde der Welt hinwegnimmt« (Joh 1,29).
Jesus feiert mit seinen Jüngern das letzte Abendmahl als das letzte gemeinsame Pessachfest, in der Erwartung der Kulmination seines öffentlichen Wirkens. Deshalb sieht sich Jesus als das neue Lamm. Sein Leib und Blut wirken nicht nur zur Abwehr des Todes wie in Ägypten, sondern sie schenken ewiges Leben. Jesus stirbt zur selben Stunde, in der die Osterlämmer des alten Bundes im Hof des Tempels geschlachtet werden.

Somit wird Jesus zum neuen Lamm, das für uns Menschen geschlachtet wurde, und mit der Auferstehung das Lamm, das in dem dargestellten Symbol auf *Perspektiven 4* (**102**) den Heiligenschein trägt und eine Auferstehungsfahne mitführt.

Osterhase
Wie der Hase mit Ostern in Verbindung gebracht wird, hat mehrere Erklärungsmöglichkeiten: Im Psalm 104 heißt es: »Die Felsen sind der Hasen Zuflucht«. Basilius der Große schrieb dazu: »Die einzig mögliche Rettung, dass wir uns in den Schutz des Felsens begeben, ... Christus, der Fels.« Der Hase symbolisiert die ungetauften Heiden, die sich Christus zuwenden, er bedeutet also den Taufbewerber (Katechumenen). Da nun die Taufzeit der alten Kirche für die Erwachsenentaufe Ostern war, wurde so der Hase mit Ostern in Verbindung gebracht.
Als die Erwachsenentaufen zu Ostern immer seltener wurden und Ostern als Tauftermin seine Bedeutung verlor, veränderte sich die Gleichsetzung Hase – Ungetaufter hin zu Hase – Sünder. Nun spielen auch andere Eigenschaften des Hasen eine Rolle: Seine Furchtsamkeit und sein Immer-auf-der-Flucht-Sein machen ihn zum Sinnbild des vom Bösen gehetzten Menschen. Er hat es nötig, beim Felsen Christus und der Kirche Zuflucht zu suchen. Eine andere Erklärung ist die Meinung, der Hase würde nicht schlafen. Er hat nämlich keine Augenlider und kann diese zum Schlaf auch nicht schließen. Stattdessen schiebt der die Pupille nach oben. So wird der Hase wieder zum Sinnbild der Auferstehung, weil Christus nicht im Tod entschlafen ist. Nach Ansicht mittelalterlicher Ärzte verursacht der Genuss von Hasenfleisch Schlaflosigkeit. Eine weitere Quelle für die Osterhasensymbolik ist der germanische Mythenkreis, in dem die Hasen die Fruchtbarkeit symbolisierenden Tiere der Göttin Freya waren.

Osterei: In allen Kulturen gilt das Ei als Symbol des Lebens; so ist es ganz natürlich, dass sich der christliche Glaube dieses Symbols bedient und das Mysterium Christi und des neuen Lebens damit deutet: »Wie der Vogel aus dem Ei gekrochen, hat Jesus Christus das Grab zerbrochen.« Der Mensch, von seiner Mutter ins irdische Leben geboren, wird durch Christi Auferstehung wiedergeboren zum ewigen Leben.
Osterfrühstück: Die beim Osterfrühstück in der Familie oder in einer Gemeinschaft gereichten Speisen wie Osterschinken, Osterbrot, Osterei, Salz und Meerrettich, können als Parallele zum jüdischen Sedermahl gesehen werden.

In dem Gedicht »**Ostern**« von Ingeborg Drewitz wird die Osterbotschaft der Kirche der Alltags- und Festtagswirklichkeit der Gegenwart gegenübergestellt. 1978 wurde es erstmals veröffentlicht.

Ingeborg Drewitz (1923-1986)
Die Berliner Schriftstellerin arbeitete zunächst als Dramatikerin, später als Erzählerin und Lyrikerin. In ihren Werken thematisierte sie immer wieder die Kontaktlosigkeit der Menschen im Großstadtbetrieb der Moderne. Seit Ende der sechziger Jahre stand die gesellschaftliche Rolle der Frau im Zentrum ihrer literarischen Arbeit, so z. B. in der Biografie über Bettina von Arnim (1969). Ihr erfolgreichster und stark autobiografisch geprägter Roman »Gestern war Heute. Hundert Jahre Gegenwart« (1978) ist eine Familiengeschichte über fünf Generationen hindurch, in deren Mittelpunkt die Behauptungsversuche einer Journalistin im Berufs- und Familienleben stehen.

2. Einsatzmöglichkeiten im RU

Osterhasen kreativ gestalten

- Sch bemalen das *Mandala* zum »Drei-Hasen-Fenster« (**AB 6.4.19, Lehrerkommentar S. 210**).
  Ein Mandala (Sanskrit: Kreis) ist im Tantra- und esoterischen Buddhismus ein kosmologisches Diagramm, das als Fixierpunkt bei der Meditation dient und ein Abbild des Universums darstellt. Indem sich der Meditierende nacheinander auf jeden einzelnen seiner Kreise konzentriert, nähert er sich seinem Zentrum.
  Eine Weise, still zu werden, ist das Ausmalen von Mandalas. Formen, die von der Mitte her nach außen wachsen bzw. die sich von außen auf eine Mitte zubewegen, die einfach sind und Wiederholungen aufweisen, sind hier gut geeignet.
- Sch entwerfen ein eigenes Mandala.
- Sch entwickeln durch Falten und Ausschneiden von Tonpapier (Symmetrieeffekte wie bei Weihnachtssternen) ein Oster-Mandala.
- Im GA lernen Sch das Osterhasenbrauchtum kennen

Osterbrauchtum kennen lernen
Die Textspirale stellt, ausgehend von peripherer, mit Ostern verbundener Aktivität, gesellschaftliches Verhalten, christliches Brauchtum und Liturgie vor.

- Sch beschreiben die Gestaltung des Osterfestes in ihrer Familie.
- – Nicht bekannte Bräuche der Spirale werden erklärt; Sch beschreiben Brauchtum aus ihrer Region.

Osterbrauchtum kritisch betrachten
Mit dem Gedicht von Ingeborg Drewitz wird die Osterbotschaft der Kirche mit der Alltags- und Festtagswirklichkeit der Gegenwart konfrontiert.

- Sch erkennen die Diskrepanz zwischen Ostern als kirchlichem Fest und der tatsächlichen Lebenspraxis, indem sie die dialogische Struktur des Gedichts erarbeiten.

TA:

Ostern (Ingeborg Drewitz)

Was **alle** reden	Was **einer** sagt	Was **sie** reden
Vier freie Tage Auf den Autobahnen Stau Osterurlaub		Karfreitag, Kreuzigung Einer ist auferstanden Ostern feiern
Unfälle, Opfer? → Die Versicherung zahlt	→	→ Karfreitag, Kreuzigung
Richtig, wir verstehen das nicht!	Er ist für die Menschen gestorben	
Es geht uns nichts an	Er ist für die Menschen gestorben	
Wahrscheinlich ein Spinner	Er ist für die Menschen gestorben	
Vier freie Tage Radio und TV »spielen«	(der eine wird nicht verstanden)	
alle: Menschen unserer Zeit	**einer**: ein Glaubender	**sie**: Kirche, Priester, Gläubige

Was sage ich?

- Sch erhalten **AB 6.4.20, Lehrerkommentar S. 211**, mit Wörtern aus dem Gedicht und dem Auftrag, diese kreativ in einer »Wortcollage« in Beziehung zu setzen. Dazu werden aus den vorgegebenen Wörtern des AB 6.4.20 kreativ Wortkombinationen geklebt oder Figuren und Symbole, bestehend aus diesen Worten, entworfen. Der Bezug zum Thema Ostern bzw. zu dem Gedicht ist Grundlage dieser Übung.
- Sch nehmen Stellung zu dem in der letzten Strophe geäußerten »sagst du«.

Den Ablauf der Osternachtsfeier kennen lernen
Die Tabelle »Osternacht« fasst in komprimierter Form die wichtigsten Teile der Osternachtsfeier zusammen; die Spalte »biblische Anknüpfungspunkte« verdeutlicht, welche Glaubenserfahrungen aus der Heiligen Schrift in der Osternacht nachempfunden werden.

- Als Einleitung zur Thematik der Osternacht, mit der Sch zur emotionalen Begegnung mit dem Thema angeregt werden, lesen sie den Erlebnisbericht der Romanfigur Christian Fink aus W. Fährmanns »Unter der Asche die Glut« (**AB 6.4.21, Lehrerkommentar S. 212**).

3. Weiterführende Anregungen

Einen Osterbaum gestalten
Aus vier Stäben (rund oder vierkant) wird ein Grundgerüst nach dem Modell im Buch hergestellt. Die Senkrechte ist ca. 70 cm lang. An den Kreuzungspunkten werden Längsstab und Querstäbe eingekerbt und dann mit Blumendraht verbunden. Das fertige Gerüst wird nun mit Buchsbaum und Zwirn umwunden. Der Längsstab wird noch mit einem Band umflochten. Den fertigen Baum steckt man in eine vorbereitete Schale mit junger Saat. An den Querstäben

hängen zwölf bunte Eier, die die zwölf Monate symbolisieren.
Der Osterbaum ist Sinnbild für den immergrünen, nie sterbenden Lebens- und Weltenbaum (vgl. Christbaum).

Ostergebäck backen
Ostersymbole wie das Lamm oder der Hase lassen sich prima als Gebäck gestalten und sind eine süße Oster-Überraschung zum Verschenken.

Teigrezept Springerle:
500 g Zucker mit 4 Eiern und 1 Messerspitze Pottasche sehr schaumig rühren (der Zucker muss sich ganz auflösen, da der Teig sonst nicht aufgeht).
Die abgeriebene Schale einer Zitrone, 3 Esslöffel Arrak, 400 g Weizenmehl und 100 g Mondamin dazugeben und auf dem Brett verarbeiten.
Nicht zu dünne Teigstücke nach Form ausschneiden. Über Nacht stehen lassen, dann auf ein mit Anis bestreutes Blech legen und bei 150 Grad in etwa 30 Minuten backen.

Was wir erwarten

Akzent 104

1. Hintergrund

Das **Gedicht** von Alois Albrecht verbindet, gleichsam als abschließende Zusammenfassung des Kapitels, die christliche Hoffnung auf Heilung und Rettung durch Jesus und Gott mit dem persönlichen Einsatz der Christen gegen menschliches Leid. Nach einem festen Muster werden jeweils sieben Not- und Unrechtssituationen unserer Zeit angesprochen: Krankheit, Arbeitslosigkeit, Leid, Hunger, Kreuz, Missachtung der Menschenwürde, Tod. Dabei wird sowohl eigenes (Kreuz) als auch fremdes Leid (Hunger, Unterdrückung) thematisiert.
In sieben Antithesen werden falsche und naive Erwartungen an das Eingreifen Jesu (»nicht, dass er ...«) dem Beitrag eines jedes Menschen (»sondern: dass wir ...«), der an seinem Platz (»als Arzt und Patient«, »Politiker, Unternehmer, Gewerkschaftler oder Arbeitnehmer«) wirkt, gegenübergestellt. Die Kraft und das Vorbild für diesen Einsatz haben wir von Jesus selbst, da wir »durch die Begegnung mit ihm den Mut haben«, »durch seine Nähe gestärkt«, »durch sein Vorbild geleitet«, »durch seinen Kreuzweg ermutigt«, »von seinem Dasein-für-andere angespornt« und »an seinem Tod hellsichtig geworden« sind.
Der konkrete Einsatz des Einzelnen entspricht seinen Kräften: Kampf gegen Krankheit, Kraft und Gelassenheit; Tapferkeit für den gemeinsamen Kampf; Leid aushalten; teilen, verzichten, helfen; unausweichliche Kreuze tragen können; Trägheit überwinden und sich für Unterdrückte engagieren; den Tod als Ziel des Lebens erfahren.
Diese Haltung erinnert an Dietrich Bonhoeffers »Widerstand und Ergebung«: Kampf und Widerstand gegen vermeidbares und zu verhinderndes Leid, Ergebung gegenüber unausweichlichem Leid. Die Zahl Sieben lässt spontan an die sieben Sakramente denken, die an den Knotenpunkten des Lebens (Geburt, Kindheit, Jugend, Erwachsenenalter, Schuld, Krankheit) dem Christen die besondere Nähe und Hilfe Gottes schenken. Auch dabei kommt es zu einer geheimnisvollen Begegnung zwischen Gott (Zahl Drei) und Mensch (Zahl Vier).
Das **Bild** zeigt ausgewachsene, zur Ernte reife Weizenhalme, die von einem Stamm ausgehen und an ihren Ähren viele reiche Früchte tragen. An den Wurzeln ist ein Jesus-Kopf im Stil einer Ikone zu erkennen, an den vier Ähren sind jeweils einzelne Gesichter von Menschen sichtbar.
Die Darstellung bezieht sich auf die Aussage Jesu im Johannesevangelium: »Die Stunde ist gekommen, dass der Menschensohn verherrlicht wird. Amen, amen, ich sage euch: Wenn das Weizenkorn nicht in die Erde fällt und stirbt, bleibt es allein; wenn es aber stirbt, bringt es reiche Frucht. Wer an seinem Leben hängt, verliert es; wer aber sein Leben in dieser Welt gering achtet, wird es bewahren bis ins ewige Leben« (Joh 12,23-25).
Wie das Sterben des Weizenkorns hundertfache Frucht bringt, so schenkt der Tod Jesu Leben für alle.

Alois Albrecht (* 1936)
Alois Albrecht wurde 1936 in Backnang/Württemberg geboren. Nach seiner Priesterweihe war er von 1965 bis 1972 Diözesanjugendseelsorger, danach Pfarrer in Bamberg. 1987 wude er Domkapitular und 1990 Generalvikar des Erzbistums Bamberg. Er schuf – u. a. mit Peter Janssens (vgl. Lehrerkommentar S. 183) – viele geistliche Lieder, z. B. »Wir haben einen Traum« und »Unser Leben sei ein Fest«.

2. Einsatzmöglichkeiten im RU

Notsituationen benennen
Sch erkennen die Bedeutung des Vorbilds Jesu für ihren Einsatz gegen Leid und Not.

- Sch nennen Beispiele für die Not von Menschen in

TA zu »Gedicht deuten« (s. u.):

Was wir erwarten			
Not	**Falsche Erwartung**	**Hilfe durch Jesus**	**Unser Verhalten**
Krankheit	Heilen	Begegnung mit ihm	kämpfen, gelassen sein
Arbeitslosigkeit	Beseitigen	Begegnung mit ihm	mutig ankämpfen
Leid	Aufheben	Seine Nähe	Leid aushalten
Hunger	Stillen	Sein Vorbild	teilen, verzichten, helfen
Kreuz	Abschaffen	Sein Kreuzweg	Kreuz tragen
Unterdrückung	Beenden	Dasein für andere	solidarisch handeln
Tod	Ersparen	Sein Tod	Tod als Ziel erfahren

der heutigen Zeit (Krankheit, Behinderung, Unrecht, Gewalt, Tod, Krieg, Terror ...). L notiert sie an der Tafel.
- Sch erklären, welche Erwartungen sie angesichts des Leids und der Not an Gott haben.

Gedicht deuten
- Zwei Sch lesen den Text im Wechsel (erster Sch: Nicht, dass ..., zweiter Sch: sondern: dass ...), um den Gegensatz zu verdeutlichen.
- Sch nennen spontan die Wirkung des Gedichts.
- Sch fassen die erste Aussage zusammen, erkennen unter Anleitung von L den Aufbau und die sprachlich-stilistische Gestaltung und erarbeiten ein Tafelbild (s. o.).
- Sch erarbeiten in GA die weiteren Aussagen.
- Sch stellen die Ergebnisse vor.
- Sch erkennen und erklären die Zahl der Aussagen und ihren Bezug zu den Sakramenten.

Das Gedicht weiterschreiben und meditieren
- Sch schreiben in EA weitere Strophen (z. B. zu den oben genannten Notsituationen) zu diesem Gedicht und tragen sie vor.
- Sch überlegen an einem konkreten Beispiel, wie sie sich in einer Leidsituation verhalten können.
- Sch lesen das Gedicht und die selbst geschriebenen Strophen noch einmal langsam zu meditativer Musik vor.

Das Bild deuten

Sch sollen erkennen, dass Jesus uns durch sein Sterben neues Leben geschenkt hat.
- Sch betrachten das Bild, beschreiben und interpretieren es.
- L verweist auf das Jesuswort in Joh 12,23-25.
- Sch verdeutlichen sich den Zusammenhang zwischen dem Bild und dem Gedicht.

Literatur

Adam, Adolf, Das Kirchenjahr mitfeiern, Freiburg ^{3}1979

Berg, Horst Klaus/Weber, Ulrike, Ostern: In Bildern Spuren des Neuen Lebens entdecken (FREIARBEIT RELIGION 3), Freiburg/München 1998

Berg, Horst Klaus, Grundriss der Bibeldidaktik, München/Stuttgart 1993

Fährmann, Willi, Wie das Ei zum Osterei wurde, Würzburg 1990

Grabner-Haider, Anton (Hg.), Praktisches Bibellexikon, Freiburg-Basel-Wien 1981

Klie, Thomas, Grabmale als Todeszeichen. Ein religionspädagogisch-semiotischer Friedhofsspaziergang; in: Kätsch, Hans-Martin/Klie, Thomas: Todeszeichen. Grabmale in semiotischer und religionspädagogischer Perspektive, Loccum 1998, 29-33

Kuld, Lothar/Rendle, Ludwig/Sauter, Ludwig, Tod – und was dann? Ergebnisse einer Umfrage unter Schülerinnen und Schülern im Bistum Augsburg, in: RpB 45/2000, 69-88.

Lange, Günter, Bilder zum Glauben, München 2002

Langenhorst, Georg, Gedichte zur Bibel, München ^{2}2004

De Mello, Anthony, Meditieren mit Leib und Seele, Kevelaer 1986

Mendl, Hans, »Goodbye my friends, it's hard to die ...«. Leidverarbeitung in der Kinder- und Jugendliteratur, in: Kontakt 2/95, 17-23.

Ders., Leidverarbeitung im Kinder- und Jugendbuch, in: KatBl 121 (1996), 274-281.

Miller, Gabriele, Osterbekenntnis und Pastoralprogramm. Lk 24, 13-35, in: dies./Franz W. Niehl (Hg.), Von Babel bis Emmaus, München 1993, 282-302

Pesch, Rudolf (Hg.), Das Markusevangelium, Freiburg 1976

Schnackenburg, Rudolf, Das Johannesevangelium 3. Teil (HThKNT), Freiburg 1975

Schneider, Jan Heiner, Hieronymus Bosch: Licht am Ende des Tunnels, in: Materialbrief Folien 3/94: Tod – und was dann?, hg. v. Deutschen Katecheten- Verein, München 1994, 7f.

Schulz, Katharina, Religiöse Bilder von Emil Nolde im gymnasialen Religionsunterricht, in: Materialien für den Religionsunterricht an Gymnasien 2/97, München 1997

Schürmann, Heinz, Das Lukasevangelium. 1. Teil (HThK NT), Freiburg i. B. 1984

Vongrey, Felix, Commentarium zur Exsultet-Rolle, Graz 1975

Werkbrief für die Landjugend: Für Jahr und Tag. Teil 2 Osterfestkreis, München 1985

Internet

www.brooksgerloff.de

www.abtei-kornelimuenster.de

Aus dem Dunkel zum Licht

Ein Mensch liegt im Sterben. Während seine körperliche Bedrängnis sich ihrem Höhepunkt nähert, hört er, wie der Arzt ihn für tot erklärt. Mit einem Mal nimmt er ein unangenehmes Geräusch wahr, ein durchdringendes Läuten oder Brummen und zugleich hat er das Gefühl, dass er sich sehr rasch durch einen langen, dunklen Tunnel bewegt. Danach empfindet er sich plötzlich außerhalb seines Körpers, jedoch in derselben Umgebung wie zuvor. Als ob er ein Beobachter wäre, blickt er nun aus einiger Entfernung auf seinen eigenen Körper. In seinen Gefühlen zutiefst aufgewühlt, wohnt er von diesem seltsamen Beobachtungsposten aus den Wiederbelebungsversuchen bei. Nach einiger Zeit fängt er sich und beginnt, sich immer mehr an seinen merkwürdigen Zustand zu gewöhnen. Wie er entdeckt, besitzt er noch immer einen »Körper«, der sich jedoch sowohl seiner Beschaffenheit als auch seinen Fähigkeiten nach wesentlich von dem physischen Körper, den er zurückgelassen hat, unterscheidet. Bald kommt es zu neuen Ereignissen. Andere Wesen nähern sich dem Sterbenden, um ihn zu begrüßen und ihm zu helfen. Er erblickt die Geistwesen bereits verstorbener Verwandter und Freunde und ein Liebe und Wärme ausstrahlendes Wesen, wie er es noch nie gesehen hat, ein Lichtwesen, erscheint vor ihm. Dieses Wesen richtet – ohne Worte zu gebrauchen – eine Frage an ihn, die ihn dazu bewegen soll, sein Leben als Ganzes zu bewerten. Es hilft ihm dabei, indem es das Panorama der wichtigsten Stationen seines Lebens in einer blitzschnellen Rückschau an ihm vorüberziehen lässt. Einmal erscheint es dem Sterbenden, als ob er sich einer Art Schranke oder Grenze näherte, die offenbar die Scheidelinie zwischen dem irdischen und dem folgenden Leben darstellt. Doch wird ihm klar, dass er zur Erde zurückkehren muss, da der Zeitpunkt seines Todes noch nicht gekommen ist. Er sträubt sich dagegen, denn seine Erfahrungen mit dem jenseitigen Leben haben ihn so sehr gefangen genommen, dass er nun nicht mehr umkehren möchte. Er ist von überwältigenden Gefühlen der Freude, der Liebe und des Friedens erfüllt. Trotz seines inneren Widerstandes – und ohne zu wissen, wie – vereinigt er sich dennoch wieder mit seinem physischen Körper und lebt weiter.

Bei seinen späteren Versuchen, anderen Menschen von seinem Erlebnis zu berichten, trifft er auf große Schwierigkeiten. Zunächst einmal vermag er keine menschlichen Worte zu finden, mit denen sich überirdische Geschehnisse dieser Art angemessen ausdrücken ließen. Da er zudem entdeckt, dass man ihm mit Spott begegnet, gibt er es ganz auf, anderen davon zu erzählen. Dennoch hinterlässt das Erlebnis tiefe Spuren in seinem Leben; es beeinflusst namentlich die Art, wie der jeweilige Mensch dem Tod gegenübersteht und dessen Beziehung zum Leben auffasst.

Nach Raymond A. Moody

Phasen des Weges

Erkennt ihr Gemeinsamkeiten zwischen dem Bild von Hieronymus Bosch und dem Sterbeerlebnis?

1. ______________________________

2. ______________________________

3. ______________________________

4. ______________________________

Was kommt nach dem Tod?

Aussagen von Jugendlichen

1. »Ich habe keine Ahnung, was nach dem Tod kommt. Es könnte ja sein, dass es so ist, wie wenn man noch gar nicht gestorben ist. Ich weiß nicht, was ich damals getan habe. Aber, in keinem Fall kommt man in den Himmel oder in die Hölle. Das ist Schwachsinn.«

2. »Das Leben ist ein Haufen von Erfahrungen. Sobald ein Kind geboren worden ist, lernt es ständig dazu. Einen ›Geist‹ gibt es also nicht. Man übernimmt Sprache, Handbewegungen und Art von den anderen. Wenn man stirbt, ist es, als ob man eine Maschine abschaltet. Manchmal kann man die Maschine zwar reparieren. Doch sobald die Maschine zu lang abgeschaltet ist, bringt man sie nicht mehr zum Laufen. Der Körper wird vergraben, dann beginnt er zu verrotten.«

3. »Ich denke, wenn man stirbt, fährt man durch einen langen Tunnel, der im Himmel endet. Dann lebt man dort eine Weile in Freude. Jeden Tag feiert man, hat keine Probleme mehr und lebt ganz unbeschwert. Nach einer Weile, wenn man reif genug ist, kommt Gott zu dir und bittet dich für ihn als Schutzengel zu arbeiten. Wenn du es nicht tun willst, dann lässt er dich; aber die meisten finden das toll und freuen sich. Es ist schön, ein neues Lebewesen auf seinem Weg zu begleiten.«

4. »Es gibt keinen Himmel und es gibt keine Hölle. Ich glaube, dass der Tod nur so eine Art Übergang zu einem neuen Leben ist. Das bedeutet also, dass man in diesem Übergang nur noch sich selbst und seine Träume hat. Nach dem Übergang gelangt man wieder in einen neuen Körper, bis man jedes Lebewesen auf jedem Planeten einmal gewesen ist und dann: Dann wird das Lebenslicht ganz einfach ausgeknipst. Es wird einem vorkommen, als ob man nie existiert hätte.«

5. »Ich denke, nach dem Tod kommt man in ein großes Paradies. Mit allen Toten, man kann machen und lassen, was man will. Es gibt keine Rassentrennung (Weiße, Schwarze). Auch Tiere und Menschen leben alle zusammen. Niemand wird eingesperrt, kein Mensch, kein Tier: Alle leben zusammen. Es gibt wunderschöne Wiesen, einfach alles. Es gibt keinen Krieg, keinen Streit; einfach alles ist wunderschön. Vielleicht ist diese Vorstellung auch nur ein Wunsch von mir. Aber ich glaube daran.«

6. »Dass es etwas nach dem Tod gibt, kann sein, und dass man irgendwo auch weiterlebt. Aber was kommt, wissen nur die, die dort sind. Soviel ich weiß, ist noch niemand von dort zurückgekommen; also, wenn es etwas gibt, muss es schön sein. Man muss nach dem Tod irgendetwas werden oder sein. Ich glaube nicht, dass man so weiterlebt wie zuvor.«

7. »Also das ewige Leben bedeutet: Man kommt in den Himmel und lebt dort weiter oder man wird zurück auf die Erde geschickt um dort wieder als Baby geboren zu werden. Obwohl, wenn man im Himmel ist, dann gibt es ja einmal keinen Platz mehr, weil vielleicht jede Sekunde jemand stirbt. Die Auferstehung der Toten: Ich kann mir das fast nicht vorstellen, wie die Heiligen, Propheten, Pfarrer usw. das immer erwähnen: Wie Maria und die mit Wolken in den Himmel geflogen sind (also nur die Seelen). Ich möchte das schon einmal erleben.«

Vergleicht die Aussagen der Schülerinnen und Schüler miteinander.
Welchen könnt ihr zustimmen? Welche lehnt ihr ab?
Kennzeichnet sie jeweils mit einer anderen Farbe und begründet eure Meinung.

Welche Sorgen und Ängste hast du ...

... in der Familie

... mit dir selbst

... im Freundeskreis

... in der Schule

... allgemein?

Requiescat in pace

Die Ausstellung nähert sich dem Thema Totenbrauchtum in vielen skurrilen, aber auch anrührenden Facetten. Dem anonymen Tod in der Klinik steht die Nachbildung eines ländlichen Sterbezimmers gegenüber. Man räumte die beste Stube aus, um den Toten mit allen Ehren darin aufzubahren. Die Menschen starben zu Hause, und dort blieben sie bis zur Beerdigung. Die Toten wurden fotografiert, und das gerahmte Bild bekam einen Ehrenplatz. Der Tod gehörte zum Leben; und das alte Brauchtum half den Menschen, ihn besser zu ertragen.

Süddeutsche Zeitung vom 29.03.03
über die Ausstellung »Requiescat in pace« im Amtshaus Windberg

Meditationsübung

Kehre zu einem Augenblick zurück, an dem du Schmerz oder Kummer, Beleidigung, Furcht oder Bitterkeit empfunden hast ...

Erlebe dieses Ereignis wieder neu ...

Doch versuche diesmal, die Gegenwart Gottes darin zu entdecken ...

Auf welche Weise ist Gott darin gegenwärtig? ...

Oder stelle dir vor, dass Gott selbst in dem Geschehen erscheint und teilnimmt ...

Welche Rolle spielt er? ...

Sprich ihn an. Frage ihn, welche Bedeutung das ganze Geschehen hat ...

Hör zu, was er dir antwortet ...

Anthony de Mello

Nichts hören wollen

Die tote Mutter

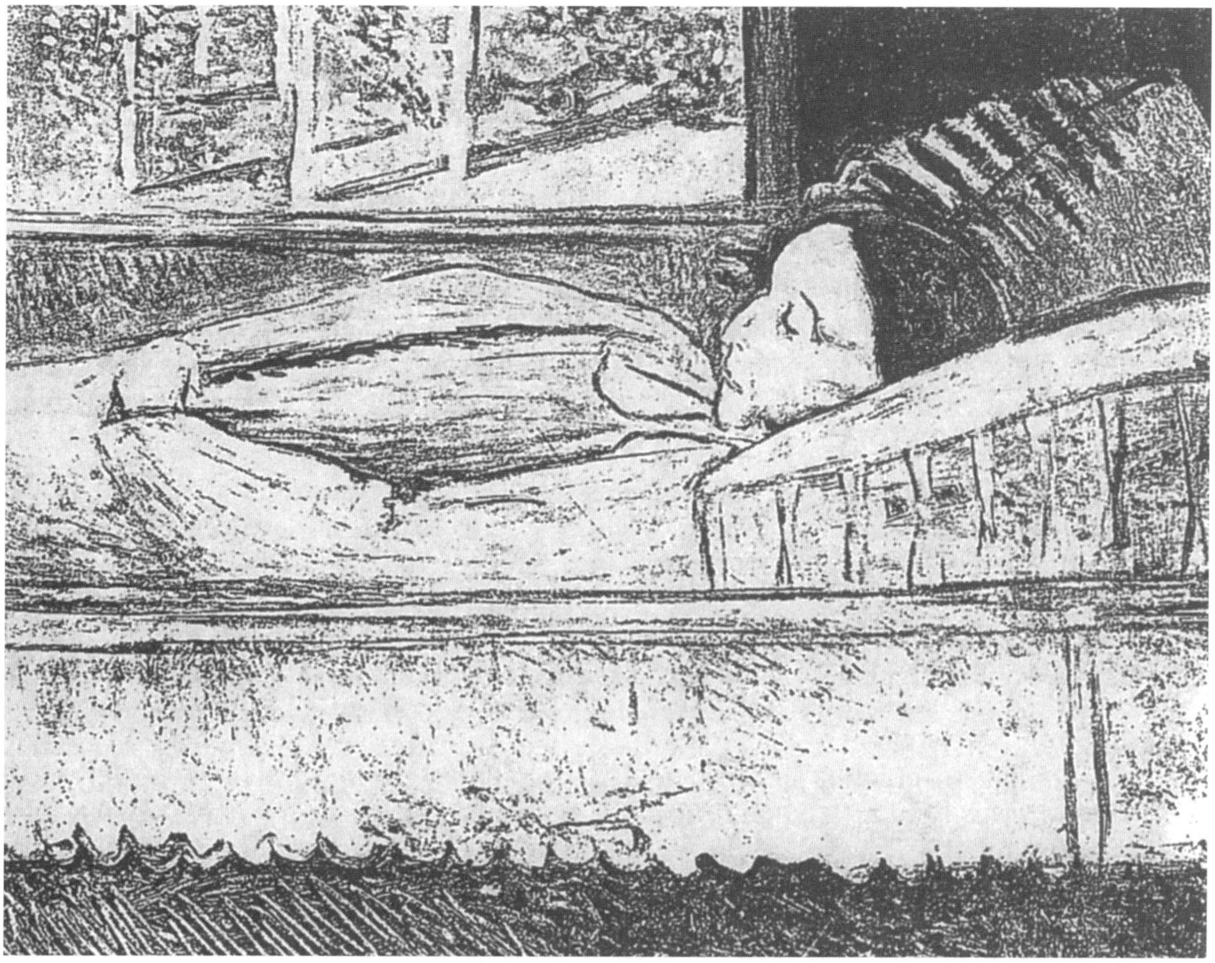

Der Tod und das Mädchen

Das Mädchen:

Vorüber, ach vorüber!
Geh, wilder Knochenmann!
Ich bin noch jung, geh´, Lieber!
Und rühre mich nicht an!

Der Tod:

Gib deine Hand, du zart und schön Gebild!
Bin Freund, und komme nicht zu strafen.
Sei gutes Muts! ich bin nicht wild,
Sollst sanft in meinen Armen schlafen!

Matthias Claudius, 1740-1815

Symbole auf den Gräbern

Erklärt die Bedeutung der Symbole auf den Gräbern. Ihr könnt ein Symbollexikon zuhilfe nehmen.

Psalmen

Höre, o Gott, mein lautes Klagen,
schütze mein Leben vor dem Schrecken
des Feindes!
Verbirg mich vor der Schar der Bösen,
vor dem Toben derer, die Unrecht tun.
Sie schärfen ihre Zunge wie ein Schwert,
schießen giftige Worte wie Pfeile,
um den Schuldlosen von ihrem Versteck aus
zu treffen.
Sie schießen auf ihn, plötzlich und ohne Scheu.
Sie sind fest entschlossen zu bösem Tun.
Sie planen, Fallen zu stellen, und sagen:
»Wer sieht uns schon?«
Sie haben Bosheit im Sinn,
doch halten sie ihre Pläne geheim.
Ihr Inneres ist heillos verdorben,
ihr Herz ist ein Abgrund.

Psalm 64,2-7

Gott, die Heiden sind eingedrungen
in dein Erbe,
sie haben deinen heiligen Tempel entweiht
und Jerusalem in Trümmer gelegt.
Die Leichen deiner Knechte haben sie
zum Fraß gegeben
den Vögeln des Himmels,
die Leiber deiner Frommen den Tieren
des Feldes.
Ihr Blut haben sie wie Wasser vergossen
rings um Jerusalem,
und keiner hat sie begraben.
Zum Schimpf sind wir geworden
in den Augen der Nachbarn,
zu Spott und Hohn bei allen,
die rings um uns wohnen.
Wie lange noch, Herr? ...

Psalm 79,1-5

Ich aber bete zu dir, Herr, zur Zeit der Gnade.
Erhöre mich in deiner großen Huld,
Gott, hilf mir in deiner Treue!
Entreiß mich dem Sumpf,
damit ich nicht versinke.
Zieh mich heraus aus dem Verderben,
aus dem tiefen Wasser!
Lass nicht zu, dass die Flut mich
überschwemmt, die Tiefe mich verschlingt,
der Brunnenschacht über mir
seinen Rachen schließt.
Erhöre mich, Herr, in deiner Huld und Güte,
wende dich zu mir in deinem großen Erbarmen!
Verbirg nicht dein Gesicht vor deinem Knecht;
denn mir ist angst. Erhöre mich bald!
Sei mir nah und erlöse mich! ...

Psalm 69,14-19

Mit lauter Stimme schrei ich zum Herrn,
laut flehe ich zum Herrn um Gnade.
Ich schütte vor ihm meine Klagen aus,
eröffne ihm meine Not ...
Ich blicke nach rechts und schaue aus,
doch niemand ist da, der mich beachtet.
Mir ist jede Zuflucht genommen,
niemand fragt nach meinem Leben.
Herr, ich schreie zu dir, ich sage:
Meine Zuflucht bist du, mein Anteil
im Land der Lebenden.
Vernimm doch mein Flehen;
denn ich bin arm und elend.
Meinen Verfolgern entreiß mich;
sie sind viel stärker als ich.

Psalm 142, 2-3. 5-7

Welche Situationen findet ihr in den Psalmen angesprochen? Versucht, die darin beschriebenen Ängste und ihre Auswirkungen mit eigenen Worten auszudrücken.
Überlegt, was das Beten dieser oder ähnlicher Psalmen bewirken kann.
Schreibt eigene Psalmen, die auf eure Situation zugeschnitten sind.

Wenn ein großes Unglück geschehen ist

Vater im Himmel,

ein großes Unglück ist geschehen.
Wir sind erschrocken und ratlos.
Warum müssen so viele Menschen ihr Leben verlieren?
Warum müssen die einen leiden
und die anderen bleiben verschont?

Wir wissen keine Antwort.

Gott, wir bitten dich:
Stehe den Menschen bei,
die von diesem Unglück schwer getroffen sind.
Lass sie nicht verzweifeln.
Mach uns bereit,
dort zu helfen, wo wir Leid lindern können.
Halte zu uns,
auch wenn wir an dir unsicher werden
und deinen Willen nicht verstehen.

Behüte und bewahre unser Leben.

Amen.

Die Sünderin

Verleihe dem Bild durch deine eigene Farbgebung Ausdruck.

Vom Leben des Heiligen Franziskus von Assisi

»Wie eine Sonne ging er der Welt auf.«

Dante

Franziskus von Assisi, dessen eigentlicher Name Giovanni Bernardone lautet, wurde im Jahr 1182 im umbrischen Bergstädtchen Assisi geboren. Sein Vater war ein wohlhabender Tuchhändler, der Handelsbeziehungen bis nach Frankreich unterhielt und deshalb seinen Sohn Francesco, d. h. »kleiner Franzose« nannte.

Als Kind aus reichem Hause lernte er Französisch und Latein und feierte oft zusammen mit seinen vielen Freunden rauschende Feste.

Während des Städtekrieges zwischen Assisi und Perugia geriet er 1204 in Gefangenschaft, aus der ihn sein Vater loskaufte. Als ihn danach eine schwere Krankheit ans Bett fesselte, wurde ihm die Leere und Oberflächlichkeit seines bisherigen Lebens bewusst. Diese Erkenntnis verstärkte sich durch die Begegnung mit einem Leprakranken: Nach innerem Ringen küsste er die Hand des Aussätzigen und schenkte ihm alles, was er bei sich hatte. Dieses Erlebnis gab seinem Leben eine entscheidende Wendung, sodass er bei einem letzten Fest unter dem Gelächter seiner Freunde bekannte: »Ich bin im Begriff, mir eine Braut zu nehmen, ich will mich mit Frau Armut vermählen.«

Eine zweite, mehr innere Erfahrung machte Franz, als er eines Tages das Kreuz in dem zerfallenen Kirchlein von San Damiano betrachtete und die Stimme des Gekreuzigten vernahm, die zu ihm sprach: »Gehe und baue mein Haus wieder auf!« Mit dem Geld seines Vaters, mit dem es deswegen in einer dramatischen Szene auf dem Marktplatz von Assisi zum Bruch kam, machte er sich an die Arbeit. Erst im Lauf seines Lebens erkannte Franz, dass die Kirche als ganze einer grundlegenden Erneuerung bedurfte.

Unter dem Eindruck einer Predigt über die Aussendung der Jünger Jesu fand Franz schließlich seine Lebensaufgabe: Er beschloss, fortan in äußerster Armut zu leben, Aussätzige zu pflegen, umherzuziehen und das Evangelium zu verkünden.

Begeistert von dieser Radikalität scharten sich bald immer mehr junge Männer um ihn. Zentrum der stetig wachsenden Gemeinschaft der »Minderbrüder« (Minoriten) wurde 1209 die nahe bei Assisi gelegene Portiunculakirche. Ein Jahr später bestätigte Papst Innozenz III. die Ordensgemeinschaft.

Die letzten Lebensjahre waren für Franz voller Bedrängnis und Leid: Der allzu große Andrang von Brüdern und die damit verbundene Gefahr des Aufgebens seiner Ideale machten ihm Sorgen. 1224 zog er sich geschwächt und fast erblindet in eine Einsiedelei zurück. Dort erlebte er eine geheimnisvolle Stigmatisation (Einprägung der Wundmale Christi). Zugleich vollendete Franziskus den berühmten Sonnengesang, ein Loblied auf Gott, das von seinem innigen Verhältnis zur Natur und zu allen Geschöpfen Zeugnis gibt.

Den Todkranken brachte man nach Portiuncula, wo er, nackt auf dem Boden liegend, am 3. Oktober 1226 starb. Zwei Jahre später sprach ihn Gregor IX. heilig.

Heute erhebt sich über seinem Grab eine imposante Basilika, zu der jährlich unzählige Menschen pilgern. Assisi lebt größtenteils von ihm, dem Ärmsten.

Franziskus-Wappen

Seasons in the Sun

1. Goodbye to you, my trusted friend,
we've known each other since we were nine or ten.
Together we've climbed hills and trees,
learned of love and ABC's,
skinned our hearts and skinned our knees.

2. Goodbye my friend, it's hard to die,
when all the birds are singing in the sky.
Now that the spring is in the air,
pretty girls are everywhere,
think of me and I'll be there.

Refrain:
We had joy, we had fun, we had seasons in the sun,
but the hills that we climbed were just seasons out of time.

3. Goodbye Papa, please pray for me,
I was the black sheep of the family,
you tried to teach me right from wrong.
Too much wine and too much song
wonder how I got along.

4. Goodbye Papa, it's hard to die,
when all the birds are singing in the sky.
Now that the spring is in the air,
little children everywere,
when you see them, I'll be there.

Refrain:
We had joy, we had fun, we had seasons in the sun,
but the wine and the song like the seasons have all gone.

5. Goodbye Michelle, my little one,
you gave me love and helped me find the sun.
And every time that I was down,
you would always come around
and get my feet back on the ground.

6. Goodbye Michelle, it's hard to die,
when all the birds are singing in the sky.
Now that the spring is in the air
with the flowers everywhere.
I wish that we could both be there.

Refrain:
We had joy, we had fun, we had seasons in the sun.
But the stars we could reach were just starfish on the beach.

Musik: Jacques Brel; Text: Rod McKuen

Über den Tod hinaus

Inwiefern hilft dem krebskranken Johannes das Gemälde mit dem leidenden Christus?

Betrachtet das Bild genauer. Welche Bedeutung besitzen dabei die Gegenstände, die Hans Weiditz um die Christusfigur anordnet? Für welche Art von Schmerz stehen sie?

Warum ist Johannes die Freundschaft mit Caroline so wichtig?

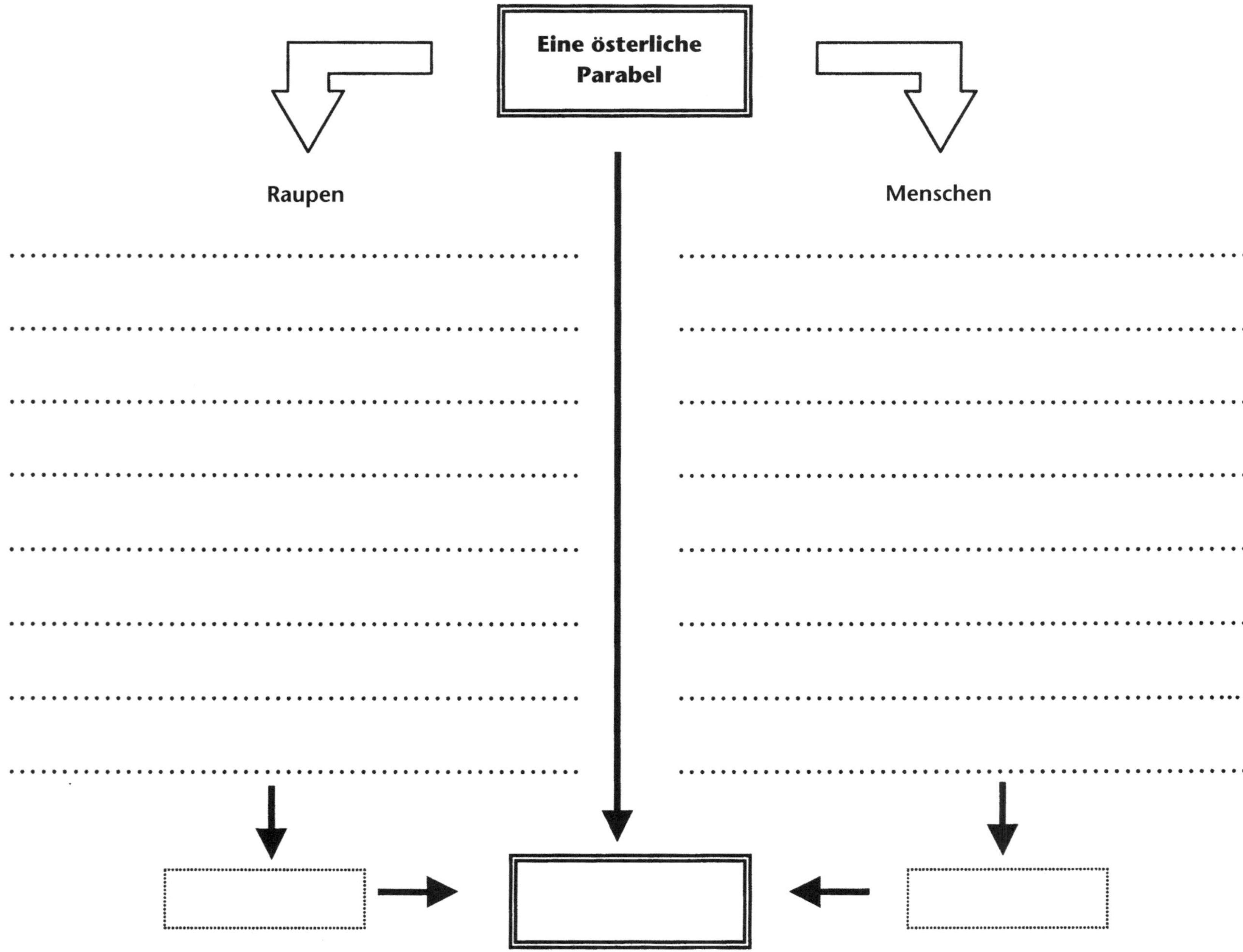
Eine österliche Parabel
Raupen
Menschen

Die Geschichte vom Schmetterlingskreuz

Vor vielen hundert Jahren lebte in der Stadt Paris ein geschickter Kunstschmied und Glaser. Seine Arbeit bescherte ihm, seiner Frau und seinen vier Kindern ein bescheidenes Leben. Eines Tages – es war in der Osterwoche – stürmte der Bischof selbst in die Hütte des Künstlers, die zugleich seine Werkstatt war: Eifrig sprang der Kunstschmied auf, putzte Metallstaub von einem Hocker und bot ihm dem hochwürdigen Besucher an. Der wehrte ab und lief wie aufgedreht in der Hütte hin und her. »Hat man so etwas schon erlebt! Es gibt Leute, die zweifeln daran, dass Jesus wirklich auferstanden ist! Nach dem Gottesdienst in der Osternacht habe ich gehört, wie der Wirt zum Hafner gesagt hat: ›Was die Pfarrer uns weismachen wollen, stimmt doch gar nicht! Jesus ist von den Toten auferstanden! So ein Blödsinn! Tot ist tot! Oder hast du schon mal erlebt, dass etwas tot war und wieder zum Leben erwacht ist?‹« Der entrüstete Bischof zitterte am ganzen Körper und packte den Goldschmied am Gewand: »Du musst mir helfen, hörst du? Mir ist da so ein Gedanke gekommen: Du sollst mir ein Kunstwerk schaffen, aus dem die einfältigsten Leute erkennen können, dass der Glaube an die Auferstehung kein Unsinn ist! Ich gebe dir dazu drei Monate Zeit. Wenn du ein Kunstwerk schaffst, mit dem ich zufrieden bin, schenke ich dir ein großes Steinhaus für dich und deine Familie!« Der Goldschmied willigte ein – was blieb ihm auch anderes übrig!

Die nächsten Wochen waren kein Vergnügen. Er zerbrach sich Tag und Nacht den Kopf, aber er fand keine befriedigende Lösung. Er dachte an ein Senfkorn, das in die Erde fällt, stirbt und groß wird. Aber das war doch nichts Besonderes! Da entstand doch wieder nur – zugegebenermaßen in Hülle und Fülle – dasselbe: Senfkörner. Und außerdem gab das künstlerisch zu wenig her. So sehr er auch überlegte, er fand einfach keine Lösung.

Bis er eines Tages seinen sechsjährigen Sohn Patrick im Hof beim Spielen beobachtete. Der hatte etwas in der Hand, was er ganz neugierig betrachtete. »Patrick, was hast du da?« »Da schau, Papa, das sind aber hässliche Würmer!«, sagte er angeekelt. »Das sind keine Würmer, das sind Raupen«, erwiderte ihm sein Papa. »Aber sie sind hässlich!« Der Vater: »Aber warte nur, wenn die Raupe sich verpuppt!« »Was ist ›verpuppt‹?«, unterbrach der Sohn. »Verpuppt – nun das ist, wie wenn man jemand fest in ein Leinentuch einwickelt«, versuchte der Vater eine Erklärung. »Ist das so wie beim Nachbar-Opa, der gestorben ist und der dann eingewickelt und in die Erde gelegt wurde?« »Ja«, sagte der Vater. – Und plötzlich ging ihm ein Licht auf! Schnell noch antwortete er dem Sohn: »Schau, bald, wenn es ganz warm wird, dann wird aus der Puppe ein wunderbarer Schmetterling.« – Dann aber eilte er in seine Werkstatt und begann sein Werk: Tag und Nacht arbeitete er unermüdlich daran. Und wie es Künstler so handhaben, zeigte er niemandem, was er vollbrachte. Eines schönen Sommermorgens aber trat er aus der Hütte und präsentierte seiner Familie ganz stolz sein Werk: Er hatte ein wunderbares Schmuckstück geschaffen: Jesus am Kreuz – nun das war nichts Neues – aber eingebettet in einen betörend schönen, lichtdurchlässigen Schmetterling. »Oh, ist das aber schön! Da wird sich der Bischof freuen!«, meinte Patricks großer Bruder. Der Vater begann sein Kunstwerk zu erklären: »Schaut, Jesus starb am Kreuz und wurde in Leinen gewickelt ins Grab gelegt.« »Wie eine Puppe!«, krähte Patrick dazwischen, der sich an das Gespräch mit seinem Vater erinnerte. Der Vater fuhr fort: »Und dann ist er von den Toten auferstanden und in den Himmel aufgefahren.« Und wieder fügte Patrick was hinzu: »Das ist wie mit meinen Raupen; die hab ich im Schuppen aufbewahrt. Sie haben dann so langweilig tot ausgesehen. Ich hab sie schon ganz vergessen, und gestern sind mir dann bunte Schmetterlinge entgegengeflogen!«

Der Goldschmied eilte zum Bischof. Der war überwältigt von diesem Schmuckstück, beschenkte den Künstler reich und stieß erleichtert aus: »Mithilfe dieses Schmetterlingskreuzes wird doch auch dem Dümmsten begreiflich werden, dass Jesus gestorben ist und nun verwandelt beim Vater im Himmel lebt und wir einst genauso verwandelt werden und auferstehen dürfen!«

Und er trug das Schmuckstück an seiner Brust bis an sein Lebensende.

Wenn es euch interessiert, wie es mit dem Schmetterlingskreuz weiterging, dann erzähle ich es euch noch kurz:

Nach dem Tod des Bischofs versteckte ein anderer Künstler das Schmetterlingskreuz im Hinterkopf einer ganz großen Christusfigur aus Holz. Die kam irgendwann in die Gegend von Regensburg und wurde schließlich in der Regensburger Schottenkirche angebracht. Erst als man vor einigen Jahren die Figur ausgebessert hat, hat man auch das schöne Schmetterlingskreuz entdeckt.

Hans Mendl

Mandala »Drei-Hasen-Fenster«

Wortcollage

Verbrecher Verbrecher Verbrecher Verbrecher Verbrecher Verbrecher Verbrecher Verbrecher Verbrecher Verbrecher

Karfreitag Karfreitag Karfreitag Karfreitag Karfreitag Karfreitag Karfreitag Karfreitag

Ostern Ostern Ostern Ostern Ostern Ostern Ostern Ostern

Kreuz Kreuz Kreuz Kreuz Kreuz Kreuz Kreuz Kreuz Kreuz Kreuz Kreuz Kreuz Kreuz Kreuz Kreuz Kreuz

Menschen Menschen Menschen Menschen Menschen Menschen Menschen Menschen Menschen Menschen Menschen Menschen

Opfer Opfer Opfer Opfer Opfer Opfer Opfer Opfer Opfer Opfer

Radio Radio

Fernsehen Fernsehen Fernsehen Fernsehen Fernsehen Fernsehen Fernsehen Fernsehen Fernsehen Fernsehen Fernsehen Fernsehen

Unfälle Unfälle

Ostertote Ostertote Ostertote Ostertote Ostertote Ostertote Ostertote Ostertote Ostertote Ostertote Ostertote Ostertote Ostertote Ostertote

Verkehr Verkehr Verkehr Verkehr Verkehr Verkehr Verkehr Verkehr Verkehr Verkehr Verkehr Verkehr Verkehr Verkehr Verkehr Verkehr Verkehr Verkehr Verkehr Verkehr

Versicherung Versicherung Versicherung Versicherung Versicherung Versicherung

Auferstehung Auferstehung Auferstehung Auferstehung Auferstehung Auferstehung Auferstehung Auferstehung Auferstehung Auferstehung Auferstehung Auferstehung

Kreuzigung Kreuzigung Kreuzigung Kreuzigung Kreuzigung Kreuzigung Kreuzigung

Autobahn Autobahn Autobahn Autobahn Autobahn Autobahn Autobahn

Spinner Spinner Spinner Spinner Spinner Spinner Spinner Spinner

freie Tage freie Tage freie Tage freie Tage freie Tage freie Tage freie Tage freie Tage freie Tage freie Tage freie Tage freie Tage

Unter der Asche die Glut

... Aber zuallererst wollen wir die Osternacht in dieser Weinbergkapelle hier feiern ... Er öffnete seinen Koffer und hatte für jeden eine Osterkerze mitgebracht. Rot leuchteten die fünf Wachsstücke, die in die weißen Kerzen eingelassen waren, rot das Kreuz und die griechischen Buchstaben Alpha und Omega, rot die Jahreszahl ... Außerdem teilte er für jeden ein Heft aus, das er eigens für diese Nacht angefertigt hatte. Darin standen die Lieder, die Gebete und die Lesungen für die Messe. Das Feuer war inzwischen etwas niedergebrannt. Der Kaplan aus Höxter holte aus der Kapelle eine Kerze, armdick und sicher einen Meter lang. Und nun begann jene festlichste aller Feiern im Kirchenjahr, die Messe von der Auferstehung Jesu. Die Segnung des Feuers, das Entzünden der großen Osterkerze, die Weitergabe der Flamme von dieser Kerze erst auf einige, schließlich auf alle Kerzen in den Händen der Jugendlichen, der Einzug in die dunkle Kapelle. Der Raum glich dem Inneren einer Glocke, und die Stimmen der Priester und der Jugendlichen klangen merkwürdig schwebend und hell. Obwohl die Texte eher verhalten gesprochen wurden, war jedes Wort deutlich zu verstehen. Christian vergaß Zeit und Stunde. Trotz des langen Tages und des nur kurzen, flachen Schlafes ... war er hellwach, verfolgte aufmerksam die vielen Lesungen aus der Bibel, von der Schöpfung der Welt aus dem Wort Gottes bis hin zu der erstaunlichen Botschaft von der Auferstehung Jesu aus dem Dunkel von Grab und Tod. Und dann das dreifache Halleluja, immer wieder gesungen, und es war, als ob die Steine des Gewölbes mit einstimmten in den Jubelgesang. Es drang bereits eine erste Ahnung des Morgenlichts durch die Fenster der Kapelle, als der Gottesdienst mit dem Segen und dem Schlusslied ein Ende fand.

»Fast drei Stunden hat's gedauert«, rief Christian erstaunt. Das Feuer war zusammengesunken, aber schnell wurde es wieder entfacht. »Frohe Ostern! Frohe Ostern!«, klang es von Mund zu Mund ...

Willi Fährmann

5 Der Geist führt zusammen

Das Thema im Schulbuch

Ausgehend von ihrer eigenen Begeisterungsfähigkeit lernen Sch in diesem Kapitel, die Entstehung und die rasche Ausbreitung der Kirche nach Pfingsten bis hin zur so genannten »konstantinischen Wende« zu verstehen. Die Erkenntnis, dass Enthusiasmus alleine einer Gemeinschaft keine Dauer verleiht, lässt sie die herausragende Bedeutung der Apostel Paulus und Petrus für die Entwicklung der jungen Kirche erkennen. Die Sch betrachten heutiges Gemeindeleben von seinen Ursprüngen her und werden angeregt, sich einen Platz darin zu suchen.

Das *Titelbild* (**105**) zeigt die romanische Darstellung »Ausgießung des Heiligen Geistes« aus dem Evangeliar Heinrichs des Löwen. Sie enthält viele Symbole, die im Folgenden in Wort und Bild wiederkehren und über die die Bedeutung von Pfingsten erschlossen werden kann.

Kontext (**106f.**) bietet in einer Collage aus Bildern und Texten Ereignisse aus der Sport- und Musikwelt, für die sich Menschen heute begeistern. Hier liegen Anknüpfungspunkte zum Lebensumfeld der Sch.

Die *Pinnwand* (**108f.**) gibt Anregungen zum Begriff »Begeisterung«, aber auch schon zum Pfingstereignis und zur Urgemeinde. Außerdem enthält sie einen Projektvorschlag zur Erkundung einer Pfarrgemeinde.

Orientierung 1 (**110f.**) spürt dem Pfingstereignis im Erleben der Beteiligten nach und legt einen besonderen Akzent auf die Sprache, die die Apostel an diesem Tag finden. Deshalb wird der Pfingsttag auch durch die Geschichte vom Turmbau zu Babel und von der babylonischen Sprachverwirrung ergänzt.

Orientierung 2 (**112f.**) und *Orientierung 3* (**114f.**) enthalten eine durchgehende Erzählung aus der Gemeinde von Korinth. Sie zeigt die Gründe für die Anziehungskraft des Missionars Paulus und für die rasche Ausbreitung des jungen Christentums auf. Ebenso kommen aber auch die ersten Konflikte in den Gemeinden zur Sprache und wie man damit umging.

Orientierung 4 (**116f.**) liefert Informationen zu den Bedingungen des römischen Weltreichs und des Diasporajudentums, die die christlichen Missionare vorfanden, zur antiken Briefkultur und zu den Briefen des Apostels Paulus.

Orientierung 5 (**118f.**) vertieft die vorangegangenen Seiten durch die Zuspitzung auf zwei Konflikte, die hier in Briefform dargelegt werden: Das Apostelkonzil in Jerusalem bzw. die Frage der Heidenmission und die Rede des Paulus auf dem Areopag bzw. die Widerstände, auf die die christliche Mission in der griechisch-römischen Welt stieß.

Orientierung 6 (**120f.**) widmet sich anhand einer Karte des Mittelmeerraums den Lebensstationen des Apostels Paulus und seinen Missionsreisen.

Orientierung 7 (**122f.**) behandelt die Bedeutung der Apostel Petrus und Paulus von der Urkirche bis heute. Dazu werden Zitate aus dem NT und dem 1. Clemensbrief herangezogen. In den Aufgaben liegt ein starker Akzent auf der Bedeutung der Apostel für die heutige Kirche.

Orientierung 8 (**124f.**) spannt den weiten Bogen von der Verfolgung der Christen bis zur so genannten »Konstantinischen Wende«. Sach- und Quellentexte sowie die Darstellung des »Spottkruzifixus vom Palatin« zeigen den Weg des Christentums von der verspotteten und verfolgten Minderheiten-Religion, über die Duldung des Bekenntnisses bis hin zur Gleichstellung mit der alten römischen Staatsreligion.

Perspektiven 1 (**126f.**) stellt in Aussagen haupt- und ehrenamtlicher Mitarbeiter/innen einer Pfarrgemeinde sowohl Gründe für das Engagement der Gemeindemitglieder als auch Organisationsstrukturen der Pfarrei dar. Dass christliches Engagement auch persönliches Einstehen für andere bedeutet, verdeutlicht der Kasten »Wer traut sich«.

Perspektiven 2 (**128f.**) macht an zwei extremen Beispielen deutlich, wie Kirche heute aussehen kann, und schlägt den Bogen zurück zur Urkirche. Es wird die Leben spendende Kraft von Gottes Geist in den heutigen Gemeinden, besonders im Sakrament der Firmung, thematisiert.

Das Lied »Komm, heilger Geist!« auf der *Akzent*-Seite (**130**) stellt noch einmal den Zusammenhang zwischen dem Pfingstereignis und christlichem Engagement heute her und ermutigt zu kreativen Weiterführungen.

Vernetzung mit anderen Themen im Schulbuch

Kapitel 1 Alltag bewältigen – Orientierung finden:
Damit Sch ihre Zeit sinnvoll gestalten können, brauchen sie die im 5. Kapitel thematisierte Lebendigkeit, Begeisterungs- und Erlebnisfähigkeit.
In der Gemeinde (Kapitel 5, *Perspektiven 1,* **126f.**) erleben sie nicht nur Pfingsten, sondern auch andere Feste (Kapitel 1, *Perspektiven 1* und *2,* **26ff.**).
Die Begegnung mit kirchlichen Jugendgruppen lädt ein zum Engagement (*Orientierung 6,* **24f.**).

Kapitel 2 Kinder in der Einen Welt:
Die Erkundung des Engagements im eigenen Gemeindeleben (Kapitel 5, *Perspektiven 1,* **126f.**) zeigt das Engagement hiesiger Christen und kirchlicher Hilfswerke für die Kirche in der Einen Welt (Kapitel 2, *Perspektiven 2,* **54f.**).

Kapitel 3 Gesichter der Macht:
Der Geist Gottes, der an Pfingsten und in der Kirche heute wirkt, ist auch dafür verantwortlich, dass Propheten aufstehen und im Namen Gottes gegen den Missbrauch der Macht protestieren (Kapitel 3, *Orientierung 3,* **66f.**; *Perspektiven,* **78f.**).

Kapitel 4 Aus dem Dunkel zum Licht:
Die Ostergeschichte (Kapitel 4, *Perspektiven 1* bis *5,* **96ff.**) findet ihre logische Fortsetzung in Pfingsten und der Geschichte der frühen Kirche. In beiden Kapiteln geht es darum, dass sich Menschen von der befreienden Macht des Geistes Gottes verwandeln lassen.

Vernetzung mit der fünften Jahrgangsstufe

5.2 Im Leben Gott begegnen:
Die in diesem Kapitel behandelten Gottesvorstellungen der Römer und Griechen werden in 6.5 aufgegriffen, wenn es um die Bedingungen der Ausbreitung des Christentums geht.

5.4 Jesus fasziniert:
In der 5. Klasse haben Sch über die Person Jesu gesprochen und über die Faszination, die er seit 2000 Jahren ausübt. Im Kapitel 6.5 geht es nun darum, wie diese Faszination zur Ausbreitung des Christentums und zur Kirche führte und wie sie heute erlebbar ist.

5.5 Kirche erleben:
Nach der Erkundung eines Kirchenraums und der Betrachtung des Kirchenbaus durch die Jahrhunderte in 5.5 rückt 6.5 das heutige Gemeindeleben in den Blick.

Vernetzung mit anderen Fächern

Evangelische Religionslehre: 6.1 Galiläa und Jerusalem unter römischer Herrschaft: ... Lebensbedingungen zur Zeit Jesu; Elemente des jüdischen Alltagslebens und religiöser Feste, die in neutestamentlichen Texten erwähnt werden; 6.3 Menschen aus dem Umkreis Jesu: Petrus; 6.4 Religiöse Feste und Bräuche: Feste im Kirchenjahr; 6.5 Leben in Gruppen: Streit und Versöhnung, Möglichkeiten der konstruktiven Konfliktbearbeitung.

Deutsch: 6.1 Sprechen, 6.2 Schreiben; 6.3 Sprache untersuchen, verwenden und gestalten – Sprachbetrachtung; 6.4 Sich mit Literatur und Sachtexten auseinander setzen (z. B. mit »Stoffen der Antike«); 6.5 Medien nutzen und reflektieren. All diese Lernbereiche finden durchgängig im Religionsunterricht Anwendung und Einübung. Einzelne Punkte sind in diesem Kapitel erwähnt beim Projekt »Eine antike Zeitung erstellen« (Lehrerkommentar S. 225).

Latein: 6.3 Antike Kultur: privates, öffentliches, religiöses Leben; Topographie des Mittelmeerraums; Aspekte wesentlicher Abschnitte der römischen Geschichte.

Geschichte: 6.4 Die griechisch-hellenistische Welt; 6.5 Das *Imperium Romanum,* v. a. der Punkt »Christentum: von der Verfolgung zur Staatsreligion« bietet sich für fächerübergreifende Projekte an.

1. Hintergrund

Das **Bild** »Die Aussendung des Heiligen Geistes« stammt aus dem Evangeliar Heinrichs des Löwen. Es ist als Folie enthalten in: *Bilder aus Religion vernetzt 5 und 6. 36 Farbfolien,* München 2004, ISBN 3-466-50716-2.

Das Evangeliar Heinrichs des Löwen (vor 1188)
Das Evangeliar Heinrichs des Löwen ist eines der herausragenden Werke der romanischen Buchkunst. Im Auftrag Heinrichs und seiner Gemahlin Mathilde entstand es vor 1188 im Benediktinerkloster Heimarshausen. Anlass der Stiftung war die Weihe des Marienaltars im Braunschweiger Dom. Der Herzog knüpfte damit an die Tradition der Stiftung von Prachthandschriften durch Kaiser und Könige an, die dadurch nicht nur die Bedeutung der Evangelien, sondern auch ihren eigenen Machtanspruch und ihr Selbstbewusstsein dokumentierten. Die Lesung aus den Evangelien bei der Messe hatte schon früh dazu geführt, die Evangelientexte in einem gesonderten Buch aus der Gesamtbibel herauszunehmen. Die hohe liturgische Funktion war auch der Grund für die besonders kostbare Ausstattung dieser Bücher (z. B. mit Gold und Edelsteinen), denen als Träger der heiligen Texte die Verehrung von Kultgegenständen entgegengebracht wurde.

Die Aussendung des Heiligen Geistes
Das vorliegende Bild zeigt am oberen Bildrand in einem roten Halbkreis die linke Hand Gottes, die nach kabbalistischer Tradition als Hand der Gerechtigkeit Zeichen der Königsmacht Gottes ist. Hier ist sie zum Segen erhoben und durch den sie umgebenden Kreuznimbus als die Hand Christi deutlich gemacht. Von dieser Hand gehen auf rötlichem Hintergrund sieben helle Strahlen aus, die – nachdem sie einen horizontalen Balken, der wie eine Schranke wirkt und das Bild in eine irdische und eine überirdische Sphäre teilt, durchbrochen haben – in sieben Medaillons mit Tauben als Symbolen des Heiligen Geistes enden. Auf dem Querstreifen sind die Tauben bezeichnet als Geist der Weisheit, Einsicht, Rat, Stärke, Erkenntnis, Frömmigkeit, Gottesfurcht (nach Jes 11,2). Durch diese Gaben des Heiligen Geistes wird hier – statt durch Feuerzungen wie in anderen zeitgenössischen Darstellungen – das Pfingstwunder dargestellt. Die Taubenmedaillons korrespondieren mit den Nimbussen um die Häupter der Personen in der unteren Bildhälfte. Die Heiligenscheine und die Köpfe ragen in den Balken hinein, der die Reihe der Heilig-Geist-Kreise nach unten abschließt, sodass dieser weniger sichtbar ist als der obere Balken.
In der unteren Bildhälfte sind zwölf Apostel dargestellt, in deren Mitte die Mutter Jesu, Maria, thront. Diese Darstellung ist ungewöhnlich für die romanische Buchmalerei, in der meist Petrus als Haupt der Kirche die Bildmitte einnimmt, und dürfte auf Einflüsse aus England zurückzuführen sein. Maria hat beide Hände geöffnet erhoben, die Apostel heben in ähnlicher Weise die linke Hand und umfassen mit der rechten ein Buch. Der Jünger zur Linken Marias – seine Bartlosigkeit deutet auf Johannes hin – hat zusätzlich in einer hinweisenden Geste die Rechte auf das Buch gelegt.
Die Augen aller Figuren sind zur Mitte bzw. nach oben gerichtet. In der oberen Bildhälfte sind links und rechts David und Salomo zu sehen, die das Geschehen kommentieren. David: *Fluminis impetus letificat civitatem dei* (»Die Wasser des Stromes erquicken die Gottesstadt«, Ps 46,5). Salomo: *Fons hortorum puteus aquarum viv(entium)* (»Du bist die Quelle des Gartens, ein Brunnen lebendigen Wassers«, Hld 4,15).
Die Szene ist umgeben von einem Ornamentrahmen. In den vier Ecken sind in Viertelkreisen weitere prophetische Aussagen aus dem Alten Testament zur Aussendung des Geistes Gottes enthalten: Oben sind mit den Psalmisten Asaph und Ydithun zwei zur Zeit Davids am Tempel dienende Sänger aufgenommen, die mit Psalmversen den Schöpfergeist preisen (Ps 33,6 und 104,30), unten stimmen die Propheten Joel und Zacharias mit zum Teil freien Zitaten aus ihren Büchern (Joel 3,1 und Offb 5,6 zu Sach 4,10) ein (vgl. Klemm).
Das Bild stellt das Pfingstgeschehen sehr abstrakt und in den Formeln der christlichen Ikonographie dar: Der Geist Gottes wird dargestellt als Tauben, die Siebenzahl wird ergänzt durch die Nennung der sieben Gaben des Heiligen Geistes im Wort. Der Geist geht aus von der segnenden Hand Gottes, die aber auch die Hand des mächtigen Königs ist. Dazu passen auch die beiden mächtigsten Könige Israels, David und Salomo, die zu dem Geschehen kommentierend Stellung nehmen (und vielleicht auch einen Hinweis auf das Selbstverständnis des auftraggebenden Herrschers darstellen).
Der Maler unterstreicht durch die Farben Rot und Weiß die Bedeutung des Geschehens. Gott schickt seinen Geist in die Sphäre der Menschen (Balken in Bildmitte wird durchbrochen), die dadurch Anteil an der göttlichen Sphäre erlangen (Nimbusse, Köpfe, die den unteren Balken auflösen).

Vermittelt wird dem/der Betrachtenden das Geschehen in dreifacher Weise durch die Heilige Schrift, die in dieser Darstellung in drei Ebenen vorhanden ist: Die Apostel halten in ihren Rechten Bücher, die wohl als Evangelien gedeutet werden können, Psalmisten und Propheten (biblische Schriftsteller) weisen aus dem Rahmen heraus auf die Szene und nicht zuletzt ist das Bild Teil einer Prachthandschrift des Evangeliums, dessen Bedeutung durch die kostbare Ausstattung unterstrichen wird.

2. Einsatzmöglichkeiten im RU

Symbole entdecken und vergleichen
Das Bild wirkt auf Sch zunächst einmal fremd aufgrund des zeitlichen Abstands und der statischen, formelhaften Darstellung. Andererseits reizen die Symbole, die z. T. bekannt sind, zur Deutung und bieten eine Verbindung zur symbolischen Darstellung des Pfingstereignisses in der Apostelgeschichte.

- Sch suchen in einem Symbollexikon nach den Bedeutungen der Bildelemente und tragen sie in eine Umrisszeichnung (**AB 6.5.1, Lehrerkommentar S. 244**) ein.
- Sch vergleichen das Bild mit anderen Darstellungen des Pfingstereignisses, z. B. von Thomas Zacharias (*Orientierung1*, **110**) oder von Emil Nolde, El Greco usw. und beobachten, wie jeweils die pfingstlichen Symbole umgesetzt sind.

Sch erleben sich selbst als Buchmaler
Mit etwas mehr Zeitaufwand und zusätzlichen Informationen über mittelalterliche Buchmalerei, Prachthandschriften und Evangeliare können Sch sich selbst als Buchmaler erleben.

- Sie gestalten eine Szene aus der Bibel, die zuvor im Unterricht besprochen wurde (z. B. Lk 7,36-50, *Orientierung 2,* **92**) und berücksichtigen dabei einige der folgenden Vorgaben:
  - Verwendung von Symbolen;
  - Darstellung von Evangelisten, Psalmisten, Propheten;
  - Verwendung von Schriftzitaten;
  - Darstellung weiterer Figuren, z. B. Auftraggeber, Maler/in;
  - Ornamente, Rahmen.

Erlebnisse, die begeistern

Kontext 106 107

1. Hintergrund

Die **Fotocollage** enthält Bildausschnitte von Veranstaltungen der Sport- und Musikszene, die aus Jugendzeitschriften stammen. Für viele Jugendliche sind solche Bilder der Grund, die einschlägigen Magazine zu kaufen, weil sie dann ihre Stars sozusagen im Bild besitzen – vielleicht auch, weil sie sich an eigene Erlebnisse, z. B. einen Konzert- oder Stadionbesuch, erinnern. In den **Texten**, die in die Collage eingearbeitet sind, wird die euphorische Stimmung bei Popkonzerten bzw. Sportwettkämpfen von Beteiligten und Beobachtenden wiedergegeben.
Hier besteht ein Anknüpfungspunkt zu den Erfahrungen der Kinder, denn jede/r hat schon einmal überschäumende Begeisterung erlebt und kennt die Phänomene der Collage, auch wenn die eine nicht auf Mädchengruppen, der andere nicht auf Fußball steht. Es geht um die Bedeutung der Begeisterungsfähigkeit für Einzelne wie für eine Gemeinschaft, es geht um die Objekte und die Arten der Begeisterung, um Begeisterung, die lebendig macht, und um Begeisterung, die letztlich lähmt, um Begeisterung, die schnell verfliegt, und um Begeisterung, die Bestand hat.

2. Einsatzmöglichkeiten im RU

Sich begeistern lassen von Idolen PINNWAND 108

- Sch erkennen auf der Collage von *Kontext* (**106f.**) Menschen und Dinge, die auch sie selber begeistern, und erzählen von eigenen Eindrücken, z. B.: Musik, Licht, Bühnenshow, Stars, Ekstase der Stars, Tanzen, gemeinsam zuhören, Spaß haben ...; Mannschaft, sportliche Leistung, durchtrainierte Körper, Atmosphäre im Stadion, Wettkampf, Spannung ...
- Sch lesen die Fußballreportage auf der *Pinnwand* (**108**) unten so vor, dass die Begeisterung spür- und hörbar wird. Sie können auch eigene Reportagen erfinden.
- Sch recherchieren in Zeitschriften und im Internet Informationen zu aktuellen Stars sowie deren Fanclubs und berichten in der Klasse darüber.

Begeistert sein von Dingen PINNWAND 108

- Sch schreiben zu ruhiger Musik eine Liste mit zehn bis fünfzehn Dingen, die sie richtig begeistern (Songs, Filme, Bücher, Speisen, Erlebnisse, Aktivitäten), und stellen sie einander vor.

Sich für eine Gemeinschaft begeistern PINNWAND 108

- Sch interviewen sich gegenseitig über ihre eigenen Gemeinschaften, in denen sie Begeisterung erleben (Sportverein, Hiphopgruppe, Band, Jugendgruppe, Clique usw.) und die Gründe dafür.
- Sch suchen nach Situationen in ihrem Leben, wo sie zunächst überschäumend begeistert waren und dann ernüchtert/enttäuscht/gleichgültig/routiniert.

Eine eigene Collage gestalten

- Sch bringen Jugendzeitschriften mit (noch besser: eigene Fotos) und gestalten eine eigene Collage aus Texten und Bildern zum Thema »Erlebnisse, die begeistern«.

Be-geist-ert PINNWAND 108

- Sch spüren dem Wort »Geist« in der deutschen Sprache nach, indem sie Begriffe suchen, die diesen Wortstamm enthalten, und ihre Bedeutung erklären. Hier ist ein kleiner Wettbewerb möglich: Wer findet mehr Begriffe?
- Dieses Spiel ist auch umgekehrt möglich: L oder ein Sch geben Umschreibungen vor, andere Sch finden das gesuchte Wort, z. B. »guter Einfall« (Geistesblitz), »Aberglaube« (Geisterglaube), »spuken« (geistern), »denkender Mensch« (Geistesarbeiter), »irrsinnig« (geistesgestört), »Priester« (Geistlicher), »genialer Mensch« (großer Geist) usw.

Begeisterte Jüngerinnen und Jünger PINNWAND 108

Die Reportage über Pfingsten auf der *Pinnwand* (**109**) unten schließt an die bisherigen Themen an und leitet zur nächsten Seite über.

- Sch lesen die Reportage wieder in der Rolle eines Reporters und erklären, soweit ihnen bekannt, die Hintergründe dieser Begeisterung. Sie vergleichen mit der Fußballreportage *Pinnwand* (**108**) und beschreiben jeweils die Zielrichtung.

Pinnwand 108 109

Folgende Arbeitsimpulse und Projekte der *Pinnwand* (**108f.**) werden im Lehrerkommentar besprochen:

Entflammt:	S. 221
Sich begeistern lassen von Idolen:	S. 216
Sich für eine Gemeinschaft begeistern:	S. 217
Begeistert sein von Dingen:	S. 216
Projekt: Eine Kirchengemeinde erkunden:	S. 240
Be-geist-ert:	S. 217
Wie der Geist Gottes heute wirkt:	S. 241
Begeisterte Jüngerinnen und Jünger:	S. 217
Das Leben in der Urgemeinde:	S. 241

Wer weiß noch ...

Die beiden Fragen beziehen sich auf *Orientierung 7* (**122f.**) in Religion vernetzt 5. Auf der Homepage www.religionvernetzt.de finden Sch folgende Antworten:

Frage 1: Meistens finden sich in katholischen Kirchen auch die Darstellung der Heiligen mit ihren »Attributen« (meist Gegenstände, die für ihr Leben typisch waren oder die Folterinstrumente, mit denen sie umgebracht wurden), z. B. der Hl. Nikolaus mit Mitra und/oder drei (goldenen) Äpfeln, die Hl. Elisabeth mit einem Korb mit Rosen, der Hl. Jakobus mit Muschel, die Hl. Barbara mit Turm, der Hl. Petrus mit gekreuzten Schlüsseln oder die Hl. Veronika mit dem Schweißtuch Jesu. Heilige sind auch Namenspatrone für jede/n Einzelne/n.

Paul Reding (geb. 1939)
Paul Reding wurde 1939 in Castrop-Rauxel als Sohn eines Filmvorführers geboren. Er studierte an der Königlichen Akademie der Bildenden Künste in Den Haag und unternahm viele Studienreisen in die ganze Welt. Heute lebt und arbeitet er als Maler und Schriftsteller in Waltrop/NRW.

Frage 2: Die meisten katholischen Kirchen sind zu Ehren eines/einer Heiligen erbaut. Ist eure Pfarrkirche auch nach einem Heiligen benannt? Erkundigt euch bei eurer Pfarrkirche nach den Heiligen, die im Namen der Kirche enthalten sind oder im Kirchenraum dargestellt werden.

Paul Reding: »Heiliger Geist«, o. J.

Der Holzschnitt zeigt eine Menschenmenge, die – teilweise mit erhobenen Armen – vom Betrachtenden weg durch eine sich verjüngende Schlucht laufen, die rechts und links durch hohe schwarze Blöcke begrenzt wird. Es scheint, als ob der Weg in der Ferne ansteigt, hin zu einer roten Scheibe am oberen Bildrand, in der eine Taube sichtbar ist. Das Bild ist von oben nach unten (und umgekehrt) mit Linien durchzogen, die Kanäle sein könnten und den Eindruck erwecken von etwas, das fließt.
Der Titel des Bildes bestätigt, dass es sich um eine

Darstellung des Heiligen Geistes handelt, der sich als Taube in einer göttlichen Feuerscheibe befindet und von dem Kraftflüsse ausgehen, die die Menschen anziehen und in Bewegung bringen. Die schwarzen Stelen rechts und links wirken etwas bedrohlich und könnten eine stilisierte Großstadt-Skyline darstellen als Sinnbild der modernen Welt, durch die das Gottesvolk einen Weg finden muss. Wegweisung und Kraft dafür kommt vom Geist Gottes.
Das Bild ist als Folie enthalten in: *Bilder aus Religion vernetzt 5 und 6. 36 Farbfolien,* München 2004, ISBN 3-466-50716-2.

Pfingsten – die Apostel finden ihre Sprache

Orientierung 1 110 111

1. Hintergrund

Die symbolhafte Geschichte des Lukas von der Geistsendung an Pfingsten ist hier in eine **Rahmenerzählung** eingefügt, die den historischen Hintergrund des jüdischen Wallfahrtsfestes *Schawuot* ebenso wie die Situation der Jesusanhänger/innen vor und nach der Geistsendung deutlich macht: Die Apostel finden zu ihrer inneren Wahrheit und damit zu ihrer Sprache.
In der **Pfingsterzählung** (Apg 2,1-13) erfüllt sich die Verheißung Jesu (Lk 24,49; Apg 1,8) und die Prophezeiung des Joel (Joel 3,1-5). Lukas schildert die Ausgießung des Geistes im Stil biblischer Theophanievorstellungen (vgl. 1 Kön 19,11f., Ex 19,16-19: Sturm, Wind, Feuer, Beben). Das Ereignis stellt eine Wende für die Jünger/innen Jesu dar: Vorher ängstlich und mutlos, treten sie jetzt in die Öffentlichkeit und reden begeistert von ihrem Glauben. Zeichen dafür ist in dieser bilderreichen Geschichte das Sprachwunder. Die zahlreichen jüdischen Pilger aus allen möglichen Ländern hören sie jeweils in ihren eigenen Sprachen. Vielleicht handelt es sich dabei um ekstatisches Zungenreden, das auch an anderer Stelle als Zeichen für das Empfangen des Heiligen Geistes erscheint (vgl. Apg 10,45f.). Jedenfalls steht aber das Sprachwunder für eine erstaunliche Kommunikation, die jetzt einsetzt. Die bisher mut- und sprachlosen Apostel finden nun die Worte, das Evangelium zu verkünden, ein Teil der jüdischen Welt (allerdings nicht alle; vgl. V.13) versteht die Botschaft. Trotz der vielen Sprachen ist eine Verständigung möglich.
Dagegen gesetzt ist die Geschichte vom **Turmbau zu Babel**, wo der ursprüngliche Zustand der Verständigung wegen der Hybris der Menschen durch die Sprachverwirrung beendet wird.
Die Geschichte vom Turmbau zu Babel (Gen 11,1-9) ist auf dem Hintergrund altorientalischer Stadtgründungen zu sehen, bei denen der Bau einer *Zikkurat* (Stufenpyramide) wesentliches Element war (vgl. Religion vernetzt 5, *Orientierung 2,* **38**).
Nach Gen 10,10 und 11,2 erscheint das Land Schinar als die Wiege von Großreichen, deren Machtanspruch Anmaßung und gegen Gott gerichtet ist. Symbol dafür ist die hyperbolische Höhe des Turmes, der bis zum Himmel reichen soll.
Die jahwistische Erzählung vom Turmbau erklärt die Verschiedenheit der Völker und Sprachen als Strafe für eine gemeinsame Schuld und zeigt, dass hohe Zivilisation ohne Bindung an Gott die Menschen nicht eint und innerlich einander näher bringt, sondern sie entzweit, sodass sie sich gegenseitig nicht mehr verstehen.
Das zugeordnete **Bild von Bernhard Heisig** schlägt den Bogen in die Gegenwart, die in seiner Interpretation der Turmbau-Situation gleicht.

Bernhard Heisig (1925-2011)
Bernhard Heisig, geboren am 31. März 1925 in Breslau, gehört als einer der bedeutendsten Vertreter der so genannten Leipziger Schule in der ehemaligen DDR zu den wichtigen deutschen Künstlern der Gegenwart.
Nach seiner Zeit als Kriegsfreiwilliger und Kriegsgefangener setzte er in Leipzig sein Kunststudium fort. Immer wieder griff er das Zerstörerische des Krieges in seinen Bildern auf. Obwohl Mitglied der SED, lehnte er den strengen Realismus der offiziellen Kunstdoktrin ab. Mit Freunden entwickelte er eine eigene Form eines zeitgemäßen Realismus und fand Anfang der 70er-Jahre auch offizielle Anerkennung. Nach dem Ende der DDR geriet er wegen seiner Rolle in der DDR und seiner Mitgliedschaft in der Waffen-SS in die Kritik. Trotzdem wurde er vom Kulturbeirat des Bundestags zur Mitwirkung an der Ausgestaltung des Reichstagsgebäudes in Berlin berufen (Gemälde »Zeit und Leben« in der Cafeteria). Er starb am 10. Juni 2011.

Bernhard Heisig: »Neues vom Turmbau«, 1977
Zentrales Zitat des Gemäldes (151 x 242 cm, Öl auf Leinwand, Staatliche Galerie Moritzburg, Halle) ist in Bild und Titel »Der Turmbau zu Babel« von Pieter Bruegel (ca. 1525-1569).
Wer im Internet bei der Bildersuche »Tower Babel« eingibt, stößt beinahe ausschließlich auf Bruegels Werke bzw. Adaptionen davon.
Von seinen Bearbeitungen des Turmbaumotivs sind drei Varianten erhalten:

»Der Turmbau zu Babel« um 1560, 31 x 40,5 cm, Öl, Kupfer, Genf, Musée d'Art et d'Histoire;
»Der Turmbau zu Babel« um 1560, 60 x 74 cm, Öl, Holz, Rotterdam, Museum Boymans-van Beuningen;
»Der Turmbau zu Babel« um 1563, 114 x 155 cm, Wien, Kunsthistorisches Museum.
Alle drei Gemälde sind zusammen mit anderen Turmbau-Darstellungen im Internet im Museum des RPI-virtuell zu betrachten (www.rpi-virtuell. de/arbeitsbereiche/artothek/museum 2/turmbau/).
Heisig hat für sein Bild die Rotterdamer Variante zugrunde gelegt. Um den Turm herum sind verschiedene Figuren gruppiert:
Die leicht bekleidete Sängerin (mit Hasenohren als »Bunny« kostümiert) in der Bildmitte ist völlig versunken in ihren Gesang und bemerkt anscheinend nicht, dass sie auf dem Kanonenrohr eines Panzers sitzt. Ähnlich beschäftigt ist der Fußballspieler links daneben, der seinen Ball direkt vor den Augen hat. Dahinter schwebt quer ein glatzköpfiger Mann im Anzug, der – das Gesicht schmerzhaft oder ekstatisch verzerrt – einen Fernsehapparat an seine Kehle (oder von ihr weg) hält.
Allen Figuren gemeinsam sind die aufgesperrten und expressiven Münder, auch der Figur, die im Hintergrund aus einem am Turm zerschellenden Fluggerät stürzt. Offen bleibt, ob nicht sogar dieses Luftschiff den Turm zum Einsturz bringt. In allen Gesichtern spiegelt sich Anstrengung, aber kein Glück, und alle nehmen anscheinend ihre Situation nicht wahr: Sie sind umfangen von ihren Beschäftigungen, dargestellt durch ein rotes und ein gelbes Band, und sehen den Panzer nicht und nicht den einstürzenden Turm. Nur der Geiger am unteren Bildrand hat die Augen geöffnet. Spielt er das Lied des Untergangs? Ist seine Melodie eine Warnung an die anderen? Die Kunst versagt, so Bernhard Heisig, an der Aufgabe, Kriege zu verhindern. Der Geiger im Bild könnte andeuten, dass es die Aufgabe der Kunst ist, auf Gefahren aufmerksam zu machen (vgl. Schambeck, 20f.).
Das Bild ist als Folie enthalten in: *Bilder aus Religion vernetzt 5 und 6. 36 Farbfolien,* München 2004, ISBN 978-3-466-50716-0.

Thomas Zacharias: »Pfingsten«, 1992
Zuerst nimmt man nur einen Knäuel wahr. Dann aber entdeckt man Gesichter, Gesichter im Profil. Schaut man noch näher, sieht man Sprechblasen von den Mündern in alle Richtungen ausgehen. Diese Sprechblasen können als Geist (hebr. *ruach* – Hauch, Atem) gedeutet werden.
Der Knäuel scheint sich aus der Mitte wegzubewegen, auseinander zu bersten. Dies deutet auf Leben hin, das in Bewegung ist. In der Mitte des Bildes aber befindet sich ein kleines Herz. Es stellt die Kraftquelle dar, die Liebe. Von ihr werden die Gesichter nach draußen gedrängt, in Bewegung gesetzt, zum Reden gebracht (Schwarzmüller, 4).

Thomas Zacharias (geb. 1930)
Thomas Zacharias ist seit 1966 Professor für Kunsterziehung und Leiter einer Klasse an der Akademie der Bildenden Künste in München.
Schwerpunkte seiner künstlerischen Arbeit sind Druckgrafik, Künstlerbücher, Zeichnung, Collage. In der religionspädagogischen Öffentlichkeit ist er durch »Farbholzschnitte zur Bibel« (1966) bekannt. Er ist Verfasser zahlreicher Publikationen zur Kunstgeschichte und Kunstvermittlung, darunter das Buch »Blick der Moderne – Einführung in ihre Kunst« (1984), sowie von Kinder- und Jugendbüchern. 1992 hat er eine Bibel mit Radierungen illustriert. Das vorliegende Bild stammt aus diesem Zyklus.

2. Einsatzmöglichkeiten im RU

Geschichten als Symbolgeschichten erkennen
- Sch erkennen, dass es sich bei beiden Geschichten nicht um Tatsachenberichte, sondern um Symbolgeschichten handelt. Sie nennen die Symbole: Einheitssprache, Turmbau, Stadt, Himmel, Sprachverwirrung, Sturm, Feuer und Sprachwunder.
- Sch arbeiten anhand von **AB 6.5.2, Lehrerkommentar S. 245,** die Parallelität und die Gegensätzlichkeit der beiden Geschichten heraus. TA siehe Lehrerkommentar S. 220.

Biblische Geschichten übertragen
- L liest die Geschichte »Wer kommt Pfingsten ...« (**AB 6.5.3, Lehrerkommentar S. 246**) vor. Sch erkennen die Situation des Kindes/der Familie als »Pfingstsituation«: Der Junge interpretiert im Nachhinein die Rückkehr der Mutter als Erfahrung des Heiligen Geistes.
- Sch erzählen von ähnlichen Erfahrungen, z. B.: Der Heilige Geist ist spürbar, wenn jemand den Mut hat, einen Streit zu beenden; wenn jemand sich überwindet und einen Außenseiter einlädt; wenn eine gemeinsame Eine-Welt-Aktion erfolgreich ist; wenn in einer Mannschaft eine faire und freundschaftliche Stimmung herrscht; ...

Den eigenen Atem erfahren
Zur Annäherung an die biblischen Begriffe *ruach/pneuma* dient eine Atemübung mit einer kleinen Atemmeditation:
- Sch setzen/legen sich bequem hin. L leitet zur Konzentration auf den Atem an (vgl. **AB 6.5.4, Lehrerkommentar S. 247**).

TA zu »Geschichten als Symbolgeschichten erkennen« (Lehrerkommentar S. 219):

Der Turmbau zu Babel	**Das erste Pfingstfest**
Gemeinsames Leben Gemeinsame Sprache Ehrgeiziger/vermessener Plan: Turmbau bis zum Himmel Ziel: Berühmtheit, Gemeinschaft	Angst vor den andern Keine Gespräche über ihre Überzeugung, keine Mitteilung ihres Glaubens, Sprachlosigkeit Hinter verschlossenen Türen Keine Pläne, Mutlosigkeit
Wirken Gottes	
Keine Verständigung Stillstand Vereinzelung	Verständigung, Verkündigung der Frohen Botschaft Bewegung, Mut, Kraft, Begeisterung Gemeinschaft

- Wenn alle Sch bewusst nach der Anleitung atmen, schließt sich die auf AB 6.5.4 abgedruckte Meditation an.

Feuer-Metapher erfassen: Entflammt PINNWAND 108

- Sch suchen Begriffe zum Thema »Feuer«, z. B. »brennend interessiert«, »jemanden anfeuern«, »Feuer und Flamme für etwas sein«.
- Sch erzählen von Situationen aus der eigenen Erfahrung und beschreiben, wie es ihnen geht, wenn sie Feuer und Flamme für etwas sind etc. (dabei geht es meist um eine Form gesteigerten Lebens).

Lied von Midge Ure: »Breathe« mit Gebeten vergleichen

- Sch hören das Lied »Breathe« von Midge Ure (z. B. enthalten auf der gleichnamigen CD von Midge Ure aus dem Jahr 1996, BGM Entertainment) und schildern ihre Eindrücke.
- Sch recherchieren im Internet den Text des Liedes (z. B. unter www.lyriks.de) und übersetzen ihn (evtl. mit Hilfe von Englisch-L).

Im Text des Liedes »Breathe« spricht ein Ich ein Du an. Das Ich bittet das Du, ihm seinen Atem einzuhauchen, damit es selbst leben kann. Das Ich ist in einer resignierten Verfassung, es empfindet sein Leben als düster und unsicher und sehnt sich nach einem Impuls von etwas Neuem, Hellem, Lebendigem. Dieser Impuls wird vom Atem des Du erwartet. Das Du haucht dem Ich seine Liebe, sein Leben, seine Seele ein und lässt es dadurch wieder atmen, leben und frei sein.
Die Musik unterstreicht die Aussage des Textes sehr deutlich. Das Atmen, um das es geht, ist deutlich zu hören, ebenso der Unterschied zwischen den Strophen (abgehackte Artikulation, häufiges Atmen: Eindruck der Atemlosigkeit) und dem Refrain »Breathe« (Melodie legato auf einen Atemzug gesungen: Eindruck des strömenden Atems).

Midge Ure
Der Gitarrist und Sänger Midge Ure wurde in den 80er-Jahren des 20. Jahrhunderts bekannt und feierte mit seiner Band *Ultravox* Erfolge. An den Hilfsprojekten *Band Aid* und *Live Aid* des Musikers Bob Geldorf, die Millionenspenden für die hungernden Menschen in Äthiopien brachten, war er maßgeblich beteiligt. Ab 1985 konzentrierte er sich v. a. auf seine Solokarriere. 1985 erschien das Album *The Gift* mit der Nr.1-Hitsingle *If I was.* Nach dem zweiten Album *Answers to nothing* wurde es ruhig um ihn, ehe er 1996 ein Comeback versuchte. Die Nummer *Breathe* wurde aber von den Käufern nicht angenommen und floppte. Erst 1997 kam dieser Titel in die Hitparaden, und zwar aufgrund einer Werbekampagne des Schweizer Uhrenherstellers *Swatch*, der das Lied benutzte und Midge Ure so zum Sprung in die internationalen Charts verhalf.

- Sch finden Beispiele dafür, wann ein Mensch kurzatmig ist (Angst, Beklemmung, schlechtes Gewissen ...) und wann er frei atmen kann (glücklich sein, angenommen sein ...) und wie eine/r in einer schwierigen Situation durch eine/n andere/n (wieder) lebendig wird.
- Sch erkennen die Parallelen zur Pfingstgeschichte.
- Sie finden Übereinstimmungen zwischen dem Liedtext und dem Gebet des Augustinus an den Heiligen Geist (**AB 6.5.5, Lehrerkommentar S. 248**) und formulieren selbst ein Gebet.

Beispiel:

Atme in mir, du Heiliger Geist,
dass ich keine Angst mehr haben muss.
Atme in mir, du Heiliger Geist,
dass meine Traurigkeit besiegt wird.
Stärke mich, du Heiliger Geist,
dass ich alte Vorurteile abbauen kann.
Stärke mich, du Heiliger Geist,
dass ich Mut zu Neuem finde.
Bleib bei mir, du Heiliger Geist,
dass du mir Kraft geben kannst.

Pfingsten als Jünger/in nachempfinden

- Nach einer Bildbetrachtung von Thomas Zacharias' Radierung »Pfingsten« ergänzen Sch auf **AB 6.5.6, Lehrerkommentar S. 249** die Sprechblasen mit den Gedanken und Worten der begeisterten Jüngerinnen und Jünger. Als Weiterführung können die Blasen auch in Fremdsprachen ausgefüllt werden (Kooperation mit den Sprachenlehrern). Dies empfiehlt sich v. a., wenn Kinder in der Klasse sind, deren Muttersprache nicht Deutsch ist.
- Sch schreiben einen Brief aus der Sicht eines Jüngers/einer Jüngerin an seine/ihre Gemeinde. Darin soll Folgendes thematisiert werden: 1. Wieso sie deprimiert waren; 2. was den Umschwung bewirkt hat; 3. wie sie jetzt über Jesus denken; 4. was sie nun vorhaben.

Das Bild von Bernhard Heisig kreativ erarbeiten

- Sch erhalten genügend Zeit, das Bild von Bernhard Heisig zu betrachten, und schreiben daraufhin Ge-

religionspädagogik kompakt

Elementarisierende Symboldidaktik am Beispiel von Pfingsten

Ein Brausen vom Himmel her, ein heftiger Sturm, Zungen wie von Feuer – das Kommen des Geistes an Pfingsten wird in Apg 2,1-13 mittels verschiedener symbolischer Elemente plastisch und bildhaft dargestellt. Gleichzeitig entsteht aber eine »schwebende Unbestimmtheit«, die sich gegen eine logische Verknüpfung der Ereignisse und damit gegen eine Reduzierung auf einen historischen Geschehenszusammenhang sperrt. Gerade dadurch eröffnet sich für eine sachgerechte und zugleich schülerorientierte, elementarisierende Symboldidaktik eine besondere Lernchance, indem versucht wird, die in den Symbolen repräsentierten theologischen Gehalte mit den Erfahrungen der Menschen damals und heute zu vermitteln. Dabei sind auch die entwicklungspsychologischen Voraussetzungen der Sch zu berücksichtigen, um nicht nur gegenständliche Inhalte zu erfassen, sondern Erschließungserfahrungen zu ermöglichen, die einen übergreifenden Sinn aufscheinen lassen.

Vorbereitende Metaphernübungen, die beispielsweise erfragen, wann jemand Feuer und Flamme ist, sich brennend für etwas interessiert oder andere anfeuert, oder gemeinsame Atem- und Bewegungsübungen erleichtern es Kindern, an den Erfahrungen eigener Begeisterung und der daraus möglicherweise erwachsenden gemeinschaftsbildenden Kraft anzuknüpfen und dies auf die Erfahrung der Jünger/innen an Pfingsten zu beziehen, vom Geist bewegt und überwältigt bzw. mit Geist begabt zu sein.

Nach James W. Fowler hat sich das Symbolverständnis in der Sekundarstufe I bereits zu einem symbolkritischen Verstehen entwickelt, das es Sch erlaubt, das Brausen des Windes und die Feuerzungen – auch in ihrer Ambivalenz – mithilfe vergleichbarer alttestamentlicher Theophaniebeschreibungen (z. B. 1 Kön 19) und der Bedeutungsbreite des hebräischen Wortes *ruach* (z. B. Atem, Wind, Lebenskraft) als hörbare bzw. sichtbare Erscheinungen Gottes im Heiligen Geist zu begreifen, ohne Gott mit diesen Begleiterscheinungen gleichzusetzen oder gar die Symbole wörtlich zu verstehen.

Auf dem Hintergrund von Gen 11, dem Turmbau zu Babel und der damit verbundenen Sprachverwirrung, kann Sch deutlich werden, dass durch das Sprachen- und Hörwunder gleichsam der ideale Zustand der Schöpfung wiederhergestellt ist, inmitten der Fremdheit die Gemeinsamkeit des Verstehenkönnens Wirklichkeit wird und es der geistbegabten jungen Gemeinde möglich wird, Gott universal zu bezeugen. Mit Pfingsten wird dann aber auch heute die Überwindung nationaler, kultureller und sozialer Differenzen erhoffbar und der Dialog der Kulturen realisierbar.

Damit zeigt sich auch, dass die Chance eines erfahrungsnahen Symbollernens für Kinder und Jugendliche nicht nur darin zu sehen ist, die Bedeutung und Funktion von Symbolen kennen zu lernen, sondern mithilfe von Symbolen, z. B. aus der Bibel, schrittweise eine Sprache und Ausdrucksfähigkeit auch für eigene religiös-relevante Erfahrungen und Hoffnungen zu finden.

M. S.

Literatur

Lentzen-Deis, Wolfgang, Symbole im Religionsunterricht, in: Weidmann, Fritz (Hg.), Didaktik des Religionsunterrichts, Donauwörth [7]1997, 180-200
Biehl, Peter, Art.: Pfingsten, in: LexRP II, Sp. 1500-1504

danken auf, die das Bild in ihnen ausgelöst hat. Wichtig ist, dass der Schreibprozess nicht unterbrochen wird. Deshalb wird das vorausgehende Wort so lange weitergeschrieben, bis Sch ein neues Wort einfällt.

- Nach einer Bildbetrachtung schreiben Sch Rollentexte für eine der Figuren des Bildes unter der Überschrift »Was mich sprachlos macht«.
- Sch schreiben einen Brief an eine der Figuren. Sie weisen darin auf die Gefahr hin, in der diese schwebt.
- Nach einer Bildanalyse bekommt jeweils eine Gruppe von Sch eine Farbkopie des Bildes (oder des zitierten Bildes von Pieter Bruegel) und klebt aus Katalogen etc. Bilder und Figuren auf, die ihrer Meinung nach, ähnlich wie auf dem Bild, die Menschen eher abstumpfen als gegenüber Unrecht und Gewalt aufrütteln (vgl. Schambeck).

Komm herab, o heiliger Geist

Mit dem alten Hymnus »Komm herab, o heiliger Geist« (**AB 6.5.7, Lehrerkommentar S. 250**) kann die Arbeit mit Liedtexten weitergeführt werden. Es enthält viele Formulierungen, die direkt an die Texte von Midge Ure bzw. Augustinus anknüpfen (z. B. »lebendig Wehn«; »der jedes Herz erhellt«). Die Metaphern sind sehr eingängig und können von den Kindern in ihrem eigenen Erfahrungsbereich wiedergefunden werden (z. B. »hauchst in Hitze Kühlung zu«; »Dürrem gieße Leben ein«).

- Sch markieren auf dem Arbeitsblatt Eigenschaften und Bitten an den Heiligen Geist.
- Sie vertiefen eine Bitte, indem sie eine Geschichte dazu erfinden oder ein Bild malen.
- Sch singen das Lied (Noten im Gotteslob 244).

Flucht nach Korinth

Orientierung 2 112 113

1. Hintergrund

Die durchgehende Geschichte der *Orientierungs*-Seiten *2* und *3* (**112ff.**) erzählt am Beispiel des Ephesers Achaikos, den es nach Korinth verschlägt, wesentliche Aspekte der paulinischen Mission und stellt sowohl die Bedingungen für die Ausbreitung des Christentums als auch die Attraktivität der neuen Religion dar. Neben fiktiven Figuren treten auch Personen aus dem Umfeld des Paulus auf (Timotheus, Krispus, Phöbe). Dadurch lässt sich eine Brücke schlagen zu den zugrunde liegenden Bibeltexten (siehe unten). Mit den Themen auf den folgenden *Orientierungs*-Seiten *4* bis *7* (**116-123**) sind viele Vernetzungen möglich (vgl. Gründe für die schnelle Ausbreitung des Christentums, neue Lebenspraxis in den Gemeinden, erste Schwierigkeiten usw.).

Zur Zeit des Paulus war **Korinth** die größte und bedeutendste griechische Stadt und als Sitz eines römischen Prokonsuls das Verwaltungszentrum der Provinz Achaia (Griechenland). In den beiden Häfen Kenchreä und Lechäum auf beiden Seiten des Isthmus legten Schiffe aus dem Orient und dem Okzident an. Korinth war dadurch ein wichtiges Handelszentrum und eine sehr kosmopolitische Stadt, gleichzeitig aber – wie viele Hafenstädte – auch verrufen wegen seiner Sittenlosigkeit. »Korinthern« bedeutete, ein lockeres Leben zu führen. Aphrodite, die Liebesgöttin, deren Kult Züge der syrischen Fruchtbarkeitsgöttin Astarte angenommen hatte, wurde im Haupttempel der Stadt verehrt. Die Bevölkerungsmischung aus römischen Veteranen und Freigelassenen, Griechen, Orientalen und Juden begünstigte einen religiösen Synkretismus. Die Isthmischen Spiele von Korinth, die sich mit den Olympischen Spielen abwechselten, brachten viele zusätzliche Besucher aus der griechischen Welt in die Stadt.

Ephesus gehörte zur Provinz Asia und lag an der Hauptstraße, die von Rom nach Osten führte. Seine Berühmtheit erlangte es v. a. durch das Artemis-Heiligtum. Die römisch-griechische Gottheit vermischte sich hier mit der asiatischen Muttergottheit, deren Fruchtbarkeit durch zahlreiche angehängte Stierhoden symbolisiert wurde. Der Artemistempel aus dem 4. Jahrhundert v. Chr. galt als eines der sieben Weltwunder.

Paulus wird als Diasporajude in der Hafen- und Handelsstadt Tarsus geboren. Seine Familie besitzt – wie ein Großteil der Stadtbewohner – das römische Bürgerrecht. Die Muttersprache ist Griechisch, Hebräisch lernt der Junge in der Synagoge. So ist auch der doppelte Name (hebr. *Saul* – der Erbetete, griech. *Paulos* – der Kleine) zu erklären. Vermutlich aufgrund seiner Herkunft (vgl. Phil 3,5) schließt sich der junge Paulus der Gruppe der Pharisäer an und kommt nach Jerusalem zum Studium bei Rabbi Gamaliel. Als Brotberuf erlernt er das Handwerk der Lederverarbeitung (Zeltmacher), um als Schriftgelehrter unabhängig zu sein. In Jerusalem wird Paulus zum eifrigen Verfechter des reinen Judentums. Als solcher geht er radikal gegen die neue Sekte der Christen vor, v. a. gegen hellenistische Judenchristen, die die Tischgemeinschaft mit »unreinen«, unbeschnittenen Heidenchristen pflegen. Paulus hatte sich also in gewisser Weise schon länger mit dem Christentum befasst, bevor die Begegnung mit Jesus sein Leben radikal ändert.

Der Erzähler der Apostelgeschichte tut sich schwer, das **Damaskuserlebnis** des Paulus (Apg 9) zu beschreiben, und nimmt deshalb Zuflucht zu den Berufungserzählungen der Propheten und schildert die Christuserscheinung mit den für Gotteserscheinungen typischen Begleitumständen (Licht, Himmelsstimme, Wunderzeichen).
Paulus selbst vermeidet in seinen Aussagen über sich selbst geschichtliche Angabenzu diesem Ereignis und rückt es in die Nähe prophetischer Berufung. Die Begegnung mit dem auferstandenen Herrn (Gal 1,15f., 1 Kor 9,1; 15,8) wird ihm zur Erwählung zum Apostel (Röm 1,1.5; 1 Kor 1,1; 9,2; 2 Kor 1,1; Gal 1,1).
Nach einer Phase der Zurückgezogenheit wirkt Paulus nun als **christlicher Missionar,** zunächst in Syrien und Arabien. Etwa ab dem Jahr 46 unternimmt er seine Missionsreisen (vgl. *Orientierung 6,* **120f.**) und gründet selber Gemeinden, zusätzlich als Missionar der Heiden legitimiert vom Apostelkonzil in Jerusalem (vgl. *Orientierung 5,* **118**). Er konzentriert sich dabei auf die Städte, vorwiegend die Metropolen in den Provinzen des Römerreiches, wo er besonders günstige Bedingungen für die Ausbreitung des Evangeliums vorfindet (vgl. *Orientierung 4,* **116f.**). Ausgangspunkt seiner Predigt ist laut Apostelgeschichte meist die Synagoge, Juden und Gottesfürchtige sind oft die ersten Anhänger.
Nach seinem Scheitern in Athen (Apg 17,16-34; vgl. *Orientierung 5,* **119**) geht Paulus auf seiner **zweiten Missionsreise** nach Korinth. Der Beginn seines 18-monatigen Aufenthalts (Apg 18,11) lässt sich auf 51/52 n. Chr. (Apg 18,12) datieren. Er wohnt und arbeitet anfangs bei Aquila und Priszilla (Apg 18,2f.) und predigt am Sabbat in der Synagoge (Apg 18,4). Nach dem Eintreffen seiner Mitarbeiter Silas und Timotheus widmet er sich vom Haus des Gottesfürchtigen Titius Justus (Apg 18,7) aus ganz der Verkündigung (Apg 18,5), die bei Juden und Nichtjuden sehr erfolgreich ist. Nach Apg 18,8 lässt sich der Synagogenvorsteher Krispus mit seinem ganzen Haus taufen.
Die **dritte Missionsreise** des Paulus führt ihn zunächst nach Ephesus (Apg 19), wo er etwa von 52 bis 55 n. Chr. bleibt. Die Stadt ist durch ihre Lage und Bedeutung ideal für die Mission in der ganzen Provinz Asien. Der Aufstand der Silberschmiede, die durch die christliche Predigt ihre Haupteinnahmequelle, den Verkauf von Figuren der Göttin Artemis, bedroht sehen, beendet nach der Apostelgeschichte den Aufenthalt des Apostels. In Paulus' eigenen Texten erscheint der Aufenthalt in Ephesus wesentlich konfliktreicher und gefährlicher (z. B. 2 Kor 1,8-10). Im Philipperbrief (Phil 1,20ff.), entstanden im Gefängnis in Ephesus, weiß er noch nicht, ob er mit dem Leben davonkommen wird.
Die Materialien in Schulbuch und Lehrerkommentar lassen sich hervorragend mit dem großformatigen Korinth-Plakat des Katholischen Bibelwerks kombinieren. Der Stadtplan mit den Erklärungen zu den Gebäuden (**AB 6 5.8** und **6.5.9, Lehrerkommentar S. 251**) ist dem Begleitheft entnommen, die Rollenkarten (**AB 6.5.10a-6.5.11b, Lehrerkommentar S. 253ff.**) teilweise. Alle nachfolgenden Unterrichtsvorschläge sind aber auch ohne das Plakat durchführbar.

2. Einsatzmöglichkeiten im RU

Mit Rollenkarten arbeiten
Die Rollenkarten **AB 6.5.10a-6.5.11b, Lehrerkommentar S. 253ff.** sind bei einer ganzen Reihe der nachfolgenden Unterrichtsvorschläge einsetzbar. Auf ihnen finden sich biblische und fiktive Personen, z. B. die Figuren der Geschichte »Flucht nach Korinth«, mit jeweils einem Symbol und mit kurzen biografischen Notizen auf der Rückseite charakterisiert.

- Die Vorlagen werden auf DIN A3 vergrößert, jeweils Name/Bild (a) und Erklärung (b) auf Vorder- und Rückseite von farbigem Papier kopiert, laminiert und ausgeschnitten.
- L wählt jeweils die Karten aus, die für die entsprechende Unterrichtseinheit benötigt werden.
  Variante: L bringt die auf den Karten abgebildeten Gegenstände mit (z. B. Korb, Rechenmaschine, Lederbänder etc.), Sch wählen einen Gegenstand, suchen sich dann die dazu passende Rollenkarte und lernen so die darzustellende Figur kennen.

Das Leben in einer antiken Hafenstadt erkunden

- Sch lesen die Geschichte »Flucht nach Korinth« und erkundigen sich in GA (z. B. in einem Lexikon, Bibelatlas oder im Internet) genauer über das Leben in den antiken Städten Korinth und Ephesus (v. a. über die Göttin Artemis und ihr Heiligtum). L stellt dafür eine kleine Handbibliothek im Klassenzimmer zur Verfügung.
- Die Ergebnisse werden von den GA festgehalten und im Plenum auf Plakate aufgeklebt.

Eine antike Stadtführung planen

- Sch informieren sich in GA anhand der **AB 6.5.8** und **6.5.9, Lehrerkommentar S. 251f.** über die Bedeutung der Gebäude des antiken Korinth.
- Anschließend bereiten sie eine Route und einen Text für eine Stadtführung vor, die Kalchos dem neu angekommenen Achaikos gibt. Evtl. können sich der Gruppe auch noch andere Personen anschließen (Rollenkarten, vgl. Lehrerkommentar S. 253ff.), die fragen und Auskunft geben.
- Sch präsentieren ihre Stadtführung im Plenum. Dabei kann die Route entweder auf dem Korinth-Plakat oder auf **AB 6.5.8, Lehrerkommentar S. 251** (auf Overhead-Folie kopiert und an die Wand projiziert), gezeigt werden.

Sich in christliche und heidnische Figuren aus dem antiken Korinth hineinversetzen

- Anhand der Rollenkarten (vgl. Lehrerkommentar S. 253ff.) versetzen sich Sch in fiktive oder reale Personen aus dem antiken Korinth zur Zeit des Paulus. *Mögliche Rollenspiele:*
- – Sch schreiben sich eine Rollenbiografie.
- – Sch setzen sich in ausgelosten Kleingruppen zusammen. Sie überlegen gemeinsam, wo und warum sie sich in dieser Konstellation in Korinth getroffen haben könnten. Sie spielen eine Szene zu dieser Situation aus dem Stegreif. (*Variante:* Sie verfassen vorher ein kurzes Textbuch.)
- – Mitglieder der christlichen Gemeinde diskutieren mit Priester/innen und Gläubigen der heidnischen Tempel.
- – Reiche und arme Christen treffen sich im Haus des Titius Justus und diskutieren über die Verteilung des Essens.
- – Priska ist mit ihrem Einkaufskorb auf dem Markt unterwegs und trifft alle möglichen Leute.
- – Marcella besucht Chloes Taverne.
- Sch erfinden und spielen weitere Situationen.

Paulus kennen lernen

- Sch verfassen auf dem **AB 6.5.12, Lehrerkommentar S. 257**, einen Steckbrief, mit dem die Silberschmiede in Ephesus nach Paulus fahnden. Sie verwenden dabei die Angaben aus der Geschichte »Flucht nach Korinth«:
- – *Name:* Paulus
- – *Herkunftsort:* Tarsus in Kleinasien
- – *Familie:* Juden mit römischem Bürgerrecht
- – *Beruf:* Lederhandwerker
- – *Besondere Kennzeichen:* äußerlich unscheinbar; glänzender Redner
- – *Vergehen:* Aufwiegelung des Volkes durch Verbreitung von neuen religiösen Ideen; Lästerung der Göttin Artemis und ihrer Anhänger/innen
- Sch lesen Apg 19,1-40 über den Aufstand der Silberschmiede. Die Verse werden zur Grundlage eines Rollenspiels (Rollenkarten, vgl. Lehrerkommentar S. 253ff.).
- – *Rollen:* Paulus, einige Mitarbeiter/innen, hohe römische Beamte (Freunde des Paulus).
- – *Inhalt:* Paulus besteht darauf, ins Theater zu gehen und seinen Standpunkt noch einmal darzulegen. Die Jünger/innen warnen vor der Gefahr durch die aufgebrachte Menge, und die römischen Beamten erläutern die Haltung der Artemisanhänger.

Die Bekehrungsgeschichte deuten

- Sch lesen die Bekehrung des Saulus, Apg 9,1-22. Der Widerspruch zwischen der genauen Erzählung und der Tatsache, dass Paulus selbst bzw. Timotheus in der Geschichte das Erlebnis nicht genau beschreiben kann, führt zu der Annahme, dass es sich bei der Schilderung von Lukas um eine bildhafte Geschichte handelt, die einen inneren Vorgang ausdrückt (vgl. Pfingsterzählung *Orientierung 1*, **110**).
- Sch finden Parallelgeschichten, in denen Gott in ähnlichen Bildern beschrieben wird (z. B. Abraham, Mose, Propheten).
- Sch lesen die Aussagen des Paulus über sein Damaskuserlebnis (Röm 1,1.5; 1 Kor 1,1; 9,1f.; 15,8; 2 Kor 1,1; Gal 1,1; 1,15f.) und deuten die Bekehrungsgeschichte als Berufung zum Apostel.
- Sch deuten die Blindheit und das Wiedererlangen des Sehens als Erkenntnis der Wahrheit.
- L fasst im TA zusammen (s. u.).

TA zu »Die Bekehrungsgeschichte deuten«:

Bilder in der Paulusgeschichte	**Ähnliche Bilder aus dem Alten und Neuen Testament**	**Bedeutung des Bildes**
Licht vom Himmel	Mose und der brennende Dornbusch; Pfingsten	Gott erscheint
Stimme	Abraham hört eine Stimme	Gott spricht
Sturz vom Pferd	Josef in der Zisterne	Mensch stürzt aus bisherigem Leben
Blindheit/Dunkelheit	Jona im Bauch des Wals	Mensch erkennt nichts; geht in sich
plötzliches Sehen, Erleuchtung	Pfingsten	Mensch erkennt die Wahrheit

——→ Paulus verkündet Jesus als Sohn Gottes.

- Sch schreiben einen Brief des Timotheus an Achaikos, in dem er noch einmal versucht, das Bekehrungserlebnis des Paulus zu beschreiben.

Eigene Fragen formulieren
- Sch entwickeln auf dem Hintergrund der Geschichte eigene Fragestellungen, die sie in der Rolle des Achaikos auf einem Zettel notieren, z. B. :
- – Welche Religion hatten die Paulusanhänger vorher?
- – Wo trifft sich die Gruppe und was macht sie dort?
- Die Zettel werden gesammelt und aufgehoben. Am Ende der Unterrichtseinheit prüfen Sch und L gemeinsam, ob alle Fragen beantwortet sind.

3. Weiterführende Anregungen

Projekt: Eine antike Zeitung erstellen
- Sch gestalten eine Ausgabe der »Neuen Korinther Zeitung«. Dieses Projekt kann sich über mehrere Stunden erstrecken. Auf *Orientierungs*-Seiten *3* bis *6* (**114-121**) finden sich weitere Themenvorschläge. Hier bietet sich eine Zusammenarbeit mit dem Latein- und Deutschunterricht an (L 6.3 Antike Kultur; D 6.2 Schreiben) sowie der Einsatz des Computers (D 6.5 Medien nutzen). Im Kunstunterricht können Illustrationen erarbeitet werden.

Themenvorschläge:
- – Berichte von den Isthmischen Spielen
- – Interviews mit den Spitzensportlern
- – Einladung zur Modenschau mit den neuesten Modellen aus Rom
- – Reportage aus Rom über die Gladiatorenkämpfe aus Anlass der Thronbesteigung des neuen Kaisers Nero
- – Bericht über den geplanten Kanalbau durch den Isthmus
- – Bericht über eine Schlägerei zwischen Matrosen und Hafenarbeitern in Kenchreä
- – Werbeanzeigen eines Weinhändlers, eines Sklavenhändlers, einer Töpferwerkstatt
- – Stellenanzeigen eines Privatlehrers, einer Kellnerin, eines Lederhandwerkers
- – Berichte über Konflikte zwischen alteingesessenen Korinthern und römischen Besatzern, zwischen Zugewanderten unterschiedlicher Nationalität und Religion
- Sch setzen ihre Kenntnisse über Paulus in Zeitungsberichte um:
- – Bericht über den Aufstand der Silberschmiede in Ephesus; Interview mit einem Augenzeugen
- – Porträt des neuen Predigers Paulus aus Tarsus
- – Umfrage: An welche Götter glauben Sie?

Bilder von der Bekehrung des Paulus kennen lernen
- Sch suchen Bilder von der Bekehrung des Paulus. Sie können in einer Ausstellung oder in einer Computerpräsentation gezeigt werden.

Beispiele:
- – Caravaggio: »Bekehrung Pauli«, Rom, Sammlung Odescalchi Balbi, Erstfassung;
- – Michelangelo: »Bekehrung des Heiligen Paulus«, Fresko in der paulinischen Kapelle, Vatikan;
- – Parmigianino: »Sturz des Paulus«, 1527/1528;
- – Julius Schnorr v. Carolsfeld: »Sauls Bekehrung«, um 1800;
- – Thomas Zacharias: »Bekehrung des Paulus«;
- – Sieger Köder: »Paulus stürzt vom Pferd«, Wasseralfinger Altar.

Ein Jugendbuch zum Thema lesen
Das Jugendbuch von Bodo Meier-Böhme: Die Spur führt nach Samos. Sechs Freunde und der Apostel Paulus, Stuttgart ^{2}2002.

Das Buch erzählt von sechs heutigen Kindern, die mit einer Zeitmaschine in das Ephesus des Jahres 54 gelangen. Sie sind von einem Mädchen zu Hilfe gerufen worden, dessen Freund Lucius entführt wurde. Auf der Suche nach dem verschwundenen Jungen erleben sie spannende Abenteuer und erfahren eine Menge über das Artemisheiligtum, die Silberschmiede und natürlich den Apostel Paulus.
Interessant ist, dass der Autor immer wieder Parallelen zwischen der antiken/biblischen und der heutigen Welt zieht, z. B. die Bedeutung der Religion im Leben von Jugendlichen damals und heute, Probleme der Schule, der Pubertät, des Alltagslebens etc. Das Buch ist als Ganzschrift oder in Ausschnitten verwendbar, z. B. die Passagen, die das Artemisheiligtum beschreiben.

- Sch werden angeregt, sich selbst Zeitreise-Geschichten auszudenken, z. B. in eine andere paulinische Stadt oder nach Jerusalem zum Apostelkonzil.

Fächerübergreifend Religion unterrichten

Der Wechsel von der Grundschule auf das Gymnasium ist für manche Sch nicht zuletzt deswegen mit (Anfangs-)Schwierigkeiten verbunden, weil sie sich erst an das System der Fächerung und ständig wechselnder Bezugspersonen gewöhnen müssen. Zu Unrecht wird dabei der überfachlichen Vorgehensweise, z. B. der Grundschule, eine »kinderverhätschelnde« Unterforderung und ein oberflächliches Dilettieren vorgeworfen, da zu einem Thema oftmals nur möglichst viele Aspekte aneinander gereiht und die notwendigen fachbezogenen Inhalte vernachlässigt würden. Umgekehrt wird allerdings übersehen, dass die Fächerung schulischer Erziehungsprozesse dazu tendieren kann, durch die Weitergabe von isoliertem, stark kopflastigem Wissen Schubladendenken und eine Zersplitterung der Wirklichkeitswahrnehmung zu fördern. Dagegen müsste Sch sowohl eine differenzierende-teilhafte, als auch eine komplex-fächerübergreifende Perspektive zur Wirklichkeit eröffnet werden. Die sinnvolle Strukturierung und ins Detail gehende Klärung sachlich-fachlicher Fragestellungen bedürfen immer wieder der Verknüpfung, um komplexere Strukturen und Funktionen erkennen zu können.

Die Terminologie für die verschiedenen Varianten fächerübergreifenden bzw. -verbindenden Lehrens und Lernens ist in der Fachliteratur uneinheitlich. Die Möglichkeiten reichen von der einfachsten Form, bei der der/die einzelne Fach-L versucht, immer wieder Bezüge zu anderen Fächern im eigenen Unterricht herzustellen, über die gezielte Koordinierung der Unterrichtsinhalte einzelner Fächer einer Klasse bis hin zu einer systematisch geplanten Aussetzung der Fächerordnung, etwa im Team-Teaching oder schließlich in Projekttagen bzw. sogar -wochen. Das Verhältnis der Fächer zueinander sollte dabei nicht nur additiv, sondern dialogisch und kontrastiv sein, um mithilfe anderer Sichtweisen die des eigenen Faches zu reflektieren. Insbesondere für den Religionsunterricht erscheint eine Vernetzung mit anderen Fachperspektiven notwendig, um die Korrelation von Leben und Glauben immer wieder zu verdeutlichen bzw. einzufordern.

Dabei ergeben sich nicht nur Gemeinsamkeiten mit dem Deutschunterricht, etwa bei der Lektüre einer Ganzschrift, oder mit dem Kunst- und Musikunterricht, beispielsweise bei der kreativen Bibelarbeit. Gerade bei der Erörterung verschiedener Weltbilder oder ethischer Fragestellungen (z. B. Gentechnik, Medizinethik, gerechtes Teilen) kann die Auseinandersetzung mit den naturwissenschaftlich-mathematischen Fächern Sch dabei unterstützen, komplementäre Wirklichkeitszugänge aufzubauen.

Der Lehrplan realisiert das fächerübergreifende Lernen durch Querverweise auf andere Fächer innerhalb der Jahrgangsstufenlehrpläne und durch eine Vorschlagsliste fächerverknüpfender Unterrichtsvorhaben (z. B. 6. Jahrgangsstufe: »Du liebe Zeit – Mit Zeit umgehen«, »Das Unendliche«, »Unser täglich Brot – Ernährung heute«, »Mit Texten arbeiten«). Dabei werden die einzelnen Themenvorschläge wiederum übergreifenden Bereichen zugeordnet (z. B. Ästhetik, Familie, Freizeit, Frieden, Interkulturelles Verstehen und Handeln, Medien). Jede/r Sch soll in seiner/ihrer Klasse an mindestens einem Unterrichtsvorhaben im Laufe eines Schuljahrs teilnehmen, um auch überfachliche Schlüsselkompetenzen zu erwerben, z. B. die Fähigkeit, sich im Teamwork Methoden zur Informationsbeschaffung und Problemlösung anzueignen.

Zwei der fünf Themen pro Jahrgangsstufe sind durch Querverweise auf den evangelischen Religionsunterricht als so genannte »Kooperationsthemen« ausgewiesen. Dabei geht es vor allem darum, Sch beider Konfessionen noch stärker die Gelegenheit zur Begegnung und gegenseitigen Wertschätzung zu ermöglichen, ihnen aber auch die Bedeutung der eigenen Beheimatung und Konfessionszugehörigkeit als Teil der Identitätsbildung zu erschließen.

M. S.

Literatur

Moegling, Klaus, Fächerübergreifender Unterricht – Wege ganzheitlichen Lernens in der Schule, Bad Heilbrunn/Obb. 1998.

1. Hintergrund

Die **Gemeinde in Korinth** war bunt zusammengewürfelt aus allen Bevölkerungsschichten, aus Reichen und Armen, und in der Begeisterung des Anfangs entwickelte sich ein charismatisch reiches Leben. An ausgegrabenen Häusern aus dieser Zeit kann man die Größe der Hausgemeinden abschätzen: Im *Triclinum* (Esszimmer) konnten nicht mehr als zwölf Personen sitzen. Allerdings kam es auch zu Parteienbildung und zu Streitigkeiten, von denen man sich ein genaues Bild machen kann, weil Paulus im 1. Korintherbrief Punkt für Punkt auf die ihm geschilderten Missstände und die an ihn gerichteten Fragen eingeht. Er mahnt die Christen zur Einheit, als es Streit gibt bei der Feier des Herrenmahls, das am Ende eines gemeinsamen Abendessens gefeiert wurde (1 Kor 11,17-34).
Der umstrittene Abschnitt 1 Kor 11,2-16 ruft die Frauen zur Ordnung, die wohl im Überschwang der Begeisterung über die neue Religion und die – v. a. für Frauen ungewohnte – neugewonnene Freiheit in der Versammlung über die Stränge geschlagen hatten. Die Diskussion, ob die Stelle eine besondere Frauenphobie des Apostels dokumentiert, ob sie überhaupt echt oder später eingefügt ist, kann an dieser Stelle nicht vertieft werden. Unbestritten ist, dass Frauen in den paulinischen Gemeinden nicht die im damaligen Patriarchalismus übliche untergeordnete Stellung hatten (vgl. Gal 3,28), sondern vielfach als Schwestern mit den Brüdern gleichgestellt wurden (vgl. Priszilla und Aquila) und dass sie auch Leitungsaufgaben übernahmen. Letzteres zeigt das Beispiel der Gemeindeleiterin von Kenchreä, Phöbe (vgl. Röm 16,1f.).
Aus der **Erzählung** auf *Orientierung 3* (**114**) geht hervor, dass die neue Religion des Christentums attraktiv und verblüffend einfach ist: Jesus Christus ist der Herr. Er und seine Jünger wollen, dass alle Menschen seine befreiende Botschaft erfahren. Paulus steht als Apostel im Dienst dieses Herrn. Für die Verkündigung des Evangeliums ist ihm keine Mühe zu groß. Die neue Religion ist für alle sozialen Schichten attraktiv, auch für einfache Leute, die vorher nie eine Chance hatten, denn der christliche Gott nimmt alle so an, wie sie sind: Er befreit von Lasten, auch vom Tod, und verlangt keine Opfer, sondern nur Gottes- und Menschenliebe. Die griechisch-römischen Götter dagegen sind viele, sie werden in Tempeln verehrt. Ihnen müssen Opfer gebracht werden, damit sie ihr Wohlwollen schenken. Priester und Händler verdienen mit ihnen viel Geld (vgl. Silberschmiede in Ephesus). Viele Einzelheiten, die in der Geschichte angesprochen werden, können mit *Orientierung 4* (**116f.**) vertieft werden, u. a. die Themen »Reisen im römischen Reich« und »Götterverehrung«.

2. Einsatzmöglichkeiten im RU

Umstände der Paulusreisen erkunden

- Sch informieren sich mithilfe eines Geschichtsatlasses und *Orientierung 4* (**116**) über die Möglichkeiten des Reisens im römischen Weltreich (vgl. hierzu auch *Orientierung 6*, **120f.**).

Unterschiede zwischen griechisch-römischer und christlicher Religion kennen lernen

- Sch suchen aus der Geschichte Informationen über die griechisch-römische und die christliche Religion heraus und überprüfen ihre Kenntnisse über die Religion der Römer aus der 5. Klasse.

TA:

Christentum	Griechisch-römische Religion
– Jesus Christus ist der Herr. Er und seine Jünger wollen, dass alle Menschen seine befreiende Botschaft erfahren. – Gott nimmt alle so an, wie sie sind. – Gott befreit von Lasten, auch vom Tod. – Gott verlangt keine Opfer etc., sondern nur Gottes-/Menschenliebe. → Der Glaube an Jesus Christus zieht viele Menschen aus allen sozialen Schichten an.	– Es gibt viele Götter. – Sie werden in Tempeln verehrt. – Ihnen müssen Opfer gebracht werden, damit sie ihr Wohlwollen schenken. – Priester und Händler verdienen mit ihnen viel Geld (vgl. Silberschmiede in Ephesus).

Fantasiereise nach Korinth unternehmen

- Nach einer einführenden Entspannungsübung kann L mit Sch eine Fantasiereise ins Korinth des Jahres 56 unternehmen. Wen treffen Sch dort, was fragen sie die Korinther? Anschließend erzählen Sch sich gegenseitig von ihren Begegnungen und Erfahrungen.
  Hinweis: Hier können einige der Rollenkarten von **AB 6.5.10/6.5.11, Lehrerkommentar S. 253ff.**, eingesetzt werden.

Tagebucheintrag gestalten

- Sch versetzen sich in den Protagonisten der Geschichte und gestalten einen Tagebucheintrag, in dem er seine Verwirrung, aber auch sein Fasziniert-Sein von der Gemeinschaft in Korinth formuliert. Die Anziehungskraft des jungen Christentums wird dabei spürbar.

Möglichkeiten der Streitschlichtung erfahren

- In der Geschichte werden mehrere Ansätze genannt, wie die Korinther ihre Streitigkeiten schlichten. Sch arbeiten sie heraus:
- Konsultation von Paulus als anerkannter Autorität;
- Diskussion;
- Aufeinander hören;
- Besinnung auf das Gemeinsame/Wesentliche (Jesus).
- Sch spielen eine Streitsituation (z. B. die Rolle der Frauen) in der Gemeinde von Korinth nach (Rollenkarten, vgl. Lehrerkommentar S. 253ff.) und schlichten den Streit, wie in der Geschichte beschrieben.
- Sch berichten von eigenen Erfahrungen, mit Streit umzugehen. Wichtige Regeln werden vorgestellt, diskutiert und festgehalten.
- Sch gestalten mit den Regeln der Streitschlichtung Plakate, die im Klassenzimmer aufgehängt werden.

3. Weiterführende Anregung

Projekt: Die antike Zeitung ergänzen
(vgl. Lehrerkommentar S. 225)

- Sch setzen ihre Kenntnisse in Zeitungsberichte um:
- Werbeanzeigen eines Korinther Reisebüros, einer Herberge an einer Römerstraße, eines Schiffseigentümers, der noch Plätze für eine Passage frei hat, usw.;
- Umfrage unter Korinther Bürgern, welcher Religion sie angehören und warum;
- Hintergrundbericht über das rasche Anwachsen der neuen Sekte der Anhänger des Paulus.

Hinaus in alle Welt!

Orientierung 4 116 117

1. Hintergrund

Das junge Christentum war nicht nur durch die neue Lebenspraxis seiner begeisterten Anhänger attraktiv, sondern auch eine Reihe äußerer Gründe begünstigte seine rasche Ausbreitung im römischen Weltreich. Neben der religiösen Landschaft (vgl. Lehrerkommentar S. 227) sorgte die Befriedung des Reiches durch Augustus, die so genannte **Pax Romana**, mit den relativ gut ausgebauten **Reisewegen** und der einheitlichen **Währung** für ungestörtes Reisen der christlichen Wanderprediger von Land zu Land. Auch die flächendeckende Verbreitung von **Griechisch und Latein** als Umgangssprachen erleichterte die Verständigung und die Predigt. Die überall verstreuten **Diasporajuden** hatten in vielen Ländern nicht nur den Monotheismus verbreitet, die jüdischen Synagogen und Gemeinden waren auch meist erste Anlaufstellen für die christlichen Missionare (vgl. *Orientierung 2* und *3*, **112ff.**).
Zum unüberwindlichen Konflikt zwischen dem römischen Kaiserreich mit seiner Staatsreligion und dem entstehenden Christentum wurde später der Kaiserkult, ein Element der religiösen Reform des Augustus, der dem allgemeinen religiösen Verfall entgegentreten und die ursprüngliche Religion restituieren wollte. Tatsächlich hatte nicht nur die Aufnahme fremder (v. a. griechischer) Götter in den Staatskult die römische Religion verändert, die ursprünglich v. a. aus rechtlichen Verträgen und vorgeschriebenen Kulthandlungen bestand und somit sehr gut für ein Volk geeignet war, das für seine Expansion göttlichen Schutz brauchte. Es breiteten sich gegen Ende der Republik viele orientalische Religionen aus, Mysterienkulte (z. B. Mithraskult, Isiskult) fanden ihre Anhänger, die »Religion« der Gebildeten war die Stoa geworden. Diese Vielfalt und der Verfall der Staatsreligion hinterließen im einfachen Volk Ratlosigkeit, aber auch eine große religiöse Sehnsucht auf der **Suche nach Sinn**.
»Die zu geringe Überzeugung von der Richtigkeit der eigenen religiösen Vorstellungen – das war sicher ein Grund, warum sich viele dem neuen Glauben öffneten. Ein anderer lag im Inhalt der christlichen Botschaft und der Glaubwürdigkeit seiner Verkünder. Der von Jesus gelehrte barmherzige Gott, mächtiger als alle anderen Götter, überzeugte mehr als Jupiter und die übrigen griechisch-römischen Götter, aber auch als der Isis-Osiris- oder der Mithraskult. Das Gebot, allen Notleidenden, auch den Feinden, zu helfen, ja

grundsätzlich alle Menschen als Brüder zu betrachten, musste nachdenkliche Menschen mehr ansprechen als eine religiöse Rechtfertigung der bestehenden sozialen Unterschiede« (Fröhlich, 50).
Die Bedeutung der **Paulusbriefe** für das Christentum kann nicht hoch genug eingeschätzt werden, sind sie doch die ältesten Texte des NT (1 Thess ca. 50 n. Chr.) und authentischere Zeugnisse des frühen Christentums als z. B. die Apostelgeschichte des Lukas (vgl. dazu *Orientierung 5,* **118** sowie Lehrerkommentar S. 230). Mit den Briefen des Apostels ist uns nicht nur das Glaubenszeugnis des ersten »Theologen« des Christentums überliefert, wir bekommen auch ein lebendiges Bild einiger von ihm gegründeter Gemeinden. Denn die im Zeitstil der Antike verfassten Episteln beziehen sich meist auf konkrete Situationen und Fragen, die in den Gemeinden aufgetaucht sind. **Anfang und Schluss des 1. Korintherbriefs**, auf *Orientierung 4* (**117**) abgedruckt, zeigen die christlichen Grußformeln und das (Selbst-) Verständnis von Absender und Adressaten. Die Perikope **Phil 4,4-9** gibt eine Kostprobe des paulinischen Stils, v. a. aber seiner Botschaft: Die Christen haben allen Grund zur Freude, denn der Herr ist nahe. Durch die Gemeinschaft mit Christus hat sich alles geändert, die Brüder und Schwestern dürfen nun ein neues, viel besseres Leben führen.

2. Einsatzmöglichkeiten im RU

Äußere und innere Gründe für die Ausbreitung des Christentums kennen lernen

- Sch stellen mithilfe von *Orientierung 4* (**116**) und des auf *Orientierung 1* bis *3* (**110f.**) Erfahrenen auf **AB 6.5.13, Lehrerkommentar S. 258**, die äußeren und inneren Gründe für die rasche Ausbreitung des Christentums zusammen.

Lösungsvorschläge:

- *Innere Gründe:* Gott nimmt alle an; Gott will keine Opfer, sondern Liebe; Gott befreit von Lasten, vom Tod; Leben in der Gemeinschaft der Gläubigen.
- *Äußere Gründe:* gute Reisewege; Frieden im römischen Weltreich; einheitliche Währung; Latein und Griechisch als Weltsprachen; jüdische Diasporagemeinden; viele Menschen auf der Suche nach Sinn.

- Sch spielen eine Szene, in der Achaikos nach den Gründen für die rasche Ausbreitung des Christentums fragt, Timotheus, Marcella, Kalchus und andere (Rollenkarten, vgl. Lehrerkommentar S. 253ff.) antworten.

Paulusbriefe kennen lernen

- Sch schlagen im Neuen Testament die auf *Orientierung 4* (**117**) zitierten und aufgeführten »echten« Paulusbriefe sowie die dem Apostel zugeschriebenen Briefe nach. Sie suchen die Gemeinden auf der Karte *Orientierung 6* (**120f.**), vgl. dort den zweiten Arbeitsauftrag.
- Sch lösen mithilfe des NT das Kreuzworträtsel **AB 6.5.14, Lehrerkommentar S. 259**. Das Lösungswort leitet zur nächsten Seite, zum Apostelkonzil, über.

Lösung:

						1	A	P	O	S	T	E	L		
	2	P	H	I	L	I	P	P	E	R					
			3	G	E	B	O	T	E						
			4	O	N	E	S	I	M	U	S				
		5	G	E	B	E	T	E							
		6	G	N	A	D	E	N	G	A	B	E	N		
7	A	P	O	S	T	E	L	K	O	N	Z	I	L		
				8	T	O	D	E	S	G	E	F	A	H	R
9	T	I	M	O	T	H	E	U	S						
			10	H	E	R	R	E	N	M	A	H	L		
			11	K	E	P	H	A	S						
					12	G	E	F	A	E	N	G	N	I	S
	13	V	E	R	H	E	I	S	S	U	N	G	E	N	
		14	S	U	E	N	D	E							
					15	G	E	W	I	N	N				
			16	H	Y	M	N	E	N						

Lösungswort: Apostel der Heiden

Einen Brief an Paulus schreiben

- Sch schreiben, ausgehend von der Geschichte *Orientierung 3* (**114f.**), einen Brief der Gemeinde von Korinth an Paulus, in dem ein Problem geschildert und der Apostel um Rat gefragt wird. Dabei soll der formelhafte Anfang und Schluss berücksichtigt werden.

3. Weiterführende Anregung

Projekt: Die antike Zeitung ergänzen

(vgl. Lehrerkommentar S. 225)

- Sch setzen ihre Kenntnisse in Zeitungsberichte um:
- Sie schreiben zu einer der Überschriften auf *Orientierung 4* (**116**) eine Zeitungsmeldung (*Pax Romana* – der römische Frieden; Römische Reisewege; Römisches Bürgerrecht; Eine einzige Währung; Auf der Suche nach Sinn; Latein und Griechisch als Weltsprachen; Die Juden – verstreut in alle Welt).
- Sch schreiben Leserbriefe (Rollenkarten, vgl. Lehrerkommentar S. 253ff.), in denen antike Korinther ihren Protest oder ihre Begeisterung über vorher »erschienene« Berichte und Themen ausdrücken.

1. Hintergrund

In **zwei Briefen** von fiktiven historischen Figuren wird hier über das Apostelkonzil und die Areopagrede des Paulus berichtet. Verbindendes Element zur zentralen Geschichte *Orientierung 2* und *3* (**112-115**), die einige Jahre später spielt, sind die Themen aus der frühen Kirche und die korinthischen Adressaten.
Hinweis: Evtl. empfiehlt es sich, die Zeittafel zu Paulus von *Orientierung 6* (**120**) und dazu **AB 6.5.15, Lehrerkommentar S. 260** hier vorzuziehen um die Chronologie sicherzustellen.
Achilina ist Sklavin bei einem vornehmen christlichen Römer in Jerusalem, der sie nicht nur wie ein Familienmitglied behandelt, sondern sie auch mit zu den Versammlungen der Christen nimmt. So wird sie Zeugin des Apostelkonzils, von dem sie lebendig und anschaulich berichtet. Die Leserin hat den Vorteil, dass sie gleich das Wesentliche und die Auswirkungen der Entscheidung erfährt.
Der Grieche **Theophilus** ist hoher Verwaltungsbeamter in Athen. Ihm setzen nicht nur die römischen Besatzer zu, sondern auch ein Wanderprediger namens Paulus, der durch seine Rede auf dem Areopag Aufsehen erregt und tumultartige Szenen verursacht. Vor diesem Mann warnt er seinen Kollegen in Korinth. Der Schwerpunkt seines Berichts liegt, anders als in Apg 17, auf dem Ärgernis durch Tod und Auferstehung Jesu.
Dass Paulus in Athen keinen Erfolg hatte, wie Theophilus berichtet, wird in der Bibel nicht nur in 1 Thess 3,1 belegt, sondern auch durch die fehlenden Berichte über eine Gemeindebildung oder die Taufe jüdischer Athener. Dass Paulus allerdings mit der Predigt scheiterte, die ihm Lukas in Apg 17 zuschreibt, ist höchst unwahrscheinlich. Lukas stilisiert die Predigt in der Stadt des griechischen Geistes an denkwürdigem Ort zu »katechetische(n) Linien für die Belehrung der griechisch-heidnischen Göttergläubigen« (Mertens). So lässt er hier Paulus von der natürlichen, vernünftigen Gotteserkenntnis sprechen und von der Gottverwandtschaft des Menschen, ein unlösbarer Widerspruch zu dem Paulus, der von dem Wunder der Annahme durch Gott und von der Gotteskindschaft um Christi willen schreibt. Wenn Paulus in Athen scheiterte, dann »schwerlich mit dem Versuch einer Anpassung an griechische Bildung und Philosophie, sondern mit demselben Evangelium, das er hier wie überall verkündigt hat: mit der Botschaft von Schuld und Gnade, dem Zorn Gottes und dem in Christi Kreuz eröffneten Heil« (Bornkamm, 85).

2. Einsatzmöglichkeiten im RU

Sich über das Apostelkonzil informieren

- Sch lesen den Brief der Achilina und Apg 15. Sie fassen Streitfrage und Ergebnis sowie die Bedeutung der Einigung zusammen.
- Auf das bereits bearbeitete **AB 6.5.15, Lehrerkommentar S. 260**, werden weitere Gründe für die rasche Ausbreitung des Christentums geschrieben, z. B. :
  - *innere Gründe:* Gleichheit zwischen Herr(inn)en und Sklav(inn)en
  - *äußere Gründe:* gesetzesfreie Heidenmission
- Sch spielen das Apostelkonzil nach. Zuvor werden in GA die Standpunkte der Parteien notiert.
- Sch informieren sich über den Begriff »Konzil« (z. B. im Internet unter www.reli-lex.de) und überlegen, was das Apostelkonzil mit den späteren ökumenischen Konzilien gemeinsam hat.
- Sch nennen Themen aus ihrem Erfahrungsbereich, über die heute ein Konzil beraten sollte (z. B. die Gestaltung der Gottesdienste, Frauen im Priesteramt etc.).

Die Areopagrede des Paulus nach Apg 17 kennen lernen

- Sch lesen den Brief des Theophilus und Apg 17,16-34 und erklären die Reaktionen der Zuhörer des Paulus.
- Sch produzieren die Fernseh-Nachrichtensendung von »Athen TV«, die die Ereignisse des Tages zusammenfasst. Die »Sendung« kann auf Video aufgezeichnet, bei Zeitmangel auch nur gespielt werden.
  Vorschläge für Beiträge: Hintergrundberichte über Paulus/über den Areopag/Interviews mit der Frau des Theophilus, mit einem der Philosophen, mit einer Passantin, mit einem Anhänger des Paulus ...
  Hinweis: Auch hier können einige der Rollenkarten, vgl. Lehrerkommentar S. 253ff., eingesetzt werden.

Das Apostelkonzil in Jerusalem (Apg 15,1-35 und Gal 2,1-10)

Die Streitfrage des Apostelkonzils, ob Heidenchristen sich beschneiden lassen und damit das gesamte jüdische Gesetz übernehmen müssen, wie es die ersten Jerusalemer Christen taten, oder ob, wie Paulus es praktizierte, die Taufe allein ausreicht um Christ zu werden, wurde zu einer harten Bewährungsprobe für die junge Kirche. Dass die Einheit gewahrt blieb, zeugt nicht nur von der Streitkultur, sondern auch von der Kraft der neuen Gemeinschaft, im Dienste der gemeinsamen Sache, des Evangeliums, erhebliche Differenzen zu überwinden.

Das Apostelkonzil nimmt bei Lukas schon durch die zentrale Stellung in der Mitte der Apg, gleichsam als »Wasserscheide« (Bornkamm) zwischen Jerusalemer Gemeinde und Heidenmission, einen zentralen Platz ein. Stil und Umfang der Perikope in Gal, historisch die zuverlässigere Quelle, verraten auch Jahre später noch die Bewegtheit des Paulus. Die großen Unterschiede zwischen den Texten (vgl. Tabelle) sind wohl auf das Programm des Lukas zurückzuführen, der die geistgewirkte Ausbreitung der Kirche ausgehend von Jerusalem und den Aposteln als Augenzeugen des Todes und der Auferstehung Jesu schildert. Das wesentliche Ergebnis – obwohl auch hier die Berichte voneinander abweichen – ist bei beiden gleich: Gerettet wird der Mensch ohne das Gesetz, nur durch die Gnade Gottes. Die Einheit des Evangeliums bleibt gewahrt. Und: Die Gefahr, dass das Christentum eine kleine jüdische Sekte bleibt, ist gebannt.

	Apg 15,1-35	**Gal 2,1-10**
Gruppe der Antiochener:	Paulus, Barnabas und andere	Paulus, Barnabas und Titus (unbeschnittener Heidenchrist)
Grund der Reise nach Jerusalem:	Als Abgesandte der Gemeinde	Aufgrund einer Offenbarung
Gemeindeleitung in Jerusalem:	Petrus, Jakobus mit Aposteln und Ältesten (Autorität aufgrund der Augenzeugenschaft)	Petrus, Jakobus, Johannes als Säulen jetzt im Ansehen, nicht wegen ihrer Vergangenheit
Verlauf der Verhandlung:	Entscheidende Rede von Petrus: Plädoyer für gesetzesfreie Heidenmission	Entscheidende Rolle des Paulus: Vorlage und Bestätigung seines Evangeliums
Verhältnis/Status der Verhandelnden:	Jerusalemer: Apostel Paulus und Barnabas: Brüder	Keine Titel; Handschlag der Gemeinschaft
Beschluss:	Keine Lasten für Heidenchristen, außer: Enthaltung von Götzenopferfleisch, Blut, Ersticktem und Unzucht	Keine Auflagen; verschiedene Ausrichtung der Mission; Kollekte für die Armen in Jerusalem

Der Name »Apostelkonzil« wird zwar traditionell für dieses Ereignis gebraucht, ist aber missverständlich, denn die Versammlung der Apostel um das Jahr 48 n. Chr. hatte noch nicht den Charakter der späteren ökumenischen Konzilien, was kirchenrechtliche Fragen und die Kirchenverfassung betrifft, beginnend mit dem 1. ökumenischen Konzil in Nizäa, 325, hin zum bisher letzten, dem 2. Vatikanischen Konzil, 1962-1965. Einberufung und Gültigkeit der Beschlüsse wurden später deutlich anders geregelt, als sich Hierarchie und Kirchenrecht etabliert hatten. Gemeinsam mit seinen Nachfolgern sind dem Apostelkonzil allerdings die Vertretung der gesamten Kirche und der Wille, auf der Grundlage des Evangeliums Jesu Christi und in seinem Geist eine Einigung zu erzielen.

1. Hintergrund

Anhand einer **Landkarte** mit Stationen aus dem Leben und Wirken des Paulus wird hier schon Bekanntes noch einmal aufgegriffen und durch weitere Informationen vervollständigt. Somit kann nun das Leben des Paulus im chronologischen Ablauf betrachtet werden. Allerdings gibt es nur ein einziges absolutes Datum für die Chronologie des Paulus, das sich aus der Erwähnung des Statthalters Gallio in Apg 18,12 ergibt. Dessen Amtszeit in Achaia war laut einer Inschrift in Delphi höchstwahrscheinlich von Frühjahr 51-52, als sich Paulus in Korinth aufhielt. Von diesem Datum an müssen alle weiteren relativen Datierungen nach den oft unpräzisen Angaben der Paulusbriefe und der Apg vor- und zurückgerechnet werden. Daraus folgen teilweise unterschiedliche Angaben in den verschiedenen Darstellungen.

Die Missionsreisen des Paulus
Paulus war zwar nicht der einzige Missionar außerhalb Palästinas, gilt aber als Prototyp des christlichen Missionars, weil er den Völkern der griechisch-römischen Welt den Zugang zum Christentum eröffnet hatte. Doch selbst wenn die Bedingungen für die Ausbreitung des Christentums günstig waren (vgl. Lehrerkommentar S. 227ff.), so dürften die Strapazen der Paulusreisen um vieles härter gewesen sein, als es in der Apostelgeschichte klingt. Die Reise- und Klimaverhältnisse, die riesigen Entfernungen und verschiedenen politischen und religiösen Interessen in vielen Städten des Reiches boten viel Widerstand. Paulus selbst spricht in einigen Briefen von den Widrigkeiten, die ihm begegnet sind (z. B. 2 Kor 11,24-26).
Auf seiner *ersten Missionsreise* (etwa 46-48 n. Chr.; Apg 13,4-14,28) mit Barnabas und Johannes Markus kam er nach Zypern, die Heimat des Barnabas, und von dort aus nach Kleinasien.
Die *zweite Missionsreise* (etwa 49-51 n. Chr.; Apg 15,36-18,22) unternahm er in Begleitung von Silas und Timotheus. Sie führte zunächst zu einigen Stationen der ersten Reise und dann nach Griechenland. Das Christentum hatte Europa erreicht.
Auf der *dritten Missionsreise* (etwa 52-56 n. Chr.; Apg 18,23-21,17) kommt er zunächst nach Ephesus, wo er sich einige Zeit aufhält. Dann besucht er wieder früher gegründete Gemeinden.
Seine *letzte Reise*, die Reise nach Rom (etwa 60 n. Chr.; Apg 21,18-28,31), macht Paulus als römischer Gefangener. Nach der gefährlichen Fahrt lebt und wirkt er in Rom unter Hausarrest, aber relativ frei.

Paulus bewegte sich im subtropischen Klima des Mittelmeerraums mit sehr heißen, trockenen Sommern und milden, feuchten Wintern. Wenn das Meer im Sommer befahrbar war, war der Reisende der glühenden Sonne ausgesetzt. War er im Winter zu Lande unterwegs, musste er befürchten, auf schlechten Wegen im Schlamm stecken zu bleiben. Dennoch legte Paulus Tausende von Kilometern zurück.

2. Einsatzmöglichkeiten im RU

Zeittafel zu Paulus erstellen

- Sch erstellen aus den Angaben von *Orientierung 6* **(120f.)** auf **AB 6.5.15, Lehrerkommentar S. 260**, eine Zeittafel mit den wichtigsten Stationen im Leben des Apostels.

Lösung:

Um Christi Geburt:	Saulus in Tarsus als Kind strenggläubiger Juden mit dem römischen Bürgerrecht geboren.
Etwa 10-32 n. Chr.:	Ausbildung in Jerusalem zum Zeltmacher und Schriftgelehrten.
Um 32 n. Chr.:	Verfolgung der Christen; Bekehrung vor Damaskus; Taufe.
Etwa 33-46 n. Chr.:	Mission in Syrien und Arabien.
Etwa 46-48 n. Chr.:	Erste Missionsreise
Um 48 n. Chr.:	Apostelkonzil in Jerusalem.
Um 49 n. Chr.:	Rede auf dem Areopag in Athen.
Etwa 49-51 n. Chr.:	Zweite Missionsreise; Aufenthalt in Korinth.
Etwa 52-56 n. Chr.:	Dritte Missionsreise; Aufenthalt in Ephesus.
Um 57 n. Chr.:	Verhaftung in Jerusalem durch die Römer.
Etwa 60-62 n. Chr.:	Überstellung nach Rom; Hausarrest.
Um 64 n. Chr.:	Märtyrertod in Rom unter Kaiser Nero.

Sich über Klima und Entfernungen erkundigen

- Sch erkundigen sich mithilfe ihrer Atlanten nach dem Klima im Reisegebiet des Paulus (Zusammenarbeit mit Erdkunde!).
- Sch berichten von eigenen Urlaubserfahrungen aus der Region und stellen sich vor, nicht am Meer beim Baden, sondern – wie Paulus – zu Fuß auf einer staubigen Landstraße im Landesinneren unterwegs zu sein.
- Sch gestalten eine Tagebuchseite eines/einer Mitarbeiter/in des Paulus, der/die mit ihm im Sommer auf der Landstraße von Athen nach Korinth unterwegs ist.

- Sch messen mit der Wollfadenmethode die Route der zweiten Missionsreise aus (vgl. *Orientierung 6*, **120**). Man kommt auf etwa 4400 km.

3. Weiterführende Anregung

Computerspiel zu Paulus spielen
Auf der Web-Seite der EKD findet sich ein sehr originelles und gut gemachtes Online-Spiel zu Paulus (www.ekd.de/paulus). Man kann sich hier auf vergnügliche Art durch die Stationen und Themen des Paulus-Lebens lesen und klicken. Die Seiten sind mit witzigen Zeichnungen versehen und in lockerem Stil geschrieben. Die Navigation ist einfach und übersichtlich. Für die »Freaks«, die schnell von Tarsus nach Rom gekommen sind und das Lösungswort bald gefunden haben, gibt es noch eine »verschärfte Variante«.

- Sch loggen sich in GA im Internet auf der Seite www.ekd. de/paulus ein und testen das Paulus-Spiel. Es kann ein Wettbewerb veranstaltet werden, wer zuerst das Lösungswort hat.
  Hinweis: L sollte kurz erklären, warum die Jahreszahlen dort von denen im Schulbuch, in der Bibel etc. abweichen können.

Petrus und Paulus — Orientierung 7 122 123

1. Hintergrund

Die in Grün, Blau und Erdtönen gehaltenen Abbildungen der beiden Apostel Paulus und Petrus sind **Mosaiken** des 6. Jahrhunderts aus der berühmten Kirche San Vitale in Ravenna. Die beiden auch sonst oft komplementär abgebildeten Apostel sind hier als Brustbilder in Medaillons dargestellt, die von zwei verschlungenen Delfinen gehalten werden. Der Delfin, in der Antike ein Symbol für Klugheit, Schnelligkeit und Menschenfreundlichkeit, wird in der frühchristlichen Kunst auf Christus bezogen und geht allmählich in das umfassendere Symbol des Fisches über. Interessant in ihrem Christusbezug ist eine benachbarte Delfindarstellung auf einem Mosaik mit der Berufungsszene des Petrus und Andreas in S. Apollinare Nuovo in Ravenna.
Die Blicke beider Apostel selbst sind ernst und direkt, die Stirnen in Falten gezogen. Die beiden sind zeittypisch bärtig und mit Nimben als Zeichen ihrer Würde und Bedeutung dargestellt.
Die **Tabelle** auf *Orientierung 7* (**122**) stellt den biblischen Selbstzeugnissen des Paulus die Aussagen des Evangelisten Matthäus über Petrus gegenüber. *Paulus* betont seine jüdischen Wurzeln (Gal 1,13f.), aber auch die Verblendung, in die ihn sein maßloser Eifer für die Überlieferung der Väter führte, sodass er die Kirche Gottes verfolgte und zu vernichten suchte. Das Bewusstsein seiner Erwählung (Gal 1,15) steht dem Bewusstsein von seiner Minderwertigkeit gegenüber, er ist der »geringste der Apostel«, die »Missgeburt«, was die Gnade seiner Berufung umso größer erscheinen lässt.
Entschieden verteidigt er die Unabhängigkeit seines Evangeliums: Er ist zwar kein Augenzeuge mehr und Christus erschien ihm als Letztem, doch hat er das Evangelium direkt von Gott (und nicht von den Jerusalemer Aposteln übernommen, nicht einmal von diesen genehmigt, vgl. Gal 1,15-17). Seine Berufung ist es, das Evangelium unter den Heiden zu verkünden (Gal 2,8). Darin sieht er sich im gleichen Rang wie Petrus, der als Apostel unter den Juden wirkt.
Das *Petrusbild bei Matthäus* enthält zwei Hauptakzente. Zum einen wird er als der »exemplarische Jünger« (Gnilka) dargestellt. Was für ihn gilt, gilt auch für andere und zwar in seinen löblichen Eigenschaften und in seinem Versagen. Er wird berufen (4,18) wie andere, nimmt Jesus auf (8,14), bekennt sich zu ihm (16,16). Andererseits überschätzt er seine Kraft und seinen Glauben im Seesturm (14,28ff.), wird »Satan« gescholten, weil er sich dem Leidensgedanken widersetzt (16,22f.), und versagt in der Passion kläglich, obwohl Jesus ihm dies vorausgesagt hatte (26,40. 69ff.). Der zweite Akzent aber ist die »Linie, in der die Bedeutung des Petrus für die Kirche aufgewiesen wird« (Gnilka). Er ist der Erstberufene, führt die Liste der Zwölf an (10,2), tritt wiederholt als Sprecher auf, wenn es um eine das Leben der Jüngerschaft/Gemeinde betreffende Frage geht. Nach anderen Quellen wird er zum ersten Osterzeugen (Lk 24,34; 1 Kor 15,5, dagegen aber Joh 20,11ff.: Maria aus Magdala). Vor allem aber wird er zum Fels der Kirche erklärt (16,17ff.). Ihm wird zusammen mit den Jüngern (18,18), an dieser Stelle (16,17ff.) jedoch speziell ihm als Felsen, die Schlüsselgewalt und die Vollmacht zu binden und zu lösen erteilt. Damit ist Petrus der »Bürge der Christus-Tradition«, dessen Aufgabe es ist, »die Lehre Jesu in ihrer ganzen Kraft unverfälscht zur Geltung zu bringen« (Gnilka, 68f.).
Das **römische Öllämpchen** aus dem 4. Jahrhundert stellt ein Boot dar, dessen Mastspitze ein Kreuz trägt. Das Schiff (der Kirche) wird gesteuert von Petrus, der am Heck das Steuerruder hält, während Paulus am Bug Ausschau hält. Dieses Bild zeigt nicht nur die Hochachtung, die beide Apostel in der alten Kirche genossen, sondern auch die Verschiedenartigkeit und gleichzeitig das Komplementäre der jeweiligen Aufgaben.

Auf *Orientierung 7* (**123**) ist **»Das Martyrium des Petrus und Paulus«** nach dem 1. Clemensbrief abgedruckt. Der kirchlichen Tradition nach wurde der 1. Clemensbrief von dem Gemeindevorsteher Clemens von Rom, dem zweiten oder dritten Nachfolger Petri, um 95 an die Gemeinde in Korinth geschrieben. Dort gab es Probleme wegen der Absetzung einiger Presbyter. Clemens mahnt zum Frieden und zur Ordnung und verteidigt die prinzipielle Unabsetzbarkeit der Presbyter, deren Autorität auf Gott selbst zurückginge, da die Gemeindeverfassung von den von Jesus Christus eingesetzten Aposteln stamme. Die Ausführungen zum Märtyrertod von Petrus und Paulus stehen hier also im Zusammenhang mit der Frage nach Organisation, Autorität und Amt in der Kirche. (Etwa 80 Jahre später beruft sich Irenäus von Lyon auf die beiden Apostel um den Vorrang der Kirche von Rom zu begründen.)

Schon in dieser frühen Zeit werden demnach Petrus und Paulus zusammen aus der Zahl der eigentlich gleichrangigen Apostel herausgehoben. Zu besonderer Ehre gelangten sie nach Clemens durch ihr Zeugnis, ihre Mühsal und ihren Märtyrertod. Gesicherte historische Daten über den Tod von Petrus und Paulus gibt es nicht, doch die Tatsache, dass z. B. Clemens die Apostel wegen ihres Martyriums preist, sowie die reiche Legendenbildung lassen ein solches wahrscheinlich erscheinen.

Unstrittig ist, dass die – uns heute etwas fremd anmutende – begeisterte Bereitschaft zum Martyrium ein herausragendes Merkmal der Christen der ersten Jahrhunderte war. Darin zeigt sich ein entschiedenes und endgültiges Bekenntnis zu Christus und der Wille, dem geliebten *Kyrios* gleich zu werden. Insofern passen die Tode, die die Überlieferung den Aposteln Paulus und Petrus zuschreibt, zu ihrem Zeugnis zu Lebzeiten.

»Ich schreibe an alle Kirchen und schärfe allen ein, dass ich freiwillig für Gott sterbe, wenn anders ihr mich nicht hindern werdet ... Lasst mich der wilden Tiere Fraß sein, durch die hindurch ich zu Gott gelangen mag! Weizen Gottes bin ich und von den Zähnen wilder Tiere werde ich zermahlen, auf dass ich als reines Brot Christi erfunden werde.«
(Ignatius von Antiochien um 110, auf dem Weg nach Rom zum Martyrium)

Stefan Lochner: »Martyrium des Petrus und des Paulus«, um 1435-40

Die beiden Darstellungen der Martyrien des Petrus und Paulus (je 40x40 cm; Öl, Holz; Städelsches Kunstinstitut in Frankfurt am Main) bilden zusammen mit zehn weiteren Martyriumsbildern der Apostel die Innenseite zweier Altarflügel, dessen Mitteltafel das Weltgericht zeigt.

Der Künstler verarbeitet hier die Legendentradition, die sich um diese wichtigen Apostel bildete.

Petrus ließ sich, in Rom zum Tod verurteilt, der Überlieferung zufolge auf eigenen Wunsch im Zirkus des Nero umgekehrt ans Kreuz schlagen, da er sich nicht für würdig hielt, den gleichen Tod wie Jesus Christus zu sterben.

Bei Paulus sprang der Legende nach das abgeschlagene Haupt dreimal auf, dabei entstanden drei Quellen aus seinem Blut. An dieser Stelle wurde später die Kirche S. Paolo alle Tre Fontane errichtet.

Stefan Lochner (um 1410-1451)
Der Kölner Maler Stefan Lochner (um 1410 bis 1451) ist einer der bedeutendsten Künstler des späten Mittelalters. Über sein Leben ist wenig bekannt, außer dass er wohl aus der Bodenseeregion stammte.

2. Einsatzmöglichkeiten im RU

Gemeinsamkeiten und Unterschiede zwischen Petrus und Paulus erkennen

- Sch erkennen in den Wort- und Bildzeugnissen auf *Orientierung 7* (**122f.**) die herausragende Stellung, die die Apostel Petrus und Paulus trotz ihrer Schwächen im NT und in der frühen Kirche hatten.
- Sch arbeiten anhand von **AB 6.5.16, Lehrerkommentar S. 261**, Gemeinsamkeiten und Unterschiede der Apostel heraus (Lösung siehe Lehrerkommentar S. 235).
- Sch sprechen über ihre eigenen Stärken und Schwächen und darüber, wodurch eine Schwäche überwunden werden kann (z. B. dadurch, dass jemand einem eine Leistung zutraut oder dass jemand einem eine wichtige Aufgabe gibt).
- Davon ausgehend erklären sie die biblischen Begriffe »Erwählung« und »Berufung« neu (z. B. als Angenommensein, Ernstgenommensein von Gott; als Anvertrauen einer wichtigen Aufgabe).

Dialog zwischen Petrus und Paulus schreiben und spielen

- Sch schreiben einen möglichen Dialog zwischen den beiden Aposteln, z. B. aus Anlass eines Treffens in Rom, und spielen ihn dann nach.
  Variante: Petrus und Paulus sind zu einer Talkshow eingeladen und geben Auskunft über ihr Leben und Wirken (vgl. Lehrerkommentar S. 235).

Die Bedeutung des Martyriums der Apostel kennen lernen

- Sch lernen die Aussagen des Clemensbriefs über Petrus und Paulus kennen:

Lösung zu AB 6.5.16, Lehrerkommentar S. 261:

	Paulus	**Petrus**
Verhältnis zu Jesus:	Keine Bekanntschaft mit Jesus vor seinem Tod; auferstandener Christus erscheint ihm	Freundschaft zu Lebzeiten; Augenzeuge; auferstandener Christus erscheint ihm
Stärken: *Schwächen:*	Starker Glaube; Liebe zu Jesus Verfolgung Jesu; Übereifer; körperliche Schwächen	Starker Glaube; Liebe zu Jesus Mangelnder Glaube; Verleugnung Jesu; Angst
Aufgaben:	Verkündigung des Evangeliums (unter den Heiden)	Verkündigung des Evangeliums (unter den Juden); als Fels der Kirche Träger der Schlüssel des Himmelreiches

– Apostel als Vorbilder, als Kämpfer bis in den Tod;
– Apostel als Verfolgte, Angefochtene durch Eifersucht, Neid, Streit; Paulus zusätzlich durch Gefangenschaft und Steinigung;
– Apostel als Lehrer der Gerechtigkeit und Missionare, v. a. aber Zeugen (Jesu Christi) = Märtyrer;
– Martyrium bringt sie an »den heiligen Ort«/«Ort der Herrlichkeit« (zu Gott).

- Sch erkennen, dass das Martyrium die Bedeutung und das Ansehen der Apostel in der alten Kirche noch unterstrich.

Über die Bedeutung der Apostel heute nachdenken

- Sch schreiben arbeitsteilig Texte mit den Überschriften: »Wenn es Petrus nicht gegeben hätte ...«; »Wenn es Paulus nicht gegeben hätte ...«. Sie können darin das bisher Gelernte zusammenfassen und weiterspinnen. Es sind unterschiedlichste Texte denkbar, gemeinsam dürfte sein, dass es die Kirche ohne die beiden Apostel vielleicht gar nicht geben würde.
- Sch erkundigen sich (z. B. unter www.heiligenlexikon.de) über das Fest »Peter und Paul«.

Weitere Darstellungen von Petrus und Paulus suchen

- Sch suchen weitere Darstellungen der beiden Apostel, z. B. in ihrer Heimatkirche, in der Schulbibliothek oder im Internet (z. B. mithilfe einer Suchmaschine wie Google/Bilder).
- Sch deuten, evtl. mithilfe eines Symbol- oder Heiligenlexikons, die Attribute, mit denen die Apostel dargestellt sind.

Lösung:
Petrus wird dargestellt mit zwei Schlüsseln (Recht zu binden und zu lösen nach Mt 16,19), dem Schiff (der Kirche), einem Buch (vgl. Paulus), dem Hahn (Symbol des Verrats und der Reue) und dem umgedrehten Kreuz.
Paulus wird, wie auch andere Apostel, mit einem Buch als Symbol der *traditio legis* durch Christus dargestellt oder mit einem Schwert, gleichzeitig Marterinstrument und Symbol der Entscheidung.

3. Weiterführende Anregungen

Andere Apostel kennen lernen

- Sch lesen »Die Wahl der Zwölf« (Mt 10,1-4) und erkennen die Zwölf-Zahl parallel zu den zwölf Stämmen Israels als Symbol für das neue Volk Gottes, die Apostel selbst als Beauftragte Jesu.

Apostel
Apostel (griech. ἀπόστολος = Gesandter) ist ein im Urchristentum gebildeter Begriff, der in erster Linie den engsten Jüngerkreis Jesu betrifft, die »Zwölf«, aber auch Paulus, den Herrenbruder Jakobus, verschiedene Missionare (z. B. Barnabas) usw. Der Gesandte eines Menschen ist gleichsam dieser selbst (vgl. Joh 13,16), handelt wie er und ist wie dieser zu behandeln. »Apostel« ist also ein Funktionstitel aus dem urchristlichen Sprachgebrauch. Als in der zweiten christlichen Generation (ab ca. 70) in zunehmendem Maße eine Institutionalisierung der kirchlichen Gemeinden stattfand, wurde der Titel »Apostel« zur Bezeichnung des einmaligen Amtes der »Zwölf« verwendet, das in hervorragender Weise als bevollmächtigter Dienst verstanden wurde.

- Sch suchen Informationen (z. B. www.heiligenlexikon. de) zu den Aposteln, ihrem Wirken und ihren Attributen.
- Sch sammeln Abbildungen von Aposteln und hängen sie im Klassenzimmer auf.
  Variante: Sch malen Bilder der Apostel, die sie durch die jeweiligen Attribute kenntlich machen, und stellen sie zu einer Ausstellung zusammen.
  Literaturhinweis: Eine Abbildung der zwölf Apostel mit Namen und Attributen findet sich beispielsweise in: Goecke-Seischab u. a., Kirchen erkunden, Kirchen erschließen, Lahr 1998, 194.

Petrus und Paulus in eine Talkshow einladen
Petrus und Paulus treten bei einer Talkshow auf und treffen dort auf heutige Idole der Sch (z. B. aus Sport und Musik, vgl. *Kontext,* **106f.**).

- Sch legen die mitwirkenden Personen fest und schreiben ein Drehbuch für die Show. Ziel ist es, Informationen über das Leben und die Ziele der eingeladenen Personen zu bekommen. V. a. die Fragen des Moderators/der Moderatorin sollten sorgfältig ausgearbeitet werden.
- Ein Teil der Klasse übt die Rollen, andere kümmern sich um Bühnenbild, Kostüme und Videokamera.
- Sch spielen die Veranstaltung und zeichnen sie auf Video auf.
- Der Film wird in der Klasse noch einmal abgespielt. Es folgt eine Diskussion über die Bedeutung von Stars/Vorbildern. (Nach einer Idee von Ute Wania-Olbrich, Neustadt/Aisch)

Sich mit einem Paulus-Gedicht beschäftigen

- Sch sprechen darüber, was Paulus in den letzten Stunden vor seinem Tod wohl durch den Kopf gegangen ist.
- Sch erhalten das Gedicht von Franz Werfel (**AB 6.5.17, Lehrerkommentar S. 262**) in Strophen zerschnitten und bringen es selbst in die richtige Reihenfolge.
- Sie vergleichen die Aspekte, die Werfel nennt bzw. zurückweist, mit ihren eigenen Überlegungen und suchen Gründe für die Darstellung des Gedichts.
- Sch stellen des Apostels »bleibende Verwurzelung im Judentum« (Langenhorst) fest.

Franz Werfel: Der Tod des Paulus
Franz Werfel (geb. 1890 in Prag, gest. 1945 im kalifornischen Exil) ist vor allem als Romancier »eine zentrale Gestalt der deutschsprachigen Literatur der 20. Jahrhunderts« (Langenhorst, 247). Als Jude hat er sich voller Sympathie mit dem Christentum auseinander gesetzt. Insofern ist Paulus für ihn eine »ideale Identifikationsfigur« (ebd.) als einer, der in der Begegnung mit Christus sein Jude-Sein sprengt und doch ganz Jude bleibt.
Das Gedicht »Der Tod des Paulus«, geschrieben 1927, lenkt den Blick noch einmal in anderer Weise auf das Ende des Paulus, auf Paulus als den Juden bis zuletzt:
»Das sechsstrophige Gedicht – konventionell gebaut in kreuzreimigen Vierversstrophen – malt ein psychologisch ausdeutendes Gemälde: Paulus, am Ende wieder ›Schaul‹ genannt, blickt auf sein Leben zurück, ein Jude unter anderen Juden, weggesperrt in die schaurigen Verliese Roms, in Erwartung der Vollstreckung des Todesurteils in der Arena. Was bleibt vom Leben? – Ein ›schwarzer Koffer‹ wie von einem Soldaten, einem ›Soldaten des Glaubens‹. Was bleibt an Erinnerungen? – Nicht die Faszination der bereisten Länder, nicht die Erinnerung an die Berufung, auch nicht an die Qualen. Allein ein Gewirr von Wegen und Straßen, die ihm wie ein ›Blitzgeflecht‹ scheinen. Herausgerissen aus dieser krampfhaften Erinnerung wird er durch den Betgesang der anderen Juden, die den Betmantel (›Tallis‹) umgebunden haben und ihr Gebet mit der messianischen Hoffnung auf eine Rückkehr nach Zion beschließen. Und Schaul – Jude unter Juden bis zuletzt – stimmt ein in das Gebet.« (Langenhorst, 249)

Von der verfolgten Minderheit zur Staatsreligion

Orientierung 8 124 125

1. Hintergrund

Auf *Orientierung 8* (**124f.**) wird wie auf der vorangehenden Doppelseite viel mit Originalquellen gearbeitet. An Beispielen wird dargestellt, warum das Christentum in Konflikt mit der römischen Staatsmacht geriet und wie es sich schließlich doch durchsetzte.
Unter den Kaisern Marc Aurel (161-180) und seines Sohnes Commodus (180-192) gab es kein staatliches Programm zur Verfolgung der Christen, vielmehr wurde die Linie, die sich unter Trajan (98-117) entwickelt hatte, fortgesetzt: »Christen werden nur dann vor Gericht gestellt, wenn sie der Behörde als solche angezeigt werden; zu ihrer Verurteilung genügt aber das Bekenntnis des christlichen Glaubens, der Nachweis anderer Verbrechen ist nicht erforderlich. Deshalb sind die Prozesse gegen Christen nur sporadisch nachweisbar« (Baus, 192).
Einen solchen Nachweis stellt das **Gerichtsprotokoll** aus dem Jahr 180 dar, das erste erhaltene christliche

Dokument in lateinischer Sprache. Es gibt die Verhandlung gegen Christen aus Scili in Numidien wieder, die in Karthago zum Tod verurteilt und dort hingerichtet wurden (so genannte Scilitanische Märtyrer). Es ist anzunehmen, dass diese Christen bei den römischen Behörden denunziert worden waren, da der Prokonsul sie auffordert, ihren Glauben abzulegen und sie erst nach ihrer Weigerung verurteilt.

Der vorliegende Textausschnitt bietet durch den Wechsel von Rede und Gegenrede und die Entschiedenheit der vorgetragenen Standpunkte einen authentischen Einblick in die Auseinandersetzungen zwischen der römischen Staatsmacht mit ihrem Kaiserkult und den Christen mit ihrem absoluten Gott. Bis zur Mitte des 3. Jahrhunderts überwogen im Verhältnis zwischen römischem Staat und Christentum die »Phasen einer wirklich friedlichen Koexistenz« gegenüber den »harten Verfolgungswellen« (Baus, 254). Das änderte sich jedoch mit dem Regierungsantritt des Kaisers Decius im Jahr 249. Er wollte den Staat zum alten Glanz zurückführen und beabsichtigte dabei auch eine Restauration der alten römischen Religion. Es begann die erste reichsweite Verfolgung der Christen. Durch ein Edikt des Jahres 250 wurden alle Bewohner des Reiches aufgefordert, an einem allgemeinen Opfer für die Götter teilzunehmen. Damit war wohl beabsichtigt, eine Massenrückkehr zur alten Staatsreligion zu bewirken: »Das klang wie ein Aufruf an die Reichsbevölkerung, in einer eindrucksvollen, einmütigen Demonstration den Schutz der Götter für das Wohlergehen des Reiches zu erflehen« (Baus, 255).

Durch eigens aufgestellte Kommissionen wurden die Opfer überwacht und **Opferbescheinigungen**, so genannte *libelli*, ausgestellt, die den Behörden vorgelegt werden mussten. Wer das Opfer verweigerte, wurde ins Gefängnis geworfen und oft auch gefoltert. Die Klagen der Bischöfe von Karthago und Alexandrien über die hohe Zahl derer, die der Forderung nachkamen, und die geringe Zahl der Verweigerer belegen den »Erfolg« der Maßnahme, v. a. in Nordafrika (vgl. Baus, 256).

Bei dem abgebildeten Dokument, ausgestellt am 16. Juni 250 und verfasst in griechischer Sprache, handelt es sich um eine solche Bescheinigung *(libellus)*. Es stammt aus dem nordwestlichen Ägypten: Aurelia Charis aus dem Dorf Theadelpheia lässt sich von den Mitgliedern der Opferkommission, den Aureliern Serenos und Hermas, den Vollzug des Opfers und den Genuss des Opferfleisches bestätigen. Die verschiedenen Handschriften lassen sich im Original deutlich unterscheiden.

Das **Spottkruzifix** zeigt, dass das Christentum nicht nur begeisterte Aufnahme, sondern auch Häme und Spott fand. Das Graffito aus der Zeit vor Konstantin befindet sich heute im Antiquarium (Museum) auf dem Palatin in Rom. Man fand es als Wandkritzelei in der Kaserne der Prätorianergarde, der Leibwache der römischen Kaiser. Es zeigt einen Gekreuzigten mit Eselskopf, dem sich ein anbetender Mensch naht. Der griechische Text lautet: 'Αλεξάμενος σέβεται τόν θεόν (Alexamenos betet seinen Gott an). Der Urheber des Graffito will sich offensichtlich über die Religion des Alexamenos lustig machen, denn ihm scheint die Verehrung eines gekreuzigten Menschen als Gott eine völlig unverständliche Dummheit / Eselei zu sein.

Das ist genau die Reaktion auf die christliche Botschaft, die auch Paulus vielfach erfuhr:

»*Wir dagegen verkünden Christus als den Gekreuzigten: für Juden ein empörendes Ärgernis, für Heiden eine Torheit, für die Berufenen aber, Juden wie Griechen, Christus, Gottes Kraft und Gottes Weisheit.*« (1 Kor 1, 23f.)

Der Textausschnitt aus der **Kirchengeschichte des Eusebius** bietet eine Erklärung, warum das Christentum sich trotz aller Verfolgungen und Anfeindungen durchsetzte: Die Werke der Christen, die Hungernde speisen, Sterbende pflegen usw., sind für alle sichtbar und sprechen sich herum, so dass sich der Gott der Christen durch die Taten seiner Anhänger als der wahre Gott erweist.

Eusebius von Cäsarea (gestorben 339), gilt als »Vater der Kirchengeschichte« und erfasst in seiner zehnbändigen »Kirchengeschichte«, der »weitaus wichtigste(n) historiographische(n) Quelle für die ersten drei Jahrhunderte« (Jedin, 22) die Zeit von den Anfängen bis 324. Die Schrift legt Zeugnis ab vom Glauben der Christen durch die Jahrhunderte und durch alle Verfolgungen bis hin zu Konstantin.

Das **Edikt des Galerius**, dessen Wortlaut von Lactanz und Eusebius überliefert wurde, dokumentiert, dass der Versuch, die Christen mit Gewalt zum römischen Staat und seinen Lebensordnungen zurückzuholen, ein Fehler und Irrtum gewesen sei.

Die brutalen Christenverfolgungen unter Diokletian (284-305), vermutlich wiederum aufgrund eines Versuchs, die alte römische Staatsreligion zu restaurieren, um Schwierigkeiten im Innern zu überwinden, hatten Tausende von Opfern gefordert. Diese Politik wurde zunächst auch von Galerius, Tetrarch im östlichen Reichsteil, verfolgt.

Die Wende kam »mit einer schweren Erkrankung des Augustus Galerius, die den Christen nur als Eingriff der Vorsehung begreiflich schien« (Baus, 448). Die Krankheit löste wohl einen Prozess des Umdenkens in dem Herrscher aus, als dessen Ergebnis das Edikt des Galerius (unterzeichnet von allen vier Herrschern) von 311 für das gesamte Reichsgebiet die Einstellung der Verfolgungen anordnete. Im Gegenzug versuchte er nun, die Christen mit ihrem Glauben in die Verantwortung für den Staat einzubinden.

Ein weiterer Schritt des Christentums hin zur Staatsreligion war die **»Konstantinische Wende«.** Nach der

Konstantin der Große (um 288-337)
Konstantin wurde um 288 als Sohn von Konstantius, des Kommandeurs der Prätorianer und späteren Kaisers, und seiner Lebensgefährtin, der ehemaligen Stallmagd Helena, geboren. Nach dem Tod seines Vaters im Jahre 306 wurde Konstantin von den Truppen zum Kaiser ausgerufen. In Rom ernannte man Gegenkaiser und es kam zu Kämpfen zwischen den Regierenden.
Die wichtigste Schlacht für Konstantin war dabei der Sieg über den Mitkaiser Maxentius an der Milvischen Brücke. Der Legende nach war dieser Sieg die Wendung Konstantins zum Christentum: Lactanz berichtet, Konstantin sei vor der Schlacht im Schlaf ermahnt worden, das Zeichen Gottes auf den Schilden der Soldaten anzubringen. Daraufhin lässt der Kaiser das Christusmonogramm (☧) anbringen, zieht also nicht mehr unter einem heidnischen Schutzgott, sondern unter dem Schutz des Christengottes in die Schlacht.
Eusebius schmückt in seiner Lebensbeschreibung des Konstantin das Ereignis später so aus, dass dem Kaiser und dem Heer ein Kreuz aus Licht am Himmel erscheint, neben dem die griechischen Worte stehen: »Hierdurch siege – τούτῳ νίκα«. In der folgenden Nacht trägt Christus ihm auf, das Kreuz nachzubilden und als Standarte in den Kampf mitzunehmen, was er auch tut (vgl. Baus, 457ff.).
Konstantins religiöse Entwicklung hin zum Christentum war sicher ein längerer und komplexerer Prozess, als ihn die Legende schildert. Als sicher kann aber gelten, dass Konstantin überzeugt war, mit Hilfe des Kreuzes über seinen auf römische Götter vertrauenden Gegner gesiegt zu haben, dass deshalb künftig seine Verehrung seinem Schutzgott Christus galt und dass sich auch seine Haltung gegenüber Christen und Kirche änderte. So weist er noch im selben Jahr 312 seinen Mitregenten Maximinus an, die Christenverfolgung in den östlichen Gebieten einzustellen, und verfügt die Rückgabe beschlagnahmten Kircheneigentums in Nordafrika (vgl. Baus, 461).

Ausschaltung der Mitherrscher Maxentius im Westen und Maximinus im Osten trafen sich Konstantin und Licinius im Februar 313 in Mailand, wo sie u. a. neue Richtlinien zugunsten der Christen vereinbarten (überliefert von Lactanz und Eusebius), die weit über das Edikt des Galerius hinausgingen. Darin wird ausdrücklich volle Religionsfreiheit für die Christen im ganzen Reich zugesichert, außerdem die Rückgabe von Kirchen und Kircheneigentum.
Obwohl in der Folgezeit für Konstantin (ab 324 Alleinherrscher) das Christentum immer wichtiger wurde und er sich kurz vor seinem Tod taufen ließ, wurde es erst Ende des 4. Jahrhunderts unter Kaiser Theodosius (347-395) die offizielle Staatsreligion des römischen Reiches.

2. Einsatzmöglichkeiten im RU

Beschwerdebrief schreiben
- Sch schreiben einen Beschwerdebrief eines römischen Bürgers an den Prokonsul Saturnius, in dem Christen denunziert werden und ein hartes Vorgehen gegen sie gefordert wird.

Dilemmasituation nachspielen
- Sch lesen die Quellen auf *Orientierung 8* (**124**) und sammeln Begründungen für beide Verhaltensweisen.
- Sch teilen sich in zwei Gruppen in der Christengemeinde von Scili: Speratus, Nartcalus, Cittinus, Donata, Secunda und Vestia verteidigen ihren Glauben; andere Gemeindemitglieder sind bereit, dem Christentum abzuschwören.
- Sch spielen die Szene, die sich bei der Gemeindeversammlung abspielt.

Antike Wandkritzelei mit modernem Graffiti vergleichen
- Sch interpretieren mithilfe des **AB 6.5.18, Lehrerkommentar S. 263**, das Spottkreuz:
  - Sie versuchen Buchstaben der Schrift zu identifizieren und formulieren die Aussageabsicht der Zeichnung.
  - Sie informieren sich in einem Lexikon oder im Internet über den Begriff »Graffiti«.
  - Sie vergleichen das antike mit den modernen Graffiti und stellen sehr viele Gemeinsamkeiten fest, z. B. Kombination aus Zeichnung und Schrift; an öffentlichen Orten (unbefugt) angebracht; enthält Botschaft; teilweise originell, teilweise diffamierend; ...
- Ausgehend von dem Graffito unten rechts sprechen Sch und L über Spott und Diffamierungen, die es auch heute wegen religiöser Überzeugungen gibt.
- Abschließend wird der Bogen noch einmal zu Paulus geschlagen. Außer 1 Kor 1,23f. kann hier auch die so genannte »Narrenrede« (2 Kor 11,16-33) herangezogen werden.

Biografie Konstantins recherchieren und präsentieren
- Sch recherchieren im Internet (z. B. unter www.heiligenlexikon.de) Daten und Bilder zum Leben des Kaisers Konstantin.
- Sie fassen in Gruppen ihre Ergebnisse z.B. in einer Computerpräsentation oder auf einer Plakatwand zusammen und stellen sie sich gegenseitig vor.

1. Hintergrund

Perspektiven 1 (**126f.**) enthält **Stellungnahmen** von erwachsenen und jugendlichen haupt- und ehrenamtlichen Mitarbeiter/innen aus der Pfarrei St. Franziskus, Kempten, die Auskunft darüber geben, warum sie sich engagieren; was das Schöne, Begeisternde und Erfüllende an ihren Aufgaben ist:

Elisabeth Gerl, Gemeindereferentin:
- sinnvolle Arbeit mit Menschen;
- Freude an der Weitergabe des Glaubens als Lebenskraft für die Menschen;
- Freude an der Begleitung der Menschen in Freude und Leid;
- Glück über begeisterungsfähige Kinder;
- kreativer, abwechslungsreicher und vielfältiger Beruf;
- Bereicherung für die eigene Persönlichkeit.

Bernhard Ott, Pfarrer:
- Weitergabe der menschenfreundlichen Botschaft Jesu;
- Weitergabe des selbst erfahrenen Mutes an Schwache;
- Aufgaben: Feier des Gottesdienstes und Verkündigung des Evangeliums, Spendung der Sakramente, Gespräche, Besuche;
- Gemeinschaft mit Mitarbeiter/innen und Gemeindeangehörigen;
- Traum: Geist der Urgemeinde führt alle zusammen.

Marah Köberle, 17, Leiterin einer Jugendgruppe und Mitglied im Pfarrgemeinderat:
- Jugendarbeit ist wichtig;
- eigene schöne Erlebnisse in der KJG;
- Spaß;
- sinnvolle Freizeitbeschäftigung.

Sophia Meister, Ministrantin:
- Schwestern sind auch dabei;
- dazugehören wollen;
- Treffen mit anderen Kindern und Jugendlichen;
- Spaß bei Aktionen und Ausflügen;
- ernst genommen werden in der Gemeinde.

Josef Teufele, Pfarrgemeinderatsvorsitzender:
Aufgabenbereich: Leitung des Pfarrgemeinderats, AK Erwachsenenbildung
- Möglichkeit, Kirche mitzugestalten, die in der modernen Gesellschaft einen Platz hat;
- Veränderung ist nur möglich, wenn man selbst aktiv wird;
- Möglichkeit, Glaube und Kirche zu leben;
- Erleben einer Gemeinschaft, die trägt: Gemeinde als Heimat, Geborgenheit.

Nadine Warmuth, Mitglied der Franziskusband:
- Gemeinschaft mit Freund/innen, Zusammengehörigkeit;
- Freude am gemeinsamen Musizieren und Feiern im Gottesdienst;
- gutes Gefühl durch Beitrag bei größeren Projekten wie Konzerten;
- etwas tun gegen langweilige Gottesdienste;
- Glaube muss modern und manchmal provokant sein.

»Wer traut sich ...« verdeutlicht, dass jede/r Christ/in vor Entscheidungssituationen gestellt ist, in denen Mut und Verantwortungsgefühl verlangt werden. Damit wird zum einen die Brücke zu der Situation und dem Engagement der Christen in der frühen Kirche (vgl. *Orientierung 8,* **124f.**) geschlagen, zum anderen sind aber auch Vernetzungen mit anderen Themen des Schulbuchs möglich (z. B. Mobbing, 6.3; Kinder der Einen Welt, 6.2).

2. Einsatzmöglichkeiten im RU

Über eigene Erfahrungen berichten
- Sch berichten über ihre eigenen Aktivitäten in der Gemeinde, z. B. Jugendgruppe, Ministrantengruppe, Jugendgottesdienst etc.
- Sch interviewen sich gegenseitig und fragen nach den Gründen für das Engagement.

Gemeindemitglieder und -mitarbeiter/innen befragen
- Sch überlegen, welche Gemeindemitglieder/Mitarbeiter/innen in ihrem Bekanntenkreis sie zu ihrem Engagement befragen können. Es werden Interview-Aufträge an Zweier-Teams verteilt, die möglichst viele Bereiche abdecken. Die wichtigsten Bereiche sollten auf jeden Fall vertreten sein.
- Sch führen (als Hausaufgabe oder bei einem gemeinsamen Besuch in der Pfarrei) die Interviews durch und halten die Ergebnisse auf **AB 6.5.19, Lehrerkommentar S. 264**, fest. Im Mittelpunkt sollte die Fragestellung nach den Gründen für das Engagement stehen.
- Sch erstellen »Personenprofile« einzelner Gemeindemitarbeiter/innen (wer sie sind, warum sie sich engagieren, was sie motiviert, was sie tun, was ihr Leitspruch ist ...).

- Sch stellen sich gegenseitig ihre Ergebnisse vor. *(Wenn das Projekt zur Erkundung einer Pfarrgemeinde (s. u.) nicht durchgeführt wird und Interviews in einer Pfarrgemeinde vor Ort aus organisatorischen Gründen nicht möglich sind, können die Stellungnahmen auf Perspektiven 1* (**126f.**) *als Grundlage für die Interviews dienen.)*

Sich über kirchliche Jugendgruppen informieren
- Sch informieren sich über die Jugendarbeit in ihrer/der besuchten Pfarrei und berichten darüber.
- Sch lernen im Internet, ausgehend von der BDKJ-Seite (www.bdkj.de), katholische Jugendverbände kennen, erkundigen sich, welche davon Gruppen in ihrer Nähe haben und nehmen Kontakt mit ihnen auf, um sich persönlich zu informieren und Erfahrungsberichte zu sammeln. So lernen Sch auch Gruppen kennen, in denen sie sich engagieren können.
- Sie stellen einige der Verbände in Form einer Wandzeitung vor.

Am Gemeindeleben teilnehmen
- Sch erkundigen sich über Aktivitäten und Veranstaltungen (Kirchenanzeiger, Pfarrbrief, Anruf im Sekretariat, Internet) in der Pfarrei und besuchen einige davon, z. B. einen Jugendgottesdienst oder einen Arbeitskreis. Bei diesen Gelegenheiten können z. B. die Interviews aus dem Projekt (siehe Lehrerkommentar S. 239) geführt werden.
- Sch tauschen sich über ihre Erlebnisse und Eindrücke aus.
- Sch ordnen die besuchten Veranstaltungen mithilfe des **AB 6.5.20, Lehrerkommentar S. 265**, den Pastoralbereichen zu, vgl. *Lexikon* (**139f.**), Art. Pfarrgemeinde: Glauben erfahren und bezeugen (Mit-Suchen und Mit-Deuten, *martyria*); Gemeinschaft erfahren und stiften (Mit-Leben, *koinonia*); Glauben feiern (Mit-Feiern, *leiturgia*); Dienst am Menschen leisten (Mit-Gehen, *diakonia*). Sind mehrere Zuordnungen möglich, soll die am ehesten passende gewählt werden.

Organisationsschema erstellen
- Sch zeichnen auf einem Plakat ein Organisationsschema der besuchten Pfarrgemeinde. Es kann die Grafik aus dem *Lexikon* (**139**) zugrunde gelegt und um die Eigenart der jeweiligen Gemeinde ergänzt werden.

Kirchengemeinden im Internet erkunden
- Sch suchen im Internet die Homepages verschiedener Pfarrgemeinden und berichten über das jeweilige Gemeindeleben in der Klasse.

3. Weiterführende Anregung

Projekt: Eine Kirchengemeinde erkunden PINNWAND **109**

In der 5. Klasse haben die Sch eine Kirche besucht und den Kirchenraum erkundet (vgl. 5.5 Kirche entdecken). Nun geht es darum, das Gemeindeleben zu erkunden, um das Wirken des Geistes Gottes heute zu erfahren.
Es ist davon auszugehen, dass Sch sehr unterschiedliche Erfahrungen von Gemeinde mitbringen. Während die einen selbst engagiert sind als Ministrant/innen oder in einer Jugendgruppe, besteht für die anderen eine Gemeinde v.a. aus den Sonntagsgottesdiensten. Eigene Erfahrungen haben sie vielleicht nur bei ihrer Erstkommunion gemacht, andere haben überhaupt keinen Bezug zu einer Gemeinde. Aber auch in der Gemeinde aktive Sch wissen oft nicht, welche Gruppen, Mitarbeiter/innen und Aktivitäten es in ihrer Pfarrei gibt. Andere suchen Anschluss, wissen aber nicht, wohin sie sich wenden sollen.
Die Erkundung einer Kirchengemeinde eignet sich gut für ein Projekt, bei dem die Sch selbst ihre Schwerpunkte setzen und ihr Vorgehen planen können. Es ist günstig, sich auf *eine* Gemeinde zu einigen, um möglichst viele Bereiche abzudecken. L kann bei der Kontaktaufnahme und Terminvereinbarung helfen (Anfrage bei der Gemeinde, ob Sch z. B. Interviewtermine selbst vereinbaren können). Die Aufgaben müssen rechtzeitig zwischen den Teams verteilt werden, Sch sollen auch noch genügend Zeit haben, ihre Schlusspräsentation vorzubereiten.
- Sch und L einigen sich auf eine Pfarrgemeinde. Einige Sch werden mit der Kontaktaufnahme beauftragt.
- Der zeitliche Rahmen wird festgelegt und ein Termin für die Schlusspräsentation vereinbart.
- In einem **Brainstorming** werden die Bereiche einer Pfarrgemeinde gesammelt. Dazu kann auch *Pinnwand* (**109**) und *Perspektiven 1* (**126f.**) herangezogen werden. Sch wählen die wichtigsten bzw. interessantesten aus und verteilen sie zur Erkundung an die Teams.
- Teams besprechen, wie sie vorgehen können und welche Quellen sie heranziehen (Homepage, falls vorhanden, Pfarrbrief, Interview auf **AB 6.5.19, Lehrerkommentar S. 264**, Lexikonartikel »Pfarrgemeinde« im *Lexikon* **139f.**, Besuch eines Arbeitskreises etc.). Sie notieren ihre Fragen, planen ihre Gespräche und Besuche sowie die Abschlusspräsentation.
- Die Abschlusspräsentation kann vor Ort, z.B. im Pfarrheim, stattfinden, die Mitarbeiter/innen der Gemeinde können dazu eingeladen werden. Die Teams referieren über ihre Themen z.B. anhand von Plakaten oder Powerpoint-Präsentationen, die

anschließend im Schulhaus oder auf der Schulhomepage ausgestellt werden.
- In einer Diskussion kann das heutige Gemeindeleben mit dem Leben in der Urkirche verglichen werden, das Sch vorher im Religionsunterricht kennen gelernt haben.
- Den feierlichen Abschluss bildet ein Klassengottesdienst in der Pfarrkirche.

Der Geist macht lebendig!

Perspektiven 2 128 129

1. Hintergrund

Nach der Begegnung mit den Anfängen des Christentums und mit seiner heutigen Form am Beispiel einer deutschen Pfarrgemeinde geht es nun darum, den Blick in die Weltkirche hinaus zu weiten, um dann dem Wirken des Geistes in der Urkirche und heute noch einmal nachzuspüren.
Dazu ist zunächst in Wort und Bild eine ärmliche **afrikanische Hüttenkirche** einer hoch technisierten amerikanischen **Drive-in-Kirche** gegenübergestellt. Beides ist den Erfahrungen der Sch recht fremd und reizt umso mehr zur Auseinandersetzung. Die **Texte** spiegeln nicht nur die unterschiedlichen Bauweisen und Ausstattungen der Gotteshäuser, sondern auch unterschiedliche Mentalitäten der Gottesdienstbesucher und damit des Gemeindelebens.
Das Ziel eines Vergleiches soll kein Schwarz-Weiß-Bild »gute Gemeinde – schlechte Gemeinde« sein, Sch sollen vielmehr beides am Anspruch der Urgemeinde messen und auf dem Hintergrund ihrer eigenen Gemeindeerfahrungen entscheiden, welches für sie selbst die attraktivere und authentischere Gemeinde wäre.
Die **zweite Seite** schließt den Kreis zum Anfang des Kapitels, indem noch einmal die Begeisterung der Urgemeinde und das Wirken des Geistes in der Gemeinschaft und im Sakrament der Firmung zusammengefasst werden.

2. Einsatzmöglichkeiten im RU

Formen von Kirche im 21. Jahrhundert kennen lernen

- Sch befassen sich arbeitsteilig mit den beiden Gemeindemodellen von Shamba und von Garden Grove.
- Anschließend stellen sie die beiden Kirchen einander vor, z. B. in Form einer Radioreportage: Reporter/in berichtet live vom Gottesdienst.
- Im Gespräch äußern Sch ihre Eindrücke und Meinungen. Die wichtigsten Punkte werden an der Tafel festgehalten.

Einen modernen Paulusbrief schreiben

- Sch schreiben in der Rolle des Apostels Paulus einen modernen »Paulusbrief« an eine der beiden Gemeinden, der im Sonntagsgottesdienst verlesen werden soll. Sie sparen dabei nicht mit Lob und Tadel.

Möglichkeiten zum Engagement überprüfen

- Sch überprüfen im Rollenspiel die Möglichkeiten des Engagements in beiden Gemeinden:
  - Der Pfarrgemeinderat plant ein Zeltlager für Jugendliche. Welche Schwierigkeiten tun sich auf?
  - Eine Gruppe von Jugendlichen möchte sich als Ministranten engagieren und erörtert nun das Für und Wider der beiden Gemeinden.

Heutige Gemeinde mit der Urkirche vergleichen

Der Text von Josef Dirnbeck »Wenn die ersten Christen sähen« **AB 6.5.21, Lehrerkommentar S. 266** hat eine sehr (selbst-) kritische Sicht auf ein lau gewordenes Christentum von heute, dem die Begeisterung des Anfangs abhanden gekommen ist.
- Sch erklären mit eigenen Worten die Aussage des Gedichts. Sie notieren auf dem Textblatt, welche der Aussagen Dirnbecks durch ihre Erfahrungen in der Gemeinde bestätigt werden und bei welchen Aussagen in der besuchten Gemeinde das Gegenteil zutrifft.

Das Leben in der Urgemeinde PINNWAND 108

- Sch lesen den Text »Gottes Geist erfüllt die Kirche der ersten Stunde« auf *Perspektiven 2* (**129**) und Apg 2,44-47 und schreiben die Verhaltensweisen der ersten Christen heraus.
- Sch vergleichen die erkundete Gemeinde mit der Urgemeinde und schildern ihre Eindrücke vom Wirken des Geistes dort.
- Sch sprechen darüber, was geschieht, wenn in einer Gruppe die Anfangsbegeisterung nachlässt, und was man tun kann um den ursprünglichen Geist wieder aufleben zu lassen.

Wie der Geist Gottes heute wirkt PINNWAND 109

- Sch interpretieren das Bild von Paul Reding auf der *Pinnwand* (**109**). Sie erkennen die Aussage, dass die Menschen (das Volk Gottes) vom Geist geführt und gestärkt werden. Hier kann zurückverwiesen werden auf die 9. Strophe des Liedes »Komm herab, o Heiliger Geist«, **AB 6.5.7, Lehrerkommentar S. 250.**
- Sch singen das Lied »Der Geist führt uns zusam-

men«, *Perspektiven 2* (**129**). Das Lied ist eingespielt auf der CD: *Lieder aus Religion vernetzt 5 und 6. Zum Zuhören und Mitsingen. Mit Karaoke-Fassung! München 2004, ISBN 3-466-45763-7.* Sie bemerken, dass die Aussagen des Liedes viele bisher behandelte Aspekte noch einmal aufgreifen, z. B.:
1. Strophe: Geist führt zusammen; Gemeinde (Gemeinde in Korinth; Gemeinde vor Ort; Bild von Reding);
2. Strophe: gelöste Zungen; neues Lied (Sprachwunder an Pfingsten; Botschaft des Evangeliums); Weizenkorn muss sterben (6.4, *Akzent*, **104**);
3. Strophe: Kräfte der Schwachen (Paulus); Überwindung des Todes (6.4, *Perspektiven 3*, **100f.**);
- Sch gestalten in GA Collagen zum Thema »Spuren des Heiligen Geistes in unserer Welt«.

Dem Geist Gottes im Sakrament der Firmung begegnen
Viele Sch werden im Laufe der 6. oder 7. Klasse gefirmt. Um dem eigentlichen Firmunterricht nicht vorzugreifen, wird hier nur kurz auf das Sakrament der Firmung eingegangen.
- Sch informieren sich im Internet (z. B. über eine Suchmaschine, unter www.firmung-online.de, www.sakrament.de oder über die Homepage der eigenen Diözese) über das Sakrament der Firmung (vgl. *Pinnwand*, **109**). Im Text »Gottes Geist erfüllt den Einzelnen« wird noch einmal deutlich, dass es im Sakrament der Firmung um jede/n einzelne/n Sch ganz persönlich geht.
- Sch schreiben einen Text »Manchmal brauche ich den Geist« und bringen dabei ihre Sorgen und Nöte (vgl. »Kinderkram« *Kontext 1*, **82f.**), aber auch ihre Hoffnungen und Erwartungen zum Ausdruck.

Sprach-Bilder entwerfen
Die beiden Bildgedichte von Kurt Marti (**AB 6.5.22, Lehrerkommentar S. 267**) verdeutlichen den Zusammenhang zwischen Gottesbeziehung und Beziehung zu den Mitmenschen (Gemeinschaft) und können so als Geistgedichte verstanden werden:
Im Gedicht *»ecclesia«* wird der Gemeinschaftsgedanke, das Anliegen der menschlichen Verbundenheit im Namen Jesu interpretiert und als Lebenshilfe – von der Einsamkeit zur Gemeinschaft – verstanden.
Der Text »sich öffnen« bringt die untrennbare Verbindung von Gottesbeziehung und Zuwendung zur Welt zum Ausdruck.
- Sch gestalten eigene Wortbilder zum Thema »Heiliger Geist«, »Gemeinde«, »Kirche«.

Komm, Heiliger Geist! — Akzent 130

1. Hintergrund

Das **Lied** »Komm, Heiliger Geist, mit deiner Kraft« besingt nach der Melodie eines israelischen Volksliedes (vgl. auch: »Kommt herbei, singt dem Herrn«, Gotteslob Nr. 270) die Leben und Gemeinschaft bewirkende Kraft des Heiligen Geistes für den Einzelnen und für die Kirche und bringt so noch einmal das Anliegen des fünften Kapitels zum Ausdruck: Der Heilige Geist, der die Jünger Jesu entflammte und ermutigte, die frohe Botschaft weiterzusagen, wirkt auch heute noch in Kirche und Welt.
Das Lied ist eingespielt auf der CD: *Lieder aus Religion vernetzt 5 und 6. Zum Zuhören und Mitsingen. Mit Karaoke-Fassung!* München 2004, ISBN 978-3-466-45763-2.

2. Einsatzmöglichkeiten im RU

Lied singen und neue Strophen schreiben
Sch bringen Musikinstrumente mit und singen und spielen das Lied.
- Sch schreiben zur Melodie neue Strophen, in denen sie nachspüren, wo in ihrem eigenen Leben der Geist Gottes wirkt bzw. wo sie sich dessen Wirken wünschen.

Literatur

Anselm, Helmut/Haag, Karl-Friedrich/Hartenstein, Markus/Zwanzger, Walter (Hg.), Radierungen zur Bibel von Thomas Zacharias. Bilder und Bildbetrachtungen, Stuttgart 1993

Baus, Karl, Von der Urgemeinde zur frühchristlichen Großkirche, in: Jedin, Hubert (Hg.), Handbuch der Kirchengeschichte, Band 1, Freiburg, Basel, Wien 1985

Bornkamm, Günther, Paulus, Stuttgart [7]1993

Dirnbeck, Josef, Von allen Seiten umgibst du mich, Wien/Graz/Köln 1991

Fröhlich, Roland, Zeichen unter den Völkern, Freiburg i. B. 1992

Gnilka, Joachim, Das Matthäusevangelium (HThK NT I), Freiburg i. B. 1988

Grabner-Haider, Anton (Hg.), Praktisches Bibellexikon, Freiburg i. B. [10]1990

Heinz-Mohr, Gerd, Lexikon der Symbole, Freiburg i. B. 1991

Klemm, Elisabeth, Das Evangeliar Heinrichs des Löwen, Frankfurt a. M. [2]1988

Langenhorst, Georg, Gedichte zur Bibel, München 2001

Mertens, Heinrich A., Handbuch der Bibelkunde, Düsseldorf 1997

Miller, Gabriele/Niehl, Franz W., Von Babel bis Emmaus, München 1993

Pritchard, James B. (Hg.), Herders großer Bibelatlas, Freiburg i. B. 2002

Ruiz, V. A. u. a., Rom und seine große Zeit, Würzburg [3]1972; darin: Religion, Riten und Priester, 187-206

Schambeck, Mirjam, Bernhard Heisig, Neues vom Turmbau, in: Bilder der Kunst für den Religionsunterricht, zusammengestellt u. kommentiert von Georg Hilger und Elisabeth Reil, München 2000

Schwarzmüller, Stefan, in: Materialbrief RU 2/2001 »Pfingsten« – Materialien und Vorschläge für den RU in der Orientierungsstufe, Beiheft zu den Katechetischen Blättern, in: KatBl 03/2001: Religion und Medien
Stemberger, Günter (Hg.), 2000 Jahre Christentum, Illustrierte Kirchengeschichte in Farbe, Erlangen 1989
Welt und Umwelt der Bibel 2/2001: Paulus. Ein unbequemer Apostel

Weitere Materialien

Tatort Korinth, Arbeitsmappe zum Jahresthema 1986/87 der Katholischen Jungschar Österreichs, Wien 1986
Paulus und das antike Korinth, Plakat DIN A 1 und Begleitheft, Katholisches Bibelwerk Stuttgart 2002
Neue Korinther Nachrichten, Arbeitsblatt Nr. 26 in: RL, Heft 3, August 1984

Erfahrungen fremden Glaubens zumuten

»Der Glaube soll im Kontext des Lebens vollziehbar, und das Leben soll im Licht des Glaubens verstehbar werden« (Der Religionsunterricht in der Schule, 2.4.2). Was aber, wenn der garstige Graben zwischen Lebenswelt und christlicher Botschaft immer größer zu werden scheint?
Ein korrelationsdidaktisch angelegter RU geriet in den letzten Jahren sowohl intern als auch von außen betrachtet in die Krise:
Intern: Einerseits wurde der Korrelations-Gedankens nie so entwickelt, dass daraus eine didaktische Theorie der unterrichtlichen Praxis wurde; andererseits gibt es leider (zu) viele Beispiele für eine dilettantische Umsetzung der Korrelations-Idee.
Extern: Die Verführung korrelativen Denkens besteht darin, nur noch solche Elemente der Tradition auszuwählen, die sich als einigermaßen anschlussfähig mit der Lebenswelt der Sch erweisen. Von außen wird dementsprechend eine einseitige Anthropologisierung und Ethisierung des Religionsunterrichts wahrgenommen.
Übersehen wird, dass es durchaus inspirierende Entwürfe zur Korrelationsdidaktik gibt, die auch die Fremdheit christlichen Glaubens ins Spiel bringen: Gottfried Bitter spricht von einer »kritisch-produktiven Korrelation von Lebenswirklichkeiten«: In einem Prozess der Selbst- und Fremdprüfung geht es um die Suche nach Grundeinsichten (z. B. die Bedeutung von Sinn, Gemeinschaft, Solidarität) in bekannten (z. B. in der Schulklasse) sowie unbekannten Lebenszeugnissen (z. B. in der Bibel). Die Erforschung verschiedener Lebenswirklichkeiten führt zum Aufspüren sinnverdächtiger Signale, die sich hier und da bewährt haben, deren aktueller »Wahrheitstest« (*Evangelii Nuntiandi* 24) allerdings noch unternommen werden muss.
Der Ansatz einer »aduktiven Korrelation« (Hans-Georg Ziebertz) geht davon aus, dass Subjekte in ihrem existentiell-fragenden Zugang auf die Wirklichkeit Gedankengänge entwickeln, die Bezüge zur christlichen Tradition aufweisen. Werden diese latenten Sinnstrukturen aufgedeckt, können sowohl traditionelle Argumentationsstrategien als auch subjektbezogene Fragehaltungen in einen produktiven Dialog gebracht werden.
Vom Blickwinkel eines »pädagogischen Konstruktivismus« erfolgt Lernen immer aktiv, subjektgesteuert und individuell. Fremde Bildungsgehalte (also auch die Fremdheit der biblisch-christlichen Botschaft) stellen nach diesem Denkmuster Informationen dar, die im besten Fall zu einer *Perturbation* (Verstörung) des/der Lernenden führen – und im schlechtesten Fall ausgefiltert und ignoriert werden. Die pädagogische Verantwortlichkeit erstreckt sich deshalb auch darauf, wie diese fremden Informationsbausteine in je individuelle Lernlandschaften eingepasst werden bzw. diese verändern können.
Nach dem Modell einer »Dekonstruktion« werden auf paradoxe Weise Destruktion und Konstruktion miteinander verbunden: Sowohl die fremde Welt der Bibel als auch die lernenden Subjekte sind diesem Prozess der Dekonstruktion ausgesetzt: Eingeschliffene und linear-einfache Deutungskonstrukte biblischer Texte werden destruiert und die biblischen Texte selbst in ihrem vielfältigen Sinnpotential für jeweils sich mit ihnen beschäftigenden Subjekte freigegeben. Andererseits irritieren biblische Texte auch das Selbstverständnis eigener Selbst-, Welt- und Gottesbilder und bieten Sch auf diese Weise Gegenwelten, die für konstruktiv verändernde Prozesse offen stehen.

H. M.

Literatur

Bitter, Gottfried, Plädoyer für eine zeitgemäße Korrelationsdidaktik. Sieben friedfertige Thesen, in: Lebendige Katechese 18 (1996), 1-8
Prokopf, Andreas/Ziebertz, Hans-Georg, Abduktive Korrelation – eine Neuorientierung für die Korrelationsdidaktik?, in: RpB 44/2000, 19-50
Mendl, Hans, Konstruktivismus und Religionspädagogik. Replik auf Büttner, in: Zeitschrift für Pädagogik und Theologie 54 (2002), 170-184
Kropac, Ulrich, Biblisches Lernen, in: Hilger, Georg/Leimgruber, Stephan/Ziebertz, Hans-Georg, Religionsdidaktik, München [5]2008, 385-401

Umrisszeichnung

Erklärt in der Umrisszeichnung die Symbole und Figuren.

Der Turmbau zu Babel

Auf, steigen wir herab und verwirren wir dort ihre Sprache, sodass keiner mehr die Sprache des anderen versteht. Der Herr zerstreute sie von dort aus über die ganze Erde und sie hörten auf, an der Stadt zu bauen.

Gen 11,8

Das erste Pfingstfest

Da kam plötzlich vom Himmel her ein Brausen, wie wenn ein heftiger Sturm daherfährt, und erfüllte das ganze Haus ... Und es erschienen ihnen Zungen wie von Feuer ... Alle wurden mit dem Heiligen Geist erfüllt und begannen, in fremden Sprachen zu reden ...

Apg 2,2-4

Wer kommt Pfingsten ... ?

Sie saßen zusammen und warteten. Es war am Pfingstsonntag, so gegen zehn. »Wie die Apostel«, sagte Stephan. Er lächelte etwas unsicher zu seinem Sohn hin. Dann ging er hinaus und holte sich ein Bier. »Nicht, Vati!«, sagte der kleine Pitti und deutete auf den Kaffeetisch, für welchen er mit großem Ungeschick soeben die letzte Serviette faltete. Der Vater schob den Ärmel zurück und blickte auf die Armbanduhr. Fünf nach zehn. Sie warteten auf die Mutter. Vor zwei Monaten war sie fortgegangen. Warum? Pitti wusste es nicht. Er hatte nichts gemerkt, nur dass sie einmal im Badezimmer weinte und dass er seinem Vater öfter als sonst Bier aus dem Keller holen musste. Dann hieß es plötzlich, die Oma sei krank geworden, Mutti müsse unbedingt hingehen und sie pflegen. Pitti könne doch nach der Schule in den Kinderhort gehen. Für eine Weile, nicht wahr? Pitti erinnerte sich genau, wie die Mutter mit Sack und Pack das Haus verließ. Ein komisches Gefühl war das. Wie beschlossen, ging er in den Hort. Aber leicht war es nicht. Immerhin schon sieben, kam er sich plötzlich sehr winzig vor.

Ach, Quatsch mit Soße, dachte Pitti. Er zerstörte die soeben gefaltete Serviette und baute sie neu, leckte an der Sahne und ging in die Küche um das kochende Kaffeewasser wegzuschütten und neues aufzustellen. Anfangs fragte er seinen Vater, dann nicht mehr. Einmal wollte eine Nachbarin von ihm wissen, wo seine Mutter sei. Da wurde er grundlos wild und sagte, seine Oma sei krank, basta. Aber die Zeit verging. Und dann kam ein Brief. Der Brief, in dem stand, dass Mutter käme. Pfingstsonntag. Etwa um zehn.

Als Pitti ins Wohnzimmer zurückkam, zündete sich sein Vater mit ungeheurer Umständlichkeit seine Pfeife an. Dabei stieß er an das kleine Likörglas, das Pitti neben Mutters Kaffeetasse aufgestellt hatte, sodass es zerbrach. Pitti schimpfte seinen Vater nicht. Aber der Vater schimpfte Pitti und sagte: »Was willst du überhaupt noch hier, ist nicht Kindergottesdienst heute am Pfingstsonntag?« Der Vater kümmerte sich um alles, während die Mutter abwesend war, sogar einen Bart hatte er sich wachsen lassen. Vielleicht sah er deshalb immer so traurig aus. Pitti stapfte in den Kindergottesdienst, kam ein bisschen zu spät, drängte sich durch die Reihen der Erwachsenen vor zu seinen Kameraden. Es war eine alte Kirche, angefüllt mit Feierlichkeit. Die Sonne fiel schräg auf den Altar, wo die Pfingstrosen blühten. Aber der Pfarrer war jung und hielt keine große Predigt von der Kanzel herab, sondern stellte sich nahe hin zu den Kindern und sprach mit ihnen. Natürlich über das Pfingstfest, und er fragte, wer an Pfingsten kommt. Zu den Menschen. Auch zum Kind und es stärkt und tröstet und ihm hilft. Die Frage war leicht. »Meine Mutter!«, sagte Pitti. Er hatte sogar den Finger gehoben. Niemand lachte. Und der Pfarrer sagte, der Geist, der am Pfingstfest über die Apostel ausgegossen wurde, käme durch die Jahrhunderte hindurch zu allen Menschen. Und in vielerlei Gestalt. Trotzdem merkte Pitti, dass er wohl etwas Falsches gesagt hatte. An der winzigen Pause vielleicht, die der Pfarrer machte, ehe er weitersprach, an einem kleinen Räuspern da und dort.

Erst nach Jahren wusste Pitti, dass es so falsch nicht war. Dass man den Geist, auch den heiligen, sehr gut erfahren kann an einem Menschen, an seiner Gegenwart und Fröhlichkeit.

Er wusste es deshalb so gut, weil seine Mutter an jenem Pfingstsonntag mit einer halben Stunde Verspätung zu ihm zurückgekommen war.

Margarete Zschörnig

Atemmeditation

Spüre zunächst deinem Atem nach, wenn du ein- und ausatmest.
Konzentriere dich dabei auf das Kommen und Gehen des Atems.
Versuche dabei bewusst, den Weg des Atems von oben nach unten durch den Körper nachzuvollziehen.
Wenn Gedanken dich ablenken wollen, dann richte deine Aufmerksamkeit immer wieder auf den Weg des Atems.
Sage dir: Ich bin ruhig und gelassen. Ich atme ruhig und sammle Kraft.
Lege deine Hände leicht auf den Bauch. Wenn sie sich beim Einatmen heben und beim Ausatmen senken, dann praktizierst du in der Ruhelage schon die Bauchatmung.
Lasse die Hände auf dem Bauch, atme bewusst in den Bauch hinein.
Der Bauch hebt sich.
Halte kurz den Atem an, lass ihn langsam wieder los, sodass sich der Bauch senkt.

Meditation

Ich erfahre beim Ausatmen Entspannung.
Sorgen, Ängste, Grübeleien, alles, was mich bedrängt, kann ich loslassen – ausatmen.
Mit jedem Einatmen kann ich neu anfangen, es ist wie ein Geschenk.
Ich erhalte neue Kraft, »neues Leben«. Es ist eine beständige Quelle des Lebens.
Diesen Vorgang des Ein- und Ausatmens kann man auch religiös deuten:
Ich spüre, wie »es« in mir ohne meine eigene Leistung atmet.
Ich werde von einer Macht am Leben gehalten und getragen.
Der Atem kann Sinnbild für Gott sein, der mich trägt und am Leben erhält.

Du Heiliger Geist

Atme in mir, du Heiliger Geist,
dass ich Heiliges denke.
Treibe mich, du Heiliger Geist,
dass ich Heiliges tue.
Locke mich, du Heiliger Geist,
dass ich Heiliges liebe.
Stärke mich, du Heiliger Geist,
dass ich Heiliges hüte.
Hüte mich, du Heiliger Geist,
dass ich das Heilige nicht mehr verliere.

Dem hl. Augustinus zugeschrieben

Vergleicht das Gebet mit dem Lied »Breathe« von Midge Ure. Was fällt euch auf?
Erklärt, was mit dem »Heiligen« gemeint ist.
Schreibt selbst ein Gebet an den Heiligen Geist. Ihr könnt dabei folgendes Schema verwenden:

Atme in mir, du Heiliger Geist,

dass ______________________________

______________, du Heiliger Geist,

dass ______________________________

______________, du Heiliger Geist,

dass ______________________________

______________, du Heiliger Geist,

dass ______________________________

______________, du Heiliger Geist,

dass ______________________________

______________, du Heiliger Geist,

dass ______________________________

Thomas Zacharias, »Pfingsten«, 1992

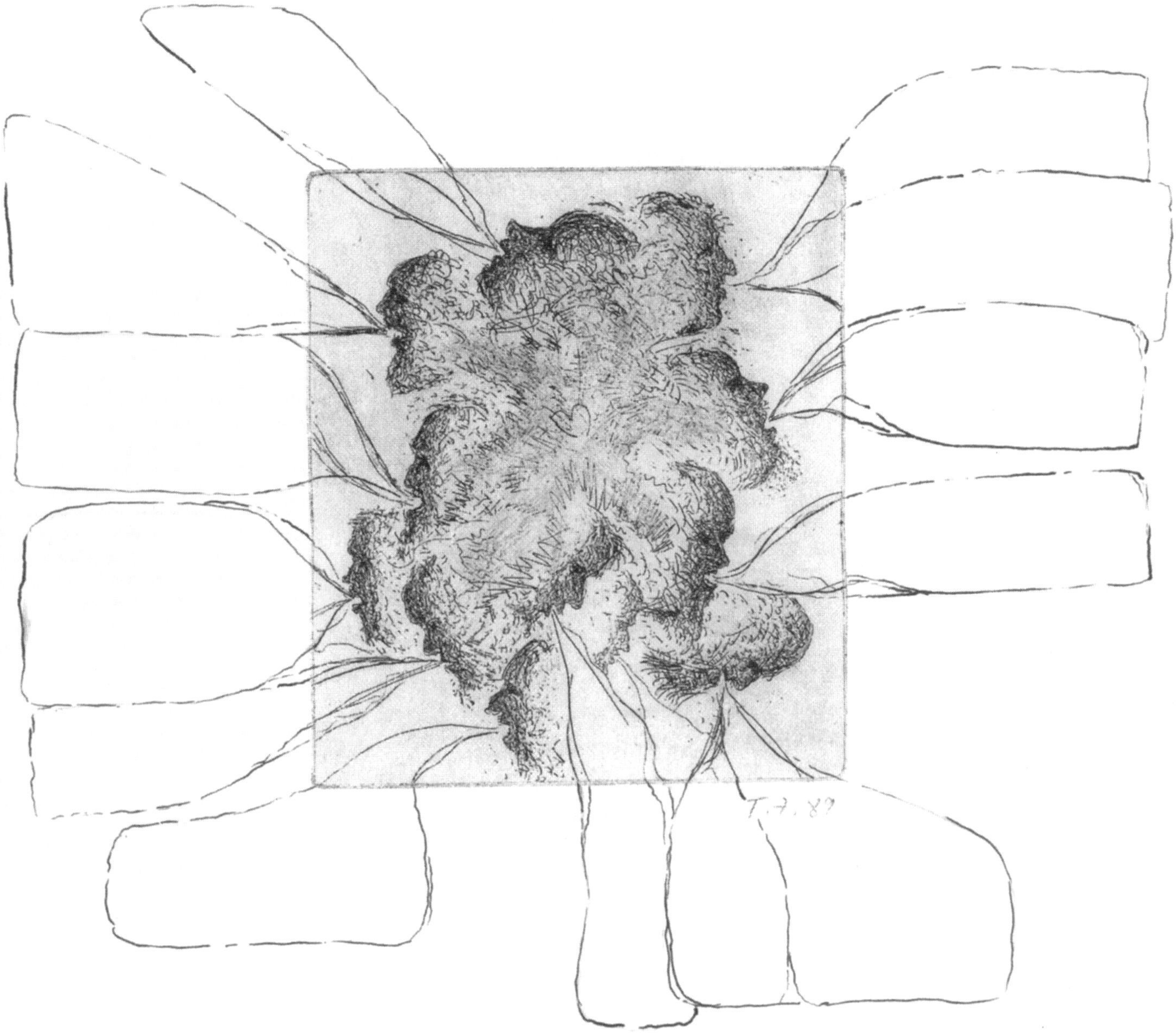

Ergänzt die Sprechblasen: Was reden die begeisterten Jüngerinnen und Jünger? Woran erinnern sie sich? Was glauben sie?

Komm herab, o Heiliger Geist

1. Komm herab, o Heiliger Geist,
der die finstre Nacht zerreißt,
strahle Licht in diese Welt.

2. Komm, der alle Armen liebt,
komm, der gute Gaben gibt,
komm, der jedes Herz erhellt.

3. Höchster Tröster in der Zeit,
Gast, der Herz und Sinn erfreut,
Köstlich Labsal in der Not,

4. in der Unrast schenkst du Ruh,
hauchst in Hitze Kühlung zu,
spendest Trost in Leid und Tod.

5. Komm, o du glückselig Licht,
fülle Herz und Angesicht,
dring bis auf der Seele Grund.

6. Ohne dein lebendig Wehn
kann im Menschen nichts bestehn,
kann nichts heil sein noch gesund.

7. Was befleckt ist, wasche rein,
Dürrem gieße Leben ein,
heile du, wo Krankheit quält.

8. Wärme du, was kalt und hart,
löse, was in sich erstarrt,
lenke, was den Weg verfehlt.

9. Gib dem Volk, das dir vertraut,
das auf deine Hilfe baut,
deine Gaben zum Geleit.

10. Lass es in der Zeit bestehn,
deines Heils Vollendung sehn
und der Freuden Ewigkeit.

Amen. Halleluja.

Unterstreicht mit einem blauen Stift alle Eigenschaften, die in diesem alten Lied dem Heiligen Geist zugeschrieben werden.
Unterstreicht mit einem roten Stift die Bitten, die an den Heiligen Geist gerichtet werden.
Sucht euch eine Bitte aus, die euch besonders anspricht, und macht sie zur Überschrift für eine kleine Geschichte, die ihr dazu erfindet, oder zum Titel für ein Bild, das ihr dazu malt.
Ihr könnt das Lied auch singen. Die Noten findet ihr im Gotteslob Nr. 244.

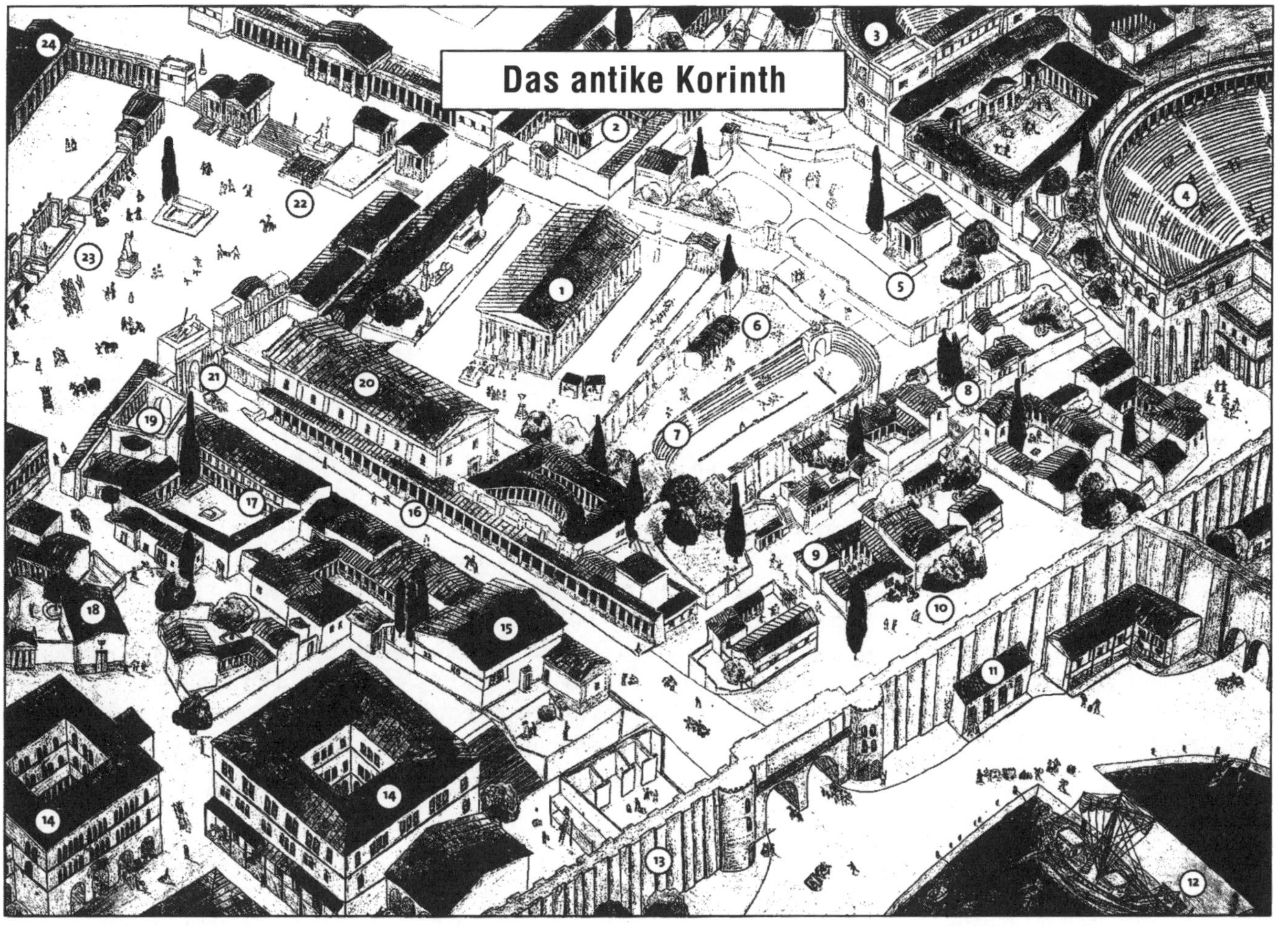

1. Archaischer oder Apollontempel (einer der ältesten Tempel Griechenlands), davor der Opferaltar;
2. Tempel der Hera (Gattin des Zeus);
3. Odeion (Konzerthaus, Gesangstheater für ca. 3000 Besucher);
4. Theater;
5. Heiligtum der Athene (Göttin der Weisheit, der Kunst und der Handfertigkeit);
6. Gymnasion (Sportstätte, verbunden mit einer Art Universität, auch oft mit Philosophenschulen);
7. Stadion;
8. Brunnen;
9. Haus des Titius Justus;
10. Töpferwerkstätten;
11. Hafengasthaus;
12. Hafen von Lechaion;
13. Stadtmauer;
14. mehrstöckige Mietshäuser;
15. Badehaus mit öffentlichen Toiletten;
16. Marktläden an der Lechaion-Straße;
17. Peribolos (säulenumstandener Hof) des Apollon, zur Zeit des Paulus macellum, die Fleisch- und Fischmarkthalle;
18. Synagoge (Gebetshaus der Juden, siehe den siebenarmigen Leuchter über der Tür);
19. Peirenequelle;
20. Basilika;
21. Toranlage zwischen Agora und Lechaion-Straße;
22. Tempelterasse mit verschiedenen Tempeln, sowie dem Brunnen mit der Statue des Poseidon (Gott des Meeres);
23. Gerichts- und Rednertribüne (das »Bema«) mit Zentralläden, die den Marktplatz (die Agora) teilen;
24. Südstoa (Säulenhalle, in denen sich Gelehrte und Philosophen zu Gesprächen trafen), daneben Verwaltungsräume und Tavernen.

Anmerkungen zum Bild:
Das vorliegende Bild entspricht dem Rekonstruktionsstand der Archäologie mit vier Ausnahmen: Aus didaktischen Gründen sind Stadion (7) und Gymnasion (6), Lechaion-Hafen und Stadtmauer (12,13) hier optisch zusammengerückt und eigentlich einige Kilometer vom Stadtzentrum entfernt. Die genauen Standorte der Synagoge (18) und des Hauses des Titius Justus (9) sind heute nicht mehr bekannt, sie sind deshalb bestimmten Häusern zugeordnet. Die Christengemeinde traf sich tatsächlich im Haus des Titius Justus, ähnlich dem auf dem Bild, auch wenn es vielleicht nicht das bezeichnete war.

Erläuterungen zu den Bauwerken

Die **Tempel**, erkennbar an den Säulen an ihrer Vorderseite, befanden sich überall in der Stadt, wie auch an wichtigen kulturellen Orten, z. B. auf der Agora, im Gymnasion ... Jede der offiziell anerkannten Religionsformen hatte ihren eigenen Tempel. Doch war er keineswegs der Versammlungsort der Gemeinde zum Gebet, sondern der Ort, an dem das Gottesbild und die bedeutendsten Votivgaben beherbergt wurden. Das wichtigste Element des Tempels war daher ein Altar im heiligen Bezirk, der von einem Säulengang abgegrenzt wurde. Daran schlossen sich die Wohnungen der Priester und die Verkaufsstände an.

Die **Agora**, der Markplatz, war das Kommunikationszentrum der Stadt, an dem das wirtschaftliche, politische, soziale und religiöse Leben pulsierte. Hier lagen die Verwaltungs- und Versammlungsräume der Stadt. Hier hatten die höchsten Beamten der Stadt ihren Sitz, an dem auch Staatsgäste empfangen wurden. Dieser Bereich war den Gottheiten der Stadt geweiht. Pausanias, der Korinth gut 100 Jahre nach Paulus besuchte, nennt einen Tempel der Tyche (Fortuna), ein Pantheon (Heiligtum für alle Gottheiten), den Poseidonbrunnen, einen Tempel des Apollon Klarios, eine Statue der Aphrodite und einen Hermestempel. Zugleich wurden auf der Agora Feste gefeiert, Kultreigen getanzt, Wettkämpfe (an der Ostseite der Agora finden sich heute noch Startplätze) abgehalten. Ab dem 6. Jahrhundert vor Chr. fand hier auch der Handel statt. So waren rechts und links der Gerichts- und Rednertribüne (»Bema«) Läden. Im wieder erbauten Korinth war die Agora über eine Prachtstraße, die Lechaion-Straße, die 7,50 m breit war und an den Seiten von Säulengängen mit Läden flankiert war, mit dem Hafen verbunden. Vor allem die Stoa, die Säulenhalle, bot neben dem Handel in ihren Banken und Läden die Möglichkeit zu öffentlichen Reden und zum privaten Gespräch. Auch das **Bouleuterion**, in welchem der Stadtrat tagte, befand sich am Platz. So wurde die Agora zum Angelpunkt zwischen öffentlichem Leben und der Regierung.

Neben dem bezeichneten Brunnen besaß Korinth zwei weitere, bekannte **Quellenanlagen**, die Peirenequelle am Treffpunkt von Markplatz und Prachtstraße und das in den Fels gehauene Quellhaus der Glauke gegenüber dem Apollontempel.

Das **Bema** (griech. Stein, Tritt) ist ein großes Podium aus Stein, das mitten auf der Agora steht. Es war drei Meter hoch und überragte damit die Läden an seinen Seiten. Mit ca. 16 m Länge und 8 m Tiefe bot es den Richtern, Prozessparteien, Rechtsanwälten und Gerichtsdienern genügend Platz. Zudem konnten die Zuschauer den Prozess oder die Rede gut verfolgen.

Der mächtige Apollontempel von Korinth.

Die **Fleisch- und Fischmarkthalle (macellum)** – vgl. 1 Kor 10,25 – bestand aus einem Innenhof mit zwei Ladenreihen und einem Rundbau in der Mitte. Dieser Rundbau hatte Wasseranschluss und diente vermutlich dem Fischverkauf, das Fleisch wurde in den Läden angeboten.

Die **Tavernen der Südstoa** waren je durch eine Leitung mit einer der Peirenequellen verbunden, sodass in den Schächten Lebensmittel gekühlt werden konnten.

Der Körperpflege dienten die **öffentlichen Bäder**, die von der Stadt unterhalten wurden und daher jedermann zugänglich waren. Zunächst reinigten sich die Besucher des Bades durch Schwitzen im caldarium. Anschließend wurden sie gebürstet und abgetrocknet. Nach einer langsamen Abkühlung im trepidarium beendete ein Sprung ins Kaltwasserbecken, das frigidarium, das Badevergnügen.

Im **Stadion** fanden die »heiligen« Spiele, aber auch Geld-Wettspiele statt, zu denen durch verlockende Geldpreise Athleten angeworben wurden. Die Länge des Stadions betrug zwischen 178 und 192 m. Von terrassenförmig angelegten Rängen aus konnten die Zuschauer die Wettkämpfe beobachten.

Das **Gymnasium** wurde zum Kennzeichen einer hellenistischen Stadt. Der Bau eines Gymnasiums war daher für jede Gemeinschaft, die den Status einer griechischen Stadt und damit bestimmte Vorrechte erlangen wollte, unabdingbar. Die Erziehung im Gymnasium bestand aus einer gleichzeitigen Förderung von Geist und Körper. So befanden sich im Gymnasium sowohl Unterrichts- und Diskutierräume zur schulischen Erziehung/intellektuellen Bildung als auch Bäder und Sportplätze zur körperlichen Ertüchtigung.

Die **Theater** wurden meist an Hügel angebaut. Sie waren in erster Linie Veranstaltungsort für Festspiele, wo neue Kompositionen, epische Werke und Lobreden vorgetragen und mit Preisen bedacht wurden. Erst in zweiter Linie dienten die Theater der Aufführung von Theaterstücken.

Rollenkarten (1)

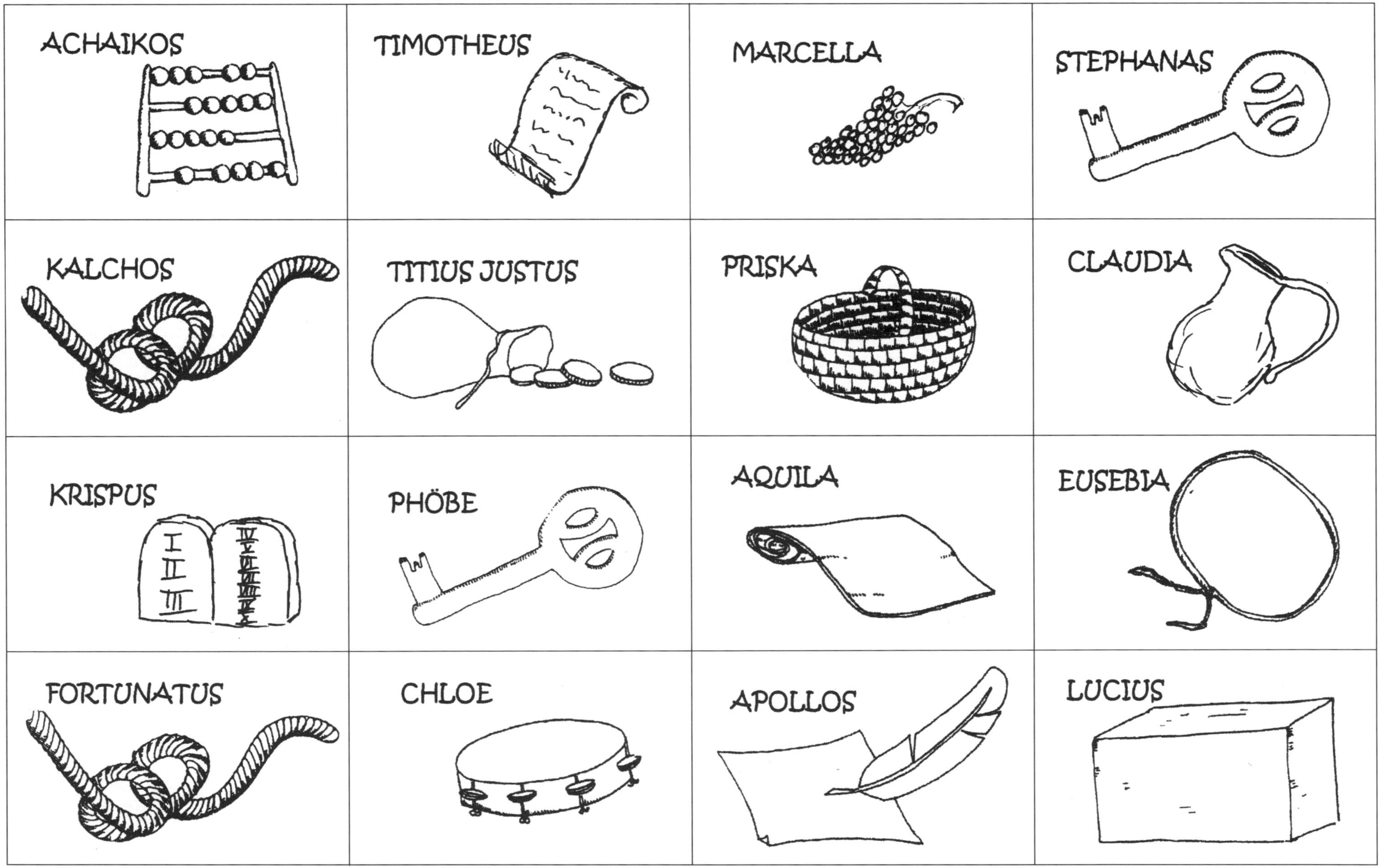

von Paulus getauft und mit der Leitung der Gemeinde in Korinth beauftragt	Obstverkäuferin aus Korinth; kennt viele Leute	Sohn einer Jüdin und eines Heiden aus Lystra; Mitarbeiter des Paulus	Bankangestellter aus Ephesus; auf der Flucht in Korinth angekommen
als Tochter einer afrikanischen Sklavin geboren, später freigelassen; Bedienung in Chloes Kneipe	vor kurzem mit ihrem Mann Aquila aus Rom übersiedelt; gastfreundliche Hausfrau; glaubt an Jesus Christus	reicher römischer Händler; kann viele Sprachen; gute Beziehungen zu Juden und Griechen	Hafenarbeiter in Korinth; Mitglied der christlichen Gemeinde
Dienerin von einer kleinen Insel in der Ägäis	vor kurzem mit seiner Frau Priska aus Rom übersiedelt; beschäftigt als Zeltmacher mehrere Angestellte, zeitweise auch Paulus	griechische Christin; Diakonin (Leiterin) der Gemeinde von Kenchreä	Vorsteher der jüdischen Gemeinde; hält sich streng an alle Gebote Gottes; einer der ersten Christen in Korinth
Hilfsarbeiter auf dem Bau	gebildeter ägyptischer Jude aus Alexandria; verkündet in Korinth Jesus Christus; kennt sich in der Heiligen Schrift gut aus	besitzt eine Kneipe im Hafen; temperamentvoll, singt gern; legt großen Wert auf die christliche Freiheit	Hafenarbeiter; glaubt an gar keine Götter mehr

Rollenkarten (2)

QUARTUS 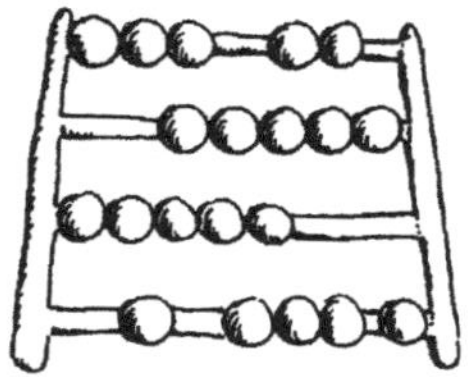	GAIUS 	ERASTUS 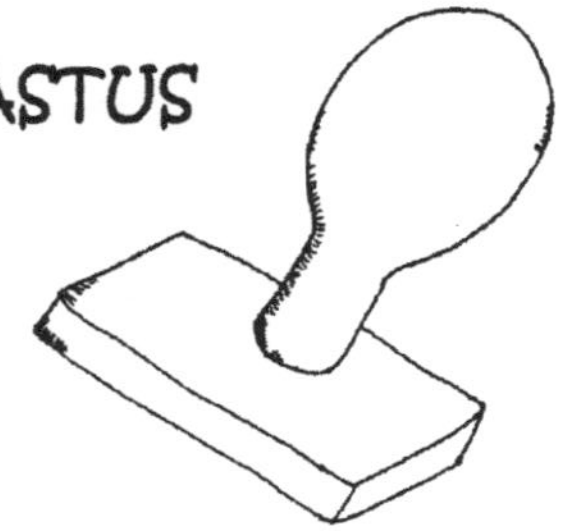	JASON 
ALEXANDROS 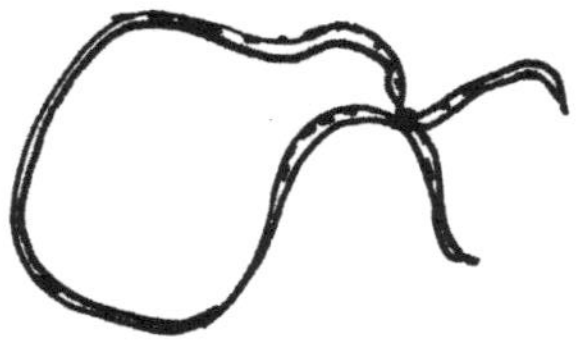	GLAUKE 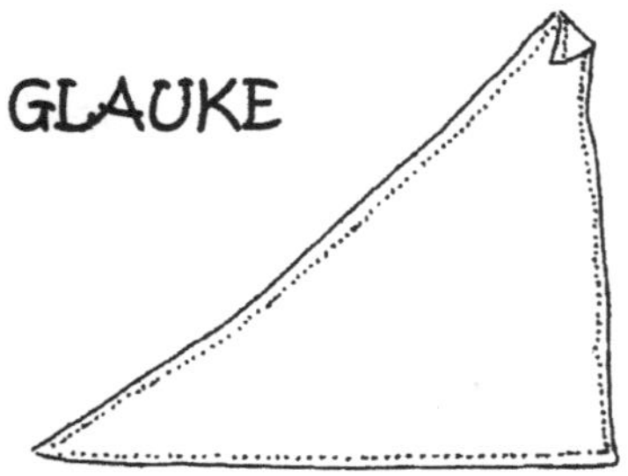	LYDIA 	KALLIPOS 
SIMONIDES 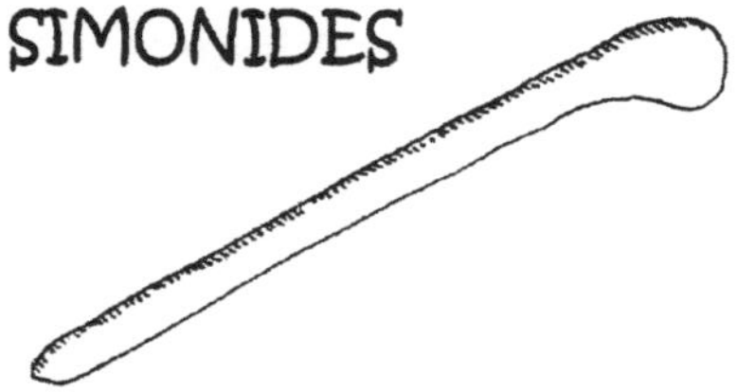	PANAITIOS 	FLAVIA 	LUCIA 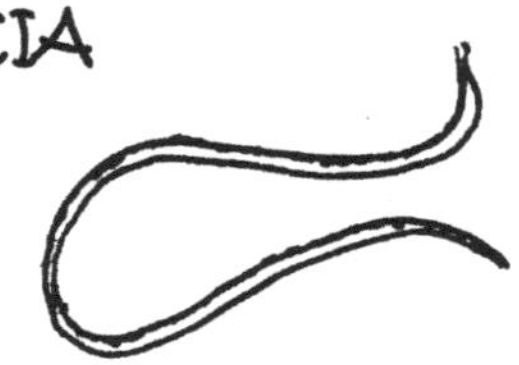
CORNELIA 	MESSALINA 	MARCUS 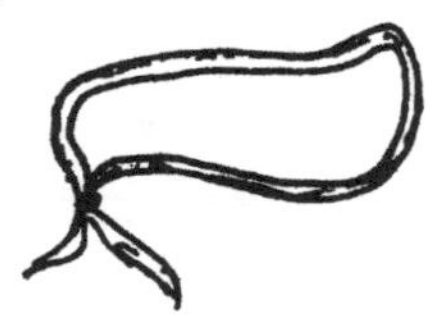	JOSEPHUS 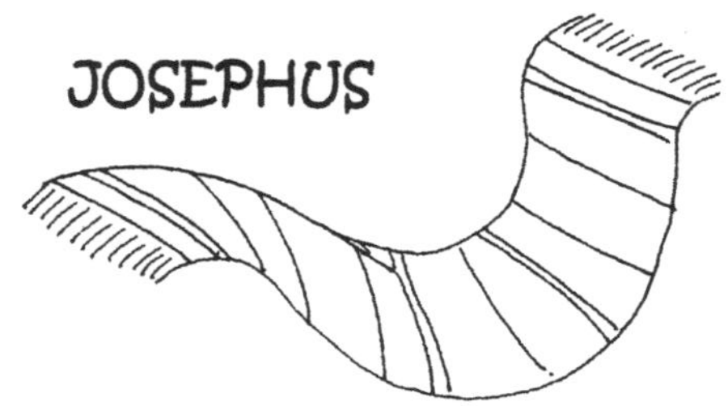

Töpfer; fertigt auch Götterstatuetten	einflussreicher Beamter im Stadtmagistrat	römischer Obsthändler; Ehemann von Lydia und Chef von Marcella	Sekretär einer Bank in Korinth
Fünfkämpfer; Sieger bei den letzten Isthmischen Spielen	Frau des Gaius; sehr elegant und sehr hochnäsig	Verlobte des Alexandros; arbeitet als Tagelöhnerin	Verlobter der Glauke; Gelegenheitsarbeiter; zu arm zum Heiraten
ehemalige Dirne; Christin geworden und nun auf der Suche nach einer Arbeit	Priesterin im Heiligtum der Athene	als Poseidonpriester Organisator der Isthmischen Spiele	oberster Priester des Apollontempels
jüdischer Teppich- händler aus Cäsarea; zur Zeit in Korinth	Sklave des Titius Justus; zuständig für die Speisekammer; verliebt in Messalina	freigelassene Sklavin; hofft auf Freilassung für ihren Geliebten Marcus	Dienerin der Lydia; hat sehr unter deren Launen zu leiden

Gesucht: Paulus aus Tarsus

Verfasst einen Steckbrief, mit dem die Silberschmiede von Ephesus nach Paulus suchen. Verwendet für die Personenbeschreibung die Geschichte »Flucht nach Korinth«.

Die Ausbreitung des Christentums

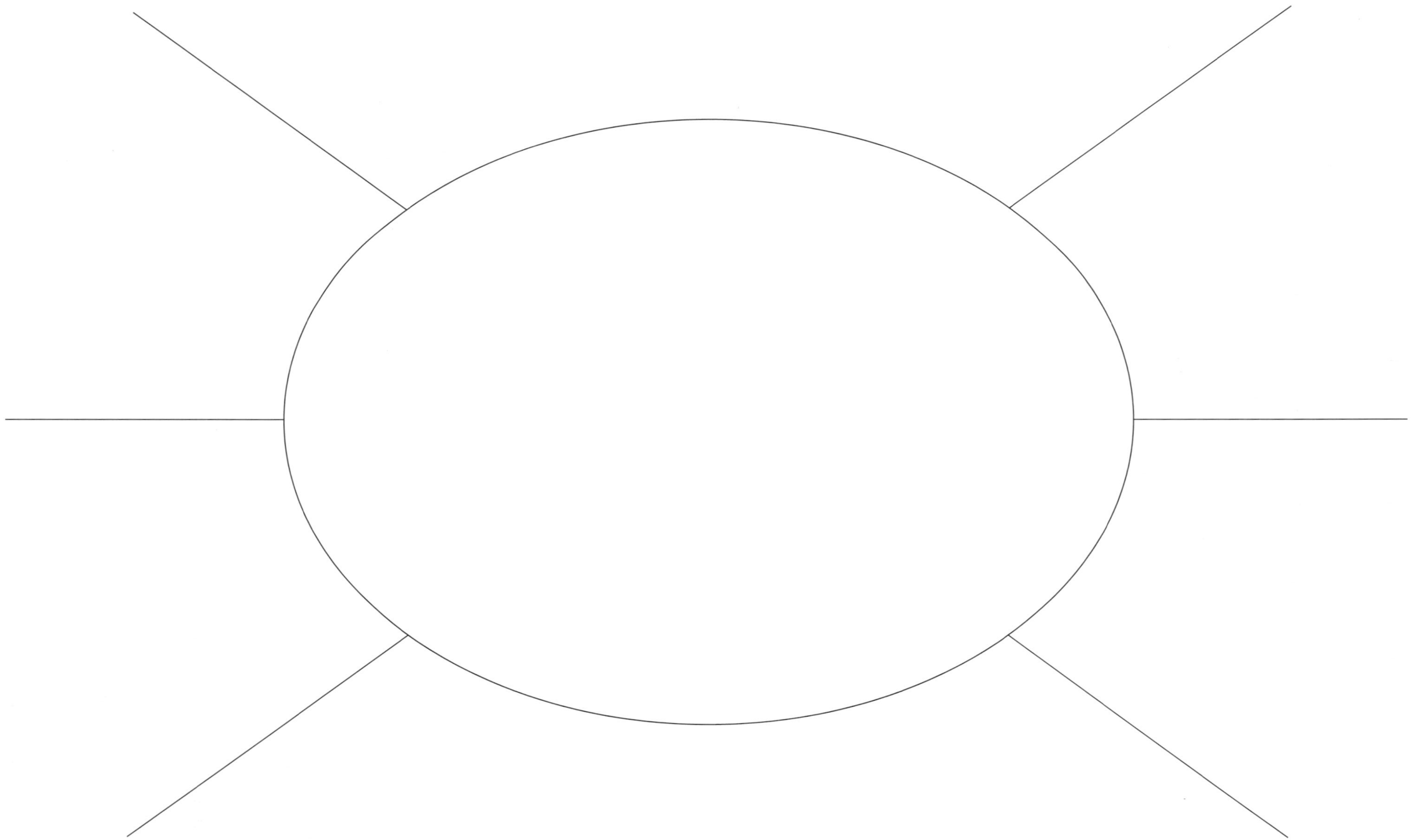

Stellt mithilfe eurer bisherigen Kenntnisse (Orientierung 1 bis 4, **110-117***) die inneren und äußeren Gründe für die rasche Ausbreitung des Christentums zusammen.*

Kreuzworträtsel zu Paulus

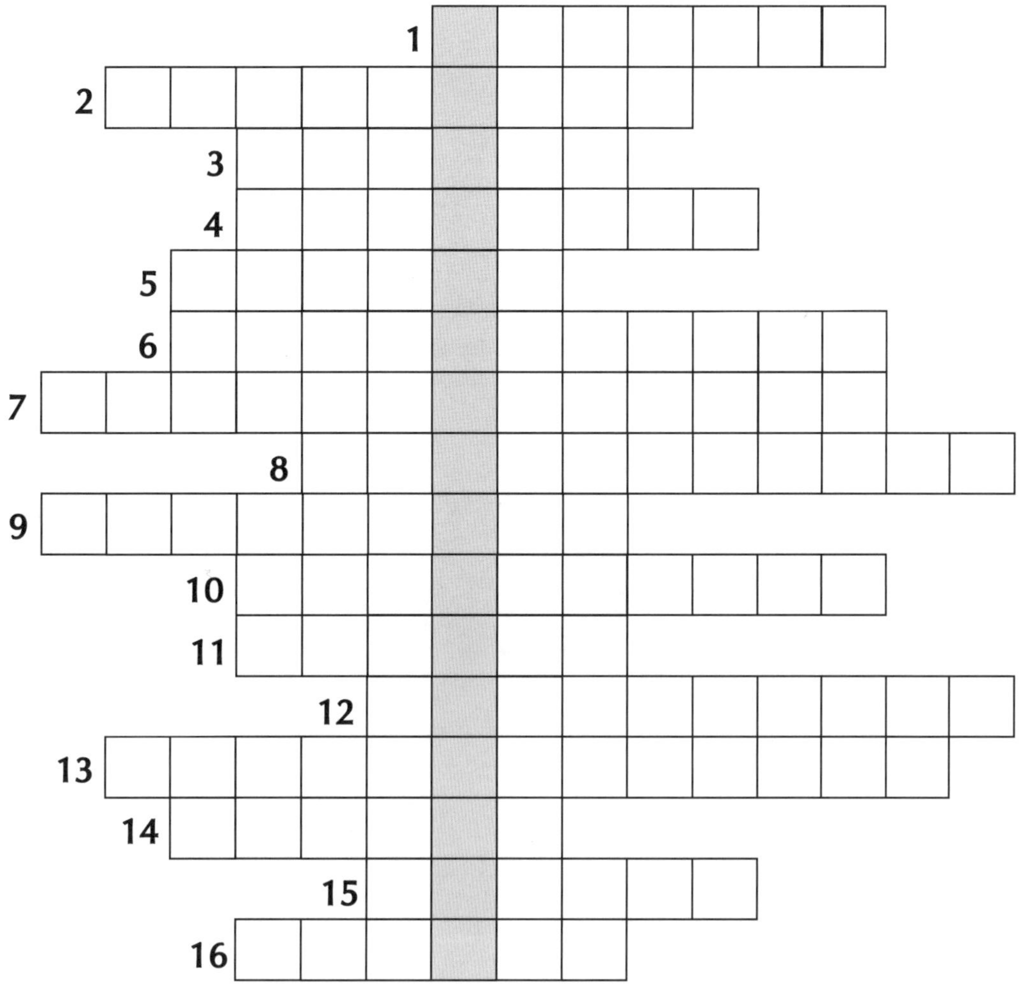

Lösungswort: _ _ _ _ _ _ _ _   _ _ _   _ _ _ _ _ _ _

1. Röm 1,1
   Dazu ist Paulus berufen.
2. Phil
   Adressaten des Briefes
3. 1 Kor 7,19
   Sie soll man halten.
4. Phlm
   Name des Sklaven, der zu Paulus flieht
5. Röm 1,10
   Darin denkt Paulus an die Römer.
6. 1 Kor 12,4
   Davon gibt es verschiedene.
7. Gal 2
   Es fand in Jerusalem statt.
8. 2 Kor 11, 23
   Darin war Paulus oft.
9. 1 Thess 1,1
   Mitabsender des Briefes
10. 1 Kor 11,20
    Die Gemeinde feiert es nicht richtig.
11. 1 Kor 15,5
    Der Auferstandene erschien ihm.
12. Eph 4,1
    Dort ist Paulus.
13. 2 Kor 7,1
    Das haben Christen.
14. Röm 3,20
    Durch das Gesetz kann man sie erkennen.
15. Phil 3,7
    Er wird für Paulus zum Verlust.
16. Kol 3,16
    Sie sollen die Getauften in ihrem Herzen singen.

Das Lösungswort ergibt das Selbstverständnis des Paulus.

Stationen im Leben des Apostels Paulus

Um Christi Geburt ______________________________

Etwa 10-32 n. Chr. ______________________________

Um 32 n. Chr. ______________________________

Etwa 33-46 n. Chr. ______________________________

Etwa 46-48 n. Chr. ______________________________

Um 48 n. Chr. ______________________________

Um 49 n. Chr. ______________________________

Etwa 49-51 n. Chr. ______________________________

Etwa 52-56 n. Chr. ______________________________

Um 57 n. Chr. ______________________________

Etwa 60-62 n. Chr. ______________________________

Um 64 n. Chr. ______________________________

Petrus und Paulus

	Petrus	Paulus
Verhältnis zu Jesus		
Stärken		
Schwächen		
Aufgaben		

Der Tod des Paulus

Ein Epilog

Auf seinem schwarzen Koffer, wie ihn Soldaten haben,
Hockt Rabbi Schaul, der Alte und schweigt vor sich her,
Doch die Andern, den Kopf im Tallis vergraben,
Nicken und beten, alte Juden, wie er.

Ihren Kerker durchsickern Romas Aborte.
Selbst der Krug und das Brot sind scheußlich befleckt.
Immer noch nichts! Sie warten auf die Kohorte,
Welche das Todesurteil Cäsars vollstreckt.

Schaul weiß nichts mehr von den durchmessenen Reichen,
Nichts von Damaskus, dem Anschrei des Feuerscheins,
Nichts von Verfolgung, von Schiffbruch, von Rutenstreichen,
Von den fünfmal Vierzig weniger eins.

Nur noch Straßen, grelle, rennen und drängen
Ihm vor den Augen, Straßen steinig und schlecht,
Straßen sieht er am Himmel des Kerkers hängen,
Seine Straßen, ein blendendes Blitzgeflecht.

Nun sich die anderen Stimmen steigern und paaren
Zu dem Segen, wie er geboten steht,
Wenn man auszieht, um heim nach Zion zu fahren,
Singt und nickt auch der Rabbi das heilge Gebet.

Und er sieht nach der Sonne, die hoch schon geklommen,
Wie ein Reisender ausschaut nach seinem Schiff,
Ungeduldig nach Hause, nach Haus zu kommen,
Heim zu Messias, zu Israels Inbegriff.

Franz Werfel (1890-1945)

Graffitis einst und jetzt

Dieses antike Graffito befindet sich heute in einem Museum in Rom. Man fand es als Wandkritzelei in der Kaserne der Prätorianergarde, der Leibwache der römischen Kaiser.
Der griechische Text lautet: ʼΑλεξάμενος σέβεται τόν θεόν.
Übersetzt: Alexamenos betet seinen Gott an.

Versucht einige der griechischen Buchstaben zu identifizieren und überlegt, welche Aussage das Graffito machen will.
Informiert euch im Lexikon oder im Internet über den Begriff »Graffiti«.
Vergleicht das antike mit den modernen Graffiti. Welche Gemeinsamkeiten und Unterschiede fallen euch auf?

Interview-Bogen

Erkundung der Pfarrgemeinde ______________________ in ______________

Interview mit ______________________ am ______________

(Name, Aufgabe in der Gemeinde)

Fragen:	Antworten:

Interviewer/innen: ______________________

(Name, Schule, Klasse)

Pastoralbereiche einer Gemeinde

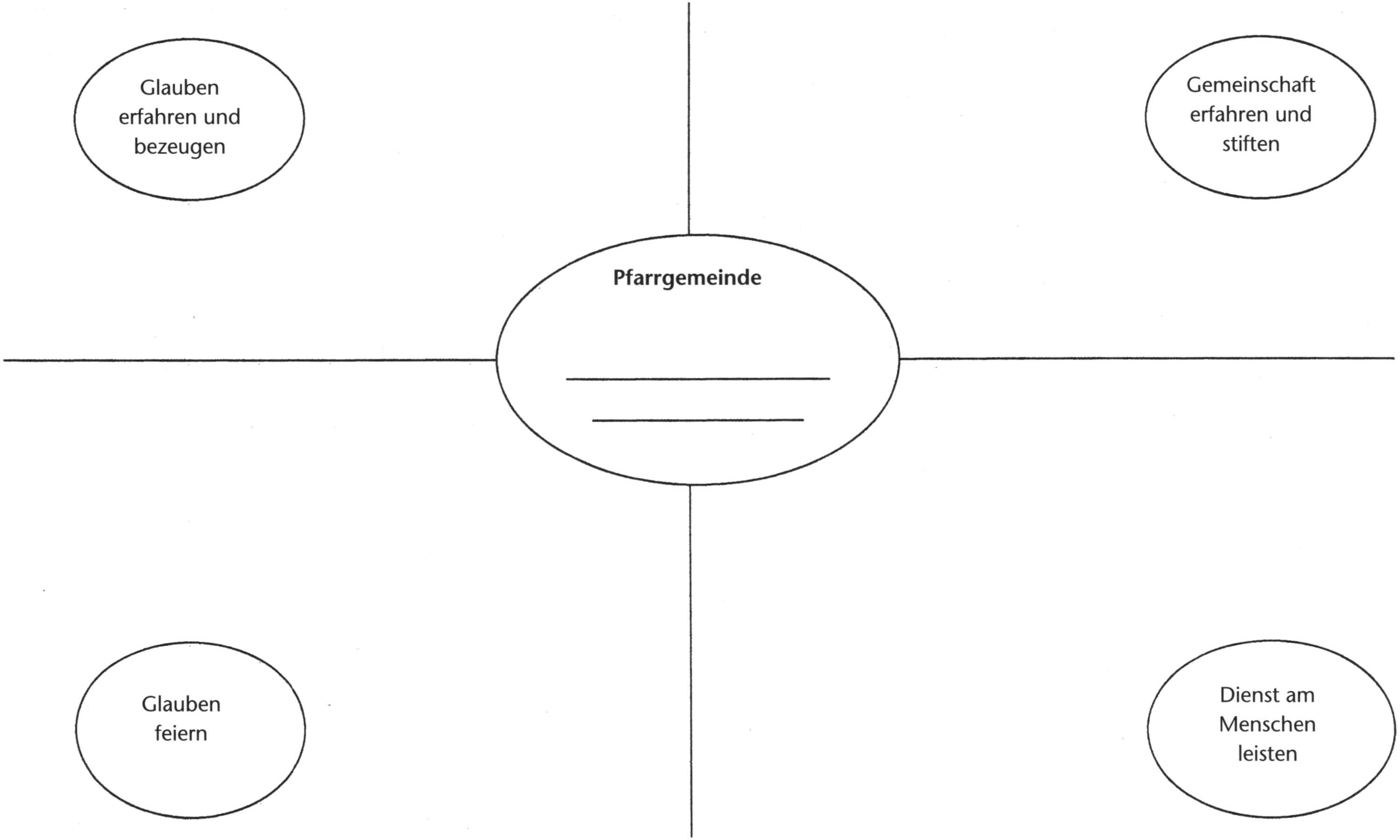

Wenn die ersten Christen sähen, wie wir Kirche leben

Wenn aber das Salz schal wird,
womit kann man es wieder salzig
machen? Es taugt zu nichts mehr;
es wird weggeworfen und von
den Menschen zertreten.
Mt 5,13

Wenn die ersten Christen sähen,
wie wir Kirche leben,
sie würden uns fragen:

Ist das die Kirche,
die Jesus gewollt hat?
Haben wir uns dafür
den Löwen vorwerfen lassen?

Was ist mit euch los?

Warum klammert ihr euch
an Äußerlichkeiten?

Wisst ihr nicht,
dass Gott auf das Herz sieht?

Ihr seid nicht mehr Christen aus Berufung,
ihr seid Berufschristen geworden,
die nur noch professionell
und weitgehend lustlos
Gutes tun.

Wer hat euch die Osterfreude geraubt?

Wisst ihr nicht,
dass wir alle miteinander
Gottes Lieblinge sind:
seine Söhne und Töchter,
Erben des Himmels?

Josef Dirnbeck

Mein Text-Bild entwerfen

dieleutedieleutedieleutedieleute
dieleutedieleutedieleutedieleute
dieleute dieleute
dieleute einsam dieleute
dieleute dieleute
dieleutedieleutedieleutedieleute
dieleutedieleutedieleutedieleute

↓

»wo zwei oder drei
in meinem namen
zusammenkommen«

↓

gemeindegemeindegemeindegemeinde
gemeindegemeindegemeindegemeinde
gemeinde gemeinde
gemeinde gemeinsam gemeinde
gemeinde gemeinde
gemeindegemeindegemeindegemeinde
gemeindegemeindegemeindegemeinde

kurt marti

S N
I E
C B
H O
Ö
F H
F C
N A
E N
N
h
e
i
s
s
t
N
E N
N A
F C
F H
Ö U
H N
C T
I E
S N

kurt marti

Bild- und Textnachweis

S. 23 Schülerarbeiten
S. 30 Cartoon: Fraggle O. Franz, Geldern
6.1.5 Bertolt Brecht, Werke. Große kommentierte Berliner und Frankfurter Ausgabe, Band 14 © Suhrkamp Verlag, Frankfurt/M. 1993
6.1.6 Werner Tiki Küstenmacher © Baaske Cartoon
6.1.7 Dust in the Wind, T/M: Kerry Livgren © by Don Kirshner Music, Rechte für Deutschland, Österreich, Schweiz und Osteuropa (außer Baltikum): EMI Songs Musikverlag GmbH & Co. KG
6.1.8 Maren Schamp-Wiebe, Silvester ist anderswo, in: Feuervogel 2/99, S. VI-XI, Rechte bei der Autorin
6.1.9 aus dem Zen-Buddhismus
6.1.10 Cartoon: s. zu S. 30
6.1.11 Cartoon: Gerhard Haderer
6.1.12 www.72stunden.de/03.03.2003
6.1.13 T/M: Peter Strauch © 1981 Hänssler Verlag, D-71087 Holzgerlingen
6.1.14 »Meine Zeit steht in deinen Händen« (Psalm 31), in: Jörg Zink, Wie wir beten können © Kreuz Verlag, in der Verlag Herder GmbH, Freiburg im Breisgau, Neuausgabe 2008, S. 75
6.1.15 Märchen der Brüder Grimm
6.1.16 Labyrinth in der Kathedrale von Reims, Nachzeichnung
6.2.2 Barbara Osterwinter, in: Kindermissionswerk »Die Sternsinger« (Hg.), Sternsinger-Mission, Aachen1/2003
6.2.3 Nach: Lutherischer Weltbund
6.2.4 Erich Kästner, Lärm im Spiegel © Atrium Verlag, Zürich 1929, und Thomas Kästner
6.2.7 Nach: A. Boueke, Kinder arbeiten auf Kaffeeplantagen, in: Kindermissionswerk »Die Sternsinger« (Hg.), Auf dem Rücken der Kleinsten. Kinder arbeiten auf Kaffeeplantagen
6.2.10 Foto: Freundeskreis Straßenkinder-Nothilfe Kolumbien e. V., Mannheim
6.2.11 »9. Station: Verstoßen und geschlagen« aus dem MISEREOR Kreuzweg 1992 von Adolfo Pérez Esquivel, MVG Medienproduktion, 1992
6.2.12 Zusammengestellt aus Broschüren von unicef
6.2.13 Nach: C. Niederdrenk-Felgner, Mädchen und Computer. Modelle für eine mädchengerechtere Unterrichtsgestaltung. Deutsches Institut für Fernstudien an der Universität Tübingen (DIFF), Tübingen 1993, S. 124. In: ISB Staatsinstitut für Schulpädagogik und Bildungsforschung: Typisch Junge? Typisch Mädchen? August 1996, S. 95
6.2.14 Wilhelm Busch, Plisch und Plum, Bassermann Verlag, München 1947 – Bundesarbeitsgemeinschaft der Kinderschutzzentren, Köln
6.2.15 Steffi Hofschlaeger KSJ, in: Positionspapier der KSJ (Katholische Studierende Jugend) zur Schülerarbeit
6.2.18 In: Antoine de Saint-Exupéry, Wind, Sand und Sterne, © 1939 und 2010 Karl Rauch-Verlag, Düsseldorf – Johann Wolfgang von Goethe, Gesang der Geister über den Wassern
6.2.19 T/M: Volker Ludwig, Rechte beim Urheber
6.2.20 Cartoon: Zeichner unbekannt
6.3.1 Keith Haring, o. T., 1983 © The Keith Haring Foundation
6.3.2 Foto: Jan Roeder, München
6.3.4 Karte: Globus infografik, Hamburg
6.3.7 Julius Schnorr von Carolsfeld (1794-1872), in: Katholische Bilderbibel, 1909, Nachdruck im Parvis Verlag, CH-1630 Bulle
6.3.8 Berufung Jeremias, Steinrelief, in: M. Pranger/G. Stemberger (Hg.), Die Bibel, Bd. 4, Andreas & Andreas Verlagsbuchhandlung Salzburg 1977, S. 2085 (Verlag erloschen)
6.3.9 Walter Habdank, In manibus tuis, 1972 © VG Bild-Kunst, Bonn 2011 – Hans Thoma (1838-1924), Der verlorene Sohn, 1919, Radierung, 27,2 x 20,3 cm, Museum der Stadt Ulm
6.3.11 In: Kath. Schulkommissariat in Bayern (Hg.), Materialien für den Religionsunterricht an Gymnasien Bd. 5, David König und Urbild eines Königs in Israel, S. 87
6.3.13 Siehe zu AB 6.3.8
6.3.14 Bertolt Brecht, in: Gesammelte Werke Bd. 11, Suhrkamp Verlag, Frankfurt/M. 1977, S. 321 – Illustration: Bengt Fosshag, Rüsselsheim
6.3.15 Rosemarie Müller, Nabots Weinberg, Ausschnitt
6.3.16 Hans Holbein d. J. (1497-1543), Das Feuer fiel herab! Die Flamme fraß das Brandopfer, Holzschnitt – Rudolf Lunkenbein, 1939-1976, in: Salesianische Nachrichten, Foto: © Don Bosco Verlag, München
6.3.17 Foto: Josef Braun, Kempten
S. 168 Edvard Munch (1863-1944), Die tote Mutter und das Kind, 1899/1900, Öl auf Leinwand, 100 x 90 cm, Kunsthalle Bremen © The Munch Museum/The Munch Ellingsen Group/VG Bild-Kunst, Bonn 2011 (Detail)
S. 176 Emil Nolde, Die Sünderin, 1926, Ölfarben auf Leinwand, 86 x 106 cm, signiert unten links »Emil Nolde«, Berlin, Neue Nationalgalerie, Wvz Urban 1038 © Nolde-Stiftung Seebüll/Staatliche Museen zu Berlin – Preußischer Kulturbesitz, Foto: Jörg P. Anders, Berlin
S. 184 Schülerarbeiten
6.4.1 Nach: Raymond A. Moody, Leben nach dem Tod, deutsche Übersetzung von Hermann Gieselbusch, Lieselotte

	Mietzner, Copyright © 1977 by Rowohlt Verlag GmbH, Reinbek b. Hamburg
6.4.4	Meldung der Süddeutschen Zeitung
6.4.5	Edvard Munch, Die tote Mutter und das Kind (Detail), s. zu S. 168
6.4.6	Edvard Munch (1863-1944), Die tote Mutter, 1893, Skizze © The Munch Museum/The Munch Ellingsen Group/VG Bild-Kunst, Bonn 2011
6.4.7	Zeichnung: Eva Henn, Würzburg
6.4.9	In: Anthony de Mello, Meditieren mit Leib und Seele. Neue Wege der Gotteserfahrung. Übersetzt von Martin Kämpchen © Neuausgabe 2008 Butzon & Bercker GmbH, Kevelaer, S. 113ff., www.bube.de
6.4.11	In: Wilhelm Albrecht und Helmut Anselm, Neuen Atem holen. Gebete und Gedanken zum Schultag an weiterführenden Schulen, © Don Bosco Verlag, München 2003
6.4.12	Emil Nolde, Die Sünderin, siehe zu S. 176
6.4.15	Seasons in the Sun (Le Moribond), M und Originaltext: Jacques Brel/engl. T: Rod McKuen © 1961 by Edition Intersong Tutti, Paris, Hanseatic Musikverlag GmbH & Co. KG, Hamburg
6.4.16	Hans Weiditz (1497-1514), Christus als Schmerzensmann, 1522, Holzschnitt, 29,4 x 22,4 cm, Grafische Sammlung Albertina, Wien
6.4.18	Hans Mendl
6.4.21	In: Willi Fährmann, Unter der Asche die Glut, © 1997 by Arena Verlag GmbH, Würzburg
6.5.1	Pfingsten, Ausgießung des Heiligen Geistes, Evangeliar Heinrichs des Löwen, um 1170, Umrisszeichnung
6.5.2	Bernhard Heisig, Neues vom Turmbau, 1977, 151 x 242 cm, Öl auf Leinwand, Staatliche Galerie Moritzburg, Halle © VG Bild-Kunst, Bonn 2011 – Thomas Zacharias (geb. 1930), Pfingsten, in: Thomas Zacharias, Radierungen zur Bibel, Dt. Bibelgesellschaft 1993, S. 137 © VG Bild-Kunst, Bonn 2011
6.5.3	Margarete Zschönig, in: Kirchenzeitung für das Bistum Aachen 23/1973
6.5.4	Ludwig Rendle, Zur Mitte finden. Meditative Formen im Religionsunterricht, Donauwörth 2002, 2
6.5.6	Siehe zu AB 6.5.2 (bearbeitet)
6.5.7	Gotteslob Nr. 244
6.5.8	In: Katholisches Bibelwerk (Hg.), Paulus und das antike Korinth. Hintergründe, Materialien, Vorschläge für die Praxis ©, S. 2
6.5.9	Ebd. © H. Kaiser
6.5.10	Nach: Katholisches Bibelwerk (Hg.), Paulus und das antike Korinth. Hintergründe, Materialien, Vorschläge für die Praxis, S. 2
6.5.11	Nach: ebd.
6.5.12	Ravenna – St. Vitale, Ausschnitt aus dem Triumphbogen, Ed. A. Longo, Ravenna
6.5.15	Siehe zu AB 6.3.7
6.5.16	Siehe zu AB 6.5.12
6.5.17	Franz Werfel, Der Tod des Paulus. Aus: ders., Das lyrische Werk, hg. v. Adolf D. Klarmann © S. Fischer Verlag GmbH, Frankfurt am Main 1967, S. 577f.
6.5.18	Abb: Kösel-Archiv – Fotos: ifg Institut für Graffiti-Forschung, Wien
6.5.21	Josef Dirnbeck, in: Von allen Seiten umgibst du mich, Styria Verlag, Wien/Graz/Köln 1991, S. 60, Rechte beim Autor
6.5.22	Mit Genehmigung des Radius-Verlags entnommen aus: Kurt Marti: gott gerneklein. gedichte © 2011 by Radius Verlag, Alexanderstr. 162, 70180 Stuttgart – ebd.

Alle Bibeltexte gemäß der Einheitsübersetzung © Katholisches Bibelwerk, Stuttgart.

Religion vernetzt – das innovative Unterrichtswerk für katholische Religionslehre an Gymnasien

Spiritualität&Religion

BILDER AUS RELIGION VERNETZT 5 UND 6
36 Farbfolien. DIN-A5-Mappe
ISBN 3-466-50716-2

Lehrerkommentar, Folienmappe, CD und Homepage mit Materialbörse und vielen anderen Funktionen – für einen kreativen Religionsunterricht auf der Höhe der Zeit!

LIEDER AUS RELIGION VERNETZT 5 UND 6
Zum Zuhören und Mitsingen.
Mit Karaoke-Fassung!
Laufzeit 73.08 Minuten
ISBN 3-466-45763-7

www.religionvernetzt.de
Die kostenlose Homepage zum Unterrichtswerk mit separaten Bereichen für Schülerinnen, Schüler und Lehrkräfte. Zur optimalen Vorbereitung und für den Computereinsatz im RU.

KÖSEL

www.koesel.de Sachbücher & Ratgeber

Online-unterstützes Lernen und Lehren mit www.religionvernetzt.de. Machen Sie mit und entdecken Sie ganz neue Möglichkeiten für den Religionsunterricht!

Das Lehrerforum auf www.religionvernetzt.de basiert auf der Idee des Material- und Ideenaustauschs. Sie haben hier als ausgewiesene Lehrkraft Gelegenheit, Materialien zu den einzelnen Jahrgangsstufen in der Materialbörse zu nutzen und selbst einzustellen. Fragen zum Unterricht u. a. können Sie auf dem Schwarzen Brett mit anderen teilnehmenden Kolleginnen und Kollegen klären und für Internet-Recherche-Aufgaben mit den Schülerinnen und Schülern im Unterricht oder zu Hause stehen Ihnen virtuelle Seminarräume zur Verfügung.

Das alles bieten wir Ihnen kostenlos und ohne weitere Verpflichtungen!

Faxen oder schicken Sie am besten noch heute das Anmeldeformular an den Kösel-Verlag, Flüggenstraße 2, 80639 München, Fax: 089/17801-111. Sie erhalten dann umgehend Ihr persönliches Passwort für das Lehrerforum per E-Mail zugesandt.

Anmeldeformular:

☐ Ja, ich möchte die Homepage von Religion vernetzt als Lehrer/in kostenlos nutzen und Unterrichtsmaterialien abrufen und einbringen.

Name, Vorname:

E-Mail:

Privatadresse:

Bitte beachten Sie folgende Hinweise:

1. Die Nutzung der Angebote auf www.religionvernetzt.de ist für ausgewiesene Lehrer/innen (Schulstempel) kostenlos und ohne weitere Verpflichtungen.
2. Die angebotenen Unterrichtsmaterialien dürfen nur im Rahmen des Religionsunterrichts verwendet werden. Die Urheberrechte des jeweiligen Produktes liegen bei dem/der Verfasser/in.
3. Jede/r registrierte Nutzer/in des Lehrerforums von religionvernetzt.de kann eigene Materialien für die Veröffentlichung auf der Homepage per Internet oder auf dem Postweg an den Verlag senden. Die Autorinnen und Autoren der Unterrichtsreihe »Religion vernetzt« entscheiden zusammen mit einem/einer Verlagsvertreter/in, welche Materialien auf religionvernetzt.de veröffentlicht werden. Es besteht kein Anspruch auf eine Veröffentlichung.
4. Die Urheberrechte an diesen Materialien bleiben das Eigentum des Einsenders/der Einsenderin. Der/die Einsender/in steht dafür ein, dass keine Rechte Dritter verletzt werden, insbesondere keine Rechte an Fremdtexten und/oder Abbildungen. Der/die Einsender/in erteilt dem Kösel-Verlag das zeitlich, räumlich und inhaltlich unbeschränkte Recht zur Nutzung der Materialien im Rahmen der Homepage religionvernetzt.de. Im Rahmen der Homepage stellt der Kösel-Verlag die Materialien anderen Lehrern/Lehrerinnen kostenlos zum Download, Ausdruck und zur Verfielfältigung in Klassenstärke zur Verfügung. Als Honorierung erhält er/sie ein Buch aus dem Verlagsprogramm des Kösel-Verlags. Weitere Verpflichtungen des Kösel-Verlags bestehen nicht. Der Kösel-Verlag steht insbesondere nicht dafür ein, dass die downgeloadeten Materialien von den Nutzern der Homepage anderweitig, insbesondere elektronisch (Internet, E-Mail, Intranet) genutzt werden.

☐ Informieren Sie mich bitte kostenlos und unverbindlich über die Neuerscheinungen von Schulbüchern im Kösel-Verlag.

Datum/Unterschrift der Lehrkraft: Schulstempel: